시스템 사고와 창의

시스템 사고와 창의

김상욱

충북대학교 출판부

서 문

현대를 살아가는 사람이라면 누구에게나 성과는 최대의 관심사다. 그러나 그저 열심히 한다고 해서 성과가 보장되지는 않는다. 오히려 성과는커녕 위기에 몰리는 경우를 자주 목격하게 된다. 성과는 노력도 중요하지만 그 보다는 선택에 의해 좌우되기 때문이다. '일을 제대로 처리하는 것도 중요하지만, 그 보다 중요한 것은 올바른 일을 하는 것(*What is more critical to success is doing right things than doing things right.*)'이란 경영의 금언도 이와 같은 맥락이다.

그러나 우리가 내린 어떤 선택이 올바른 것이었는지의 여부는 시간이 지나야만 알 수 있다. 결국 선택과 관련하여 우리가 할 수 있는 최선은 옳은 선택을 할 수 있는 확률을 높이는 것뿐이다. 이 책에서 소개하는 시스템 사고는 올바른 선택을 유도하는 사고체계이다. 통합적 사고(Holistic Thinking), 피드백 사고(Feedback Thinking), 시간적 사고(Time-based Thinking) 등 시스템 사고의 근간을 이루는 3대 사고는 불확실성이 고조되는 복잡계에서 상황을 정확히 판단하고 올바른 의사결정을 내리는데 도움을 준다.

뿐만 아니라 시스템 사고는 창의적 사고를 키우는데 매우 유용한 수단이 될 수 있다. 창의력은 '비롯하는 능력'이며 그 핵심에 '여백을 읽는 힘'이 있음을 유념할 때, 시스템 사고는 여백에서 의미 있는 맥락을 파악해내는 사고체계이기 때문이다. 특히 창의력의 4대 핵심 소양 중에서 심(心)적 영역인 유별성을 제외한 유연성, 유창성, 유통성은 시스템 사고의 외적 표출도구인 인과지도를 통해 체계적으로 계발 될 수 있다. 단선적 사고가 아닌 곡선적 사고를 통한 유연성,

부분이 아닌 전체 속에서 가능한 경우의 수를 생각해낼 수 있는 유창성, 다양한 시각과 의견을 수렴할 수 있는 유통성이 어떻게 발현되는지 이 책을 통해서 알 수 있을 것이다. 따라서 이 책의 대부분은 창의력 배양을 위한 실천적 수단으로서의 시스템 사고를 이해하고 훈련하는데 할애되어 있다.

이 책은 시스템 사고의 기초와 시스템 사고의 적용 등 2개 주제에 걸쳐 10개의 장으로 구성되어 있다. 제1부 시스템 사고의 기초에서는 사고의 본질과 진화과정으로부터 시작해서 시스템 사고의 세계관, 그리고 시스템 사고가 어떻게 올바른 선택에 기여할 수 있으며, 시스템 사고의 도구인 인과지도가 어떻게 창의력 배양에 기여할 수 있는지에 대해 논의하고 있다. 제2부 시스템 사고의 적용에서는 시스템 사고의 개념적 이해를 바탕으로 지금까지 널리 알려진 11개 시스템 원형의 구조와 행태를 설명하고 시사점을 논의하였다.

원고를 마감하면서 미흡하고 아쉬운 점도 있지만, 지금까지 시스템 사고와 관련된 문헌 중 가장 포괄적이며 깊이 있는 내용을 다루고자 했다는 점을 위안삼아 과감히 탈고하였다.

2023년 6월

김상욱

목 차

제1부 시스템 사고의 기초 Foundations

제2부 시스템 사고의 원형과 적용

Applications

제3장 시스템 사고는 어떻게 하는가?

제4장 처방과 중독

제1부

시스템 사고의 기초

Foundations

제1부는 아래와 같이 모두 3개의 장으로 구성되어 있다. 시스템 사고란 무엇을 말하며 왜 필요한지, 그리고 시스템 사고는 어떻게 하는 것인지에 대한 내용을 담고 있다.

- 제1장 (What) 시스템 사고란 무엇인가?
- 제2장 (Why) 시스템 사고는 왜 필요한가?
- 제3장 (How) 시스템 사고는 어떻게 하는가?

제1장에서는 사고의 확장 원리, 시스템의 특성에 근거한 시스템 사고의 핵심 사고요소, 그리고 시스템 사고를 표출하는 도구로서의 인과지도 작성 방식 등을 상세히 설명하였다.

제2장에서는 사고의 진화적 관점에서의 시스템 사고, 복잡계에 대처하는 수단으로서의 시스템 사고, 창의력 촉진 수단으로서의 시스템 사고 등 세 가지 관점에서 시스템 사고의 필요성을 살펴보았다.

제3장에서는 시스템 사고를 실천함에 있어 반드시 유념해야 할 사고 법칙과 조건, 그리고 시스템 구조와 행태의 관계를 구체적으로 제시하였다.

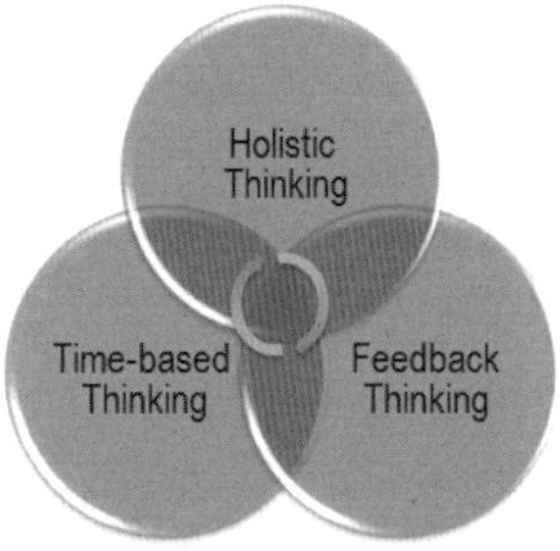

시스템 사고의 3대 요건

| 제1장 |

시스템 사고란 무엇인가?

동굴 속 두 사람

칠흑같이 어두운 밤 동굴 속에 갇힌 두 사람이 동굴에서 빠져 나올 수 있는 출구를 찾아 나섰다. 얼마 지나 그들 사이에는 작은 논쟁이 시작되었다. 같은 위치, 같은 방향을 향해 있었음에도 한 명은 길이 오르막이라 하고, 다른 한 사람은 내리막이라고 했다. 아침이 되어 벽 틈새로 빛이 들어왔다. 그들은 주위를 바라보며 왜 각기 다른 판단을 하게 되었는지 그 이유를 알게 되었다. 지팡이 삼아 손에 쥐고 있던 막대기의 길이가 서로 달랐던 것이다.

긴 막대기를 쥔 사람은 막대기가 곧장 땅에 닿는 것을 느꼈기에 분명 오르막이라고 생각했던 반면 짧은 막대기를 든 사람은 몸이 앞으로 많이 구부러지는 것으로 미루어 내리막을 향하고 있다고 생각한 것이다. 만약 끄트머리에 고무가 달린 막대기였다면 아마 동굴 속 땅이 탄성을 가지고 있다고 생각했을 것이다.

태어날 때부터 자신의 몸의 일부가 되어버린 막대기처럼 세상을 인식하는 잣대와 시각은 긴 세월에 걸쳐 서서히 자신의 일부가 되어 그 자체를 의식하기란 쉽지 않다. 그래서 인간은 자신만의 잣대로 바라 본 세상이 전부인 것처럼 생각하고 행동하는 오류를 범한다.

제1절 사고의 본질과 유형

사고(思考)란 '어떤 대상에 대한 개념, 판단, 추리 따위를 행하는 인간의 이성 작용'이다. 이 절에서는 사고의 근원과 유형, 그리고 사고는 어떻게 확장되는가를 논의한다. 다소 관념적 내용들이지만 '시스템 사고'에 필요한 기본소양을 갖추는데 도움이 될 것으로 기대한다.

> 나는 가설을 만들려 하지 않았다. 사실을 탐구했을 뿐이다.
> \- 아이작 뉴턴(영국 물리학자, 1643-1727)

1. 사고의 근원

思 인간은 갈대처럼 나약한 존재지만, "생각하는 갈대(*Thinking Reed*)"이다. "생각하기에 존재한다(*Cogito ergo sum*)." 굳이 이런 철학적 표현을 빌리지 않더라도 지적 능력을 가진 인간은 생각하는 존재임에 틀림이 없다. 그렇다면 우리의 생각(思)은 어디서 나오는 것일까? 필시 머리에서 나온다고 답할 것이다. 그러나 이러한 믿음은 서양식 합리주의적 사상에 기초한 것이다. 반면에 동양에서는 가슴(心)에서 나온다고 믿는다. 思를 비롯하여 생각과 관련이 있는 한자(想, 感, 悔 등)는 거의 예외 없이 心이 포함되어 있음이 이를 반증한다. 결국 머리와 가슴 모두 답이 될 수 있겠지만 가슴(마음)이 생각의 근원임에는 틀림이 없다. 자동차를 움직이는 것은 엔진이지만, 연료가 공급되지 않는 엔진은 작동하지 않는 고철덩이에 불과한 것과 같은 이치이다.

생각의 작동 원리를 동양의 시각에서 좀 더 논의해보자. 생각 '사(思)'를 파자(破字)하면 생각이란 마음(心)이 밭(田)에 갈 때 비로소 작동하게 되는 것임을 알 수가 있다. 여기서 밭(田)이란 자신의 이해관계와 직결되는 대상, 혹은 관심사를 의미한다. 우리는 '사(思)'에 내포되어 있는 생각의 작동원리로부터 사고의 출발점이 무엇인지 알 수 있다.

心 **일체유심조(一切唯心造)**. 세상의 모든 것은 그것을 인식하는 마음의 표상이다. 세상을 어떻게 바라볼 것인가는 바로 마음(心)에 달려 있다는 것이다. 공자(孔子)는 이를 두고 다음과 같이 얘기하고 있다: '心不在焉 視而不見, 聽而不聞'(마음이 없으면, 보아도 보이지 않고 들어도 들리지 않는다). 여기서 마음(心)이란 자신을 진정으로 사랑하는 정신작용[1], 즉 자기강화적(self-reinforcing) 의식으로 '피그말리온 효과(Pygmalion Effect)'와 맞닿아 있다.

문득 떠오르는 사고의 파편은 누구에게나 일어날 수 있으나 집요한 고심 없이는 가능한 것이 아니다. 과학적 발명조차 실수나 우연에서 비롯되는 '세렌디피티(Serendipity)'를 중시한다.[2] 그러나 우연처럼 보이는 '세렌디피티'는 결코 문제의식이 없는 상태에서는 찾아오지 않는다. 설혹 소중한 그 무엇과 마주친다 해도 그 사실조차 인식하지 못한다.

마음(心)이 없으면 문제의식이 발동하지 않고, 문제의식이 없으면 눈은 있으되 제대로 보는 눈이 아니요, 귀가 있으되 제대로 들을 수 있는 귀가 아니다. 이를 두고 공자는 군자가 품어야 할 아홉 가지 생각(九思)을 제시하면서 '시사명(視思明)'과 '청사총(聽思聰)'을 지목하고 있다. 무언가 볼 때는 제대로 보고 있는가를 생각하며 볼 것이며('視思明'), 무언가 들을 때는 총명하게 듣고 있는가를 생각하며 들으라

---

1) 이를 '유별성(有別性)'이라 하는데, 창의력 배양을 위해 가장 중요한 기질로서 관찰능력과 직결된다.

2) 문제의식 속에 골몰하면 무언가 소중한 우연과 조우하게 되는데 이를 '세렌디피티(serendipity)'라고 한다.

('聽思聰')는 것이다.

사고의 전제조건인 인식작용은 우리의 눈과 귀가 작동하면서 시작된다는 점에서 볼 때 제대로 보고, 제대로 듣는다는 것은 사고를 촉발하는 절대적인 요소이다. 이러한 의미에서 무엇을 '본다는 것'과 '듣는다는 것'이 진정 무엇을 의미하는 지, 한자 시(볼 視)와 청(들을 聽)을 파자(破字)해서 좀 더 구체적으로 살펴보기로 하자.

視思明 視 ⇐ 示 + 見

聽思聰 聽 ⇐ 耳 + 王 + 德

視 본다(視)는 것은 '제단(示)을 바라보는(見) 것'을 의미한다. 조상의 기일만 되면 우리가 흔히 하는 제사를 떠올려 보자. 이때 차려 놓은 제사상에 절하는 이는 아무도 없을 것이다. 그 대상은 비록 눈에 보이지는 않지만 그 주변에 어려 있는 조상의 귀신이다. 이렇듯 본다고 하는 것은 보이지 않는 그 무엇을 볼 수 있을 때라야 비로소 본다고 한다. '손금을 본다.'는 말은 '손바닥에 패인 금'을 본다는 의미와 '운명(팔자)'를 본다는 의미를 함께 가지고 있다. 여기서 '제대로 본다.'함은 후자일 것이다. 이것이 바로 '視思明'의 진정한 의미이다. '視'는 눈이 달린 존재라면 모두가 하는 감각적 행위지만, '明'하게 보아서 숨어있는 의미와 가치를 발견해낸다는 것은 결코 쉬운 일이 아니다.

그렇다면 '明'하게 볼 수 있는 조건은 무엇일까? 사과가 나무에서 떨어지는 것을 보고 중력을 발견했다는 뉴턴(Issac Newton, 1642~1727)의 일화는 너무나도 유명하다. 나무에 달려 있던 사과가 땅에 떨어졌다는 사실은 감각적으로 우리 눈에 비추어진 것일 뿐, 본 것이 아니다. 뉴턴이 남다른 명석한 두뇌를 가졌음은 사실이지만 중력을 발견할 수 있었던 원천은 다른 데 있었다. 그것은 바로 남다른 마음가짐(心)이다. 보통사람들은 잘 익은 탐스런 사과가 자신 앞에 떨어졌을 때 어떤 반응을 보일까? 필시 먹어 볼 것이다. 그리고 맛있으면 떨어진 사과가 더 없는지 주변을 살피거나 나무를 흔들어 사과를 떨어뜨릴 것이다. 이런 상황에선 더 이상 사고가 진전될 수 없다. 그가 떨어진 사과를 먹었는지는 알 수 없으나, 한 가지 분명한 것은 문제의식을 가졌다는 점이다. 일화에 따르면 나뭇가지에서 떨어지는 사과를 보고 이러한 의문을 품었다고 한다. '가지에 매달린 사과는 떨어지는데, 하늘에 달린 저 달은 왜 안 떨어질까?' 이것이 그로 하여금 '사과는 떨어진 것이 아니라 무언가가 잡아당긴 것'으로 볼 수 있게 만들었으며, 이로부터 중력의 발견에 이르는 고차원적 사고가 시작되었던 것이다.

聽 듣는다(聽)는 것은 무얼 의미할까? 제대로 된 귀(耳)를 갖는 것은 곧 제왕(王)의 덕목(德)이다. 경청한다는 것은 그만큼 중요하다는 의미이다. 말하는 사람의 입보다 듣는 이의 귀가 더 중요하다는 것은 바로 이를 두고 하는 말이다. 인류 역사 상 가장 넓은 영토를 장악했던 몽골 제국의 칭기즈칸(Chingiz Khan, 1155?~1227)은 다음과 같은 말을 남긴 적이 있다: "나는 이름조차 쓰지 못할 정도로 아는 게 없지만 주변의 얘기들을 늘 경청함으로써 오늘의 내가 있을 수 있었다."

앞서 언급했듯이 마음(心)이 곧 생각의 원천임을 유념할 때, 듣는다는 의미의 한자 '聽'에도 마음(心)이 포함되어 있음은 타인의 얘기를 '聽'하게 듣는 것 역시 생각의 출발이며, 그로부터 나름의 가치를 끌어내기 위해서는 남다른 마음가짐(心)이 필요하다는 의미기도 하다. '말하기 전에 먼저 들으라.'는 경구는 '聽'에 담긴 지혜를 담고 있다. 그래서인지 말하는 자(話者)의 덕목을 강조하는 서양과 달리 동양에서는 듣는 자(聽者)의 덕목을 중시한다. 그러나 듣는 자의 덕목을 강조하다보면 참여의식이 결여되기 쉽고, 말하는 자의 덕목에 치우치면 상대에 대한 관심이 부족해질 수 있다. 뒤에서 논의가 있겠지만, 모든 것은 상대적 관계 속에서 서로 영향을 주고, 영향을 받는다는 믿음이 저변에 깔려 있는 시스템 사고에서는 흑백논리를 거부한다. 말하기(話)와 듣기(聽)는 다음과 같은 피드백 구조 속에서 서로를 규정하면서 사고의 확장에 영향을 끼친다. 이러한 피드백 구조는 선순환일수도 있고, 악순환일수도 있다. 양자의 덕목을 중시하는 이유는 선순환적 사고 확장을 촉진하기 위한 것이다.

▶ 생각의 근원

우리의 생각(思)은 머리(腦)에서 나오지만 뇌를 작동하는 것은 가슴(心)이다. 결국 생각의 원천은 마음이다. 가슴(心)에서 머리(腦)까지의 작동구조를 도식적으로 집약하면 다음과 같다.

心 ➜ 視, 聽 ➜ 思

이것으로 끝일까? 그렇지 않다. 생각(思)을 통해 발견된 의미와 가치는 다시금 마음(心)을 강화시킨다. 이러한 선순환 피드백 구조 속에서 사고는 확장해간다. 창의성 분야에서는 이러한 마음을 '유별성(有別性)'이라 한다. 물론 그 반대로 악순환도 가능하다. 마음(心)이 죽어 버리면 보이고 들리는 것도 없다. 그리되면 사고 역시 죽어버린다. 사고가 없으면 마음(心)도 역시 작아진다.

2. 사고의 유형

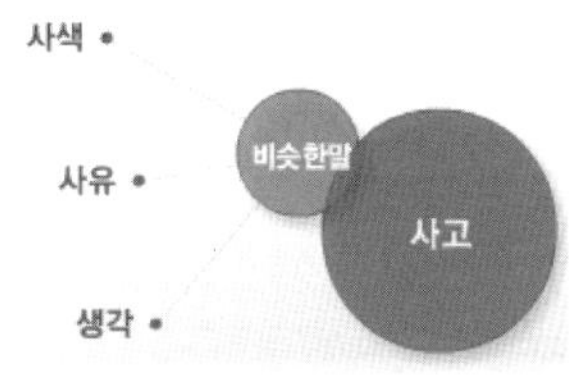

사고는 사유(思惟: Reasoning), 사색(思索: Meditation), 생각(生角: Thinking) 등과 유사한 의미를 갖는다. 따라서 환경과 방식에 따라 사고의 유형은 무수히 많을 수 있다. 그러나 이 책의 주제인 '시스템 사고(Systems Thinking)'에 대한 기본 이해를 돕는 차원에 국한해 그 유형을 구분해보기로 한다.

우선 연역과 귀납 등 논리학에 기초한 사고를 생각해 볼 수 있다. 이를 '실험실 사고(Laboratory Reasoning)'라 하며, 이에 대비되는 사고를 '일상적 사고(Everyday Reasoning)'라고 한다. 또 다른 유형으로는 '수직적 사고(Vertical Thinking)'와 '수평적 사고(Lateral Thinking)'가 있다. 전자는 이론과 절차를 중시한다는 점에서 실험실(정형적) 사고와 유사하며, 후자는 실제와 직관에 무게를 둔다는 점에서 일상적(비정형적) 사고에 가깝다.

1) 사고환경 차원: 실험실 사고와 일상적 사고

엄격한 논리에 따른 사고체계가 항상 '좋은 사고'일까? 일상에서는 논리적 오류가 있음에도 불구하고 이성적으로 건전한 주장을 만들어내는 경우가 적지 않다. 실험실에서 뛰어난 논리와 성과를 보인 사람이 일상의 문제 해결에는 실력을 발휘하지 못하는 사례를 자주 목격한다. 그 이유는 사회 같은 환경의 일상적 사고(Daily Thinking)와 학교 같은 환경의 실험실 사고(Laboratory Reasoning)가 차이를 보이기 때문이다.

일상적 사고와 실험실 사고는 그 기본 전제와 내용이 본질적으로 다르다. 귀납 혹은 연역적 추론이나 엄격한 삼단논법에 기초한 논리적 작업만으로는 일상적 사고에 대해 제대로 설명할 수 없다는 주장(Galotti, 1989)이 제기될 수 있다.[3] 특히 사회과학 분야에서 다루는 복잡한 사회문제들은 논리학적 공식으로 풀어내기에는 한계가 있다. 전문가들도 복잡한 문제 해결과정에 논리학적 추론이나 삼단논법 대신에 오히려 직관이나 체험을 통해 얻은 그들만의 방법을 활용한다는 점도 실험실 사고의 한계를 보여주는 좋은 예일 수 있다(Scribner, 1986).[4]

요컨대 형식논리를 중시하는 실험실 속의 형식적 사고와 일상생활의 비형식적 사고는 그 내용과 용도가 다를 수밖에 없다는 점은 시스템 사고를 공부하는 사람들이 주목해야 할 점이다. 복잡한 사회 문제는 수학이나 자연과학 문제와 달리 논리학적 공식으로는 풀어지지 않기 때문이다. Oliver와 Shaver(1966)가 '법리적 사고(Jurisprudential Reasoning)'를 제시하면서 이것이 '오류 찾기'식 비판적 사고나 연역적 사고와는 다른 것임을 강조하는 것도 같은 맥락이다.[5] 결국 사회과학에서 요구하는 능력은 논리학적 능력과는 다른 종류의 사고 능력이라는 것이다.

그렇다면 비형식적 논리의 일상적 사고란 형식적 논리체계 속의 실험실 사고와 어떠한 차이가 있을까? 우선 형식적 사고와 일상적 사고의 특징부터 정리하면 아래 표와 같이 인지, 해석, 대상, 표현 등의 차원에서 대조를 보인다.

---

3) Galotti, K.M. (1989). *Approaches to studying formal and everyday reasoning.* Psychological Bulletin. 105 (3). 331-351.

4) Scribner, S. (1986). Thinking in action: Some characteristics of practical thought. In Sternberg, R.J & Wagner R. (eds.) Practical intelligence. 13-30. Cambridge: Cambridge University Press.

5) Oliver, D.W. & Shaver, J.P (1966). Teaching public issues in the highschool. Boston: Houghton Mifflin Company.

실험실 사고와 일상적 사고의 개념적 차이

차 원	실험실 사고	일상적 사고	비 고
인 지	절차적 (Procedural) 이론적 (Theoretical)	직관적 (Intuitive) 실제적 (Practical)	Scribner (1986)[6]
해 석	형식적 (Formal)	비형식적 (Informal)	Walton (1989)[7]
대상(문제)	구조적 (Well-structured)	비구조적 (Ill-structured)	Kitchener (1983)[8]
표 현	규범적 (Prescriptive)	대화적 (Dialogical)	Paul (1987)[9]

(1) 인지단계(문제의 발견)

문제의 발견에 동원되는 사고 유형은 수동적 사고와 능동적 사고로 구분된다. 문제가 외부에서 주어지는 경우 수동적이며 이론적 사고가 작동하지만, 스스로 발견하는 경우에는 능동적이며 실제적 사고가 작동한다. 실험실에서는 구조화된 문제가 주어지고 그 해결책을 찾기 위한 사고가 작동한다. 그러나 일상에서는 스스로 문제를 형성하거나 최초의 문제를 다시 규정하는 작업이 요구된다(Scribner, 1986). 결국 문제의 해결에는 정형화된(절차적, 이론적) 사고가 요구되는 반면, 문제의 제기에는 비정형석(직관적, 실제적) 사고기 요구된다는 것이다.

따라서 실험실과 달리 현실에서는 물 흐르듯 전개되는 비정형적 사고가 더욱 중요하다. 같은 문제라도 비정형적 사고에 익숙한 사람들은 다양한 방식으로 대처하는 반면, 정형적 사고자들은 동일한 절차와 논리로 접근한다.

---

6) Scribner, S., op. cit., p. 5.

7) Walton, D.N. (1989). Informal logic: A handbook for critical argumentation. Cambridge: Cambridge University Press.

8) Kitchener, K.S. (1983). *Cognition, metacognition, and epistemic cognition: A three-level model of cognitive processing.* Human development. 26. 222-232.

9) Paul, R.W. (1987). *Dialogical thinking: Critical thought essential to the acquisition of rational knowledge and passions.* In Baron, J.B. & Sternberg, R.J (eds.) Teaching thinking skills: Theory and practice. 127-148. New York: W.W. Freeman.

(2) 해석단계(논리의 전개)

문제의 해석에 동원되는 논리는 이론상의 논리와 실천상의 논리로 구분된다. 전자가 명제의 형식적 관계에 초점을 맞춘다면, 후자는 그 명제가 실제 생활에서 어떻게 활용되는지에 관심을 갖는다. 이론상의 논리와 실천상의 논리는 의미론(Logical Semantics)과 활용론(Logical Pragmatics)으로 설명되기도 한다(Walton, 1989).

논리적 의미론은 참과 거짓 명제 사이의 관계를 강조하는 반면 논리적 활용론은 여러 쟁점을 놓고 제기되는 각종 주장들이 어떻게 활용되는지에 관심을 갖는다. 그러나 이러한 '논증적 언어 활용'은 증거나 이성에 의해 뒷받침되어야 한다는 측면에서 일상의 언어 활용과는 다르다.

실천적 논리의 핵심인 논증은 이론적 논리의 핵심인 추론과도 구분된다. 추론은 주어진 전제로부터 결론을 이끌어내지만 논증은 상대방을 이성적으로 설득하는 것을 목적으로 한다. 실험실에서의 추론은 설정된 명제 간 절대적 필요충분관계를 근간으로 하지만, 실세계에서의 논증은 상황에 따라 조건화될 수밖에 없다. 이와 같이 일상적 상황에서의 주장이란 거부 혹은 수용의 문제가 아니라 실천적 설득력의 여부로 평가된다.

(3) 사고대상(문제의 유형)

사고의 대상은 크게 구조적 문제와 비구조적 문제로 구분된다. 구조화된 문제들은 해결의 모든 요소들이 잘 알려져 있거나 잘 알 수 있는 것들이며, 최적의 해결책이 존재한다. 반대로 비구조적인 문제들은 단일의 해결책이란 존재하지 않으며 해결 절차도 따로 정해져 있지 않다. 일상에서 부딪히는 대부분의 문제들은 구조화되어 있지 않은 것들이다. 우리가 비구조적 문제들에 주목해야 하는 이유는 실험실 환경에서 쓰이는 구조화된 문제의 풀이방식이 일상에서의 문제 해결능력 향상에는 큰 도움이 되지 못하기 때문이다(Kitchener, 1983). 구조적 문제와 비구조적 문제의 특성을 비교해보면 아래와 같다(Jonassen, 1989).

구조적 문제와 비구조적 문제의 특성 비교

구조적 문제	비구조적 문제
제시되는 문제들이 명확히 정의되고 문제에 관한 진술 속에 문제의 모든 요소들이 명확히 지정된다.	문제의 성격 자체가 모호하게 규정되어 있으며, 문제 해결의 목적도 명확히 드러나지 않는 경우가 대부분이다.
하나로 귀결될 수 있는 해답이 있기 때문에 문제 해결의 규칙과 원칙들은 예측 가능한 형태로 정리될 수 있다.	단일의 합의된 해결책이 존재하지 않고 해결에 이르는 길도 다양하며, 때로는 전혀 해결책이 없을 수도 있다.
최적의 문제 해결 방식이나 기준이 정해질 수 있으므로 선택을 해야 하는 상황은 거의 발생하지 않는다.	다수의 문제 해결책이나 해결기준을 놓고 선택해야 하는 상황이 발생하며 최적보다는 최선의 선택을 하게 된다.
문제에 대한 시각이나 해결방식의 차이가 대립되는 경우는 거의 없기 때문에 논증 행위는 벌어지지 않는다.	문제에 대한 자신의 의견이나 신념을 제시하게 되고 그 과정에서 '변증법적' 논증 행위를 벌이게 된다.

(4) 표현방식(사고의 표출)

복수의 관점을 아우르는 변증법적 구도에서 필요한 사고는 대화적 사고이다(Paul, 1987). '대화적 사고(Dialogical Thinking)'는 비형식적 사고를 설명하는 이론적 틀이라기보다는 사고의 '원시적 성향'을 치유하는 방식의 하나이다. 이는 '규범적 사고(Prescriptive Thinking)'와 달리 하나의 이성적 논리가 또 다른 이성적 논리와 서로 그 준거를 놓고 경쟁하는 상황에서 요구되는 사고이다. 대화적 사고가 일상에서 필요한 이유는 대략 세 가지로 압축될 수 있다.

첫째, 일상에서 접하는 문제들은 대부분 이성적 논리들이 경쟁하는 것들이다. 우리의 사고는 객관적 대상 그 자체가 아니라 자신이 규정한 세계(관점)에 따라 달라진다. 결국 대상을 어떻게 규정하고, 보느냐에 따라 하나 이상의 준거 틀이 경쟁할 수밖에 없다. 따라서 서로 다른 준거 틀을 변증법적으로 배치하는 것이 불가피하다.

둘째, 즉흥적이고, 자기중심적이며, 비합리적인 사고의 원시적 성향을 극복하려면 이성적 증거를 찾고 자신과 다른 관점에 대해 공정하게 판단하는 인간의 2차적 성향, 즉 합리성을 개발할 필요가 있다.

셋째, '묵은 지식(Inert Knowledge)'으로 인한 '기동된 무지(Activated Ignorance)'에서 벗어나야 한다. 여기서 묵은 지식이란 말 그대로 '마음에 굳게 자리 잡고 변하지 않는 믿음'을 말한다. 이를 벗어나기 위해서는 생각을 변증법적 상황에 위치시키고 재구성하는 '비판적 사고'가 필요한데, 그것이 바로 대화적 사고이다.

이상에서 살펴 본 실험실 사고(형식적 사고)와 일상적 사고(비형식적 사고)의 차이점을 정리하면 아래와 같다(Galotti, 1989).

형식적(실험실) 사고와 비형식적(일상적) 사고의 유사점과 차이점

형식적(실험실) 사고	비형식적(일상적) 사고
• 긴 절차적 연결 구조	• 보다 짧은 단계의 논리 구조
• 전제(가정)가 명확히 규정됨	• 전제(가정)가 상황에 따라 가변적임
• 정답을 추론하는 '닫힌' 과정	• 어떤 근거도 활용하는 '열린' 과정
• 추론의 정확성을 강조	• 논증의 설득력(건전성)을 중시
• 답에 이르는 규범적 과정	• 합의에 이르는 사회적 과정
• 주어진 문제의 해결책 중시	• 문제의 발견과 재개념화 중시

▶ **'연성과학(Soft Science)'으로서의 시스템 사고**

'시스템 사고'는 다음과 같은 측면에서 비정형 문제에 접근하는 일상적 사고에 가깝다. 이러한 이유로 '시스템 사고' 방식을 '경성과학(Hard Science)'에 대비되는 '연성과학(Soft Science)'이라고도 한다.

- [인지단계]에서 시스템 사고는 문제의 제기와 해결책 모색 과정에서 직관적이며 실제적인 비정형적 사고에 의존한다.
- [해석단계]에서 시스템 사고는 설정된 명제 간 절대적 필요충분관계의 규명보다는 상황에 따라 조건화될 수밖에 없는 실천적 논리의 핵심인 논증을 사고한다.
- [표현단계]에서 시스템 사고는 사고의 '원시적 성향'을 극복하고자 '대화적 사고(Dialogical Thinking)'를 중시하며, 그 수단으로 인과지도(Causal Loop Diagram)를 활용한다.

2) 사고방식 차원: 수직적 사고와 수평적 사고

사고하는 방식에 따라 크게 '수직적 사고(Vertical Thinking)'와 '수평적 사고(Lateral Thinking)'로 구분된다. 이들은 우리의 일상적 문제 해결과정에서 상호 보완적으로 작용한다(Edward de Bono, 1992).[10] 수직적 사고는 문제 해결을 위해 분명하게 정해진 방향을 따라서만 이동하며, 언제나 확실한 접근방식이나 기술만을 사용한다. 반면 수평적 사고는 어떤 방향으로 나아가기 위해 작동하는 것이 아니라 어떤 방향을 만들기 위해서 이동하며 변화한다. 수직적 사고는 특정 효과를 내기 위해 실험을 계획하고, 수평적 사고는 타인의 생각을 변화시킬 기회를 갖기 위해 실험을 택한다.

---

10) Edward de Bono(1992), *Serious creativity: using the power of lateral thinking to create new ideas*. HarperBusiness. pp. 338.
그가 창시한 '수평적 사고(Lateral Thinking)' 개념은 옥스퍼드 사전에 등록될 만큼 창의적 사고 분야에서 국제적인 권위를 인정받고 있다.

수직적 사고를 하는 사람은 '나는 내가 무엇을 하는지를 안다.'라고 말한다. 그러나 수평적 사고를 하는 사람은 '나는 무언가 찾고 있지만 그걸 찾을 때까지는 무엇인지 알 수 없다.'고 말한다. 수직적 사고가 논리적 직선의 사고라면 수평적 사고는 직관적 곡선의 사고에 가깝다. 수직적 사고가 수학이나 물리라면 수평적 사고는 음악이나 미술이다. 수학문제는 정답이 하나지만 그림 그리기는 정답이 없다. 수직적 사고가 '앞으로 나란히'라면 수평적 사고는 '옆으로 나란히'이다. '앞으로 나란히'는 앞만 보면 되지만 '옆으로 나란히'는 좌도 보고 우도 보아야 한다. 수직적 사고가 표적을 겨냥한 사냥이라면 수평적 사고는 나물을 뜯듯 여기도 살피고 저기도 살피는 방식이다. 수직적 사고에서는 하나의 방법론에 집중하지만 수평적 사고에서는 모든 가능성을 열어둔다.

▶ 확률과 가능성

옛날 한 상인이 고리대금업자에게 진 빚을 갚지 못해 옥살이를 해야 하는 상황에 있었다. 상인의 예쁜 딸에 눈독을 들이던 그 고리대금업자는 이렇게 제안했다. 검은 돌과 흰 돌 하나씩 넣은 주머니에서 상인의 딸이 검은 돌을 꺼내면 빚을 대신해서 자신과 살아야 하며, 흰 돌을 꺼내면 조건 없이 빚을 변제해 주겠다는 것이었다.

며칠 후 상인의 딸이 고리대금업자를 찾아와 게임에 응하겠노라고 말했다. 곧바로 고리대금업자는 앞마당에 널려 있는 돌 두 개를 준비된 주머니에 넣었다. 그 순간 상인의 딸은 그 자가 검은 돌만 두 개 넣는 것을 보았다. 이러한 절망적인 상황에서 상인의 딸은 어떻게 해야 할까? 그녀의 선택은 세 가지일 것이다. 게임 자체를 거부하거나, 그의 속임수를 폭로하거나, 아니면 게임의 결과를 운명에 맡기는 것이다.

그러나 그 어떤 대안도 딸이 이길 가능성은 없다. 아버지가 감옥살이를 하거나 자기가 늙은 빚쟁이의 여자가 되는 길밖에 없다. 상인의 딸은 모든 것을 체념한 듯 돌을 꺼낸다. 순간 이 처녀는 집었던 돌을 마당에 떨어뜨리고는 얘기하였다: "아차! 돌을 땅에 떨어뜨렸네요. 그러나 주머니에 남아있는 돌을 보면 내가 집었던 것이 무슨 색이었는지 알 수 있겠지요?"

(1) T형 사고

수평적 사고와 수직적 사고는 각각 좌표의 x축, y축에 비견할 수 있다. 관념적으로 볼 때 사고 영역은 x축과 y축의 교차점에서 결정되는 면적에 해당된다. 따라서 수직적 사고나 수평적 사고 어느 하나만으로는 사고 영역이 결정될 수 없으며, 그 중 어느 하나의 값이 작으면 그만큼 사고 영역은 축소될 수밖에 없다. 따라서 수직과 수평적 사고가 교차된 사고가 필요한데 이를 'T형 사고'라 하며 '시스템 사고'가 지향하는 사고 역시 'T형 사고'이다. 이를 달리 말하면 좌뇌 혹은 우뇌가 아니라 양쪽 뇌를 효율적이고 통합적으로 사용할 수 있어야 한다.

수직적 사고만으로는 새로운 문제의 발견이 어려우며, 수평적 사고만으로는 문제 해결에 도달하기 어렵다. 수평적 사고를 통해 다양한 경로를 거치더라도 최종적으로 문제 해결에 도달하기 위해서는 적확한 해답을 찾아내는 수직적 사고로의 수렴이 필요하다. 이런 점을 종합해 보면 창의적 사고는 수직적 사고와 수평적 사고의 긴장된 교차과정에서 이루어진다.

필요한 대부분의 지식과 정보를 인터넷을 통해 얻을 수 있는 요즘 특정 지식의 소유 여부가 아니라 어떻게 효과적으로 선별하고 조합해 새로운 지식과 경험을 창조할 것인가가 중요하다. T형 사고는 이러한 시대 요구에 부합되는 사고로서 '단순성의 과학'이라는 낡은 패러다임으로 단일의 원인과 목적으로 수렴되는 환원주의적, 수직적 통섭과는 거리가 멀다. T형 사고는 '복잡계 과학'이라는 새 패러다임으로 학문과 예술의 다양성을 촉진하면서도 자연과 사회를 공동 기반으로 한 지속가능한 공생체계를 모색하기에 적합한 사고방식이다.

(2) 수평적 사고(대안)와 수직적 사고(선택)의 보완관계

수평적 사고는 여러 대안을 만들어 내는 힘을 가지고 있는 반면 수직적 사고는 선택에 유용하다. 수평적 사고는 부정하지 않으며, 어떤 것도 가정하거나 짐작하지 않고, 뜻밖의 방해를 환영하며, 범주, 구분을 고정시키지 않는 개연성의 과정이다.

- 수직적 사고로는 도저히 해결 가망이 없으리라 생각한 문제가 의외로 쉽게 해결되는 경우를 종종 볼 수 있다. "그렇게 간단한 것을 왜 생각 못했지?"하는 경우는 대부분 수평적 사고가 부족한 결과이다.
- 수평적 사고로 문제가 해결된 경우에도 그것이 수직적 사고에 의해 해결된 것으로 생각하기 쉽다. 수직적 사고는 문제해결의 과정과 원리를 논리화하는 기능이 있기 때문이다.
- 수평적 사고는 수직적 사고로는 해결책을 구하지 못하는 경우나 새로운 아이디어를 필요로 하는 경우에 유용하다. 그러나 수평적 사고로 찾아낸 아이디어를 깊이 있게 전개하는 과정에서는 수직적 사고가 필요하다.
- '수평적 사고가 곧 창조적 사고'는 아니다. 수평적 사고는 새로운 발상을 촉발하는데 기여하지만 단순히 사물을 보는 각도를 달리하는 시각 변경에 불과한 경우도 많다. 창조적 사고란 문제 해결에 유용한 결과를 도출하는 사고를 말하지만, 수평적 사고는 창조적인 결과를 얻어내지 못하는 경우도 많다.

• 수직적 사고에서는 논리가 생각을 지배하지만 수평적 사고에서는 생각이 논리를 지배한다. 이는 마치 장벽을 만나면 멈추는 것이 아니라 우회해서 흘러가는 물과 같은 유연한 사고이다.

3M사의 'Post-It'을 예로 들어 보자. 수직적 관점에서 접착제는 잘 붙을수록 좋은 제품이며, 붙지 않는 풀은 이미 풀이 아니다. 그러나 '붙다'와 그 대립항인 '떨어지다'의 경계를 넘나들면 '붙지 않는 풀'과 같은 기발한 발상이 가능하다. 이것이 수평적 사고의 본질이며 위력이다.

▶ **시스템 사고와 수평적 사고**

구체적 논의가 있겠지만 '시스템 사고'는 수평적 사고를 중시하되 수직적 사고를 아우르는 통합적 사고를 기반으로 한다. 또한 시스템 사고를 표출하는 기법인 인과지도(CLD: Causal Loop Diagram)는 전제나 가정을 우선하지 않고 수평적 사고를 전개하는 매우 유용한 도구이다.

---

3. 사고의 확장

인간의 사고는 자신을 둘러싸고 있는 외부 세계의 존재에 대한 인식으로부터 출발한다. 따라서 어떻게 인식 하느냐에 따라 존재는 달라질 수 있다. 결국 내면의 인식과 외부 세계의 존재 사이에는 피드백 순환 고리가 작동하면서 사고의 영역은 옆의 그림과 같이 점진적으로 확대된다. 그러나 묵은 지식

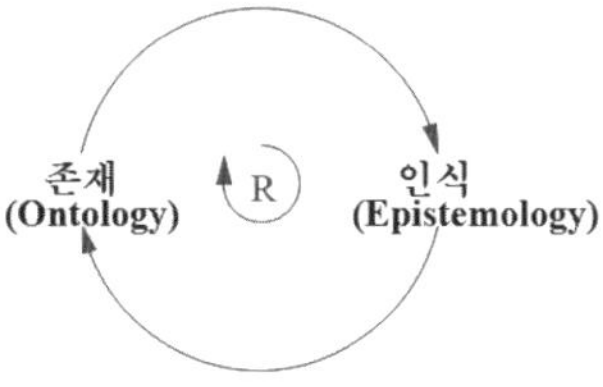

사고의 확장 메커니즘

(Inert knowledge)으로 인한 '기동된 무지(Activated Ignorance)'의 상태에서 벗어나기 위해서는 존재에 대한 인식이 확대되지 않으면 안 된다. 여기에서는 존재와 인식 사이를 왕복하며 사고를 확장하기 위한 조건을 세 가지로 집약해서 제시하기로 한다.

1) 반드시 세 가지를 읽어라.

필삼독(必三讀). 이는 맹자의 말씀이다. 관조하는 대상을 보고(視) 듣는(聽) 것을 단순히 '읽는다(read)'라는 표현으로 대체할 때, 반드시 세 가지를 읽지 않으면 사고는 확장되지 않는다.

- 행을 읽어라(Read lines).
- 행과 행 사이를 읽어라(Read between_the_lines).
- 그리고 네 자신을 읽어라(Read yourself).

이들 세 가지 요건 중 가장 중요한 것은 행과 행 사이의 여백에서 의미 있는 무언가를 읽어내는 것이다. 첫 번째 요건인 '행을 읽는다는 것' 것은 누구나 할 수 있는 작용이며, 세 번째 요건인 '자신을 읽는 다는 것'은 두 번째 요건인 여백을 읽어내는 사람이면 자연스럽게 이어지는 작용이다.

세 가지를 읽어야 사고가 확장된다는 것이 무엇을 의미하는지 좀 더 생각해보자. 아래 그림처럼 바다를 향한 창을 통해 밖을 바라보고 있는 상황을 상정해보자. 지금 당신에게 무엇이 보이는가 하고 묻는다면 뭐라고 응답할 것인가. 십중팔구 망막에 비추어진 파도, 하늘, 바위, 섬 등을 열거할 것이다. 책으로 말하면 이건 단순히 글줄(행)만 읽은 것과 같다. 그러나 똑같은 상황을 보면서도 어떤 이는 두 번째와 세 번째 요건을 읽어낸다.

섬, 하면
가고 싶지만
섬에 가면
섬을 볼 수가 없다.

지워지지 않으려고
바다를 꽉 붙잡고는
섬이, 끊임없이 밀려드는 파도를
수평선 밖으로 밀어내느라
안간힘 쓰는 것을 보지 못한다.

(중략)

밤새 파랗게 달려드는
민박집 형광등 불빛아래
혼자 한번
섬이 되어 봐라.

삶이란 게 뭔가
삶이란 게 뭔가
너는 밤새도록 뜬 눈 밝혀야 하리.

-안도현

사고의 확장 예시

시인은 '(중략)' 이전까지의 내용처럼 실제로 보이지는 않지만 여백을 읽어내고 있다. 그리고 '(중략)' 이후에 보인 것처럼 읽은 여백을 토대로 자기 자신을 읽고 있다. 결국 존재와 인식의 상호 피드백 작용을 통해 '섬 → 섬이 생존의 안간힘을 쓰는 모습 → 자신이 섬이 된 듯 인생을 반추'하는데 까지 사고가 확장되었음을 알 수가 있다. 한 마디로 섬을 통해 인생을 반추하기에 이르는 것이다.

여기서 중요한 것은 '피아(彼我)의 일체'이다. 섬을 그대로 보지 않고 살아 있는 생물처럼 생존을 위해 끊임없이 밀려오는 파도를 밀어내느라 안간힘 쓰는 모습으로 바라봄으로써 자연스럽게 거기에 자신의 삶을 투영하는 사고의 과정을 거치고 있다는 점이다.

2) 생각을 피드백 하라.

일상적 사고는 물론 사회적 현상을 이해하고 파악하는 '시스템 사고'를 함에 있어 염두에 두어야 할 것은 뒤에서 설명하게 될 '도요타의 렉서스(Lexus) 리콜 사례'(제2장 제3절 3. 창의와 시스템 사고)

처럼 여백을 읽어내는 힘이 매우 중요하다는 점이다. 여백을 읽으며 사고를 확장해가려면 생각에 마침표를 찍어서는 안 된다. 생각에서 마침표를 지우려면 그 생각을 환류 해야 한다. 아래에 제시된 몇 가지 예시들은 선언적이며 규범적 명제들로부터 사고를 환류해서 새로운 의문과 대안을 제시하고 있다. 이들을 통해서 생각의 환류가 사고의 확장에 얼마나 중요한 역할을 할 수 있는지 스스로 생각해보기 바란다.

▶ 사전식 사고의 오류와 피드백 사고의 필요성

(예 1) 교통경찰은 교통(차량의 흐름)을 정리한다.

- 교통이 경찰을 통제하지는 않을까?
- 교통이 스스로를 통제할 수는 없을까?
- 경찰이 오히려 교통을 혼잡하게 만들지는 않을까?

(예 2) 수요가 공급보다 많으면 가격이 상승한다.

- 가격이 하락하는 경우는 없는가?
- 가격이 하락하게 만들 수는 없는가?
- 수요 혹은 공급을 더 높이거나 더 낮추면 어떻게 될까?

(예 3) 성과는 노력에 비례한다.

- 열심히 노력했는데도 성과는커녕 위기에 몰리는 이유는 무얼까?
- 노력뿐만 아니라 다른 요인이 성과에 개입되지는 않을까?
- 성과를 결정짓는 근원은 무엇일까?

---

3) 대립적 사고(Opposable Thinking)를 훈련하라.

다섯 손가락 중에서 손의 기능을 결정짓는 것은 어느 것일까? 그것은 바로 엄지(thumb)이다. 유독 엄지만 다른 손가락들과 마주보는 대척점에 선다. 이것이 바로 물건을 만들고 조작하는 손의 힘이다. 우리의 생각에도 같은 원리가 적용된다. 엄지와 같은 기능을 하는 사고가 작동할 때라야 비로소 사고는 힘을 발휘하게 된다. 이를 '대립적 사고(Opposable Thinking)'라 한다.

엄지와 같은 기능을 하는 대립적 사고를 배양하려면 일상의 언어 활용에서 다음과 같은 세 가지 '~~면'을 포함하는 훈련을 할 필요가 있다. 필자는 이를 기억하기 쉽도록 속칭 '쓰리 면'이라 부른다.

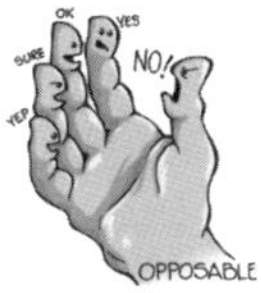

'○○다면 (If so, then ~)'
'○○하면 (Because ~)'
'○○라면 (what if ~)'

여기서 '그렇다면'은 새로운 무언가를 접했을 때 곧바로 기억에서 그와 부합 혹은 상충되는 것을 떠올려 대응하는 사고 행위로 앞서 논의한 수평적 사고와 관계가 있다. '왜냐하면'은 논증체계를 중시하는 수직적 사고와 관계가 있으며, '~~라면'은 관련된 다른 상황을 상정해보면서 상상력을 키우는 언어행위이다.

이들 세 가지 '~~면'은 우리의 생각을 강력하게 키우는 원동력(Opposable Thumb)이다. 타인이 제시한 것을 답으로 받아들이는 '사전식 공부'를 벗어나 세 가지 '~~면'을 훈련하면 생각에 마침표를 찍는 우리의 잘못된 관행을 극복할 수 있을 것이다. 환경이 급변하는 요즘은 이러한 대립적 사고가 더욱 필요하다.

▶ **대상에서 의미와 가치를 찾는 세 가지 조건**

관조의 대상이나 사회적 현상에서 새로운 무언가를 찾아내려면 최소한 세 가지 훈련이 필요하다. 첫째는 여백을 읽는 힘이요, 둘째는 생각을 환류 하는 것이며, 셋째는 인지의 대척점에서 생각하는 능력(Opposable Thinking)이다.

제2절 시스템 사고의 개관

이 절에서는 시스템 사고를 논의하기에 앞서 '사고'를 수식하는 '시스템'의 본질과 특성을 살펴본다. 그 연장선에서 시스템 사고의 기반이 되는 세 가지 유형의 사고를 논의하고, 시스템 사고는 저변에 어떠한 세계관을 가지고 있는지 소개한다.

복잡성이 임계점을 넘으면 그 시스템은
예측할 수 없는 방향으로 움직인다.
- 일리야 프리고진(벨기에 화학자, 노벨상수상자, 1917-2003)

1. 시스템의 이해

세상 만물은 결코 개별적으로 존재할 수 없다. 불전(佛典), 잡아함경(雜阿含經)의 '연기법(緣起法)'에 이런 구절이 있다.

- **此有故彼有**(차유고피유), **此起故彼起**(차기고피기)
  (이것이 있기에 저것이 있고, 이것이 생기기에 저것이 생긴다).
- **此無故彼無**(차무고피무), **此滅故彼滅**(차멸고피멸)
  (이것이 없기에 저것이 없고, 이것이 멸하기에 저것이 멸한다).

모든 존재는 서로가 서로를 존재할 수 있게 만들어주며 서로가 서로를 규정한다. 따라서 세상에 시스템이 아닌 것은 없다. 이는 곧 시스템의 특성이 반영된 사고를 할 때라야 세상을 올바로 볼 수 있음을 의미한다. '시스템 사고'란 한 마디로 모든 사회적 현상을 '있는 그대로 보자'는 것이다. 따라서 시스템 사고를 이해하려면 '시스템'의 본질과 특성에 대한 이해가 우선되어야 한다.

2) 시스템의 정의와 특성

(1) 정의

시스템(System)이란 그리스어 'systema'에서 유래된 것으로 '특정 목적을 달성하기 위하여 관련된 구성요소들이 상호 작용하는 유기적 집합체'이다. 전체로는 통일된 하나이면서 동시에 개별 고유기능을 가지고 공통의 목표를 위해 상호 작용하는 구성요소들의 유기적 집합체를 '시스템'이라 한다.

▶ '시스템 사고'에 대한 오해

'시스템' 하면 흔히 '사전에 정의된 체계적 구조'가 연상되기 때문에 이 책에서 소개되는 '시스템 사고'를 '일정한 규칙에 따라 구조화된 사고'로 오해하기 쉽다. 그래서 유연성을 중시하는 창의와 연관지어 '시스템 사고'를 언급하면 의아하게 생각할 수도 있다.

그러나 시스템 사고는 '세상을 시스템적으로 보자'는 것이 아니라 '세상을 시스템으로 보자'는 것이다. 세상 모든 것이 시스템이라면, 그 의미는 있는 그대로의 '사실적 사고'를 하자는 것이다. '사실적 사고'란 뒤에서 논의되지만 통합적 사고, 피드백 사고, 시간적 사고 등 시스템의 특성이 반영된 사고를 의미한다. 따라서 사고를 체계화하는 방법론으로서의 '시스템적 사고(Systematic Thinking)'와 '시스템 사고(Systems Thinking)'는 확연히 구분된다.

시스템적 사고(Systematic Thinking) ≠ 시스템 사고 (Systems Thinking)

체계적 사고 / 사실적 사고

결국 '시스템 사고'는 시스템의 특성이 반영된 '있는 그대로의 사고', 혹은 '사실적 사고'를 의미한다. 이 세상에 시스템이 아닌 것은 없으며, 외부 환경과 상호작용을 하지 않는 시스템은 존재하지 않기 때문이다.

그렇다면 시스템 사고를 대변하는 '있는 그대로의 사고', 즉 '사실적 사고'는 어떻게 하는 것인가에 대한 의문이 생긴다. 그 단초는 앞서 언급한 '목표', '구성요소', '상호작용' 등 시스템의 정의에 담겨 있는 세 가지 키워드에 있다. 이들은 뒤이어 논의되는 시스템의 특성을 규명하는 출발점이며 동시에 시스템 사고의 근간을 이루는 세 가지 사고요소의 근거가 된다.

시스템의 3대 키워드(GCI)

- 지향목표(**G**oal): **A system is 'goal-oriented'.**
  - 목표에 이르기까지 반드시 시간지연(Delay)이 개입됨을 의미
  - 누적효과 + 비등가성(inequality)→ **시간적 사고**(Time-based Thinking)
- 구성요소(**C**omponent): **A system is 'hierarchical'.**
  - 요소 중심의 사고 → 분석적 사고(Analytic Thinking)
  - 홀론(holon)적 특성 반영 → **통합적 사고**(Holistic Thinking)
- 상호작용(**I**nteraction): **A system is 'synergic' and 'self-controlled.'**
  - 시너지(synergy)와 엔트로피(entropy)억제는 요소간 상호작용으로 가능
  - 원인이 결과를 낳는다. → 단선적 사고(Linear Thinking)
  - 결과는 다시 원인에 영향을 끼친다.→ **피드백 사고**(Feedback Thinking)

(2) 특성

존재의 이유를 갖는 세상 만물은 모두 다 시스템이다. 그러나 엄밀한 의미에서 시스템이란 다음과 같이 구조적 차원과 기능적 차원에서의 특성을 지니고 있을 때 '시스템'이라고 할 수 있다.

① 구조적 차원

시스템의 구조는 I-P-O, 피드백, 계층화 등 세 가지 차원으로 설명될 수 있다.

- **I-P-O 구조**: 시스템은 외부로부터 자원을 투입(Input)하여 일련의 처리과정(Process)을 거쳐 자신의 목적에 부합되는 결과물

(Output)을 출력하는 'I-P-O'를 기본 구조로 갖는다. 이러한 I-P-O 구조는 "목표지향성"이라고 하는 시스템의 기능적 특성과 밀접한 관계가 있다. 즉 목표에 부합되는 산출(Output)을 위해 그에 맞는 투입(Input)과 처리과정(Process)을 결정 짓게 된다.

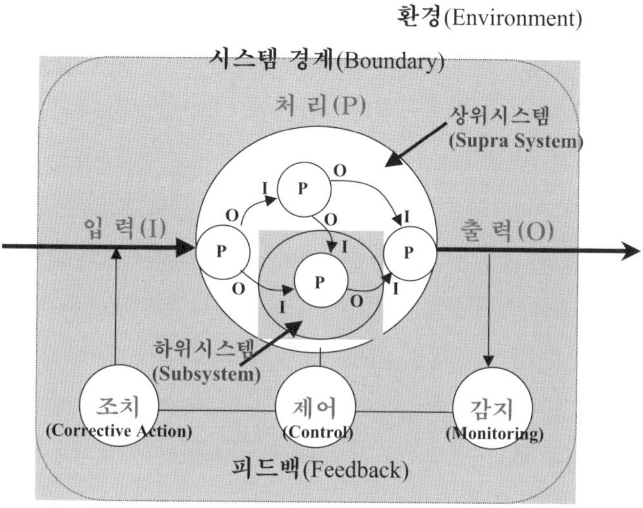

시스템 구조 개념도

- **피드백(Feedback) 구조**: 시스템은 정해진 목적에 따라 존재하고 작동한다. 따라서 시스템은 산출 결과에 따라 처리과정을 제어하며 수정조치를 입력에 가하는 일련의 피드백 구조를 가짐으로서 시스템이 목적에 부합되는 행위와 결과를 유지하도록 한다. 이러한 피드백 구조는 엔트로피(entropy) 증가를 억제하기 위한 "자기제어성"이라고 하는 시스템의 기능적 특성과 밀접한 관계가 있다. 피드백은 양의 피드백(positive feedback)과 음의 피드백(negative feedback)으로 대별된다. 양(陽)의 피드백은 시스템이 움직이는 방향을 더욱 촉진하는 '자기강화(Self-reinforcing)' 작용

을 한다. 반면에 음(陰)의 피드백은 일정 허용범위 내에서 변동을 억제하고 허용범위를 벗어나는 현상을 제어하는 '목표 수렴적(Goal Seeking)' 작용을 한다.

- **계층적 구조(Holon)**: 시스템은 설정되는 경계에 의해 식별되는데, 경계를 중심으로 그 내부를 '시스템(System)'이라 하고 외부를 '환경(Environment)'이라 한다. 하지만 그 경계가 명확하게 구분되지 않는 경우도 있다. 하나의 시스템은 몇 개의 하위 시스템으로 구성되기도 하며, 때로는 어떤 시스템이 다른 시스템들을 포괄하는 환경적 기능을 수행하기도 한다. 시스템의 이러한 계층구조는 '그 자체로 전체이며 동시에 부분' 즉 '홀론(holon)'이라고 독특한 특성에 기인한다. 시스템의 이러한 홀론적 특성은 대상 시스템의 실체를 파악하는데 하향식(Top-Down) 접근을 가능케 한다. 하향식 접근방식이란 하위시스템들은 일단 '검은상자(Black Box)'로 간주하고 시스템 전체를 파악한 후 검은상자의 내부를 들여다보는 단계적 분석방식을 말한다.

▶ "산은 산, 물은 물"

성철 큰스님이 마지막으로 남기고 가신 법어이다. 이 화두가 진정 무엇을 의미하는지 해석이 분분하지만, 시스템 사고의 범주로 제한하여 다시 생각해보자.

과연 산은 산이고, 물은 물로만 존재하는 것일까? 그렇다면 '산이 높으면 물이 깊다'는 말은 무엇을 의미할까? 산이 높으면 골이 깊고, 골이 깊으면 물이 깊다. 물이 깊으면 골이 깊어지며, 골이 깊으면 산은 높아진다. 결국 산과 물은 별개로 존재할 수 없다. 산이 있어야 물이 있고, 물이 있어야 산이 있다. 산이 없으면 물이 없고, 물이 없으면 산은 없다. '산은 산, 물은 물'이 아니다. 산과 물은 따로 존재할 수 없다.

---

② 기능적 특성

시스템의 가장 중요한 현상은 상승효과(synergy)를 낳는다는 점이다. '시너지(Synergy)'란 'System'과 'Energy'가 결합된 '시스템 에너지'를 말한다. 시스템이 에너지를 내기 위한 조건은 구성요소 간 긴밀한 상호작용이며, 이러한 상호작용은 구성요소 간 공통의 목표나 지향하는 가치(공유가치)가 공유될 때 가능하다. 따라서 '시너지'를 반영하는 시스템의 기능적 특성은 목적성(목표지향성), 통합성(홀론성), 자동성(상호작용성) 등 세 가지로 집약될 수 있다.

▶ 시스템(System)과 컬렉션(Collection)

컬렉션(Collection)은 외형이 시스템(System)과 아주 흡사하지만, 시스템과 달리 컬렉션은 상호작용이 존재하지 않기 때문에 '시스템 에너지(시너지)'를 발생시키지 못한다. 따라서 컬렉션에서는 구성요소를 추가하거나 제외하더라도 아무런 변화가 없지만, 시스템의 경우는 특성과 성질에 큰 변화를 초래하게 된다.

Source: Daniel H. Kim(1999), Introduction to Systems Thinking, Pegasus Communications. Inc.

• **목표지향성(Goal-oriented):** 시스템의 '목표지향성'이란 시간 위에서 시스템의 행태가 변화하며 목표를 향해 수렴하려는 특성을 지니고 있음을 의미한다. 따라서 현 상태에서 목표수준에 이르기까지 일정 시간이 소요된다. 사고의 관점에서 볼 때, 이러한

지연은 두 가지 시사점을 내포하고 있다. 첫째, 시점에서 보지 말고 시간 위에서 대상 시스템 변화를 살펴야 한다. '가랑비에 옷 젖는' 누적효과는 과잉반응으로 나타나 파동을 보인다는 점도 유념해야 한다. 둘째, 시간을 다른 각도에서 바라볼 필요가 있다. '같은 시간도 영향도가 다른' 비등가성이 작용하기 때문이다. 결국 시간지연은 누적효과를 낳으며, 누적효과는 과잉반응으로 이어져 시간의 비등가성을 초래한다,

- **홀론성(Holistic):** 시스템의 '홀론(holon)적 특성'[11]은 '그 자체로 전부이며 동시에 다른 것의 일부'라는 의미를 담고 있다. 시스템의 이러한 '홀론성'은 '분할'의 반대 개념인 '통합성(Holism)'이라고도 하는데, 사고의 관점에서 두 가지 중요한 시사점을 내포하고 있다. 첫째, 사고의 수평적 확장이다. 대상 시스템은 다른 시스템의 일부분일 수 있으므로 상위 시스템이 무엇이냐에 따라 그 의미를 달리 할 수 있기 때문이다. 구성요소별 관점뿐만 아니라 시스템 전체를 고려해야 구성요소 중심의 부분최적화(suboptimization)를 피할 수 있다. 둘째, 사고의 수직적 확장이다. 대상 시스템의 가시영역은 빙산의 일각처럼 수면 위에 드러난 작은 일부일 수 있다. 따라서 수면 아래 가려진 부분을 파고 내려가는 사고의 수직적 확장은 시스템 전체의 본질을 이해하는 매우 중요한 수단이 된다.

---

11) '홀론(Holon)'이란 본래 그리스어로 '전체'를 나타내는 'holos'와 '부분'을 의미하는 'on'으로 구성된 복합명사로 '부분적 전체'라는 뜻을 담고 있다. 위에서 내려다보면 부분, 아래에서 올려보면 전체가 되는 계층구조를 지칭하기도 한다. 예컨대 하나의 생명체는 전체이고 그 구성체인 분자는 부분이지만 분자는 또 그 구성체인 원자에 대해서 전체가 되고 원자는 부분이 된다. 따라서 어떠한 개체도 하나의 홀론으로서 전체에 대해 부분으로 기능하는 통합성과 독자적 자율성을 유지하는 자기제어성의 양면성을 갖고 있다.

• **상호작용성(Interactivity):** 시스템의 '상호작용성'이라 함은 목표로의 이행에 관여되는 구성요소 간 상호작용을 말한다. 이는 시스템의 행태적 특성을 규정하는 피드백 구조를 낳는다. 피드백의 특성(극성)에 따라 시스템 행태는 두 가지로 나타난다. 첫째는 양(+)의 피드백 구조로 일탈적(지수적) 증가와 하락을 보인다. '구성요소들의 개별적 합보다 효과가 크거나 더 작게 나타나는 현상'을 지칭하는 '상승효과(synergy effect)'는 양의 피드백 구조의 자기강화적 힘에 의해 나타난다. 둘째는 음(-)의 피드백 구조로 안정적 수렴형 패턴을 보인다. 어떤 조건이나 상황 변화에 대응하는 시스템의 '자동성'은 음의 피드백이 갖는 자기제어적 통제로 가능하다. 결국 음의 피드백은 엔트로피(Entropy)[12]의 증가를 억제함으로써 시스템을 유지시킨다. 시스템의 피드백 구조를 유발하는 상호작용성은 사고의 관점에서 두 가지 중요한 시사점을 내포한다. 첫째, 사고의 분기이다. 얻는 게 있으면 잃는 게 있는 것이 세상의 이치이듯, 예상치 않은 부정적 결과를 상정하여 사고를 분기할 필요가 있다. 둘째, 사고의 환류이다. 피드백이 없는 시스템은 없으므로 반드시 사고를 환류하여 피드백을 추적해야 한다.

아래 도표는 시스템의 정의와 특성으로부터 시스템 사고의 기본 요소가 어떻게 도출되었는지를 설명하고 있다. 세상에 시스템이 아닌 것은 없다고 전제할 때, 결국 시스템 사고는 시간적 사고, 통합적 사고,

12) 엔트로피(Entropy)란 열역학 제2법칙의 용어로 시스템의 '무질서 또는 복잡성의 정도'를 의미하며, 시간이 지남에 따라 엔트로피가 증가하는 현상을 보인다. 따라서 어떤 시스템이 계속 존재하고 주어진 목적을 달성할 수 있도록 엔트로피의 증가를 억제하는 활동 또는 입력이 반드시 필요한데, 이와 같은 활동을 부(負)의 엔트로피(Negative Entropy)라고 한다.

피드백 사고를 기반으로 하여 '있는 그대로의 사고', 즉 '사실적 사고'를 하자는 의미이다.

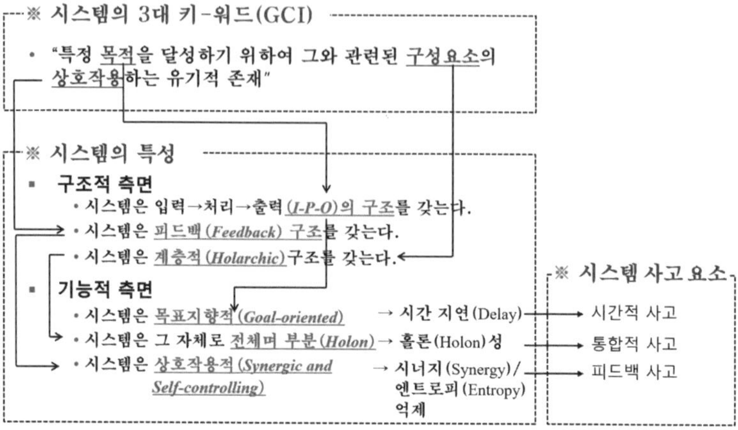

시스템의 정의 및 특성과 시스템 사고의 관계

▶ **구성요소(Components)와 통제요소(Control Points)**

관리 측면에서 두더지게임기와 자동차 중 어느 쪽이 더 복잡할까? 구성부품이 수 만개에 이르는 자동차가 훨씬 복잡할 것으로 생각하기 쉽다. 그러나 시스템의 복잡성은 그를 형성하는 구성요소 수에 좌우되는 것이 아니라 통제요소의 수에 좌우된다. 게임기의 경우 모든 두더지가 다 통제대상이지만 자동차의 통제점은 핸들, 브레이크, 가속페달 등 소수에 불과하다.

2. 시스템 사고의 3대 요소

우리가 살고 있는 세상을 살펴보면 시스템이 아닌 것은 없다고 해도 과언이 아니다. 결국 시스템 사고는 한마디로 세상의 모든 만물을 시스템으로 간주하고, 모든 만물의 운행을 시스템 특성을 반영하여 바라보자는 것이다.

앞서 시스템의 특성을 논의한 바 있듯이 시스템은 '① 목표지향적'이기 때문에 그 목표에 수렴하기 위해 시간 위에서 끊임없이 변화한다. 따라서 시스템 사고는 시간적 사고(Time-based Thinking)를 포함한다. 둘째 시스템은 '② 홀론적'이기 때문에 부분이 아닌 전체를 바라보는 통합적 사고(Holistic Thinking)가 요구된다. 셋째, 시스템은 목표에 수렴하기 위한 '③ 자기제어적' 특성(자동성)을 가지고 있기 때문에 이를 이해하려면 반드시 피드백 사고(Feedback Thinking)가 필요하다.

결국 시스템 사고는 시스템의 특성으로부터 유추할 수 있듯이 시간적(time-based) 사고, 통합적(holistic) 사고, 피드백(feedback) 사고 등 세 가지 사고의 기본 조건이 충족되어야 가능하다.

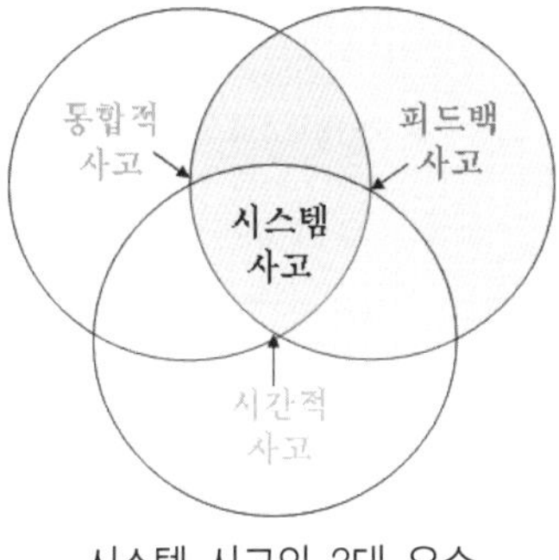

시스템 사고의 3대 요소

1) 시간적 사고(점 측정에서 선 추정으로)

세상에서 변화하지 않는 것이 있다면 그것은 바로 세상의 모든 것은 변화한다는 사실뿐이다. 그리스 철학자 헤라클레이토스의 말이다. 그러나 변화를 항상 느끼고 산다면 굳이 '변화'라는 용어를 쓸 이유가 없을 것이다. '~이 변했다'고 한다면 그것이 안정된 상태에 있었음을 전제하는 것이다. 이렇듯 우리는 의식적으로든 무의식적으로든 세상의 모든 것이 안정된 상태에 있는 것으로 믿고 살아간다. 사실 우리 주변에는 안정된 것으로 가정해도 무방한 경우가 많다. 원자재 값은 며칠 내로 변하지 않을 것이며, 일정한 물가상승률에 따라 원자재 값이 올라간다고 가정해도 된다. 텔레비전은 하루 새 낡지 않는다고 가정해도 무방하며, 일정한 비율로 노후화가 진행된다고 가정해도 살아가는데 전혀 무리가 없다.

그러나 변화는 특정 시점에서 감지되는 것일 뿐, 한시도 중단 없이 지속된다. 따라서 '변화'란 표현은 사실상 불가능한 것일 수 있다. 같은 맥락에서 세상의 모든 시스템은 끊임없이 변하면서 그 목표에 수렴하고자 한다. '시간적 사고'란 이러한 과정에는 반드시 시간이 개입된다는 점을 염두에 둔 사고를 말한다. 시간적 사고와 관련하여 유념해야 할 점은 다음과 같다.

첫째, 시간의 비등가성이다. 같은 단위시간이라도 끼치는 영향 강도는 다르다. 시간 위에서의 변화율은 가속되는 경우와 점차 완화되면서 '0'에 수렴하는 경우 등 두 가지 유형으로 대별된다. 전자는 양의 피드백 루프(Positive Feedback Loop)가 지배적으로 작용할 때 나타나는 현상이며, 후자는 음의 피드백 루프(Negative Feedback Loop)가 작용하는 경우이다. 시스템 관리 차원에서 특히 주목해야 할 것은 양의 피드백 루프가 작동할 때이다.[13)]

둘째, 시간의 누적 효과이다. 시간 위에서의 변화는 단절적(discrete)으로 일어나지 않는다. 변화는 연속적(continuous)으로 이어지지 때문에 쉽게 감지되지 않는다. "낙타의 허리는 마지막 올려놓은 콩알 하나에 부러진다."는 아라비아 속담처럼 임계점에 이르기 전

13) 이에 대해서는 제3장 제1절에서 보다 구체적으로 논의한다.

까지는 변화를 체감하기 어렵다. '삶은 개구리 증후군(Boiled Frog Syndrome)'처럼 변화의 연속적 특성은 자칫 시스템이 웬만한 스트레스에 잘 견디는 것으로 착각하게 하고, 그 결과 시스템 전체가 와해되는 결말을 낳기도 한다. 이러한 오류를 막으려면 적분이 아닌 단위시간 당 변화율을 읽는 미분의 시각에서 행태의 변화를 관찰해야 한다.

셋째, 단기적 성과가 중장기적으로는 발목을 잡는 역효과로 작용할 수도 있다. 단기에 효과를 내는 정책은 항상 의심해보아야 하며 좋은 정책으로 판단되는 경우에도 중장기적으로 예상치 못한 결과를 초래하지는 않을지 점검해야 한다. 오늘의 처방이 내일의 질병을 유발할 수 있기 때문이다.

넷째, 변화에는 반드시 시간지연이 개입된다. 지연은 물질지연(Material Delay)과 정보지연(Information Delay)으로 대별되는데, 전자는 '전달지연(Delivery Delay)', 후자는 '인지지연(Perception Delay)'이라고도 한다. 이러한 시간지연은 시스템의 행태에 파동을 유발한다.[14]

2) 통합적 사고(부분에서 전체로)

근대과학의 근간인 분석적 사고는 요소환원주의(Reductionism), 즉 '부분으로 쪼개서 이해한 후 원래대로 다시 조합하면 전체를 설명할 수 있다(부분의 합 = 전체)'는 세계관에 기초하고 있다. 이러한 세계관은 물질의 본질을 이해하는데 상당한 기여를 하였다. 그러나 소를 둘로 쪼갠다고 두 마리 송아지가 될 수는 없다. 그 반대로 죽은 송아지 토막을 합한다고 산 송아지가 되지도 않는다. 이처럼 분

14) 이에 대해서는 제3장 제3절에서 보다 구체적으로 논의한다.

해한 부분들을 다시 합치면 원래대로 환원되지 않는 경우는 너무나도 많다.

익히 알려진 바와 같이 물은 수소 두 분자(H_2)와 산소 한 분자(O)로 이루어져 있다. 이는 물을 분해하여 발견한 놀라운 결과이다. 그렇다고 해서 물맛까지 알 수 있을까? 자동차를 해부하면 작동 원리는 알 수 있지만 승차감은 알 수 없다. 여러 영화배우의 아름다운 부분만 모아 조합한다고 가장 아름다운 여인의 형상이 만들어지는 것은 아니다.

이처럼 어떤 대상을 파헤치는 '분석적 사고(Analytic Thinking)'만으론 실체를 정확히 알 수 없다. 오히려 부분별 최적화는 암세포처럼 자기 증식을 위해 시스템 전체를 파괴할 수도 있다. 또한 시스템의 가장 대표적 특성인 시너지(Synergy)는 '전체는 전체로 보아야 한다.'는 명제에서만 가능한 개념이다. 이것이 바로 '통합적 사고(Holistic Thinking)'가 필요한 이유이다.

3) 피드백 사고(단방향에서 양방향으로)

초기 조건과 값이 정확하고 엄격해도 시스템의 결과는 매번 다를 수 있다. 시스템을 확정태(certainty)가 아닌 '가능태(potentiality)'로 규정하는 것도 이러한 이유에서이다. 이는 동일한 조건에서의 실험은 항상 동일한 결과가 나와야 하며(실험오차는 무시되어도 좋다), 몇 번이고 반복될 수 있다는 분석적 사고의 '재현가능성' 원칙에 위배되는 것이다. 이러한 시스템의 행태적 특성은 결국 구성요소들 사이에 존재하는 상호작용 구조와 성격에 좌우된다.

기계적 사고에 기반 한 지금까지의 분석 모델은 독립변인(x)과 종속변인(y)으로 양분하여 x가 y를 결정함을 기본전제로 하고 있다. 그러나 모든 시스템은 반드시 환류기제(Feedback Mechanism)를 가지고 있으며 자기제어적 특성이 있기 때문에 이러한 가정은 사실적이지 못하다.

따라서 시스템 사고는 결과로서의 행태 그 자체보다는 이를 결정하는 시스템 구조 - 즉 구성요소 간 피드백 구조 파악에 초점을 둔다. 시스템 행태는 저변의 구조에 따라 선순환 혹은 악순환의 자기강화적(self-reinforcing), 목표수렴적(goal seeking), 하이프(boom-bust), 파동(oscillation) 등 다양한 형태로 나타나게 되며, 이들 구조가 서로 결합하여 하나의 시스템을 이룰 때 그 행태는 매우 복잡한 모습을 보인다.

시스템의 피드백 구조가 던지는 시사점은 세 가지로 집약될 수 있다. 첫째, 시스템 구조의 미세한 변화가 행태의 큰 차이를 만들어 낼 수 있다. 이는 시스템의 행태를 변화시키는 급소(Leverage Point)가 있음을 의미한다. 이는 시스템 시뮬레이션을 통해 찾을 수 있으나 여기서는 구체적 논의를 생략한다.

둘째, 음(-)보다는 양(+)의 피드백을 이용하는 것이 궁극적으로 시스템을 보다 바람직한 방향으로 유도 할 수 있다. 예컨대, 살충제를 쓰기보다는 천적을 이용한다거나, 출산을 억제하는 대신 적게 낳는 가정에 혜택을 주는 것이 효과적이다. 주변의 어떤 나라가 강해지면 그 나라의 적국들을 지원했던 영국의 전략도 같은 맥락에서 이해될 수 있다.

셋째, 앞서도 얘기 했지만, 시스템의 복잡성과 그로 인한 불확실성은 구성요소의 수에 좌우되는 것이 아니라 통제요소의 수에 좌우된다. 따라서 시스템의 효과적 관리는 구성요소의 수를 줄이는 것이 아니라 통제점의 수를 줄이는데 있다. 통제점의 수를 줄이는 효과적 방안이 바로 피드백의 도입이다.

3. 시스템 사고의 학문적 체계

시스템 사고는 어떤 과정을 거쳐 학문적 체계를 이룰 수 있었을까? 이에 대한 답을 찾는 것도 시스템 사고를 이해하는데 도움이 될 수 있다. 시스템 사고의 학문적 체계화 과정을 중심으로 그 역사를 살펴보자.

1) 시스템 사고의 기원과 역사

Jay W. Forrester, 1918~2016

시스템 사고는 '시스템 다이내믹스(System Dynamics)' 분야의 창시자인 MIT 포레스터(Jay W. Forrester, 1918~2016) 교수의 저서 '산업동태론(Industrial Dynamics, 1961)'에 그 뿌리를 두고 있다. '시스템 원리(Principles of Systems, 1968)', '도시동태론(Urban Dynamics, 1969)', 그리고 1968년 지구촌 문제의 해결방안을 모색하고자 '로마 클럽(Club of Rome)'이 결성되면서 이를 계기로 저술한 '세계동태론(World Dynamics, 1971)'에 이르기까지 그는 시스템 다이내믹스(System Dynamics)의 이론과 응용을 사실상 주도하였다.

1972년 '로마 클럽'의 위탁으로 그의 후학들이 천연자원의 고갈, 환경오염 등 인류의 위기 타개를 모색, 경고·조언을 담은 보고서 《성장의 한계(Limits to Growth)》를 발표하면서[15] '시스템 다이내믹스'는 전 세계의 이목을 받았다. 이때부터 시스템 다이내믹스는 본격적으로 공학뿐만 아니라 사회과학분야로까지 그 영역을 확장하기 시작했다.

---

15) 17명의 연구자들이 모여 만들어낸 이 보고서는 30개 언어로 3,000만부가 지금까지 전 세계에 배포되었다.

당시만 해도 '시스템 다이내믹스'는 비록 사회적 이슈들을 다루고는 있었으나 그 수단은 컴퓨터 시뮬레이션이었다. 따라서 시스템 다이내믹스에 특화된 시뮬레이션 도구가 필요했는데 그래서 개발된 것이 'DYNAMO'라는 프로그램이었다. 그러나 'DYNAMO'의 운영체계는 일일이 수식을 직접 만들어 입력하는 방식이었기 때문에 불편하였을 뿐만 아니라 일반인들은 엄두조차 낼 수 없는 것이었다. 1980년대 초반까지 명맥을 유지하다가 그래픽 기반 이용자 인터페이스(GUI)가 구현된 'STELLA'가 출현하면서 'DYNAMO'는 사라지게 된다. 1980년 중반부터 GUI가 강화된 PC기반 소프트웨어가 다양하게 출시되었지만 시뮬레이션이란 특성 때문에 시스템 다이내믹스는 여전히 어렵고 복잡하게 느껴졌다. 그로 인해 사회 전반으로의 확산은 극히 제한적일 수밖에 없었다.

1990년 피터 센게(Peter Senge, 1947~)가 저서 '다섯 번째 수련(*The Fifth Discipline: The Art & Pactice of the Learning Organization*)'을 통해 학습조직이론을 시스템 사고로 설파하면서 새로운 전기가 마련된다. 그는 시스템 다이내믹스에서 일반인이 이해하기 어려운 컴퓨터 시뮬레이션 부분을 제외하고 저변의 세계관과 사상적 기반으로만 학습조직을 설명했던 것이다. 조직도 시스템이므로 '시스템 사고'로 관리되어야 한다는 지론으로 학습조직 개념을 최초로 제시하였다. 그 전까지만 해도 별도의 용어로 쓰이지 않았던 '시스템 사고'는 이때부터 체계를 잡아가면서 시스템 다이내믹스의 새로운 흐름으로 인식되기 시작했다.

2000년대 접어들면서 또 하나의 주목할 만한 계기가 마련된다. 그것은 바로 시스템 사고가 초중등 교육(K-12 Education)에도 본격적으로 적용되기 시작한 것이었다. 2001년 포레스터 교수의 주도 하에 미국 전역 20명의 교사와 시스템 다이내믹스 전문가들이 함께 모여 시스템 사고를 학교 교육에 접목하기 위한 가능성 타진과 방향을 모색하고 "*The Future of System Dynamics and Learner-Centered Learning in K-12 Education*"라는 제하의 보고서를 채택했는데, 이를 《Essex Report》라고도 한다.[16] 이 보고서에서 주목할 것은 초중등 학생의 창의적 학습(Creative Learning)에 시스템 사고가 유용하게 쓰일 수 있다는 데에 전문가는 물론 참석한 일선 교사들 모두가 적극 공감했다는 점이다.

특히 교재 개발, 교사 훈련 프로그램, 학습자 중심의 학제 간 연계교육에 관심을 갖는 집단들과의 전략적 협력과 제휴에 초점을 두고 향후 25년간 지속적으로 시스템 다이내믹스를 교육에 접목하기로 했다. 당시 보고서 작성에 참여한 사람들로 사업 추진의 구심점을 결성하였는데, 이들을 'Essex Group'이라 한다. 그 후부터 지금까지 K-12 프로젝트는 지속되고 있으며, 이를 계기로 알기 쉽고 다양한 창의적 교육 교재들이 개발, 보급되고 있다.[17]

2) 시스템 다이내믹스에서 시스템 사고의 위상과 역할

앞서 소개한 '시스템 사고의 기원과 역사'를 읽어보아도 시스템 다이내믹스와 시스템 사고의 관계를 이해하기가 쉽지 않을 수 있다. 그 이유는 시스템 다이내믹스가 포괄적인 개념인 것 같기도 하고 시스템 사고와 병립되는 것 같기도 해서 일 것이다. 결론부터 얘기하면 시스템 다이내믹스가 시스템 사고를 아우르는 포괄적인 개념이다. 다만 초심자들의 혼동을 막기 위해 몇 가지 명확히 해두어야 할 사항을 설명하면 다음과 같다.

---

16) 'Essex'는 미국 메사추세스 주에 있는 도시의 이름임
17) 관심 있는 분들은 웹사이트, 'Creative Learning Exchange'를 방문해볼 것을 추천한다. 특히 'National Standards: Common Core State Standards' 항목을 보면 K-12 프로젝트가 현재 무엇을 진행하고 있는지 알 수 있을 것이다.

첫째, 시스템 다이내믹스는 컴퓨터 시뮬레이션 수단으로 출발했지만, 시스템 사고는 후속으로 일반인들의 어려움을 해소하고자 시스템 다이내믹스의 세계관과 사상을 구체화, 체계화한 것이다.

둘째, 일련의 모델링 절차(문제의 발견 → 개념의 형상화 → 정책 시나리오 개발 → 시행 및 분석)로 볼 때 시스템 사고가 개념 모델 수립까지 중요한 역할을 하고, 컴퓨터 시뮬레이션을 도구로 하는 협의의 시스템 다이내믹스는 그 후속 절차에서 필요한 수단이다.

셋째, 적용분야의 특성과 목표에 따라서는 시스템 사고만으로 충분할 수도 있고, 과거 개념의 시스템 다이내믹스까지 적용해야 할 경우도 있다.

이제 시스템 다이내믹스는 더 이상 시뮬레이션에 국한되지 않는다. 시스템 사고까지 아우르는 포괄적 개념이다. 따라서 컴퓨터 시뮬레이션을 연상케 하는 과거의 시스템 다이내믹스를 '시스템 시뮬레이션'이라 한다면 현재의 시스템 다이내믹스는 '시스템 시뮬레이션'과 '시스템 사고'를 아우르는 포괄적 개념이다. 이들 사이의 관련성을 도식적으로 나타내면 아래 그림과 같다.

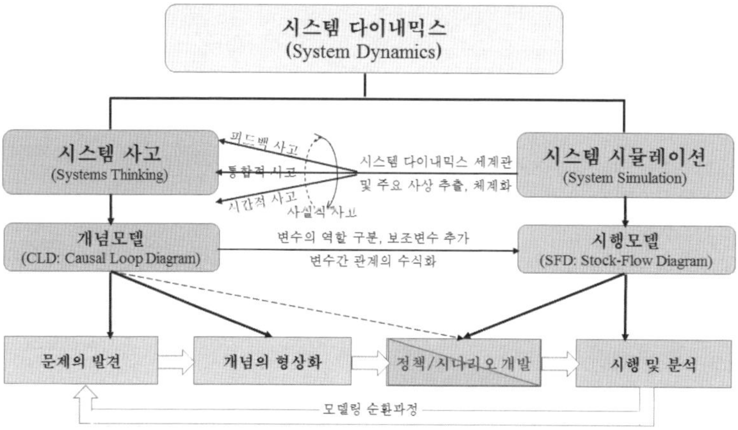

3) 시스템 사고의 주요 사상

시스템 사고는 '시스템 다이내믹스'의 세계관과 주요 사상들을 체계화한 결과라고 이미 얘기한 바 있다. 그렇다면 '시스템 다이내믹스'의 세계관과 주요 사상들은 무엇일까? 그 내용은 아래 그림에 함축되어 있다.

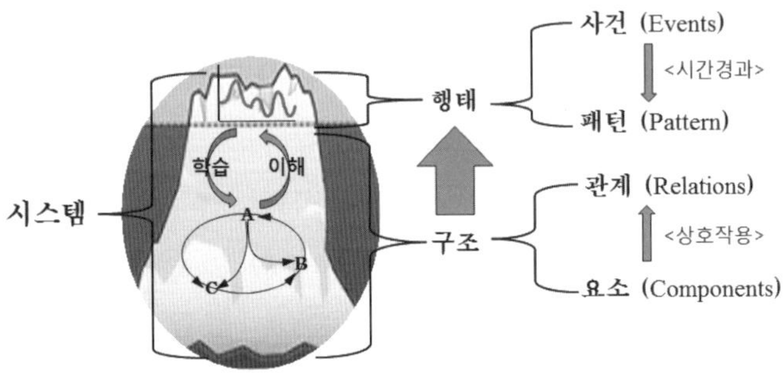

시스템 사고의 핵심사상 조망도

시스템 사고는 한마디로 '세상을 시스템으로 보자'는 것이다. 즉 있는 그대로의 '사실적 사고'를 하자는 것이다. '사실적 사고'란 이미 앞에서 논의되었듯 통합적 사고, 피드백 사고, 시간적 사고 등 시스템의 특성이 반영된 사고를 의미한다. 각 사고요소별로 어떠한 세계관과 주요 사상들이 내재되어 있는지 살펴보기로 하자.

(1) 통합적 사고의 주요 사상

위 그림에서 보듯 시스템은 수면 위로 드러나는 행태와 수면 아래 가려진 구조가 있다. 통합적 사고란 행태와 구조를 모두 반영한 사고를 말한다. 시스템 사고가 '관계적 사고'를 근간으로 한다는 면에서 볼 때 통합적 사고는 다음 두 가지 관계를 반영한다.

첫째, 구조는 행태를 유발(구조 → 행태)한다. 따라서 행태의 변화를 추정하고 올바른 행태를 유도하려면 구조의 특성에 대한 이해가 필요하다. 둘째, 행태는 구조의 변화를 유도(행태 → 구조)한다. 행태 그 자체가 구조를 변화시킬 순 없지만, 기존 행태에 대한 관찰과 학습으로 구조의 변경을 위한 단초를 얻을 수 있다.

이처럼 구조에 대한 이해와 행태에 대한 학습은 서로 피드백 관계에 있다. 구조에 대한 이해로 행태의 변화를 유추하고 관리할 수 있으며, 행태에 대한 학습으로 구조의 변화를 유도하고 관리할 수 있다. 그러나 결과는 쉽게 인지되지만 그를 유발한 원인은 알기 어려운 것처럼 구조는 잘 안 보인다. 이는 시스템 사고가 구조에 무게를 두는 이유이기도 하다. 수면 아래의 구조를 읽고 그 구조와 행태의 관계를 하나의 체계 속에서 생각하는 것이 통합적 사고의 요체이다.

(2) 피드백 사고의 주요 사상

앞서 구조의 특성에 대한 이해가 전제되어야 행태의 변화를 알 수 있다고 강조했다. 여기서 '구조의 특성'은 요소들 사이의 관계에 의해 결정된다. 요소 간 관계는 상호작용하는 피드백 관계를 의미한다. 그러나 피드백은 다음과 같은 측면에서 '상호작용' 이상의 의미를 갖는다.

첫째, 피드백은 시스템 행태를 변화시키는 동력을 가지고 있다는 점이다. '되로 주고 말로 받는다.', '가는 말이 고와야 오는 말이 곱다'는 속담이 그에 해당한다. 둘째, 피드백의 힘은 변화를 촉진하는 '자기 강화적(Self-Reinforcing)' 힘과 변화를 억제하는 '자기 제어적(Self-controlling)' 힘으로 구분된다. 이 중에서 어떤 피드백이 더 크게 작용하느냐에 따라 전체 시스템 행태가 결정된다.

시스템의 에너지, 즉 '시너지(Synergy)'가 나타나는 이유는 피드백이 갖고 있는 힘 때문이다. 피드백이 없다면 그 힘은 사라진다. 송아지를 둘로 나눈다고 두 마리 송아지가 되지 못하는 것과 같은 이치이다. 시스템 사고에서 피드백 사고를 중시하는 이유는 여기에 있다.

(3) 시간적 사고의 주요 사상

현 수준에서 목표수준에 이르기까지는 반드시 시간이 개입된다. 여기서 '시간'은 '지연'을 의미한다. 지연은 '소탐대실(小貪大失)'처럼 단기적 처방의 유혹으로 인한 잘못된 선택과 '소 잃고 외양간 고치는' 결정으로 낭패를 보게 만드는 주범이다. 이처럼 지연은 두 가지 의미를 갖는다.

첫째, 정도의 차이만 있을 뿐 피드백에는 반드시 시간이 개입된다. 특히 '자기 제어적(Self-controlling)' 피드백에 시간이 개입되면 시스템의 행태는 파동을 나타내면서 복잡해 보인다. 파동은 시간지연으로 인해 나타나는 과잉행동 또는 과소행동의 결과이다. 둘째, 작은 변화가 시간 위에서 힘을 축적하여 큰 결과를 유발한다. '낙타의 허리는 마지막 올려놓은 콩알 하나에 부러진다.'는 아라비아 속담이나 '가랑비에 옷 젖는다.'는 우리의 속담이 그에 해당한다.

제3장 제2절(3. 시간적 사고)와 제3절(3. 지연구조와 행태)에서 구체적 논의가 있겠지만 시간적 사고의 조건은 적어도 두 가지가 충족되어야 한다. 첫째는 '시간지연에 주목하라'는 것이다. 어떤 선택의 결과는 항상 시간이 경과한 후 나타난다는 것을 유념하라는 의미이다. 둘째는 '시간을 다른 각도에서 보라'는 것이다. 같은 시간이라도 현재와 미래는 그 가치가 다르게 나타난다는 의미이다. 같은 변화도 시간 위에서 보면 결코 같지 않기 때문이다.

제3절 시스템 사고의 도구

사고를 모델링하기 위한 첫 단계는 문제 인식이며 두 번째 단계가 인과지도의 작성이다. 이것이 잘못되면 후속 단계의 모든 작업이 무의미해진다. 따라서 이 절에서는 시스템 사고의 중요한 수단인 인과지도 작성 목적과 개념, 그리고 구성요소에 대해 알아본다.

특정 조건에서 집단은
그 집단의 가장 우수한 개인보다 더 똑똑하다.
- 피에르 레비(프랑스 사회학자, 1956-)

1. 인과지도의 구성

인과지도(CLD: Causal Loop Diagram)란 수면 위로 드러난 현상에 집착하지 않고 그 현상을 유발하는 수면 아래 잠재원인들의 상호작용 구조를 시각적으로 나타내 보인 것, 즉 자신의 인식을 외부로 나타낸 일종의 정신모델(Mental Model)을 말한다.

인과지도(CLD)의 작성은 시스템 사고 모델링을 위한 기초단계로서 그 사상 면에서 볼 때 다른 분야에서 널리 활용되는 도식화(diagramming) 기법, 예컨대 정보시스템 분석·설계에서 널리 활용되는 자료흐름도(DFD: Data Flow Diagram), 데이터베이스의 개념적 설계에 쓰이는 객체-관계도(ERD: Entity-Relationship Diagram) 등과 다르지 않다. 무엇을 도식적으로 나타내고자 하는 가장 근본적인 목적은 자신이 관조하는 대상으로부터 인지 내지 이해한 바를 외부로 표출하고자 하는 것이다.

그러나 인과지도는 개인의 인식작용의 한계 때문에 불완전할 수

밖에 없다. 빙산의 일각처럼 극히 일부만 드러나 있을 뿐 수면 아래 자리하고 있는 저변의 실체는 추론만이 가능하다. 그 추론이 완벽한 논리적 정당성으로 뒷받침된다 하여도, '진정 그것이 참인가?'에 대한 문제는 여전히 남는다.

예컨대 코페르니쿠스(Nicolaus Copernicus, 1473~1543)가 지동설(地動說)을 제시하기 전까지는 종교적 세계관으로 정당화되었던 천동설(天動說)은 당시의 참된 믿음이었다. 무엇에 대한 믿음(belief)과 그 믿음에 대한 정당화(justification)는 인간의 능력 범주 내에서 가능하지만 '어디까지가 참이며 참은 과연 무엇인가' 하는 근본적 문제는 여전히 남게 된다. 이것이 바로 지식의 딜레마(dilemma)다.

그렇다면 참 그 자체는 아니더라도, 적어도 참에 수렴할 수 있는 유일한 수단은 무엇일까? 그 답 속에 인과지도의 작성 목적이 담겨 있다. 참에 수렴하기 위해서는 플라톤(Platon, B.C 424~B.C 347)이 지적했듯이 자신의 인식 그 자체를 새롭게 문제 삼는 자기 반성적 태도, 즉 '인식에 대한 인식'을 통해 존재론(Ontology)과 인식론(Epistemology) 사이를 끝없이 왕복하는 수밖에 없다. 자신의 인식으로 다른 사람의 인식을 촉진시키고, 다른 사람의 인식을 통해 자신의 인식을 새롭게 확장하는 수단으로 가장 효과적인 것이 바로 대화요 소통이다.

"백문이불여일견(百聞而不如一見)." 의사소통의 가장 효과적인 수단은 '생각의 외부(형상)화'이다. 결국 인과지도와 같이 사상(思想)의 도식적 외부화는 그 사상을 정제하기 위한 효율적 대화 수단으로 작용한다. 다만 생각의 외부화에 수반되는 부호 및 표기, 그리고 이들을 일정한 규칙에 따라 엮어내는 규칙이 공유되지 않으면 안 된다.

▶ **집단지성(Collective Intelligence)**

'집단지성'이란 마치 주식시장에서 주가가 결정되는 것처럼 다양하고 독립적 개인의 집합(대중)에 의해 형성된 의견에서 특정한 메커니즘(aggregating mechanism)을 통해 답을 추출해낼 수 있다는 개념이다.

페이퍼 클립(paper clip)의 용도를 생각해보자. 어느 조사에 따르면, 철사로 된 '클립'은 종이(문서)를 함께 묶는 용도로 개발된 것이지만, 실제 당초의 용도로 쓰이는 경우는 30%에도 채 이르지 못하고 나머지 70%는 다른 용도로 이용된다고 한다. 참고로 이 클립의 용도는 200여 가지가 넘는다고 한다.

그렇다면 클립의 용도를 과연 몇 가지나 생각해 낼 수 있을 지 각자 생각해보면서 다음 물음에 스스로 답을 해보자.

- 혼자 생각해 내는 것과 다른 사람들과 함께 생각해 내는 것 중 어느 쪽이 더 많은 용도를 만들어 낼 수 있을까?
- 심리적 안정과 스트레스를 받는 상황 중 어느 쪽이 클립의 용도를 더 많이 생각해 낼 수 있을까?
- 다른 사람의 생각은 나의 생각을 유발하는데 어떤 영향을 끼칠까?

인과모형(causal model), 인과순환지도(causal loop diagram) 등으로도 지칭되는 인과지도(CLD)는 크게 두 가지로 구성된다. 첫째는 변수(Variables), 변수 간 인과관계를 나타내는 연결선(Link)과 연결선의 극성(Link Polarity)이며, 둘째는 연결선들의 조합으로 형성되는 폐쇄회로(Feedback Loop)와 그 폐쇄회로의 극성(Loop Polarity)이다.

▶ **장기 두는 법과 인과지도 작성법**

장기 두는 법을 배우는 것은 아주 쉽지만, 장기를 잘 두기는 결코 쉽지 않다. 마찬가지로 인과지도 그리는 법을 배우는 것은 아주 쉽지만 잘 그리려면 상당한 훈련과 연습이 필요하다.

1) 변수 간 연결선(Link)과 극성(Polarity)

(1) 변수

'변수(Variable)'란 관조 대상 시스템의 행태(behavior)에 직접 혹은 간접적으로 영향을 끼치는 요소를 말한다. 변수들의 상호작용 구조(structure)가 시스템의 성격 및 행동 패턴(behavioral pattern)을 결정하게 되므로 이들을 찾아내는 것이 인과지도 작성의 전제조건이 된다.

- **변수 명(Variable Names)**: 변수는 그 특성과 역할을 내포하는 이름을 갖게 되는데, 변수에 명칭을 부여할 때는 다음과 같은 몇 가지 원칙이 준수되어야 한다.
  - 변수 명은 명사 혹은 명사구로 나타내야 한다. 다시 말하지만 인과지도는 대상 시스템의 구성요소(변수) 간 상호작용 구조를 파악하여 행태의 변화를 추정하고자 함에 있다. 이러한 추정은 변수 간 연결선(link)에 대한 해석을 통해 가능하므로 동사적 변수명은 허용되지 않는다.
  - 변수 명은 연결선에 나타나는 극성의 모호성이 발생되지 않도록 명확해야 한다. 변수 명이 포괄적이거나 모호하면 그와 관계되는 다른 변수와의 극성이 모호해지므로 내용 전달에 혼선을 빚는다.
  - 변수 명은 긍정과 부정적 표현이 모두 가능할 경우 그 대표성을 갖는 중립적 표현(일반적으로 긍정적 느낌)을 선택한다. 그 이유는 긍정적 표현의 변수 명이 연결선의 극성(link polarity)을 보다 명확하게 전달할 수 있기 때문이다.
- **변수의 종류**: 변수의 유형과 역할은 아래 표에 정리된 바와 같이 존재론 관점과 역할론 관점에서 구분된다. 다만 역할론 관

점의 변수 분류는 시뮬레이션 단계에서 필요한 것이지 개념모델인 인과지도에는 해당되지 않는다.

변수의 유형과 역할

분류 관점	변수 명	역할
존재론적 관점	내생 변수 (Endogenous Variables)	시스템 내에 존재하면서 시스템의 특성과 행태에 영향을 끼치는 시스템 구성요소
	외생 변수 (Exogenous Variables)	시스템 밖에 존재하면서 시스템의 행태에 영향을 끼치지만 자신은 그 시스템으로부터 영향을 받지 않음
역할론적 관점	저량 혹은 수준 변수 (Stock, Level Variables)	유량변수의 단위시간 당 변화량에 따라 그 결과로 나타나는 성과변수(Performance Variables)
	유량 혹은 변화율 변수 (Flow, Rate Variables)	단위시간 당 변화량에 따라 수준변수의 결과(값)에 직접적인 영향을 주는 조절변수(Control Variables)
	보조 혹은 매개 변수 (Auxiliary Variables, Parameters)	계량적으로 내생변수 간 함수관계를 설정하거나 변화율 변수의 계산식을 단순화하기 위해 동원되는 변수

㈜ 역할론적 관점에서의 변수의 분류는 시스템 시뮬레이션의 기초 모델이 되는 저량-유량지도(SFD: Stock-Flow Diagram)에서만 적용되며, 인과지도(CLD: Causal Loop Diagram)에서는 존재론적 관점에서의 변수 분류만 적용된다.

먼저 존재론 관점에서 변수는 크게 내생변수와 외생변수로 분류된다.

- **내생변수(endogenous variables)**: 시스템 범주(system boundary) 내에 존재하면서 시스템의 특성과 행태에 영향을 끼치는 시스템 구성요소들을 말한다. 이러한 내생변수는 사건 발생의 잠재원인 중 우연원인(chance cause) 요소에 해당하는 것으로, 시스템 내부에 체화되어 시스템의 구조적(만성적) 특성에 영향을 끼친다.
- **외생변수(exogenous variables)**: 시스템 범주(system boundary) 밖에 존재하면서 시스템에 있는 어떤 변수에 영향을 주어 시스

템의 특성과 행태 변화에 간접적으로 작용하지만 정작 자신은 그 시스템으로부터 영향을 받지 않는 변수를 말한다. 이러한 외생변수는 사건 발생의 잠재원인 중 돌발원인(abnormal cause)에 해당한다.

▶ **내생변수와 외생변수**

시스템 사고의 기본 전제는 '구조가 행태를 낳는다.'는 것이다. 여기서 '구조'란 내생변수들의 상호작용 관계를 의미한다. 따라서 어떤 시스템의 행태에 변화를 얻고자 한다면 구조에 변화를 주어야 한다. '구조의 변화'란 시스템 내부에 존재하는 변수(내생변수)간 상호작용 구조의 변화를 말하는 것으로, 시스템 외부의 변수(외생변수)는 시스템의 구조 자체에는 영향을 끼치지 않는다. 따라서 어떤 변수가 시스템의 구조적 특성에 영향을 끼치는 요소라면 그것은 내생변수로 시스템 내부에 포함시켜야 한다. 분석 대상 시스템의 목표를 명확히 하고 그에 따라 시스템의 범주를 잘 설정해야 하는 이유는 바로 여기에 있다.

역할론 관점에서 변수는 크게 저량변수와 유량변수, 보조변수로 대별된다. 저량변수와 유량변수는 내생변수이며, 보조변수는 외생변수는 아니지만 시스템으로부터 영향을 받지 않는다는 의미에서는 그에 해당한다.

- **저량변수(stock variables)**: 수준변수(level variables) 혹은 성과변수(performance variables)라고도 하는 저량변수는 유량변수(유입, 유출)의 변화에 따라 그 결과로 나타나는 변수

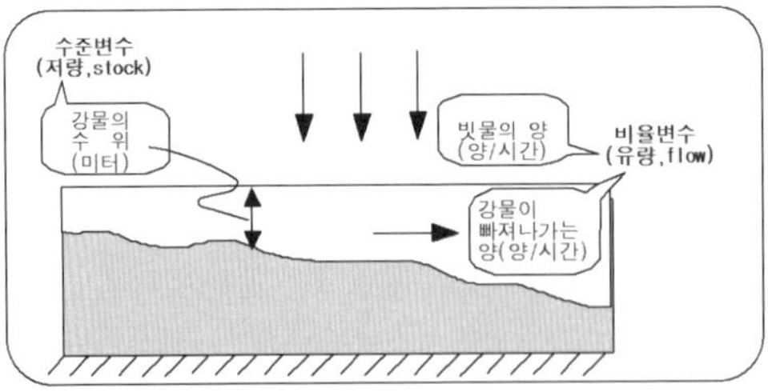

를 말한다. 이는 마치 욕조의 물에 해당한다.

- **유량변수(flow variables)**: 변화율변수(rate variables) 혹은 조절 변수(control variables)라고도 하는 유량변수는 단위시간 당 변화에 따라 수준변수의 결과(값)에 직접적인 영향을 주는 변수를 말한다. 이는 마치 욕조의 수도꼭지에서 유입되는 단위시간당 물의 양(유입량)과 하수구로 빠져나가는 물의 양(유출량)에 해당한다.
- **보조변수(auxiliary variables)**: 계량적으로 내생변수 간 함수관계를 설정하거나 변화율 변수의 계산식을 단순화하기 위해 동원되는 변수로서 일명 '매개변수(parameter)'라고 부르기도 한다.

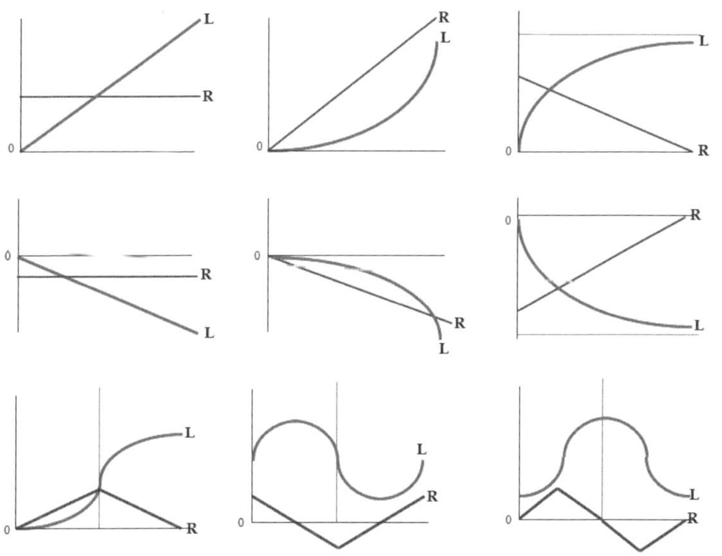

적분 개념의 수준(Level)변수와 미분 개념의 변화율(Rate) 변수의 관계

한마디로 수준 변수(Stock 혹은 Level Variable)는 시간 위에서 시스템 성과의 행태 변화를 반영하며, 변화율 변수(Flow 혹은 Rate Variable)는 각 시점에서의 증가 혹은 감소율을 나타내게 된다. 따라

서 수준 변수가 누적된 적분의 개념이라면 변화율 변수는 그에 대한 미분의 개념이다.

앞의 그림들은 예시 차원에서 수준 변수와 변화율 변수의 상호 관련성을 보여주고 있다.

(2) 연결선(Link)의 극성(Polarity)

연결선(Link)은 변수 간 인과관계의 방향성을 나타내며 화살선으로 표현한다. 화살의 기점에 위치하는 변수가 원인이며 화살의 종점에 있는 변수가 결과를 의미한다. 이때 인과관계의 극성(polarity)을 표기하게 되는데, 이는 영향변수와 결과변수 간 변화의 방향을 의미한다. 즉 원인변수의 값이 증가하거나 감소하면 그와 마찬가지로 결과변수도 함께 증가하거나 감소할 경우 변수 간에는 양(+)의 극성을 갖는다고 한다. 한편 원인변수 값이 증가하면 결과변수 값이 감소하고 원인변수 값이 감소하면 결과변수 값이 증가할 경우 변수 간에는 음(-)의 극성을 갖는다고 한다.

그러나 (+, -) 부호를 이용한 극성 표기는 자칫 덧셈과 뺄셈으로 오인할 소지가 있기 때문에, 양(+)은 'Same direction'을 의미하는 영문자 's'로, 음(-)은 'Opposite direction'을 의미하는 'o'로 표기하기도 한다. 가령 암탉과 달걀의 인과관계는 '+' 혹은 's'로 그 극성이 표시된다. 암탉의 개체수가 늘면 달걀의 생산량도 늘고 암탉의 수가 줄면 달걀의 생산량도 줄기 때문이다. 반면에 사자와 사슴 간 인과관계의 극성은 '-' 혹은 'o'가 된다. 사자의 개체수가 늘면 사슴의 개체수는 줄 것이고 사자의 개체수가 줄수록 그렇지 않은 경우보다 사슴의 개체 수는 늘기 때문이다.

▶ **인과관계와 상관관계**

흔히 인과관계(Causality)와 상관관계(Correlation)를 혼동하는데, 시스템 사고에서 말하는 인과관계는 통계학에서 사용하는 상관관계와는 엄격히 구분된다. 예컨대 아이스크림 판매량과 폭력범죄 발생건수는 상관관계가 상당히 높을 수 있지만 인과관계는 성립될 수 없다. 아이스크림의 판매량과 폭력범죄의 발생건수는 '기온'을 변수로 공유하고 있기 때문에 상관관계가 높게 나타날 수는 있으나, 그렇다고 이들 사이에 직접적인 인과관계가 있는 것은 아니다.

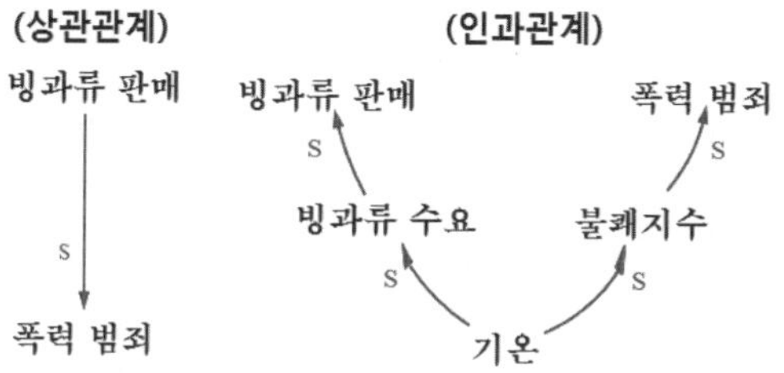

2) 피드백 루프(Feedback Loop)와 극성(Polarity)

두 변수 x, y가 (x → y)의 인과관계를 갖는다면 함수식 'y = f(x)'와 같이 x는 독립변수, y는 x에 의해 결정되는 종속변수로 간주될 수 있다. 나아가 'y = f(x)'에서는 x를 구성하는 독립변수들(x_1, x_2, ⋯, x_n)은 상호 배타적 관계에 있다고 가정한다. 그러나 현실세계에서는 (x → y → x)의 순환관계가 존재하거나 x를 구성하는 독립변수들(x_1, x_2, ⋯, x_n) 사이에 상호 영향을 끼치는 인과적 관계가 존재한다. 이때 연결선(link)으로 이어진 여러 개의 인과관계들이 하나의 폐쇄된 회로를 형성할 때 이를 피드백 루프(feedback loop)라고 한다.

(1) 피드백 루프(Feedback Loop)

피드백 구조에서의 개별 연결선(화살)은 단독으로 존재하지 않고 장난감 기차가 레일을 따라 돌 듯 어느 요소로부터 시작되든지 화살선은 순환하게 된다. 예컨대, 암탉의 수는 달걀의 수에 영향을 끼친다(암탉 → 달걀). 그러나 달걀은 다시금 암탉의 개체 수에 영향을 끼치는 피드백 구조(암탉 → 달걀 → 암탉)를 갖는다.

물을 컵에 채우는 일과 같은 일상 속 단순한 행동 속에도 피드백이 작용한다. 그 만큼 피드백이 존재하지 않는 시스템은 없다고 해도 과언이 아니다. 가령 아래 그림(a)와 같이 수돗물을 컵에 받는 상황을 상정할 경우 그저 컵에 물을 받는 것이 아니다. 사실은 그림(b)처럼 시시각각 변하는 물의 높이를 감지하여 현 상태와 사전에 설정된 물 높이의 목표수준과 비교하여 수도꼭지를 조절하는 피드백 작용이 개입된다. 이러한 피드백 작용을 인과지도로 외부화하면 그림(c)와 같다.

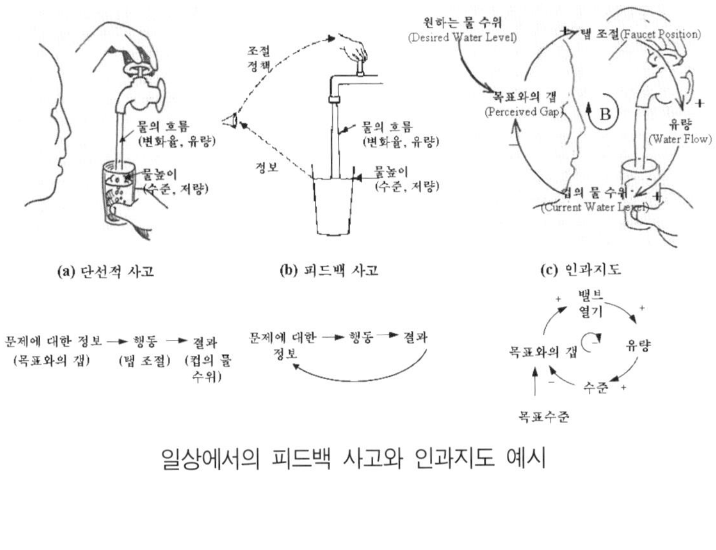

일상에서의 피드백 사고와 인과지도 예시

이처럼 인과지도를 작성하는 이유는 피드백 루프를 발견하는데 있다 해도 과언이 아니다. 시스템의 행태 변화는 그에 내재되어 있는 피드백의 자발적 힘의 변화이다. 따라서 시스템 행태를 바꾸고자 한다면, 피드백 루프의 힘을 활용하거나 혹은 그 힘이 작동하도록 시스템 구조를 변경해야 한다.

▶ 점 측정(수치의 정확성)과 선 추정(패턴의 타당성)

시스템 사고는 기계적 사고와 달리 특정 시점에서 바라 본 시스템 행태의 수치적 정확성(이를 '점 측정'이라 함)을 중시하기보다는, '가능태'로서의 시스템 저변에 자리하고 있는 구조(잠재원인 요소들의 상호작용 관계)로부터 행태의 변화 패턴(이를 '선 추정'이라 함)을 읽어내는데 역점을 둔다. 복잡계(Complex World)에 살고 있는 요즘 어느 것이 더 타당한지 스스로 판단해보라.

---

(2) 피드백 루프(Feedback Loop)의 극성(Polarity)

여러 개의 연결선(link)으로 이어진 하나의 폐쇄회로(feedback loop)는 극성(Loop Polarity)을 갖게 되는데, 그 극성은 양(+)의 극성과 음(-)의 극성 등 두 가지로 대별된다. 이때 양의 극성을 갖는 피드백 루프(Positive Loop)는 자기강화적 행태(Self-reinforcing Behavior), 즉 선순환 혹은 악순환의 불안정한 모습을 나타내기 때문에 일명 '강화루프(Reinforcing Loop)'라고도 하며 그 극성은 (R) or (+)로 표현된다. 한편 음의 극성을 갖는 피드백 루프(Negative Loop)는 일정 목표 수준에 수렴하는 균형적 행태(Goal-seeking Behavior), 즉 점진적으로 균형을 찾는 모습을 보이기 때문에 일명 '균형루프(Balancing Loop)' 혹은 '목표수렴 루프(Goal-seeking Loop)'라고도 하며 그 극성은 (B) or (-)로 표현된다.

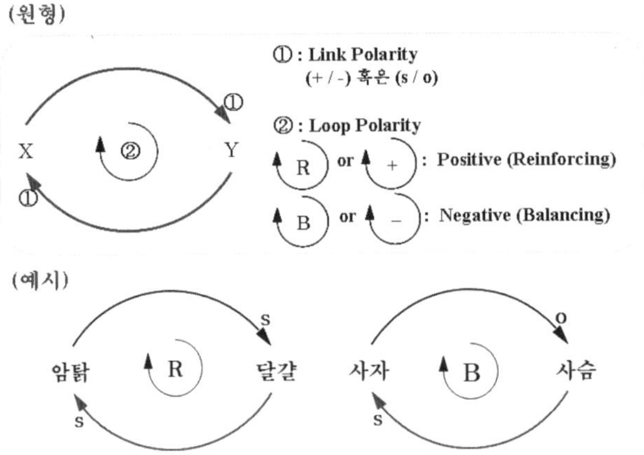

피드백 루프 표기법

▶ 루프(Loop)의 극성 결정방식

피드백 루프의 극성은 그 루프를 따라 변수 값 변화의 내용을 추적하는 방식, 루프를 형성하는 연결선의 음의 극성을 카운트 하는 방식, 그리고 연결선의 극성을 곱하는 수학적 방식 등 세 가지 방식으로 대별된다.

• 내용(증감) 추적 방식

루프를 구성하는 변수 중 하나(x)의 값을 증가 혹은 감소시킨 후 연결선을 따라 다른 변수의 변화를 추적하면서 다시금 최초로 변화시킨 변수(x)에 이르러 값이 더 증가 혹은 더 감소한다면(x↑↓ → x↑↓), 그 루프는 양의 극성을 갖는 강화루프이다. 반대로 변수(x) 값이 반대로 나타나면(x↑↓ → x↓↑) 그 루프는 음의 극성을 갖는 균형루프임을 의미한다.

• 극성 카운트 방식

루프를 형성하는 연결선의 극성들 중에 음의 극성을 갖는 연결선이 홀수이면 그 루프는 음의 극성을 갖는 균형루프임을 의미한다. 만약 음의 극성을 갖는 연결선이 짝수이거나 없으면 양의 극성을 갖는 강화루프이다.

• 수학적 방식

루프를 이루고 있는 변수들은 서로 영향을 주는 상태로 맞물려 있기 때문에 변수들 간의 사상은 배반사상이 아니라 복사상이다. 따라서 연결선의 극성들을 곱하면 루프의 극성을 알 수가 있다. 이는 결국 음의 극성이 홀수이면 음, 짝수이면 루프의 극성이 양을 갖는다는 '극성 카운트 방식'과 내용 상 차이가 없다.

2. 인과지도 작성규칙

사고를 확장해가려면 타인과 소통할 수 있는 표준화된 표기방식과 문법체계를 갖춘 언어가 필요하듯, 어떤 시스템의 실체에 근접하려면 이를 표현하는 인과지도 역시 일정한 작성규칙 및 유의사항이 준수되어야 한다.

1) 변수 명(Variable Names)

• 변수 값의 증감이 내포된 표현을 피하고 명사(구)를 사용하라. 변수 간 관계를 나타내는 동사적 의미(증가 혹은 감소, 성장 혹은 쇠퇴 등)는 변수 간 연결선에 내포되어 있기 때문이다. 예컨대 원가가 오르면 가격이 상승하는 상황을 인과관계로 표현할 때 변수 명을 '원가 상승'과 '가격 상승'과 같이 특정 동작을 나타내는 동사형으로 표시해선 안 된다. 이 경우의 올바른 변수 명은 '원가'와 '가격'이다.

• 모호성을 피하고 중립적 표현이나 긍정적 표현을 사용하라.
이는 변수 값의 증감을 상정하여 변수 간 인과관계의 극성이 명확히 드러나도록 해야 하기 때문이다. 예컨대 상사의 반응에 따라 부하의 의욕이 달라지는 상황을 가정할 때 '상사의 반응'은 칭찬과 질책 등 두 가지를 내포할 수 있으므로 '칭찬' 혹은 '질책' 중에 하나를 선택해야 한다.

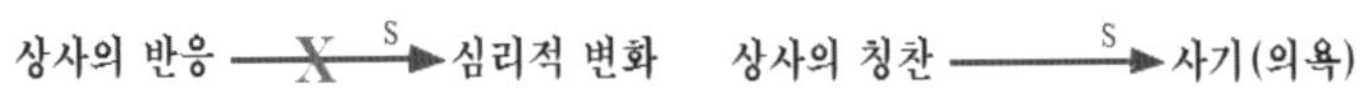

중립적 표현이 여의치 않을 경우에는 일반적으로 긍정적 느낌의 단어를 사용해야 변수 값의 증감에 대한 이해가 용이하다. 예컨대 '원가'에 대한 결과로 '손실' 보다는 '수익'이란 표현이 이해가 쉬우며, '질책'에 대한 결과적 요소로 '불쾌감' 보다는 '행복감'이 값의 증감에 대한 이해가 쉽다.

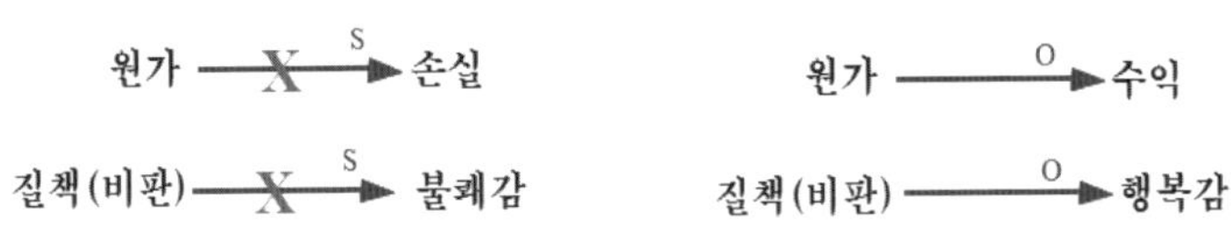

2) 시간지연(Time Delay)

원인이 결과로 이어지는 과정에 유의미한 지연이 있다면 변수 간 연결선에 직선 혹은 이중선으로 표시한다. 시스템 사고에서 시간지연은 매우 중요한 요소이므로 이에 관해서는 뒤에서 다시 논의될 것이다.

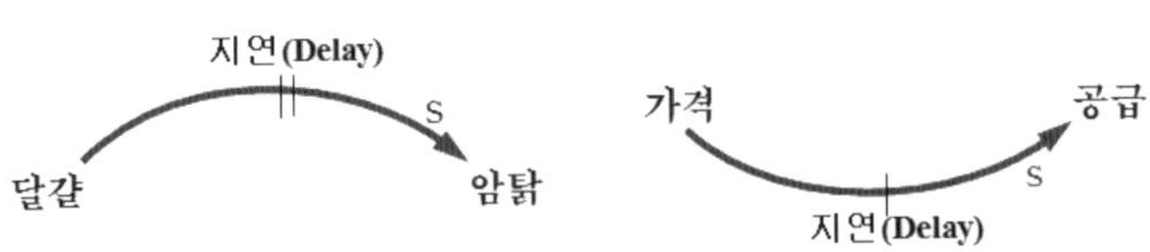

3) 극성(Polarity)

이미 설명했듯이 인과지도에서 극성은 변수 간 인과관계의 극성(양: + 혹은 S, 음: - 혹은 O)과 피드백 관계에서 설정되는 루프의 극성(양: (R) or (+), 음: (B) or (-)) 등 두 가지가 있다. 이러한 극성을 나타낼 때 유의할 점은 다음과 같다.

- 극성은 반드시 변수 간 인과관계의 성격을 표현한 것이지 통계적 의미의 상관관계를 의미하는 것이 아님을 유념하라.

  이는 인과지도를 작성할 때 가장 실수를 범하기 쉬운 것이므로 예를 하나만 더 들어보자. 가령 소화능력과 소화상태 사이의 관계는 아래 그림(a)에서 '소화능력 → 소화상태'는 명확히 양의 극성을 갖는다. 그러나 '소화상태 → 소화능력'의 경우는 어떤가? 이 변수들 사이에는 양(+)의 상관관계는 있을지언정 소화상태에 따라 실제 소화능력이 직접 영향을 받을 수는 없기 때문에 인과관계는 성립되지 않는다. 이 경우 굳이 인과관계를 설정하려 한다면 그림(b)와 같이 '건강의식', '운동량' 등의 변수를 추가하면 해결될 수 있다. 소화상내가 안 좋으면 건강 의식이 강화되고 보다 적극적인 운동을 통해 소화능력이 개선되어 소화상태도 나아지는 균형적 순환관계(Balancing Loop)가 성립된다.

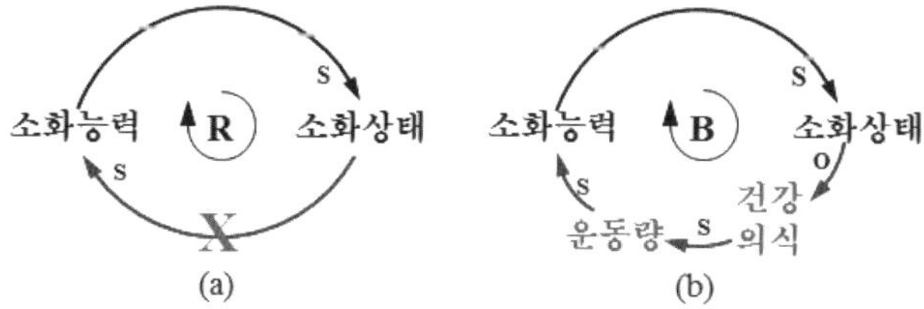

상관관계에서 인과관계로의 전환

• 변수 간 인과관계에 다른 변수들을 추가하거나 기존 변수를 삭제해도 극성에 변화가 있어서는 안 된다.

위 그림(b)에서 '소화상태'와 '소화능력' 사이에 '건강인식'은 삭제하고 '운동량'만 추가해도 전체 극성에는 변화가 없어야 한다.

▶ **초심자들이 범하는 오류**

극성(Polarity)과 관련하여 초심자는 다음 두 가지 측면에서 오류를 범하기 쉬우므로 유의해야 한다.

첫째, 변수 명을 별 생각 없이 편리한 대로 부여함에 따른 오류이다. 위 그림(a)에서 '소화상태'라는 중립적 변수 명을 사용하지 않고 '소화불량'으로 명명하면 의도와는 달리 소화능력과 소화상태의 인과관계의 극성은 음(-)으로 오인될 수 있다.

둘째, 변수 간 인과관계에 다른 변수들을 추가하거나 기존 변수를 삭제해도 당초의 극성에 변화가 있어서는 안 된다. 위 그림(b)에서 '건강인식'은 삭제해도 전체 극성에는 변화가 없다.

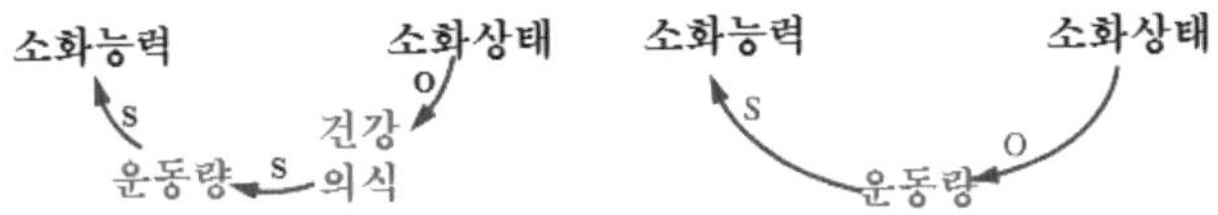

• 시스템의 구조가 동일하더라도 설명하려는 상황과 내용에 따라 극성을 달리 할 수 있음에 유의하라.

예컨대 아래 그림(a)와 같이 정상시장에서는 가격이 오르면 수요가 줄고 수요가 오르면 가격이 오르며, 가격이 오르면 다시 수요가 줄어드는 주는 균형적 행태를 보이는 구조를 갖는다. 그러나 그림(b)처럼 투기적 수요의 경우에는 가격이 오를수록 수요가 늘어나며, 수요가 늘면 가격도 오르는 자기 강화적 행태의 구조를 갖는다. 그림(c)는 이러한 투기수요 억제를 위해 공급을 늘리는 경우를 보이고 있다.

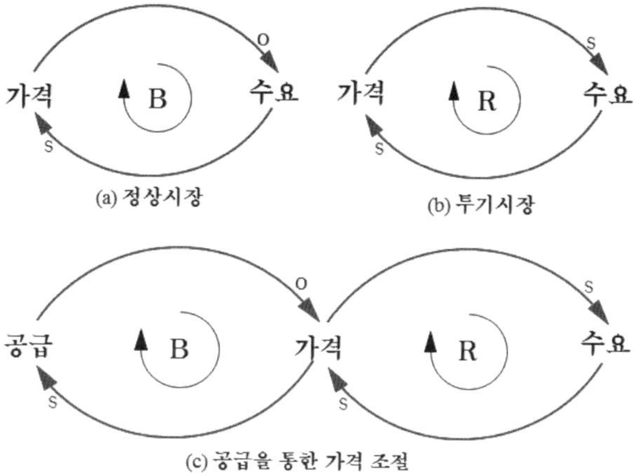

내용에 따른 극성 변화 예시

이처럼 피드백 루프는 극성과 그에 개입되어 있는 변수들의 역할에 따라 의미상 특정 기능을 수행한다. 따라서 각 루프에는 해당 의미를 함축적으로 표현할 수 있는 명칭을 부여하는 것이 좋다. 예컨대 위 그림(a)와 (b)의 경우 변수와 구조가 동일하지만 피드백 루프의 극성과 기능은 전혀 다르다. 따라서 이들의 루프를 각각 '정상적 시장'과 '투기적 시장'으로 표기하면 해석의 혼란을 사전에 예방할 수 있다.

• 모든 연결선과 루프는 항상 단일의 극성을 가져야 한다.
변수 간 인과관계의 극성이 불분명하거나 이중으로 해석될 소지가 있다면 그 인과지도는 잘못된 것이다. 아래 그림(a)와 (b)에서 제품 '가격'과 판매 '수익'간 인과관계나 현실과 목표의 '차이'와 개선 '노력'간 극성은 불분명하다. 그림(a)의 경우 제품의 판매 수익은 가격 탄력성에 따라 상승 혹은 하락할 수 있으며, 그림(b)의 경우 '노력'은 현실과 목표의 차이에 따라 '도전'과 '좌절'로 달리 나타날 수 있다. 이러한 극성의 모호성은 분기해서 그리면 해결될 수 있다. 이때 분기된 개방형 고리는 피드백 루프가 아니라 개방된 루프이므로 극성이 없음을 유념해야 한다.

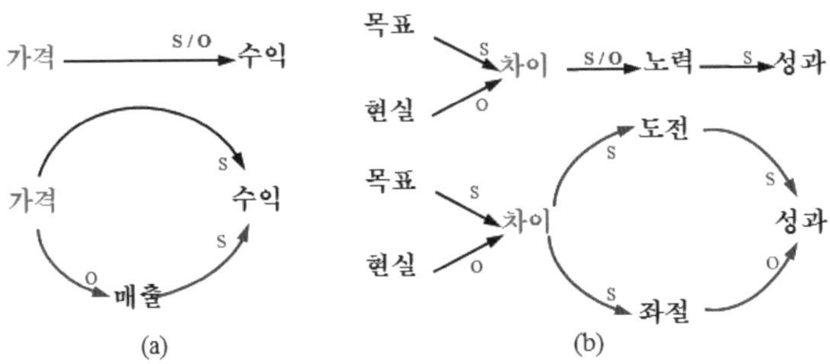

극성(Polarity)의 모호성 해결 방법

▶ **루프의 회전**

피드백 루프의 순환은 마치 종이에 그린 회전체를 위에서 내려다 볼 때와 아래에서 올려다 볼 때의 방향이 바뀌는 것처럼 시계방향이든 반시계방향이든 그 결과나 내용은 변함이 없다.

---

4) 음성(균형) 루프(Negative Loop)와 목표수준

음의 극성을 갖는 피드백 루프는 일정한 균형수준에 수렴하는 행태를 보이는 특성을 가지고 있으므로 해당 목표수준과 현실과 목표와의 차이(gap)를 구조에 표현해야 해석상 용이하다.

아래 그림(a)와 (b)의 좌측 인과지도는 각각 우측 인과지도에 비해 설명력이 떨어진다. 정화 노력은 환경상태에 따라 달라지지만 직접 영향을 끼치는 것은 현 상태와 허용수준의 차이이다. 마찬가지로 실내온도에 따라 보일러 가동이 달라지는 것은 맞지만, 실내온도와 희망온도 간의 차이에 따라 가동이 결정된다는 것이 보다 상식적으로 타당한 표현이다.

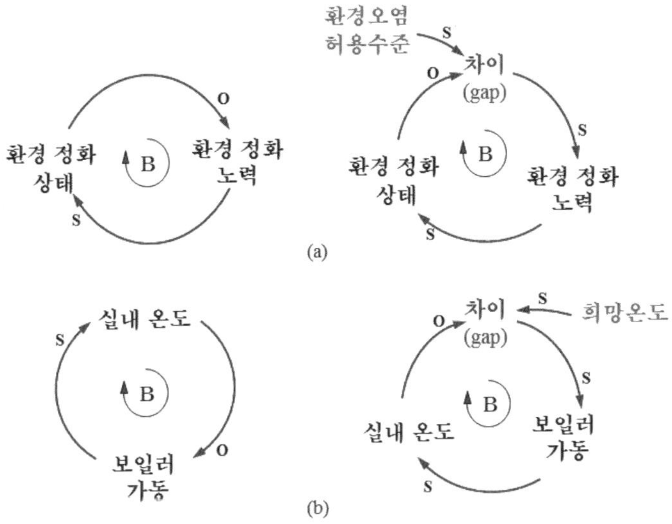

음성(균형) 피드백 루프의 모범적 표현

5) 보조변수(Auxiliary Variables)

보조변수는 시스템 내부의 변수 간 함수관계를 설정하고 설명력을 높이고자 할 때 유용하게 쓰인다. 예컨대 인구변화의 기초모델을 아래 그림과 같이 인과지도로 작성했다고 가정하자. 우선 이 예에서 무엇이 잘못되어 있는지, 그리고 왜 초심자들은 이런 오류를 범하게 되는지 생각해보자.

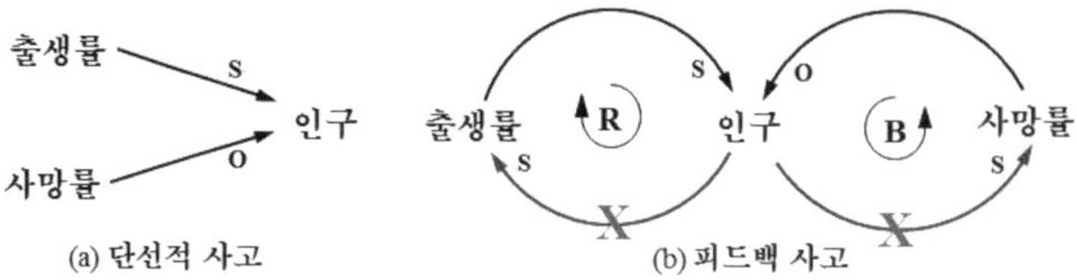

변수 설정의 오류 예시

이 인과지도의 오류는 출생율과 사망률을 변수로 설정한 것이다. 위 그림(a)에서처럼 단선적 사고로 볼 때 출생률과 사망률을 인구 규모의 원인적 요소로 설정한 것은 아무런 이상이 없어 보인다. 그러나 그 반대로 인구 규모에 따라 출생율과 사망률이 결정된다는 논리는 타당치 않다. 이는 수학적으로 더욱 명확히 설명될 수 있다. 출생률과 사망률은 각각 '출생률 = 출생자수 ÷ 인구', '사망률 = 사망자수 ÷ 인구'로 표현된다. 이미 이들 변수에는 인구가 반영되어 있으므로 다시 인과관계를 설정한다는 것은 모순임을 알 수가 있다.

이처럼 단선적 사고로는 보이지 않던 문제가 피드백 사고로는 드러날 수 있다. 이 오류를 교정하려면 출생률과 사망률은 보조변수로 설정하고 그 대신 출생자수와 사망자수를 인구와 인과적 관계가 있는 내생변수로 설정하여 아래와 같이 인과지도를 수정해야 한다.

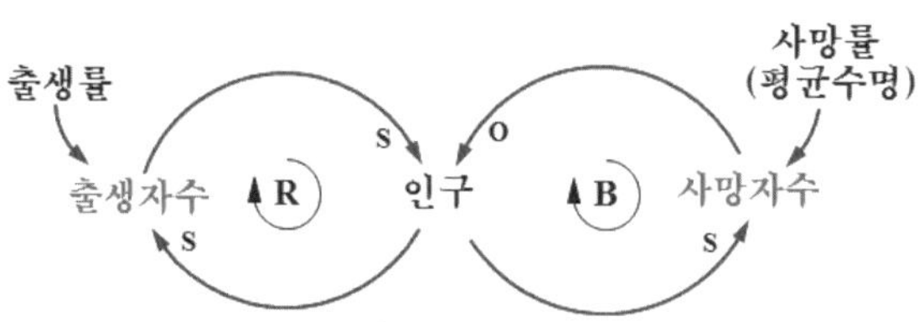

변수 설정 오류의 교정과 올바른 인과지도

6) 기타 유의사항

- **상세표현의 적정 수준 유지**: 지나친 단순화나 지나친 세분화는 인과지도의 내용전달에 부작용을 낳을 수 있으므로 표현의 적정수준을 유지하는 것이 필요하다. 그러나 모든 모델링의 기본원칙이 그러하듯 정보손실이 없는 범주에서 간단명료하게 작성하는 것이 바람직하다.
- **지도 작성의 점진적 확대**: 한 번에 시스템 구조를 파악할 수 있는 경우는 현실적으로 흔치 않으므로 시스템 구조의 골격을 먼저 스케치한 후 이를 토대로 인과지도 작성을 되풀이 하면서 점차 상세하게 나타내는 점진적 확대 방식을 취하는 것이 좋다.
- **인과지도의 내용 전달의 수월성 유지**: 인과지도는 의사소통 수단인 만큼 내용 전달의 수월성을 유지할 수 있도록 한 지면 혹은 화면에 표현되는 루프의 수를 대략 7±2(Magic Number 7) 범주로 유지하는 것이 좋다.[18]
- **기타 유의사항**: 이외에도 인과지도 작성 시 내용의 선명성을 유지하기 위해 염두에 두어야 할 사항들을 간략히 정리하면 아래와 같다.
  - 중요 루프(loop)를 중심으로 분리하여 개발하라.
  - 연결선은 곡선을 사용하라.
  - 루프(loop)는 원형 또는 타원형이 되도록 구성하고 해당 루프의 기능을 함축적으로 표현하는 주제어를 루프 명으로 부여하라.
  - 변수 간 연결선의 겹침(교차)을 가능한 한 피하라.
  - 변수 주변에 다른 불필요한 표시를 자제하라.

---

18) Magic Number 7±2 : 밀러(George A. Miller)는 실험을 통해 인간의 단기 기억(인지) 능력의 한계는 '7±2'라고 주장했다. (*The Psychological Review*, 1956)

3. 인과지도의 용도

인과지도는 관조 대상 시스템에 대한 사고의 확장, 소통의 수단, 학습의 도구, 그리고 시스템 시뮬레이션 모델의 토대가 된다. 이 절에서는 이와 같은 인과지도의 용도에 대해 간략히 소개한다.

1) 사고의 확장 수단

사람은 누구나 자신의 잣대와 시야의 범주 내에서 해당 대상에 대해 나름대로 이해한 바를 머릿속에 그리게 된다. 이를 흔히 '정신모델(Mental Model)'이라고 한다. 그러나 정신모델은 그 자체의 옳고 그름을 떠나 매우 추상적이고 비구조적인 질료(material) 상태로 남아 있기 때문에 자신이 무엇은 알고 무엇은 모르는지 체계적으로 판단하기 어렵다.

인과지도는 바로 이러한 근본적인 문제를 해결하는 매우 좋은 수단이 된다. 모든 모델링 수단이 그러하듯이 인과지도는 자신의 생각을 객관화함으로써 체계적으로 반추할 수 있는 근거가 되며 사고를 확장하는 단초가 된다. 뿐만 아니라 인과지도를 작성하는 과정에서 관심 대상의 문제(시스템)에 대한 이해의 폭을 넓히는 수단이 된다.

그러나 자신의 생각을 외부로 나타낸 다는 것은 말처럼 쉬운 일은 아니다. 그 수단인 인과지도의 작성 역시 방법 자체는 배우기 쉬우나 막상 적용하려면 결코 쉽지 않다. 우리 모두에게 익숙한 상황을 한 가지 상정하여 인과지도를 작성해보자. 다음 예시는 수인성 눈병 확산의 경우 인과지도를 어떻게 작성할 수 있는지 단계적으로 설명하고 있다.

[예시-1] TV 저녁뉴스 보도

"여름에 더위를 피하기 위해서 사람들이 수영장으로 몰려 들고 있는 가운데 눈병환자들이 발생했다. 이 눈병은 접촉성 전염속도가 빨라 격리치료를 해야 하며 다른 사람들은 눈병환자와의 접촉을 가능한 한 피해야 한다. 보건당국에서는 눈병의 확산을 막기 위해서 수영장의 물갈이와 소독을 강화하도록 단속에 들어갔다."

한마디로 이 보도는 전염병의 확산과 관계된 것이다. 전염병(눈병)의 확산과 관련된 인과지도를 그리고 그 해결책으로 보건당국이 취한 수영장 물 오염방지 차원의 물갈이와 소독 강화 단속이 효과적인 것인지 논의해보자.

인과지도를 그리기 위해서 가장 먼저 해야 할 일이 무엇일까? 그것은 바로 변수들을 보도내용으로부터 도출하는 것인데, 이것부터가 쉽지 않을 것이다.

[예시-2] 뉴스에서 도출될 수 있는 변수들

사람(인구), 눈병환자, 정상인과 환자의 조우(접촉) 확율 … 또 무엇이 있을까? 정상인이 눈병환자가 될 수 있는 경로를 좀 더 정리해보라.

두 가지 경로를 생각해볼 수 있을 것이다. 첫째는 사람이 수영장의 오염된 물에서 직접 전염되는 경우, 그리고 둘째는 눈병환자와의 접촉으로 전염되는 경우이다. 이로부터 수영장 방문객수, 수영장의 물 청결도, 환자와 접촉한 정상인의 수 등의 변수들을 추가로 도출할 수 있다.

일단 도출된 변수들을 가지고 인과지도를 그려보자. 아래의 답안을 보지 말고 한번 그려보라. 인과지도는 사람마다 인식의 깊이와 시각의 차이에 따라 달라질 수 있으므로 앞서 논의된 인과지도 작성 원칙을 준수했다면 보다 낫고 못한 정도의 차이는 있어도 옳고 그름은 있을 수 없다.

[예시-3] 눈병 확산의 인과지도

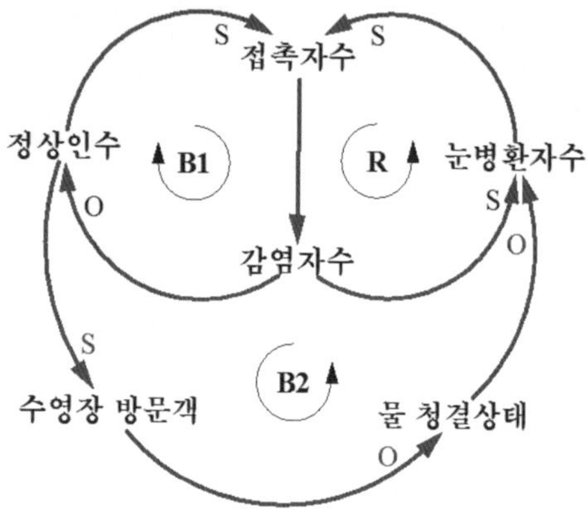

2) 소통의 촉진 수단

시스템 행태 이면의 구조를 읽어내어 이를 객관적으로 외부화한 것이 인과지도라면, 그 인과지도는 인지의 한계 상 결코 완벽할 수는 없다. 시스템 구조에 대한 우리의 인지가 보다 참에 근접하기 위해서는 다른 사람들과 시각과 견해를 공유하여 자신의 생각과 인식을 다듬어가는 것만이 유일한 길이다.

이는 마치 "개인은 답을 몰라도 집단은 알고 있으며, 전문가라 해도 매번 정답을 내놓을 순 없지만 집단은 그럴 수 있다."고 한 '집단지성(1994)'의 저자 피에르 레비(Pierre Levy)의 주장과 일맥상통한다. 아래 서양의 속담과 같이 인과지도는 다른 이들의 참여를 유도하고 그들의 생각을 반영할 수 있는 효율적 수단이 된다.:

"Tell me and I will forget."
"Show me and I may remember."
"Involve me and I will understand."

이제 서로의 생각과 안목을 모아서 [예시-3]의 인과지도를 좀 더 현실에 맞게 다듬어 보자. 그리고 인과지도가 왜 소통을 촉진하는 수단이 될 수 있는지 스스로 그 가치를 음미해보자.

[예시-4] 눈병 확산 인과지도의 확장

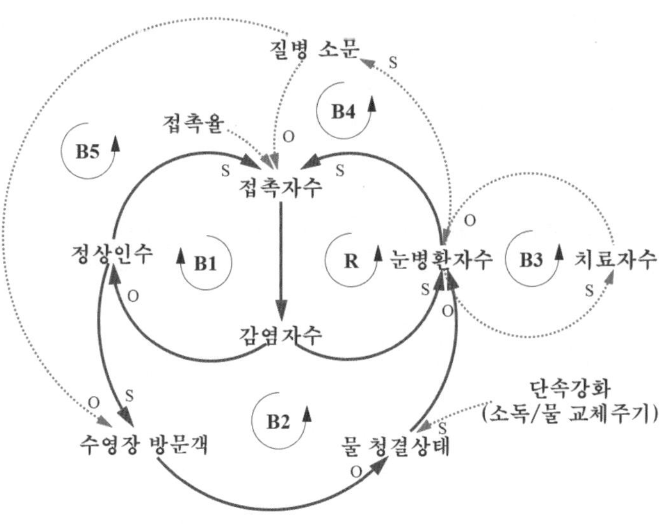

3) 학습의 수단

"사람은 스스로 배울 뿐, 누구도 그를 가르칠 순 없다(One cannot teach a man anything. One can only enable him to learn from within himself.)"고 말한 갈릴레오의 말에 전적으로 동의하지는 않더라도 학습자가 스스로 이치를 깨달아가는 것이 가장 효과적인 교육방법임에는 틀림이 없다.

작성된 모델을 점검하는 과정에 다른 사람들을 참여시킨다면, 각 참여자는 자신이 어떠한 역할을 하는지 확인하는 또 다른 학습의 기회를 갖게 된다. 이러한 참여적 학습과정을 통해 학습자는 다른 사람의 지식과 경험, 정보를 취득할 기회를 얻을 뿐만 아니라 토론과정에서 새로운 작용-원리를 찾아낼 수 있다.

위 [예시-4]에서 보건당국의 대응조치, 즉 수영장 물갈이 주기와 소독처리의 감독 강화는 타당한 것인가를 생각해보자. 만약 타당하다면 왜 그러한지, 타당하지 않다면 왜 아닌지 토론해보자.

우선 작성된 인과지도에서 눈병확산의 지배적 루프를 찾아내어 확산을 막는 정책 처방을 강구하는 것이 효과적이다. 여기서 일차적 지배루프는 B_2이다. 루프 B_2는 눈병 확산의 주요 변수들을 모두 포함하고 있음을 인과지도에서 알 수 있다. 따라서 루프 B_2에서 당국이 할 수 있는 최선의 조치는 수영장 '물의 청결'을 유지토록 하는 것일 것이다. 결국 이 변수에 대해 조치를 내린 것은 타당한 정책으로 평가할 수 있다.

또 다른 지배루프는 발병의 사실을 신속히 언론 등 대중매체를 통해 알리고 예방의식을 고취하여 환자들과의 접촉을 피하고 수영장을 스스로 가지 않도록 유도하는 루프 B_4, B_5이다. 따라서 보건당국이 추가로 취해야 할 정책 조치는 언론에 신속히 홍보하고 예방책을 전달하는 것이다.

이외에도 인과지도는 학습자의 흥미를 유발함으로써 놀이를 통한 학습, 소위 "Learning by Play"를 가능케 할 수도 있다. 아래의 예시는 학생들이 지겨워하는 영국의 고전 '햄릿(Hamlet)'에 대한 관심을 유도하기 위해 시스템 시뮬레이션으로 간단한 컴퓨터 게임을 만든 사례이다. 학생들에게 '햄릿'을 읽도록 강요하기보다는 주인공의 복수심이 언제쯤 아버지를 독살한 작은아버지, 클라우디우스를 죽이게 될지 궁금증을 자아냄으로써 스스로 책을 읽도록 유도한 학습도구로 주목을 끈 적이 있다.

❖ Case of learning by playing : 햄릿의 복수

(Simulating Hamlet in the Classroom)

- By Pamela Hopkins, Desert View High School, Tucson, Arizona

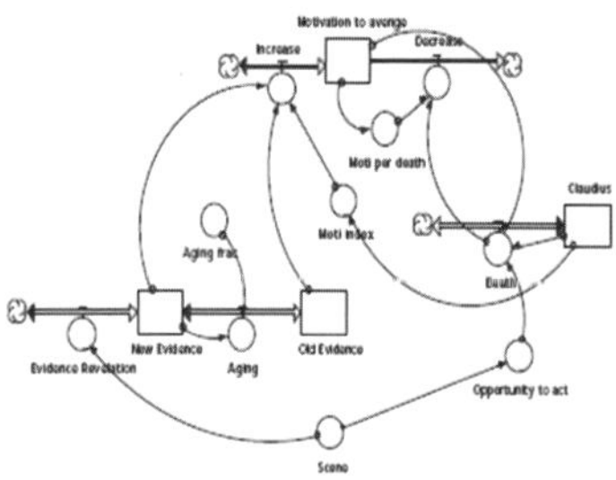

Figure 1: Diagram of the Hamlet model, focusing on the accumulation of evidence in plot events that increase Hamlet's motivation to avenge the death of his father and kill Claudius.

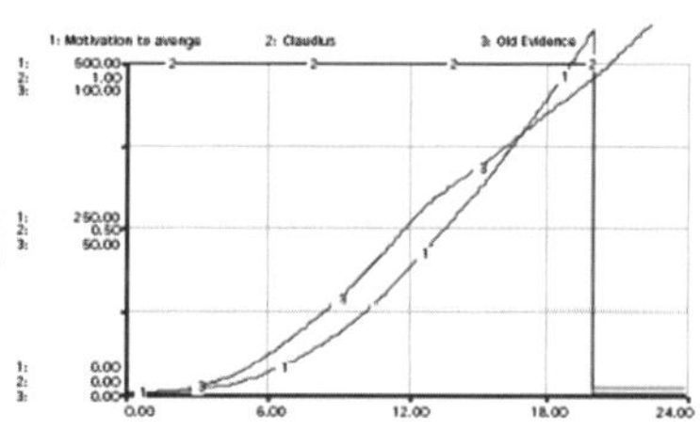

Figure 4: Other variables from the simulation in Figure 3. showing the accumulation of damaging evidence, Hamlet's growing motivation to avenge his father's death, and Claudius's "life line", which drops to zero at his death.

학습도구로서의 인과지도

4) 시스템 시뮬레이션을 위한 근거

인과지도(CLD)가 시스템 사고의 정성적 도구라고 한다면 저량-유량 흐름도(SFD: Stock-Flow Diagram)는 시스템 사고의 정량적 도구로써 컴퓨터 시뮬레이션의 기초가 된다. SFD에 대한 논의와 시뮬레이션을 위한 인과지도의 활용에 대해서는 저술 중인 다른 책에서

구체적으로 논의할 예정이다. 다만 여기서는 인과지도(CLD)가 앞서 논의된 여러 가지 용도 이외에도 저량-유량 흐름도(SFD), 시간 위에서의 행태변화도(BOT: Behavior over Time) 등과 어떤 관련성을 가지고 있는지에 대해서만 개념적으로 제시한다. 시스템 다이내믹스에 숙달된 사람들은 곧바로 SFD를 작성하기도 하지만 이는 단지 인과지도 단계를 뛰어넘어 그 내용을 SFD에 반영하고 있을 뿐 인과지도 작성 과정 자체를 없앤 것은 아니다.

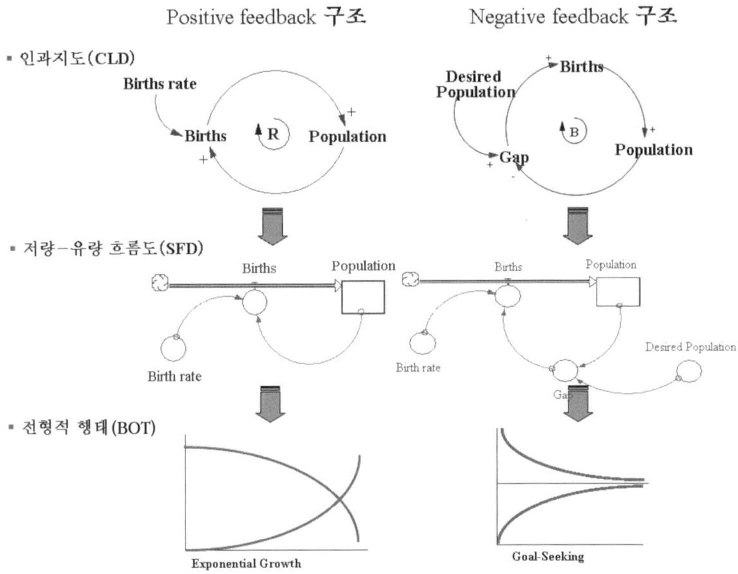

CLD-SFD-BOT의 상호 관계

생각해봅시다.

1. 사고(思考)의 출발점은 머리(腦)가 아닌 가슴(心)이라는 주장에 대해 나름대로의 생각과 의견을 근거와 함께 제시하시오.

2. 실험실 사고와 일상적 사고, 수직적 사고와 수평적 사고를 각각 설명한 후 이들 간의 유사점과 차이점들을 집약하시오.

3. 사고는 존재와 인식 사이의 피드백 관계 속에서 확장된다. 인식론과 존재론의 핵심 내용을 설명하고 이들 간 상호작용성을 논의하시오.

4. 사고를 확장하는데 도움이 되는 세 가지 조건을 제시하고, 각 조건을 설명하시오.

5. 시스템의 3대 기능적 특성을 제시하고 각 기능의 시사점을 논의하시오.

6. 시스템 사고의 취지는 세상을 있는 그대로 보자는 것이다. 이러한 사실적 사고를 위한 3대 사고요소를 설명하시오.

7. 다음 전문용어들의 핵심 개념을 설명하시오.
   1) 디지털적 존재(Digital Being)
   2) 기동된 무지(Activated Ignorance)
   3) 대립적 사고(Opposable Thinking)

8. 어느 여름 신하가 왕에게 이렇게 보고했다. “예년에 비해 요즘 유독 얼음이 많이 팔리고 있습니다. 그런데 이상한 건 백성들 사이에 폭력싸움도 많이 늘어났사옵니다.” 이에 왕은 다른 지역들도

알아 봤느냐고 물었다. 신하가 말하길, "서늘한 북쪽 지방에선 얼음 판매도 줄었지만 폭력싸움도 많지 않았나이다." 이에 왕은 이렇게 지시를 내렸다. "날도 더운데 백성들이 서로 싸운다하니 그럼 얼음 판매를 중단토록 하시오."

- 이야기 속 왕의 사고모델을 인과지도로 작성하고 당신이라면 왕에게 어떤 조언을 하겠는지 말해보시오.

9. 다음 인과지도는 무엇이 잘못되었는지 지적하고 바로잡으시오. 시스템을 욕조와 같이 바라보았을 때, 새로이 작성된 인과지도에 포함된 각 변수는 어떤 역할을 하는지 설명하시오.

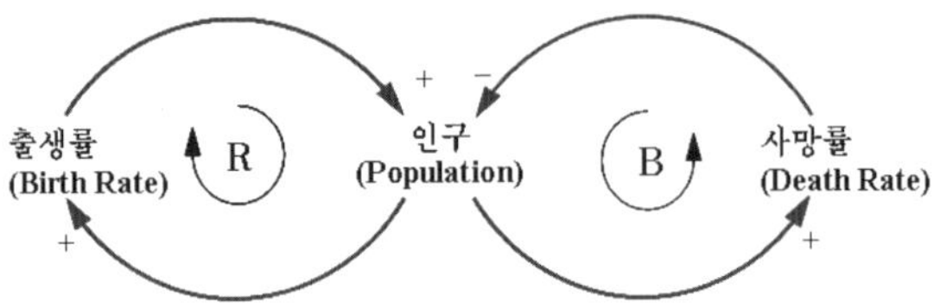

10. 다음 인과지도는 전염병 확산의 원형을 설명하고 있다. 변수 '감염자와 정상인의 접촉'을 수식으로 표현해 보시오.

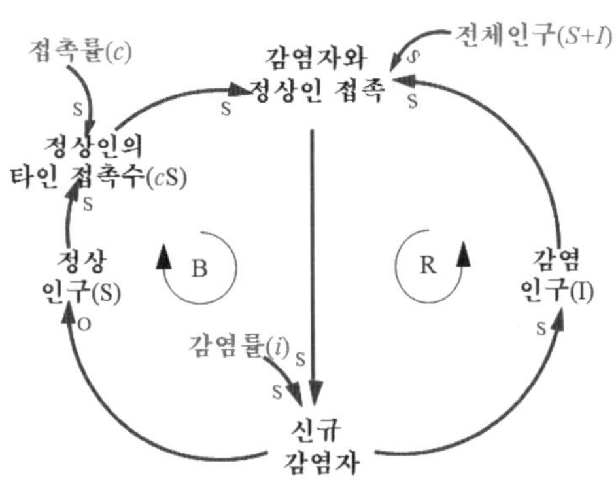

| 제2장 |

시스템 사고는 왜 필요한가?

예측의 역설

'예측은 어디까지나 예측일 뿐이다.' 이 말에는 예측에 관한 세 가지 역설이 함축되어 있다.

첫째, 예측이 곧 미래가 될 수는 없다. 누구나 예측을 하지만 그 정확성에 대한 확신은 없다. 미래는 아무도 경험하지 못한 시간이 개입되기 때문이다. 역설적으로 미래에 과거와는 다른 모종의 변화가 없다면 시간은 없다. 따라서 재현 가능성을 전제로 하는 과학의 세계와는 달리 인간사의 과거가 그대로 미래에 재현될 수는 없다.

둘째, 예측이 곧 미래라면 그 예측은 오히려 부작용을 낳는다. 완벽한 예측은 대상 시스템을 마비시키거나 붕괴하도록 만든다. 가령 어떤 주식의 가격 변화 패턴을 완벽하게 예측하고 이를 공개하는 점술가가 있다면 모두 사려하지 않거나 누구나 사려는 사태가 벌어질 것이다.

셋째, 예측이 미래에 대처할 수 있는 가치와 의미를 갖는다 해도 미래를 개선하거나 변화시킬 수는 없다. 해가 저물면 밤이 찾아오고 밤이 지나면 다시 해가 뜰 것이란 예측으로 그에 대처할 수는 있지만 이를 개선하고 변화시킬 수는 없다. 가뭄을 예측한 사람이 가뭄에 대처할 수는 있어도 비를 내리게 할 수는 없는 것 같은 이치이다.

제1절 사고의 진화

인간의 사고는 신(섭리) 중심적 사고에서 인간(합리) 중심적 사고로, 그리고 시스템 사고로 진화를 거듭해 왔다. 이 절에서는 사고 패러다임의 진화적 맥락에서 시스템 사고의 출현배경을 살핀 후, 인간중심의 합리적(과학적) 사고의 한계와 제약을 보완하는 차원에서 시스템 사고의 필요성을 조망한다.

현상은 이데아의 그림자에 불과하다.
- 플라톤(그리스 철학자, B.C. 428-B.C. 347)

1. 과학적 사고의 태동

갓 태어난 순간 무언가 잡으려다 자기의 손을 잡는 행위로부터 인간은 '이 안(in here)'과 '저 밖(out there)'을 구분하게 되면서 주체와 객체를 구분하는 의식 형성이 시작된다. 그리고 성장하면서 자신의 존재에 대한 의식과 객체와의 관련성을 중심으로 세상을 나름대로 이해하게 된다.

1) 신 중심의 섭리적 사고

인류의 사고가 진화한 과정도 이와 다르지 않다. 철학과 과학이 분리되지 않았던 중세까지는 자신과 조물주의 관계로 세상을 이해했다. 세상 모든 것이 신에 의해 창조되고 신으로부터 부여된 예정된 운명, 타고난 사명을 띠고 움직이는 것으로 생각했던 것이다. 이를테면 1346년부터 10년 가까이 유럽 전역을 휩쓸었던 흑사병은 신이 내린 저주이며, 병을 고치거나 앞일을 예측하는 것은 신의 뜻에 반하는 마녀 소행이라고 생각했다.

이 당시 사고의 기본구조는 한 마디로 '나는 존재한다. 고로 생각한다.' 이다. 조물주의 섭리(攝理)로 나 자신과 주변의 모든 것이 존재하는 (신의 섭리 → 존재) 것이고, 존재하기에 생각할 수 있으며 (존재 → 생각), 그 생각은 신의 섭리를 이해하는 것 (생각 → 신의 섭리)이다. 그렇기에 신의 계시를 받고 신과 소통하는 제사장들은 왕권 위에 군림하는 위치를 차지했었다. 심지어 11세기 말 십자군전쟁 때 전비를 마련하기 위한 수단으로 교황의 '면죄권'이 돈과 결탁하였고, 십자군 원정이 실패로 끝난 후 잠시 잠잠했던 '면죄권'은 1500년대 들어서면서 성전을 짓기 위한 대금 마련과 기득권 세력의 호화 사치를 위한 수단으로 악용되기도 하였다.

'나는 존재한다. 고로 생각한다.'

2) 인간 중심의 합리적 사고

그러나 1514년 지구가 우주의 중심이 아니라는 코페르니쿠스의 발상은 신학적 논리체계로 지지되어온 신 중심의 섭리(攝理)적 사고가 인간 중심의 합리(論理)적 사고로 전환되는 결정적 계기를 마련하게 된다. 인간의 이성에 의한 합리적 사고는 1637년 데카르트(Ren Descartes)의 환원주의(還元主義)를 통해 그 기틀을 마련하게 된다.

인간 중심의 합리적 사고의 기존 구조는 '나는 생각한다. 고로 존재한다.'는 데카르트의 명언에 그대로 담겨 있다. 조물주의 섭리(攝理)로 내가 존재하는 것이 아니라, 만물의 운동과 변화를 생각하기에 내가 존재하는 것이며 (생각 → 존재), 존재하기에 운동과 변화가 있

'나는 생각한다. 고로 존재한다.'

으며 (존재 → 운동과 변화), 만물의 운동과 변화를 이해하려는 사고 (운동과 변화 → 생각)가 바로 생각의 본질이다. 결국 인간은 생각하는 동안만 존재한다는 것이다. 물론 이 명구는 고대에도 있었으나, 섭리적 사고에 대비되는 합리적 사고의 대명사처럼 된 것은 데카르트의 〈성찰〉에서 이것이 다시 조명되면서부터이다.

1687년 코페르니쿠스에서 데카르트, 갈릴레이에 이르는 과학적 업적을 총체적으로 설명한 『자연철학의 수학적 원리, Principia』가 뉴턴(Isaac Newton, 1642~1727)에 의해 저술되면서 당시 수준으로는 더 이상 궁금할 것이 없는, 소위 "통합이론(TOE: Theory of Everything)"이 완성된다. 이로써 근대적 의미의 과학적 사고는 그 진화의 기반을 확고히 다지게 된다. 코페르니쿠스, 갈릴레오, 케플러, 데카르트, 뉴턴에 이르는 근대과학의 기수들은 우주를 정밀한 시계와 같이 움직이는 것으로 보았으며, 만물을 〈물질〉에 기초한 〈존재〉와 〈운동〉에 의한 〈변화〉로 이해하였다.

신 중심의 섭리적 사고에서 이탈한 인간 중심의 합리적 사고는 18세기 말 헤겔(Georg Wilhelm Friedrich Hegel, 1770~1831)과 19세기 니체(Friedrich Wilhelm Nietzsche, 1844~1900)가 '신은 죽었다.'고 선언하고 그 자리에 '초인', 즉 '이성적 인간'을 내세우면서 사상적으로도 온전한 기반을 갖추게 된다.

이러한 유물론적 철학은 우주를 이해하는 기초가 되었고 모든 것은 인과법칙의 지배 아래 결정된다는 기계적 사고는 약 320년 전부터 오늘에 이르기까지 거의 모든 분야의 학문적 연구방법으로 자리잡았다. 과학의 진보와 문명의 발달에 지대한 영향을 끼친 '과학적 사고'라고도 하는 기계적 사고의 기본 전제를 좀 더 살펴보면 다음과 같다.

- **요소환원주의**: 복잡한 것은 요소별로 쪼개서 이해하고 그 이해 가능한 요소를 원래대로 조합하면 전체를 설명할 수 있다(부분의 합 = 전체)는 것이다.
- **재현가능성**: 동일한 조건에서의 실험은 항상 동일한 결과가 나와야 하며(실험오차는 무시되어도 좋다), 몇 번이고 반복될 수 있다.
- **객관적 엄격성**: 문제의 모든 요소가 하나도 빠짐없이 검토되어야 하며, 인과론 또는 결정론적 객관성이 담보되지 않은 그 어떤 것도 진리로 받아들이지 않는다.

기실 이러한 전제와 가정은, 언뜻 보아서는 별 중요한 의미가 없는 것 같지만, 우리는 물질문명과 정신세계를 지배하는 이러한 사고의 틀에 의존하여 생활하고 있다.

▶ 사고의 진화

인간 사고는 섭리((攝理)에서 합리(合理)로 진화했으며, 1990년대 초 복잡계(Complex World)에 대응하기 위한 새로운 사고 유형으로 '시스템 사고'가 출현하게 된다.

- **신 중심의 섭리(攝理)적 사고**

  ↓ ← 코페르니쿠스의 발상 (1514)

- **인간 중심의 합리(合理)적 사고**

  ↓ ← 뉴튼(Newton) 'Principia' (1687) 근대 과학의 시작

- **시스템 중심의 사실(事實)적 사고**

---

2. 행태주의와 구조주의

시스템 사고는 근대 과학적(분석적) 사고의 기본 세계관인 행태주의(Behaviorism)의 한계를 극복하고 그 보완 차원에서 제시된 구조주의(Structuralism)로부터 출발하게 된다. 따라서 여기서는 행태주의와 구조주의의 실체와 장단점, 그리고 한계를 살펴보고 시스템 사고는 이들을 어떻게 반영하는지 살펴보기로 하자.

계량적 분석을 중시하는 사람들은 시스템 사고의 중요 수단인 인과지도를 경시하거나 냉소적 반응을 보이는 경향이 있다. 작성된 인과지도의 근거가 과학적이지 못하다는 것이다. 그들은 데이터에 근거한 엄격한 논증방식, 즉 '경성과학(Hard Science)'이 아닌 것을 거부한다. 이러한 태도는 소위 행태주의의 근간을 이루는 귀납적 사고에 의한 것이다. 그러나 연역적 사고의 기초가 되는 구조주의는 행태주의의 근본적 한계와 모순을 비판한다.

1) 행태주의(Behaviorism)

1920년대 이래 발전된 행태주의는 각종 사회적 현상 및 문제를 과학적으로 접근, 설명하고자 하는 논증체계이다. 이는 근대 자연과학에서 연유된 분석적 또는 기계적 사고의 기초가 되었다. 관조 대상 시스템이 드러내는 현상에 대한 과거의 선험적 자료들을 분석하여 결론(혹은 일반 명제)을 끌어내고 그것을 근거로 미래에 대한 예언을 논증(정당화)하고자 하는 귀납적 추론의 체계를 근간으로 한다. 따라서 행태주의는 검증될 수 없는 사변에 대해 반대하며, 직관이나 가치판단보다는 사실(실증) 분석에 초점을 맞추고 있다.

(1) 행태주의 신조

1970년대 '후기행태주의(Post-Behaviorism)'를 주도한 정치학자 이스튼(David Easton)은 행태주의가 지향하는 신조를 다음과 같이 제시하면서 그 한계를 지적하고 있다. 그 면면을 보면 근대 자연과학의 세계관 및 논증방식과 다르지 않다.

- **규칙성(regularity)**: 사회적 현상은 규칙과 양상이 존재하며 그에 대한 관찰과 분석은 행태의 예측을 위한 일반화된 이론적 근거가 된다.
- **검증성(verifiability)**: 일반화의 타당성이나 유용성은 시험되어야 하며, 반복 시행해도 오차 허용범주 내에서 그 일관성이 검증되어야 한다.
- **방법론(technique)**: 자료의 수집 및 분석에 동원되는 방법론은 객관적 타당성이 입증되어야 한다.
- **계량화(quantification)**: 사회적 현상 및 사건, 행태 등은 측정과 분류가 가능하고 계량화와 통계적 방식을 통한 비교 분석도 가능해야 한다.
- **중립성(value-free)**: 제반 문제를 분석, 예측함에 있어 편향된 이념과 가치가 개입되어서는 안 되며 객관적 사실에만 근거해야 한다.
- **체계화(systematization)**: 이론적 뒷받침 없는 직관이나 일반화된 법칙적 가설, 그리고 그와 관련된 자료는 실증에 무용(無用)하다.

이와 같은 신조를 견지하는 행태주의의 귀납적 사고는 근대과학을 발전시키는데 중추적 역할을 해왔다. 특히 물질에 기초한 존재와 운동에 의한 변화를 이해하고 그 믿음에 대한 정당화와 예언적 논증을 시도하는 자연과학의 발전에 기여한 바는 실로 지대하다. 그러나 귀납의 지평을 연 흄(D. Hume)이나 현대 귀납철학자 굿맨(N. Goodman)이 제기하는 역설을 논하지 않더라도 자연과학의 세계관이 사회 문제에 접목된 행태주의는 적지 않은 문제와 한계를 내포하고 있다.

▶ 시스템 사고와 수평적 사고

실증주의의 인식론적 근거에 기초한 행태주의는 내용(substance)보다는 조사방법 도구와 수단 등의 기법(technique)에 우선한다. 그 결과 넓은 맥락 속에서 사실(fact)을 이해하는 길을 제한하고 있다. 과학적 방법론에 집착하여 지엽적인 문제에 치중하게 됨으로써 오히려 현실적 적합성이 떨어지는 결과를 낳는다는 것이다.

따라서 지엽적이고 중요하지 않은 문제에 대해 계량적으로 엄격한 것보다는 다소 모호하지만 현실의 전체를 이해할 수 있다면 그것이 오히려 더 낫다는 주장이 제기되는 데, 그것이 바로 후기행태주의가 지향하는 '적절성의 신조(Credo of Relevance)'이다.

---

(2) 행태주의의 한계와 제약

일부에서 제기되고 있는 행태주의에 대한 반성론은 차치하고라도 행태주의가 신봉하는 신조의 면면을 보면 현실과 상당한 거리가 있음을 알 수가 있다.

① 규칙성(Regularity)의 허구

사회적 시스템의 행태에는 예측 가능한 수준의 규칙성은 존재할 수 없다. 테이블 위에 당구공이 많을수록 타구 대상 공의 각도와 강도에 따라 그 다음 이어지는 연속작용의 패턴은 더욱 다양하게 변하는 것처럼, 구성요소가 많을수록 초기의 작은 변화가 시스템의 행태를 전혀 다르게 바꾸어 놓기 때문이다.

행태주의가 규칙성을 신봉하는 이유는 "행태가 행태를 유발한다."는 전제에 그 근거를 두고 있다. 시스템의 과거 행태로부터 미래 행태를 예측 또는 유추할 수 있기 때문이다. 그러나 요즘 같은 복잡한 환경에서는 규칙성을 찾기가 어려울 뿐만 아니라 급변하는 상황에서 과거의 규칙성을 미래에 투사하고자 하는 시도 자체에 의문이 제기될 수 있다.

설혹 정확한 예측이 가능하다 해도 그에 대한 대응은 할 수 있으나 그 흐름과 행태를 바꿀 수는 없다. 가령 술만 마시면 행패를 부리는 사람의 경우 그가 앞으로도 술 마시면 행패 부릴 것이란 예측은 가능하다. 그렇기 때문에 주변 사람들은 그와의 술자리를 피할 수는 있다. 그러나 그 술버릇을 고치기 위한 원인을 단순히 행태만 보고 발견해 낼 수는 없다.

② 검증성(Verifiability)의 한계

실증적 논리 전개의 근간인 '검증가능성의 원리(verification principle)'는 어떤 명제가 참이 되려면 먼저 경험적으로 검증 가능한 것이어야 한다는 것이다. 가령 '최고 기온이 36도이다.'라는 명제는 검증이 가능하지만, '꽃이 아름답다.'라는 명제는 참과 거짓을 구분할 수 없기 때문에 검증성이 없다. 관계 속에서의 명제는 더욱 그러하다. 예컨대 '사자는 맹수다.'라는 명제는 검증 가능하지만 조련사의 지시에 따라 곡예를 부리고 있는 우리 안의 사자도 그러할까? 이렇듯 관조의 대상은 관계 속에서 인지되고 해석된다. 따라서 수많은 상황 속에서 달리 인식되는 어떤 시스템에 대한 명제는 매 상황마다 달리 논증되어야 한다는 한계를 가질 수밖에 없다.

이렇듯 '검증'은 시스템의 요소별 본질에 대해서는 가능할 수 있어도 요소 간 관계, 즉 상호작용 기제로부터 발생하는 시스템 전체의 행태에 대해서는 불가능하다. 시스템의 요소별 본질은 변함이 없다 하더라도 요소 간 관계와 그 상호작용 강도는 시간에 따라 변화하기 때문이다. 실증적 검증이 가능하려면 모든 현상과 행태들이 무수한 연언(conjunction)으로 표현되거나 제 각각 설명될 수밖에 없는데 이는 현실적으로 불가능하다. 결국 재현 가능성이 없다면 검증 가능성도 없다는 역설이 가능하다.

③ 실증 방법론(Technique)의 제약

행태주의가 견지하는 논증방식은 데이터 사용을 전제로 한 실증주의에 기초하고 있다. 그러나 충분히 귀납적으로 입증할 수 있을 정도의 데이터를 확보할 수 있는가 하는 현실적 문제에 봉착한다. 그렇기에 데이터의 부족으로 연구를 제대로 수행할 수 없다는 하소연을 종종 듣는다.

설혹 충분한 데이터가 확보되어 있고 이를 분석할 타당한 방법론이 마련되어 있다 해도 행태를 입증할 수 있는 사회적 시스템의 작동 규칙을 제대로 찾아 낼 수는 없다. 어떤 사실이 사실로 파악(인식)되는 것은 일정한 개념적 틀 안에서만 가능한데, 문제는 그 개념의 틀을 실증할 수 없다는데 문제가 있다.

④ 계량화(Quantification)의 모순

행태주의는 계량적 척도로 측정될 수 없다면 논증 자체가 어렵다고 본다. 심지어 모든 명제를 참과 거짓으로 구분하고 이를 각각 1과 0의 논리 값을 부여하여 논증한다. 그러나 '꽃은 아름답다.'고 할 때 아름다움을 참(1)과 거짓(0)을 구분할 수 없다. 행태주의 시각에서 그 실증이 가능하려면 모든 꽃을 다 조사해야 하므로 이러한 전칭명제는 성립될 수 없다. 설혹 검증원리의 의미조건이 충족될 수 있도록 전칭명제를 '어떤 꽃은 아름답다.'로 제한할 때, 그에 상응하는 부정명제는 검증원리의 의미조건이 충족될 수 없는 '모든 꽃은 아름답지 않다.'라는 전칭명제로 환원된다. 결국 의미 있는 명제를 부정하면 의미 없는 명제가 되는 모순을 안게 된다.

참과 거짓의 이원적 사고를 견지하는 행태주의의 한계는 바로 여기에 있다. '측정을 통한 실증'을 고집한다면 결국 실증에 필요한 측정 가능 데이터를 모두 입수할 때라야 가능하지만 현실은 그렇지 않다. 사회적 현상의 몇 퍼센트가 계량적으로 설명이 가능한가에 대한 근본적 의문이 제기될 수 있다. 극히 일부만이 계량화가 가능하다면 이를 활용한 방법론은 현실을 반영할 수 없다는 주장이 설득력을 가질 수밖에 없다.

⑤ 가치중립성(Value Neutrality)의 한계

행태주의가 지향하는 '가치의 중립성'이 과연 가능한 것인가 하는 문제가 제기될 수 있다. 문제에 대한 분석과 예측에 있어 편향된 이념과 가치가 개입되어서는 안 된다고 하는 것은 이상적 바람일 뿐이다. 인간의 합리성은 '제한적 합리성(Bounded Rationality)'에 불과하기 때문이다.

어떤 대상에 대한 견해는 나름의 세계관과 상대성에 의해 지배되며[19] 무엇을 먼저 보느냐에 따라 현상에 대한 인식이 달라진다. 이를 '지배적 사고'라고 부르기도 한다. 따라서 대상(현상)에 대한 '가치 자체의 중립성'을 강조하기보다는 견해를 지배하는 '가치의 타당성'을 중시하는 편이 오히려 현실에 부합될 수 있다. 이러한 이유로 후기행태주의는 검증에 주관적 개입을 포함해야 한다고 주장하기까지 한다.

19) 이를 '진리의 상대성(*The Relativity of Truth*)'라고도 한다.

사고 표출의 대표적 수단인 언어는 '어떤 상황에서는 어떻게 한다.'고 하는 '행동적 성향(Behavioral Disposition)'을 암시하는 것이지, 어떤 대상의 본질이나 상태 그 자체로 국한하는 것은 아니다. 가령 '소금은 물에 녹는다.'는 의미는 소금의 가용성에 대한 믿음 그 자체보다는, 그러므로 소금이 물에 닿지 않도록 한다거나 물에 소금을 타는 행동적 성향을 암시하는 것이다. 이러한 행동적 성향은 그 믿음의 주체가 처할 수 있는 상황에 따라 달라질 수 있으므로 엄밀한 의미에서 가치중립적일 수 없다.

⑥ 체계화(Systematization)의 한계

행태주의에서의 '체계화'는 대상이 객관적으로 분류되고, 구분될 수 있어야 실증이 가능하다는 것을 전제로 한다. 따라서 직관이나 상식화된 법칙적 가설은 실증에 무용(無用)한 것으로 간주한다. 그러나 이는 행태주의가 기본적으로 귀납적 추론방식에 의존하기 때문일 뿐, 연역적 추론에서는 법칙적 가설과 상식을 중시한다. 지나친 비약이라고 할지 모르지만, 엄격하고 복잡한 통계처리를 통해 얻은 결과들이 이미 상식선에서 발견할 수 있는 정도의 결과 밖에는 얻지 못한 경우를 종종 목격하게 된다.

자연계를 대상으로 하는 물리학에서조차 상보성, 양면성, 혼돈성, 불확정성을 인정하고 있는 상황에서 과연 행태주의가 주장하는 '체계화'란 얼마나 가능한 것이며, 얼마나 의미가 있는 것인지 의문이 제기될 수 있다. 특히 체계화는 대상의 객관화를 전제로 하고 있으나 대상을 인지하는 주체의 주관성을 완전히 배제할 수 있다는 가정 자체에 현실적 한계가 있을 수밖에 없다. 오히려 현실세계에서는 개별 가치에 영향을 받는 주관적 판단이 행태를 유발하는 경우가 더 많다. 그리고 그 판단은 관계(상황) 속에서 이루어지며, 그 상황(관계)

은 확정적일 수 없다. 시스템을 가능태로 보는 이유는 바로 여기에 있다. 그렇다고 체계화 자체를 부정하는 것은 아니다. 이 역시 제한적 합리성을 벗어날 수 없는 것임을 인정하되 현실에서 작동하는 직관과 상식 등 법칙적 가설도 배제되어서는 안 된다는 것을 강조하고자 할 뿐이다.

2) 구조주의(Structuralism)

구조주의는 개별 존재의 의미가 다른 개체들과의 관계에 따라 규정된다는 신조 하에 관조 대상 시스템의 총체적 체계를 탐구한다. 행태가 또 다른 행태를 낳는다는 행태주의와 달리, 구조주의는 개체간 관계로 형성되는 구조가 행태를 낳는다고 믿는다. 개별 '요소'를 전체와의 '관계'를 통해 파악함으로써, '요소'는 변하더라도 변하지 않는 '관계'를 인식하려는 사고 방법이다. 개체는 언제나 다른 개체들과 유기적 관계 속에 존재하며 그 관계 안에서 의미가 규정되고 변화한다. 따라서 개체의 의미는 개별적으로 인식될 수 있거나 고정되어 있는 것이 아니라, 그것을 부분으로 삼고 있는 전체 시스템과 시스템의 구조 안에서 비로소 인식되며, 시스템 구조의 변화에 따라 개체의 의미도 변화한다. 즉 부분으로서의 요소는 전체의 구조 안으로 통합될 때 의미가 있고, 비로소 인식된다는 것이다.

구조주의는 어떤 현상이나 활동, 자족적 상호 '관계' 속 기호체계(System Signifiant) 혹은 사회제도로 간주한다. 세계는 사물들로 구성된 것이 아니라 '관계'들로 구성되어 있다는 개념이 구조주의적 사고방식의 제1원리이다. 요컨대 어떤 존재나 경험이라도 그것들이 '구조' 속에서 이해되지 않는 한 완전한 의미는 파악될 수 없다는 것이다.

(1) 구조주의의 사상적 기반

구조주의의 인식과 방법론은 소쉬르(Ferdinand de Saussure, 1857~ 1913)의 언어학에서 그 계기가 마련되었다. 언어는 인간 정신의 구조적 측면을 가장 잘 나타낼 뿐 아니라, 언어가 사용되는 동일 문화권 사람들의 사고방식을 규정하기 때문이다. 소쉬르에 따르면 '관념을 표현하는 기호체계'인 언어에서 기호가 표시되는 형식, 즉 기표(signifier)와 그것을 통해 나타내는 대상이나 의미, 즉 기의(signified) 사이에는 어떤 필연적 연관성도 존재하지 않는다. 예컨대 '나무'라는 낱말의 의미는 '나무' 그 자체에 의해서가 아니라 다른 낱말들과의 관계에 의해 결정된다. 곧 기호는 사물과 관계를 맺는 것이 아니라 언어 체계 안에서 다른 기호들과의 관계(맥락) 속에 존재하기 때문에 그 의미는 전체 안에서만 존재할 수 있는 것이다.

이렇듯 언어학에서 출발한 구조주의는 1960년대에 이르러 문학, 인류학, 철학, 정신분석학, 사회학 등 모든 인문사회학 분야에 폭넓게 확산되며 큰 영향을 끼쳤다. 구조주의는 '개체'에 우선하여 '구조'를 강조함으로써 실존주의와 같은 인간중심적인 사유와 대립하며 20세기의 가장 영향력 있는 사상 가운데 하나로 자리 잡았다.

행태주의에서도 구조를 읽으려는 시도는 있지만, 다음과 같은 측면에서 구조주의와 다르다. 첫째, 행태주의는 '행태가 또 다른 행태를 낳는다.'는 전제 하에 데이터 분석을 통해 패턴을 읽어내려 한다. 그러나 이는 '행태의 패턴'일 뿐 구조 내에 존재하는 '상호작용의 패턴'이 아니라는 점에서 구조주의와 다르다. 둘째, 행태주의는 데이터 분석을 통해 원인(input)과 결과(output)의 관련성을 파악한 후 과정(process)의 작동 구조를 추론하는 귀납적 논리체계를 가지고 있지만, 구조주의는 원인(input)과 결과(output) 사이에 존재하는 과정(process) 그 자체의 작동 구조를 파악하려 한다.

▶ **구조주의 세계관**

구조주의는 전체 체계 안에서 사물들의 관계를 기술하고, 그 의미를 이해하려 한다. 이는 마치 문장 속의 단어는 단어 그 자체가 의미를 갖는 것이 아니라 문장의 맥락을 통해서 단어의 기능과 의미가 부여되는 것과 같은 이치이다.

언어에서 랑그(Langue)는 빠롤(Parole)을 통해서 나타나지만 빠롤의 전제가 되는 것처럼 구조는 현상 및 행태로 나타나지만 행태를 낳는 전제가 된다. 구조주의에서 '구조가 행태를 낳는다.'는 주장은 바로 여기에서 연유된 것이다.

(2) 구조주의의 한계와 제약

중세까지 인간을 지배했던 신 중심의 섭리적 사고를 부정하고 인간 중심의 합리적 사고가 그 자리를 대체했듯이, 합리적 사고의 저변을 지지하는 행태주의의 한계를 극복하고자 그 자리를 구조 중심의 사유를 지지하는 구조주의로 대체하는데까지는 성공했다고 할 수 있다. 그러나 모든 현상을 '구조'라는 절대 법칙에 근거하여 설명하려는 것 역시 다음과 같은 이유에서 한계를 가질 수밖에 없다.

① 구조의 불안정성

우선 특정 시스템의 '구조'라는 것 자체가 안정적이라는 가정 자체가 잘못된 것이다. 안정적 구조 속에도 불안정이 존재하기 때문이다. '그 자체로 전체이며 동시에 부분'이라는 시스템의 '홀론적 특성'이 암시하듯 어떤 시스템도 상위 혹은 하위의 다른 시스템들과의 상호작용적 관계 속에서만 존재한다. 이러한 상호작용에는 차연(差延) - 공간적 차이와 시간적 지연이 개입되어 아무리 안정되어 보이는 시스템이라도 일정 수준의 불안정이 존재할 수밖에 없다.

② 코페르니쿠스적 전회의 한계

원래 구조주의는 어떤 대상을 구성하는 요소들 사이의 관계를 있는 그대로 통합적으로 포착하려는 것이다. 따라서 주체와 대상에 대한 코페르니쿠스적 전회가 전제될 수밖에 없다. 인간의 활동, 그리고 그 연장선에서 표출되는 각종 사회적 현상 이면의 구조에 대한 전체성은, 마치 수면 아래에 존재하는 그 무엇처럼, 시각이나 촉감으로 감지되는 구체적 경험의 장 혹은 기록이나 통계적 자료의 장에서는 파악되지 않는다. 항상 경험의 배후에 잠재해 있는 직관의 세계에서만 포착될 수 있다는 한계를 안고 있다. 이 때문에 구조주의자들은 어떤 실체를 파악함에 있어 행태주의가 부정하는 직관이나 선험적 구조 혹은 일반화된 법칙적 가설을 상정하지만 이러한 접근은 객관적 정당화나 검증이 사실 상 불가능하다.

③ '질서와 안정'의 허구

'질서와 안정'을 전제로 하는 사유체계인 구조주의는 시스템 구조 내에 존재하는 '상호작용 패턴'이 정태적(Static)이라는 가정을 전제로 하고 있다. 그러나 상호작용에는 앞서 언급한 '차연(差延)'이 개입되기 때문에 동태적(Dynamic)일 수밖에 없다. 결국 구조주의의 정태적 사유체계가 작동하려면 유동적 현실을 고정시켜야 하는 한계가 있다. 이는 행태주의 신조 중 하나인 '체계화(Systematization)'와도 맥이 통하는 문제이다. '체계화' 속에서는 트리(tree)와 같이 무엇이 줄거리이며 무엇이 지엽인가를 고정해 버린다. 이러한 거짓된 '질서와 안정'을 타파하기 위해서는 구조의 해체를 통한 재조합이 필요하며 관련성이 먼 것과도 결합하는 리좀(Rhizome)과 같은 생명력 넘치는 자유로운 사고가 요구된다. 현대 사회는 '트리 사회'에서 변화와 결합을 거듭하는 '리좀 사회'로 진화하고 있다. 어제의 현실과 오늘의 현실은 다르며, 내일은 또 달라진다. 이렇게 변화하는 세상을 사진처럼 고정시킨 상태로 이해하려는 것은 비현실적이다.

▶ **파블로프의 개**

개에게 먹이를 줄 때마다 종소리를 들려주는 일을 반복하면 먹이를 주지 않고 종만 울려도 개가 침을 흘린다. 이러한 반응을 '조건반사'라 한다. 물론 이러한 반사작용은 인간의 사고와는 다를 수 있으나, 행태주의와 구조주의를 이해하는데 다소 도움이 될 수 있을 것 같다.

행태주의는 종소리와 같은 외부 자극과 침을 흘리는 작용 모두 행태로 간주할 것이며, 자극이라는 행태가 반응이라는 또 다른 행태를 낳는 것으로 논리를 전개할 수도 있다.

그러나 구조주의는 이 경우 종소리 그 자체가 침을 흘리게 하는 것이 아니라 반복된 학습을 통해 먹이에 대한 변화된 개념 구조가 침을 흘리게 하는 것이라는 주장을 전개할 것이다.

---

3. 새로운 사고 패러다임

중세 이후 신 중심의 섭리적 사고를 부정하고 그 자리를 인간 중심의 합리적 사고가 대체하면서 이를 지지하는 세계관으로 행태주의가 출현하게 되었다. 요소환원주의, 재현가능성, 객관적 엄격성 등의 원칙을 기저에 깔고 있는 행태주의는 근대 자연과학의 발전에 절대적 위치를 차지한 것은 물론 사회과학에도 지대한 공헌을 하였다.

그러나 제1장 제1절(2. 사고의 유형)에서도 논의가 있었듯이 자연과학의 실험실 환경과 사회과학의 일상적 환경은 서로 다른 사고체계를 필요로 한다. 일상적 사고가 보다 더 요구되는 언어학, 정치(정책)학, 경제·경영학 등의 사회과학에서 행태주의가 한계를 노출하면서 이를 보완하고자 제시된 새로운 세계관이 바로 후기행태주의와 구조주의다.

후기행태주의는 행태주의가 신조로 삼는 객관적 '엄격성(Rigidity)'과 함께 의미적 '적절성(Relevance)'마저 포용하는 새로운 사조라면, 구조주의는 '행태가 또 다른 행태를 낳는다.'는 행태주의를 대체하는 사조로, '구조가 행태를 낳는다.'는 믿음에서 출발한다. 그러나 앞서 논의한 바와 같이 구조주의는 '구조'라는 정태성(Static)이 시스템의 홀론적 특성을 설명할 수 없는 한계에 직면하면서, 구조의 의미적 해체와 재구성을 통해 시스템의 동태성(Dynamic)을 반영하고자 하는 후기구조주의가 출현하게 된다.

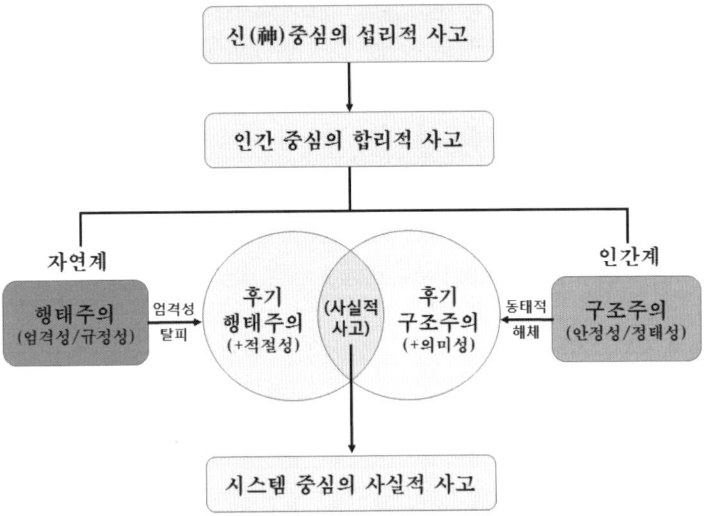

사고의 변증적 진화

행태주의와 구조주의는 비록 양극단에서 출발했지만, '정-반-합'의 변증적 진화를 거치면서 같은 곳을 향해 수렴하고 있다. 행태주의의 연장선에서 출현한 후기행태주의와 행태주의의 대체시각에서 출발한 구조주의의 연장선에 있는 후기구조주의는 공통적으로 세상을 있는 그대로 보자는 '사실적 사고'에 수렴한다. 행태주의의 핵심인 과학주의가 강조하는 '규정성'과 구조주의의 핵심인 인문주의가 강조하는 '의미성'이 결합되면서 보다 더 '사실'에 가까운 사고체계를 형성해가고 있다. 이러한 흐름을 반영한 새로운 사조가 바로 '시스템 사고'이다. 바로 뒤에서 논의가 이어지겠지만 '시스템 사고'는 그림과 같이 행태주의와 구조주의의 변증적 진화 속에서 탄생한 새로운 사조로 해석될 수 있는 것이다.

1) 근대 과학적 사고의 붕괴

앞서 설명했듯이 '시스템 사고'는 행태주의와 구조주의의 변증적 진화 속에서 탄생한 새로운 사조이다. 그러나 시스템 사고가 출현하게 된 배경과 그 필요성의 보다 직접적인 이유는 근대 과학적 사고의 한계에서 찾을 수 있다.

세상이 단순할 때는 자신이 볼 수 있는 것만 따로 떼어서 보는 식의 기계적(분석적) 패러다임만으로도 충분했을지 모른다. 그러나 '모르던 것'이 '아는 것'과 새로이 연결되면서 실체에 좀 더 근접하게 될 때 깨달음의 경지에 이르듯, 새로운 세계가 시야에 들어오면서 기존의 사고체계로는 설명될 수 없음을 깨닫기 시작하였다. 어느 때부터라고 꼭 집어 말할 수는 없지만 기계적 사고, 즉 근대 과학적 사고의 본격적인 붕괴는 20세기에 이르러 현대 물리학이 탄생하고 부터라고 보는 것이 일반적이다.

과학의 초점이 우주를 향한 광속의 거시적(巨視的) 세계로 뻗어가면서 〈상대성 이론〉이 나왔고, 우리의 눈으로는 볼 수 없는 분자, 원자, 소립자의 미시적(微視的) 세계로 빠져들면서 〈양자 이론〉이 나왔으며, 물과 공기 등 유체의 운동, 날씨 변화 등 일정한 규칙이 없는 혼돈(混沌)의 세계에 도전하면서 〈카오스 이론〉이 나왔다. 이런 새로운 발견은 기계적(과학적) 사고에 기반 한 뉴턴 모델의 한계를 느끼게 만들었고 과학혁명의 새로운 사고를 필요로 하는 계기가 되었다. 기존 사고의 한계는 비단 물리학에 국한된 것이 아니다. 유기체나 인간사회처럼 복잡하거나 색, 맛, 마음 등 계량적인 측정이 불가능하여 아예 과학의 대상에서 제외되었던 분야들의 경우 기계적 사고로는 기초적인 설명조차하지 못하는 상황에 직면하게 되면서 새로운 사고체계의 필요성은 더욱 부각되었다.

플라톤(Platon)의 '동굴우화'처럼 우리의 현실세계는 빛의 세계와 암흑의 세계가 공존한다. 인간의 문명을 견인했던 기계적 사고가 빛을 통해 알 수 있는 '존재(시각)의 세계'를 탐사하는 유용한 수단이었다면, 변전(變轉)을 위해 이제 막 생성한 무엇처럼 동태적이고 비논리적인 질료(material)로 가득한 어둠의 세계를 탐사하는 새로운 사고의 틀은 그림자를 통해 존재를 알 수 있는 '인식(개념)의 세계'에 부합되는 것이라야 한다. 그것이 바로 '시스템 사고'이다.

▶ 과학세계에서 본 시스템 사고

〈상대성 이론〉, 〈양자 이론〉, 〈카오스 이론〉 등은 물리학에서 뿐만 아니라 여타 학문의 사상과 철학 사조에 큰 충격으로 받아들여지고 있다. 기존의 사고체계로는 비논리적 질료(material)로 채워진 어둠 속 '인식 세계'가 어떻게 이들을 통해 투영되고 있는지를 살펴보면 시스템 사고의 배경을 알 수 있을 것이다.

---

(1) 상대성이론

시간, 공간, 질량 등은 개별적 존재가 아니라 하나이다. 물질은 곧 에너지며, 절대공간과 절대시간이란 없다는 것이다. 광속으로 비행하는 물체는 길이가 짧아지며, 시간은 늦게 간다. 그리고 한 계(界)의 속도는 절대불변이 아니라, 관측자의 위치와 운동속도에 따라 상대적으로 달라진다.

(2) 양자이론

아인슈타인의 상대성이론이 발표될 당시 사람들은 놀라기는 했어도 혼란스러워 하지는 않았다. 그러나 양자이론이 나오면서부터 모든 것을 다 알 것 같았던 물리학계는 온통 혼란에 빠져들었다. 이를 초래한 가장 대표적인 이론이 '상보성의 원리'와 '불확정성 원리'이다.

- **상보성의 원리(Complementary Principle)**: 빛은 입자일 수도, 파동일 수도 있다. 이를 '닐스 보어의 해석' 또는 '코펜하겐 해석'이라고 하는데, 이러한 해석은 '참 아니면 거짓'이라고 하는 이분법이 무시된 것일 뿐만 아니라, 누가 측정하더라도 동일한 결과가 나와야 한다는 '객관적 엄격성'에 위배되는 것이다. 이러한 상보성의 원리는 일상에서도 적용된다. 관점이 무엇이냐에 따라 '이것일 수도 있고, 저것일 수도 있다.'는 생각은 상식에 어긋나지 않는다. 방에 꽃병이 놓여 있다고 할 때, 그 꽃의 외양, 향기, 꽃을 보낸 이의 마음을 느끼는 것은 관심과 관점에 따라 다를 수 있다.
- **불확정성 원리(Uncertainty Principle)**: 불확정성 원리란 관찰 대상에 무슨 일이 일어날 것인가를 확실히 안다는 것은 절대로 불가능하며, 단지 확률로 말할 수 있을 뿐이라는 것이다. 이는 마치 뉴턴 물리학에서 '이렇게 되면 저렇게 된다.'고 규정했다면 양자 물리학에서는 '이렇게 되면 저렇게 될 확률은 어느 정도'라고 말하는 것과 같다. 이러한 불확정성 원리는 상보성의 원리와 무관하지 않다. 가령 주사위를 던질 경우 확률은 1/6이지만 누구도 특정 번호가 나온다고 장담할 수 없다. 이는 기본

법칙과 초기조건만 알면 정확히 결과를 예측할 수 있다는 기계적 사고의 '재현가능성'이 깨지는 것을 말한다.

(3) 카오스이론

카오스(Chaos) 세계는 마치 당구공이 3개 이상 상호 충돌하면서 움직이는 상황이나 연기가 움직이는 것을 연상하면 이해가 쉽다. 구성요소가 많고 이들 간 상호작용이 매우 복잡하게 얽혀 있는 경우 카오스, 즉 혼돈상태가 유발된다. 이는 비단 자연계에서 뿐만 아니라 교통과 통신이 고도로 발달한 현대사회 전반에 걸쳐 나타나는 보편적 현상이다. 카오스 이론은 기계적 사고와는 달리 초기 사소한 오차가 엄청난 결과의 차이로 나타나며 그 결과는 매번 다를 수 있다는 불확정성 원리와 맞닿아 있다. 이러한 카오스 이론의 대전제는 한 시스템을 부분으로 나누어 이를 다시 결합을 시도하는 기계적 사고의 요소환원주의를 무력화한다.

2) 분석적 사고와 관계적 사고의 수렴

이미 수차례 언급되었듯이 시스템 사고는 통합적 사고, 피드백 사고, 시간적 사고 등 세 가지 사고를 통해서 세상을 보다 사실적으로 보자는 것이다. 이러한 사고의 틀은 시스템의 기능적, 구조적 특성에서 도출된 것이다. 그러나 행태주의와 구조주의의 접점에 시스템 사고가 있다는 것도 주목해야 한다. 후기행태주의가 추구하는 '적절성의 신조'와 후기구조주의가 추구하는 '구조의 동태적 의미'란 결국 '사실적 사고'로 수렴되기 때문이다. 결국 시스템 사고는 구조주의의 관계적 사고뿐만 아니라 행태주의의 분석적 사고를 함께 아우르는 사고인 것이다.

시스템 사고는 '구조가 행태를 낳는다(구조 → 행태).'는 관계적 사고에 기초한다. 석탄과 다이아몬드를 구성하는 요소는 본질적으로 똑같이 탄소다. 그러나 탄소가 어떤 구조를 갖느냐에 석탄이 될 수도, 다이아몬드가 될 수도 있다. 이처럼 '구조가 행태를 낳는다.'는 것은 비록 요소는 같아도 이들 사이의 관계, 즉 구조가 어떠하냐에 따라 이들의 성질과 양태가 전혀 달라진다는 것을 의미한다. 따라서 구조를 이해하면 미래의 행태를 추정할 수 있고, 구조의 변경을 통해서 행태의 변화를 유도할 수도 있다. 이런 측면에서 볼 때 시스템 사고는 '과거의 행태가 미래의 행태를 낳는다.'는 행태주의, 그리고 그에 기초한 분석적(기계적) 사고와는 다르다.

그러나 시스템 사고는 '행태를 통해 구조를 변화시킨다(행태 → 구조).'는 행태주의 세계관을 함께 수용한다. 물론 행태 그 자체가 구조 변화의 원인적 요소는 될 수 없다. 그러나 행태에 대한 학습을 통해서 구조 변화를 모색할 수는 있다. 가령 어떤 장소에서 유독 교통사고가 빈발한다면 근본적으로 도로의 구조를 바꿔야 이 문제가 해결될 수 있는 것과 같은 이치이다.

이러한 관점에서 시스템 사고는 구조주의에 그 뿌리를 두고는 있으나 행태를 알아야 구조도 유추가 가능하다는 점에서 행태의 중요성을 함께 아우르고 있다. 결국 시스템 사고는 아래의 그림과 같이 행태와 구조를 모두 수용한다. 행태는 구조를 이해하는 결정적 단서가 되며 행태는 구조를 바람직한 방향으로 변화시킬 수 있는 학습의 토대가 된다.

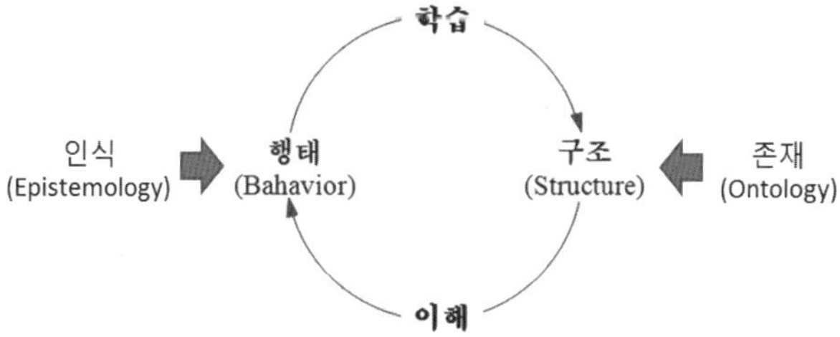

행태와 구조를 아우르는 시스템 사고의 틀

제2절 선택의 딜레마

예측은 예측일 뿐이다. 예측하기 보다는 현상을 제대로 이해하는 것이 중요하다. 그 이유는 현상에 대한 이해가 올바른 선택을 결정하며, 선택은 성과를 지배하기 때문이다. 이 절에서는 시스템 사고가 왜 필요한가에 대한 두 번째 이유로 올바른 선택을 함에 있어 시스템 사고의 역할을 논의한다.

주어진 상황에서의 올바른 선택은 매우 중요하다.
그러나 올바른 상황을 선택하는 일은 더욱 중요하다.
- 필자

1. 성과의 근원

"어떤 일에 성과가 나지 않거나 오히려 위기에 직면하게 된다면, 그것은 일을 게을리 했거나 잘못 처리해서가 아니라 처음부터 잘못된 일을 했기 때문이다." 성과와 관련하여 드러커(Peter F. Drucker, 1909~2005)가 한 말이다. 이는 곧 '성과란 선택이 지배'함을 의미하는 것으로, 성과 그 자체에 집착하기보다는 우리가 내린 선택이 올바른 것인지, 그리고 올바른 선택을 위해서는 어떤 조치가 필요한지에 더 큰 관심을 가져야 함을 강조하는 것이다. 일을 올바로 하는 것(Doing things right)보다 훨씬 더 중요한 것은 올바른 일을 하는 것(Doing right things)이란 경영금언도 같은 맥락이다.

'근면'은 성과의 필요조건이다. 그러나 충분조건은 되지 못한다. 흔히들 '열심히 하면 성과를 거둘 수 있다'고 믿는다. 그러나 열심히

노력했는데도 불구하고 성과는커녕 오히려 위기에 몰리는 경우를 우리 주변에서 자주 목격하게 된다.

▶ 골프의 교훈

레슨프로가 초심자에게 골프를 처음 가르칠 때 강조하는 두 가지가 있다. 그 하나는 '고개를 들지 말고 치는 공을 끝까지 보라'는 것이요, 또 하나는 '어깨에서 힘을 빼라'는 것이다. 클럽으로 공을 때리자마자 고개를 들고 어깨에 힘이 들어가는 것은 초심자가 공통적으로 저지르는 실수임을 의미한다.

성과에 집착할수록 성과는 나지 않는다.

초심자들은 왜 이런 실수를 저지르게 될까? 그것은 바로 눈앞의 성과에 집착하기 때문이다. 혹자는 이를 두고 이렇게 반문할 수도 있다. '아마추어가 아무리 성과에 집착한들 한타 한타가 수 천만 혹은 수억 원을 좌우하는 프로만 하겠는가?' 맞는 말이다. 그러나 프로가 진정 프로인 이유는 성과에 집착하면 자신도 모르게 공을 치면서 고개를 들고 어깨에 힘이 들어가게 되어 결국 성과가 나지 않는다는 사실을 잘 알고 있기 때문이다. 프로들은 평상시 열심히 스윙 훈련을 하지만 그 못지않게 훈련하는 것이 바로 게임 중 성과에 집착하지 않고 평상심을 유지하는 것이다.

성과와 관련하여 우리가 골프에서 배울 수 있는 교훈은 바로 이것이다. '성과에 집착할수록 성과가 나지 않는다.'는 사실이다.

골프가 우리에게 던지는 교훈처럼, 아무리 성과가 중요하다 해도 그 자체에 집착해서는 성과가 나지 않는 것이 성과의 속성이라면, 성과를 내기 위해 노력을 경주하기에 앞서 성과의 작동 원리에 대한 심도 있는 이해가 전제되지 않으면 안 된다.

1) 성과의 작동 원리

누구나 성과를 바라지만 '어떻게 하면 성과를 낼 수 있을까?'에 대해서는 알려고 하지 않는다. 무엇이 성과를 좌우하는지, 성과란 어떤 원리로 이루어지는 것인지 '시스템 사고'를 통해서 구체적으로 알아보자.

(1) 성과에 관한 단선적 사고 모델

성과와 관련하여 피터 드러커가 제시한 내용을 제1장 제3절에서 배운 인과지도 작성원칙에 따라 표현해보자. '선택'과 '성과'란 변수의 인과관계는 '선택 → 성과'가 된다. 그러나 이것이 전부일까? 제1장 제1절(3. 사고의 확장)에서 제시한 '세 가지 면'을 활용하면 다음과 같이 사고가 확장될 수 있다.

- '그렇다면, 선택은 무엇이 지배할까?' 그것은 바로 가정이다. 이를 세계관 혹은 가치관이라고 할 수도 있다.
- 왜냐하면 세상을 어떤 가정, 어떤 가치기준으로 보느냐에 따라 선택은 달라질 수 있기 때문이다. 따라서 선택을 결정짓는 것은 가정이므로 '가정'과 '선택'이란 변수의 인과관계는 '가정 → 선택'이 된다. 결국 성과에 이르는 변수들을 모두 반영한 인과관계는 '가정 → 선택 → 성과'로 표현될 수 있다. 올바른 선택이 올바른 가정(세계관)에서 비롯되는 것이라면, '올바른 가정은 무엇에 대한 가정인가'의 의문으로 우리의 사고는 확장될 수 있다. 가정의 대상은 바로 변화이다.
- 만약 변화가 없다면, 반대로 변화가 빠르게 일어난다면 어떻게 될까? 변화가 없다면 가정은 수정될 필요가 없다. 그러나 '세상에 변하지 않는 것이 있다면 그것은 바로 모든 것은 변화한다는 사실 뿐'이란 헤라클레이토스의 말처럼 세상은 끊임없이 변

화한다. 그것도 빠르게 변한다. 그렇다면 변화에 대응하는 가정도 수정되지 않으면 안 된다. 올바른 가정은 변화에 대한 올바른 이해로부터 나온다.

변화에서 성과에 이르는 모든 변수들을 인과지도로 표현하면 (변화 → 가정 → 선택 → 성과) 아래 그림과 같다. 성과는 수면 위에 나타나 있지만, 변화에서 선택에 이르는 일련의 인과적 요소들은 수면 아래 놓여 있다. 이로부터 우리는 성과를 결정하는 저변의 근원은 환경 변화의 본질에 대한 이해와 통찰에 있음을 알 수 있다. 제3장 제2절(2. 통합적 사고)에서 시스템 사고의 조건으로 제시한 '물 수위를 낮춰보라.'는 것도 바로 이러한 이유에서이다.

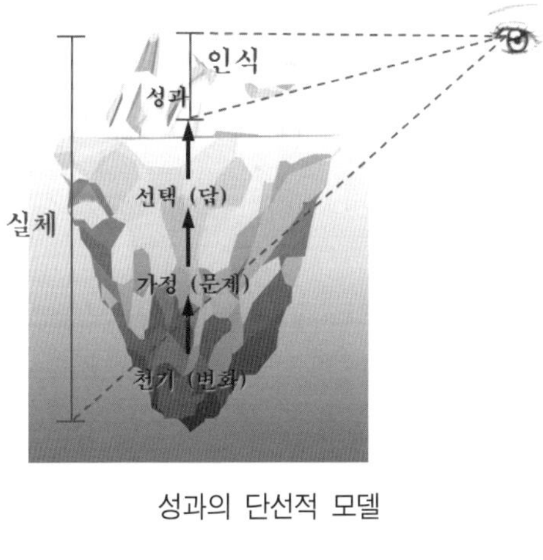

성과의 단선적 모델

그러나 위에 제시된 성과의 작동원리는 비록 시스템 사고의 3 요소 중 '통합적 사고'는 충실히 반영한 것이라 하더라도 변화에서 성과에 이르는 인과적 구조를 단선적으로 나타낸 것일 뿐, 한 번의 성과가 지속되지 않는 이유와 성과의 지속가능성을 담보하기 위한 조건이 무엇인지는 설명하지 못하고 있다.

(2) 성과에 관한 시스템 사고 모델

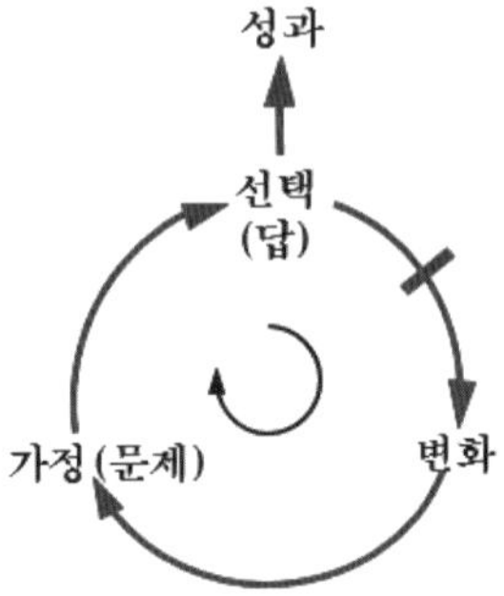

성과의 순환적 모델

위에서 설명한 단선적 사고모델에 '피드백 사고'와 '시간적 사고'를 추가해보자. 선택은 성과를 결정하지만, 한편으론 시간 위에서 또 다른 환경 변화를 초래한다. 그 변화는 가정의 재검토 및 수정을 필요로 한다. 나아가 새로운 가정은 그에 부합되는 새로운 선택을 유도하게 된다. 옆 그림은 '통합적 사고'에 '피드백 사고'와 '시간적 사고'를 추가하여 완성된 성과의 작동구조로, 한번 이룬 성과가 지속되지 않는 이유와 성과의 지속가능성을 담보하기 위한 조건이 무엇인지 드러나 있다. 시스템 사고에 근거한 성과의 이런 순환적 과정은 성공에 이르게 한 기존의 선택이 더 이상의 성과를 담보할 수 없을 뿐만 아니라 오히려 실패에 이르게 하는 원인이 될 수 있음을 시사한다. '어제의 처방(선택)이 오늘의 질병을 낳는다.'는 시스템 사고의 금언은 바로 이를 두고 하는 말이다.

이와 관련해서 피터 드러커는 "요즘 같이 급변하는 환경 하에서는 우리의 가정을 적어도 3년에 한 번 씩은 다시 점검해야 한다."고 강조한 바 있다. 같은 맥락에서 그는 조직이 무능해지는 징후를 다음과 같이 세 가지 적신호로 제시하고 있다.

- 답은 잘 아는데 그 답이 연유되었던 문제가 무엇인지는 모른다.
- 문제가 없다고 생각하는 안이한 상태에 빠진다.
- 새로운 문제 제기에 언제나 방어적이다.

위 인과지도를 보면 그가 경계한 이들 적신호의 공통점은 결국 '문제의 제기'와 관련되어 있음을 알 수 있다. 그간 우리는 '~~는 ~~다.'라는 사전식 공부를 해왔다. 덕분에 답은 잘 아는데, 그 답이 나오게 된 그 문제가 어떤 환경에서 제기된 것인지에 대해서는 알지 못한다. 환경이 바뀌면 새로운 문제가 제기되고, 그에 부합되는 새로운 답을 찾아야 하는 것은 당연한 이치이다. 그럼에도 불구하고 해답 찾기 방식만 암기하는데 몰두한다. 환경이 빠르게 변화고 있는 상황에서 '몇 년 후면 써먹지도 못할 지식을 외우느라 청춘을 허비하고 있다'고 한 앨빈 토플러(Alvin Toffler, 1928~2016)의 지적도 같은 맥락이다. 이처럼 단선적 사고로는 간과되거나 설명할 수 없던 것도 시스템 사고로는 쉽게 해결될 수 있다.

2) 선택의 관리 방식

선택을 잘 해야 성과를 낼 수 있다는 말은 그럴듯해 보인다. 그러나 올바른 선택이 무엇인지는 시간이 지나야 알 수 있다는데 문제가 있나. 선택과 관련하여 두 가지 경우를 상정해볼 수 있을 것이다. 선택을 앞둔 상황과 선택한 이후의 상황으로 구분하여 '선택의 관리'를 논의해보자.

(1) 선택을 앞둔 상황

'인생은 선택의 연속이다.' 매 순간의 선택은 인생을 갈라놓는다. 그만큼 선택은 중요하다. 앞서 논의했듯이 올바른 선택은 세상을 제대로 보는 눈(가정 혹은 가치관)이 결정한다. 그러나 우리의 인식체계는 그다지 이성적이지 않다. 닻 내림 효과(Anchoring Effect), 베블렌 효과(Veblen Effect), 프레임 효과(Framing Effect), 리액턴스 효과(Reactance Effect) 등 상당히 다양한 심리적 작용이 선택에 영향을 끼친다. 이러한 심리적 왜곡현상을 피하고 보다 이성적 선택을 하는데 '시스템 사고'가 큰 역할을 한다.

사람은 누구나 시스템 사고를 한다. 그러나 현자들은 시스템 사고에 특히 능한 사람들이다. 그들의 가르침이나 명언, 경험으로부터 얻은 지혜가 응축된 속담들 속에 시스템 사고가 숨어 있다. 따라서 '통합적 사고', '피드백 사고', '시간적 사고' 등 시스템 사고를 이루는 3대 요소가 각각 우리의 선택에 어떻게 기여하는지 소개하기로 한다. 다만, 복합적으로 작용하는 이들 사고요소의 역할을 두부 자르듯 명확하게 구분할 수는 없으므로 무엇에 더 비중이 실리는가를 기준으로 소개한다.

우선 올바른 선택을 위한 현자의 가르침 중에서 '통합적 사고'에 해당하는 것은 다음과 같다. '하나는 알고 둘은 모른다.', '영리한 고양이 밤눈 어두운 줄 모른다.', '사슴을 는 자 산을 보지 못한다.', '미인들의 예쁜 부분만 모아 붙인다고 미인이 되지는 않는다.', '부분 최적화가 전체 최적화를 희생시킨다.'

'피드백 사고'는 어떤가. '가는 말이 고와야 오는 말이 곱다.' '인과응보(因果應報)', '울어야 젖 준다.', '말 한 마디로 천량 빚을 갚는다.', '되로 주고 말로 받는다.', '손뼉도 마주쳐야 소리가 난다.', '하늘은 스스로 돕는 자를 돕는다.', '간구하면 얻을 것이다.' 등이 그에 해당한다.

'시간적 사고'의 경우 올바른 선택을 위한 대표적 경구로 '소탐대실(小貪大失)', '확금자 불견인(攫金者 不見人)' 등을 떠올릴 수 있다. 이는 눈앞의 이익에 집착하여 보다 큰 이익을 놓치게 된다는 의미다. '호미로 막을 것을 가래로 막는다.'는 속담도 시간적 사고에 해당하는 경구이다. 자신의 가치기준이 혹시 지엽적이지는 않은지, 자신이 취하려는 선택으로 되돌아 올 파장은 무엇인지, 혹시라도 단기적

이득에 현혹되는 것은 아닌지, 지속가능한 것인지 등을 점검해봐야 한다.

▶ **멍청한 원숭이?**

'조삼모사(朝三暮四)'는 널리 알려진 사자성어이다. 춘추전국시대 송나라 저공(狙公)이 자신이 키우던 원숭이들 먹이(도토리)가 부족해지자, 원숭이들에게 "아침에는 3개, 저녁에는 4개만 주겠다."고 했다. 그러자 원숭이들은 화를 냈다. 저공이 말하길 "그러면 아침에 4개, 저녁에는 3개를 주겠다."고 하니 원숭이들이 흡족해했다는 일화다.

이는 잔술수로 상대방을 현혹시키는 모습을 비유하거나 변덕이 심하다는 의미로도 쓰이지만, 이들 원숭이처럼 어리석은 상황을 묘사하는 말이다. 과연 멍청한 원숭이들일까? 시스템 사고의 '시간적 사고'로는 오히려 현명한 원숭이들일 수 있다. 아침에 4개 받는 것이 저녁에 4개 받는 것 보다 유리할 수 있기 때문이다. 경영학에서 널리 쓰이는 '현재가치(Present Value)'가 시간적 사고의 전형이다.

---

(2) 선택한 이후의 상황

성과를 냈던 선택도 계속 옳을 수는 없다. 앞서 논의했듯이 환경이 변하면 선택도 달라져야 한다. 뒤집어 생각하면 성과는커녕 위기로 내몰았던 선택도 그 후 어떻게 대처하느냐에 따라 올바른 선택으로 바뀔 수 있다. 성공과 실패는 반대 개념이 아니라, 실패로부터의 좌절을 극복한 것이 성공이라는 논리가 가능한 것이다. 인생사 '새옹지마(塞翁之馬)'라는 동양의 가르침은 이러한 지혜를 담고 있다. 흔히들 이를 '팔자소관'이라고 한다. 그러나 이러한 세계관은 신 중심의 섭리적 사고의 발로일 뿐이다.

그렇다면 한 번의 잘못된 (잘못된 것처럼 여겨지는) 선택도 후일 잘한 선택이 되도록 바꾸어내는 방법은 무엇일까? 그것은 자신의 내린 선택이 최선이었다고 믿고 사랑으로 끌어안는 것이다. 그리고 그 선택의 길에서 최선을 다하는 것이다. 그 원동력은 자신에 대한 믿음뿐이다. 다음 절에서 보다 구체적 설명이 있겠지만 이러한 기질은 창의적 속성 중 '유별성'에 해당된다. 유별성이 강한 사람들에게 인생에서의 선택은 자신이 바꾸는 것이 아니라 바뀌는 것임을 잘 알고 있다.

▶ 소크라테스(Socrates)의 사과

어느 날 제자들이 '인생이 뭐냐'고 물었다. 그는 아무 대답 없이 그들을 사과나무 숲으로 데려갔다. 그리곤 이렇게 말했다. "저 뒤편에서 기다릴 테니 모두들 가장 좋은 사과 하나씩 따가지고 내게 오너라."

제자들은 사과를 하나씩 들고 다시 소크라테스 앞에 모였다. 한 제자가 소크라테스에게 말했다. "다시 한 번 하게 해주세요. 숲에 들어간 지 얼마 되지 않아 크고 좋은 걸 봤지만, 숲 끝에 이르러서야 그때 그 사과가 가장 좋았다는 걸 알았어요." 그러자 다른 제자가 다급히 말을 이었다. "전 정반대예요. 숲에 들어가 조금 걷자마자 사과를 골랐는데요. 들어갈수록 더 좋은 게 보였어요."

소크라테스가 빙그레 웃다가 단호하게 고개를 저으며 말했다. "그게 바로 인생이다. 이미 지나간 것에 '다시'란 없다. 선택에 신중하되, 자신이 딴 사과가 자신의 것이니 그것이 최선이었다고 믿고 자신의 최선을 거기에 쏟아야 한다."

---

2. 고수의 조건

아래 그림에 제시된 인물들은 직업도 다르고 사는 공간도 전혀 관련성이 없지만 한 가지 공통점을 가지고 있다. 그게 무얼까? 그것은 바로 각자의 분야에서 '고수'라는 점이다. 그러나 이들이 '고수'라는 사실을 안다고 해서 우리에게 도움 되는 건 하나도 없다. 여기서 한 걸음 더 나가 '고수'가 되기 위한 공통적 능력이 무엇인지를 알아내야 우리도 그 능력을 연마할 수 있지 않겠는가.

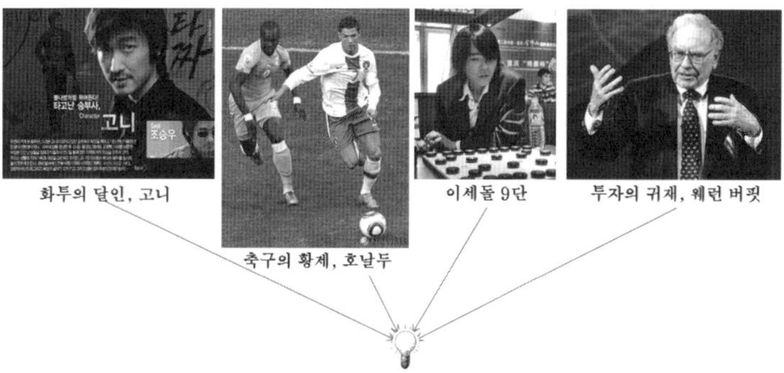

각 분야 고수들이 가지고 있는 공통적 능력

판 이들의 전문성은 서로 달라도 한 가지 능력만은 공통된다. 그것은 바로 '판' 전체를 읽는 능력, 즉 '통합적 사고' 능력이 뛰어나다는 것이다. 화투의 고수는 화투판 전체를 읽지 화투장에 연연하지 않는다. 축구의 고수는 축구장 판세 전체를 읽으며 골 찬스의 기회를 읽지 공만 쫓지는 않는다. 마찬가지로 장기의 고수, 주식의 고수 역시 장기판과 주식장세 전체를 읽지 개별 장기알과 개별 종목에 연연하지 않는다. 이는 '사슴을 쫓는 자, 산을 보지 못한다(逐鹿者 不見山)'는 동양의 가르침과 같은 의미이다.

▶ 월드스타의 조건

2010년 FIFA 월드컵 경기 중계를 보던 중 해설자가 던진 한 마디가 지금도 기억에 남는다. 그것은 바로 월드스타의 조건에 관한 것이었다. 요지는 이렇다. 월드컵에 나올 정도의 선수라면 공을 다루는 기술은 차이가 있더라도 큰 차이는 없다. 그러나 몸값은 엄청난 차이가 난다. 유독 골 찬스에 강한 선수들은 다른 선수들과 어떤 능력의 차이가 있을까? 축구해설가는 두 가지를 지적했다. 사람을 향해 공을 차지 않고 찬스가 열리는 빈 공백을 향해 날린다는 것이며, 그 판단이 남들보다 반 박자 빠르다는 것이다.

구르는 공만 쫓아서는 결코 찬스가 열리는 여백을 읽을 수 없다. 공의 움직임에 따른 축구장 판세 변화를 지속적으로, 다른 선수들 보다 빠르게 읽어낼 때라야 비로소 가능한 것이다. 물론 해설자가 사회 현상을 읽어내는 능력을 염두에 두고 한 말은 아니지만, 여백을 읽는 힘이 필요한 것은 축구선수나 일반인이나 다를 바 없다.

3. 진정한 학습

앞서 논의한 바와 같이 올바른 선택은 선택에 대한 올바른 가치기준(가정, 세계관)을 전제로 한다. 나아가 올바른 가치기준은 그 대상의 일부가 아닌 전체를 바라볼 수 있는 배경지식이 요구된다. '무언가 안다'는 의미는 축적된 배경지식의 내재화로 발현되는 안목(眼目)이나 일가견(一家見)을 말하는 것으로, 이는 올바른 학습으로만 가능하다. 동양에서는 올바른 학습의 경지를 '성(聖)'이라 했다. 이는 안을 들여다보지 않고 밖에서도 안을 볼 수 있는 능력을 말한다. 그러나 학습하는 방식에 따라 '성(聖)'에 이를 수도, 습(習)의 함정에 빠질 수도 있다.

1) 기문지학(記問之學)의 덫

중국의 경전 예기(禮記)의 학기(學記)편에는 이런 말이 있다: "記問之學(口耳之學) 不足以爲師矣."외워서 아는 것만으로는 스승이 될 자격이 없다는 말이다. 예전에 스승이란 성(聖)에 이른 자의 표상이었음을 감안할 때 기문지학(記問之學)으론 성(聖)에 이를 수 없다. 인과지도를 통해 그 이유를 살펴보자. 인과지도 작성 시 먼저 해야 할 일이 'Story the Concept.', 즉 추상을 구체화하는 것이다. 기문지학(記問之學)은 '남이 제시한 문제(問題)의 답(答)을 외워서 배운다.'는 뜻으로 주입식 공부가 그에 해당된다. 결국 기문지학(記問之學) 학습시스템은 문제(問)와 답(答) 두 개의 변수를 가지고 아래와 같이 인과지도를 만들 수 있다. 이 인과지도에서 알 수 있듯이 기문지학(記問之學)은 단선적 학습방식이다. 특정 문제에 대한 답만 알 수 있을 뿐 그로부터의 지적 성장은 없다.

문제(問) $\xrightarrow{S}$ **답(答)**

2) 온고지신(溫故知新)의 무한궤도

그렇다면 성(聖)에 이를 수 있는 길은 무엇일까? 이에 대해 공자(孔子)는 논어 위정편(論語 爲政編)에서 "溫故知新 可以爲師矣."라고 했다. 온고지신(溫故知新)하면 성(聖)에 이를 수 있다는 것인데, '온고지신(溫故知新)'의 행위는 '온고(溫故)할 때라야 비로소 지신(知新)할 수 있다.'는 의미를 담고 있다. 온고(溫故)는 익히 알고 있는 답(故)에 대해 새로운 의문을 제기하는 행위이며, 지신(知新)은 온고(溫故)의 행위로 제기된 문제로부터 답을 찾는 행위이다. 새로 제기된 문제에 대한 답도 역시 새로울 수밖에 없다. 지신(知新)은 그래서 새로운 것을 알게 된다는 의미이다.

이상 논의한 바와 같이 '온고지신(溫故知新)'의 의미를 곱씹어보면 문득 언제가 들어본 개념과 유사하지 않은가? 그것은 바로 독일의 철학자 헤겔(Georg Wilhelm Friedrich Hegel, 1770~1831)이 제시했던 '정-반-합'의 변증체계와 다르지 않다. 이로부터 '온고지신(溫故知新)' 학습시스템의 작동원리를 설명할 수 있는 핵심 변수를 도출할 수 있다. 아래의 인과지도에서 보는 바와 같이 '정-반-합'의 세 변수가 온고(溫故)의 행위와 지신(知新)의 행위가 반복되는 선순환 고리를 형성한다. 이로써 지식은 지속적인 성장을 반복하면서 성(聖)에 이르게 된다. 이것이 바로 '온고지신(溫故知新)' 학습시스템의 작동원리이다.

여기서 얻을 수 있는 시사점은 무얼까? 첫째, 온고지신(溫故知新)의 행위와 '정-반-합'의 변증체계를 결합하여 성(聖)에 이르는 길을 설명하고 있다는 점이다. 이처럼 전혀 관계없어 보이는 것들의 결합으로 새로운 것을 만들어 내는 '비롯함'이 곧 창조이며, 이를 창의성 분야에서는 '원격결합'이라 한다. 이런 원격결합은 폭넓은 배경지식 없이는 불가능하다.

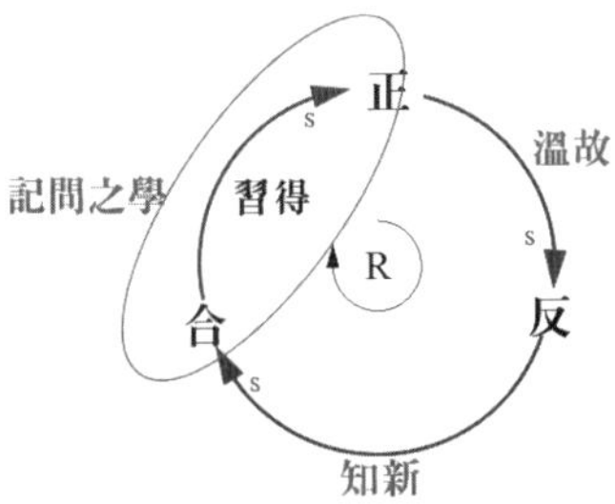

온고지신의 무한궤도

둘째, 추상적인 '온고지신(溫故知新)'의 학습시스템을 형상화함으로써 올바른 선택에 이를 수 있는 능력(선택의 안목)이 어떻게 배양되는지 명확하게 설명할 수 있다. 셋째, '온고지신(溫故知新)'의 학습시스템은 지배적 사고의 틀을 벗어나 우리의 지적 능력을 확장시켜준다는 점이다.

제3절 창의력의 원천

창조에 대한 일반적 오해를 직시하고 창조의 본질과 창의의 핵심 역량을 살펴본 후 창의력을 촉진하는 요인과 각 요인별 시스템 사고의 역할, 그리고 창의력 저해요인을 제시한다. 끝으로 한 가지 사례를 통해서 시스템 사고가 창의력 증진에 어떻게 사용될 수 있는지를 논의한다.

창조란 단지 생각을 연결한 것이다.
새로운 걸 만들었다면 그건
창조적 일을 한 것이 아니라 무언가를 봤을 뿐이다.
- 스티브 잡스(미국 '애플' 창업자, 1955-2011)

1. 창조(創造)의 본질

創 변화 속에 생존하는 종자는 힘이 세고 덩치 큰 종자가 아니다. 아무리 작고 나약해도 변화에 신속하게 적응하는 종자이다. 이것이 '적자생존(適者生存)'이다. 새로운 환경에 적응할 수 있는 생존의 DNA를 만들어내지 못하면 사멸하는 것이 자연의 법칙이다. 최근의 환경에 적응할 수 있는 생존 DNA는 바로 창의성(創意性)이다. '창의(創意)'란 문자 그대로 '가치 있는 새로운 무엇을 만들어내는 창조적 기상(정신)'이다. 그러나 만약 '무(無)에서 유(有)를 만들어내는 일'이 창조라면 그건 조물주의 영역이지 인간이 할 수 있는 것이 아니다.

섹스피어(William Shakespeare, 1564~1616)는 소네트(Sonnet) 한 구절에서 이렇게 말하고 있다: "*There is nothing new under the sun* (세상에 새로운 것은 없다) - 성경 전도서 1장 9절." 이 명구는 태초에 창조주가 인간이 필요한 모든 것을 창조하였기에 더 이상 새로운 것은 없다는 의미다. 다분히 철학적이며 종교적 색채가 짙은 표현이지만, 무(無)에서 유(有)를 만들어 내는 사전적 의미의 창조는 신(神)만이 할 수 있는 것으로 태초에 한 번 있었을 뿐 그 후 이러한 창조는 다시금 반복되지 않는다. 역설적으로 인간이 할 수 있는 창조는 비롯하는 것 외엔 아무 것도 없다.

'창조'에 대한 해석은 동양도 다르지 않다. '창조(創造)'의 '創'을 파자(破字)해보면 그 지혜와 의미심장함을 새삼 느끼게 된다. 곳간(倉)에 칼(刀)을 붙여 '비롯한다'는 의미를 부여한 사람이 누군지는 알 수 없으나 그는 분명 창조의 본질을 꿰뚫고 있었음이 분명하다. 혹독한 겨울을 나는데 필요한 소중한 것들로 곳간(倉)을 채우려면 밖으로 나아가 칼(刀)로 베어 거둬들이면 된다는 것이다.[20] 그러나 아무리 도구(刀)가 있다하여도 주변에 소중한 그 무엇이 들리거나 보이지 않으면 곳간을 풍요롭게 할 수는 없다.

동양이나 서양 모두 이렇듯 인간계에서의 창조는 무(無)에서 유(有)가 아니라 유(有)에서 또 다른 유(有)를 만들어내는 것을 의미한다. 결국 창조력은 '비롯하는 능력'이다. 그렇다면 '비롯하는 능력'의 근원은 무엇일까? 세상의 모든 것으로 비롯하기 위해서는 제대로 보고 제대로 듣는 능력을 갖추지 않으면 안 된다. 이미 제1장 제1절(사고의 근원)에서 보았듯이 제대로 보고(視思明) 총명하게 듣는(聽思聰) 능력의 원천은 바로 마음(心)에 있다. 마음이 없으면, 보아도 보이지 않고 들어도 들리지 않는다('心不在焉 視而不見, 聽而不聞.')는 공자의 가르침이 이를 반증한다.

---

20) 칼의 기능인 '베다'의 영어는 'reap'인데, 단순히 벤다는 의미뿐만 아니라 '수확한다(harvest)'는 뜻을 담고 있다.

결국 창조 능력의 근원은 유별한 마음(心) - 유별성(有別性)에 있다.[21] 자신을 진정으로 사랑하는 마음의 끈을 놓아버리는 순간부터 이미 눈은 눈이 아니며, 귀는 더 이상 귀가 아니다. 이러한 맥락에서 볼 때, 창의력은 수리능력이나 언어능력과 같은 기술적 능력(Technical Capability)이 아니라 정신적 태도(Mental Attitude)이다. 기술은 가르칠 수 있으나, 열정은 못 가르친다는 사실을 유념할 때, 창의력 배양이 쉽지 않은 것은 바로 이러한 이유에서이다.

▶ **'비롯함'의 조건**

인간계에서의 창조는 무(無)에서 유(有)가 아니라 유(有)에서 또 다른 유(有)를 만들어내는 '비롯함'을 의미한다. 그러나 자연의 법칙이 그러하듯, 하나의 유(有)에서 또 다른 유(有)가 만들어지진 않는다. 하나의 유(有)와 또 하나의 유(有)가 결합될 때라야 가능하다.

창의력 = 비롯하는 능력

나아가 '닭'과 '닭'이 교배해봐야 '닭'밖에 나오지 않는다. 그러나 '닭'과 '꿩'이 교배한다면 어떻게 될까? 이렇듯 '비롯함'이란 두 가지 조건이 충족되어야 한다. 첫째, 하나의 유(有)와 또 하나의 유(有)가 결합 되어야 한다(有 + 有 → 有). 둘째, 서로 결합되는 대상은 서로 종이 달라야 한다. 겉으로 보기에 전혀 관련성이 없어 보이는 것들이 서로 비롯할 때라야 창조가 가능한 것이다.

'깊고 연결된 학습'을 해야 하는 이유는 바로 여기에 있다. 깊게 근원을 파고 들어가면 서로 결합될 대상들의 접점이 보이게 된다. 창의력 신장에 '시스템 사고'가 필요한 이유이기도 하다.

---

21) 유별성에 대해서는 다음 이어지는 '창의력 촉진요인'에서 구체적으로 논의한다.

2. 창의력 촉진요인과 저해요인

'창의'의 실천적 개념인 '비롯함'이란 존재하되 인지되지 않는 것으로부터의 비롯함을 말한다. 결국 '창의력'의 핵심은 관련성이 없어 보이는 것들 사이의 여백에서 의미 있는 무언가를 읽어내는 능력(Ability to see something from nothing)이다. 제1장 제1절(3. 사고의 확장)에서 무언가 읽을 때는 '반드시 행간을 읽으라.'는 것도 같은 맥락이다. 제3장 제2절(시스템 사고의 조건)에서 논의되겠지만, '물수위를 낮추어 바라보고, 예상치 못한 결과를 예상하며, 시간 지연에 주목하라.'는 경구는 인식작용의 한계를 역설적으로 지적한 것이다. 여기서는 창의력 촉진요인과 저해요인을 논의하면서 시스템 사고가 창의력 증진에 어떻게 기여하는지 살펴보기로 한다.

1) 창의력 촉진요인

창의력을 신장시킨다는 것은 여백을 읽는 능력을 증진시킨다는 것과 같은 의미이다. 여백에서 의미 있는 무엇을 읽어내는 능력 배양을 위한 기본 소양을 네 가지 '유', 즉 유별성(有別性), 유연성(柔軟性), 유창성(流暢性), 유통성(流通性) 등 네 가지로 집약하여 제시하면 다음과 같다.

(1) 유별성(有別性)

유별성이란 '자신을 진정 존중하고 사랑하는 마음'이다. 이는 자기강화적 의식을 말한다. 이미 제1장 제1절(사고의 근원)에서 상세히 설명했듯이, 우리의 사고(思)는 마음(心)으로부터 출발한다. 여기서 '마음(心)'이란 알고자 하는 관심 내지는 호기심을 말한다. 생각을 의미하는 '思'는 마음(心)이 밭(田)에 갈 때 비로소 작동한다. 여기서 '밭

(田)'이란 자신의 이해관계와 직결되는 관심사를 의미한다. '피그말리온 효과(Pygmalion Effect)'처럼 무언가 이루고자 하는 간절한 마음, 알고자 하는 강한 욕구는 자신을 진정으로 사랑하는 마음이 없으면 생기지 않는다. 이것이 바로 '유별성'이다. 유별성이 결여되면 눈과 귀가 닫히고, 그리되면 '비롯함'은 애초부터 불가능하다. 소위 '성공하는 사람'들의 공통적 속성인 유별성은 다음과 같은 행태로 나타난다.

- 한 번 내린 선택은 좀처럼 바꾸지 않는다. 유별성이 강한 사람들이 선택을 좀처럼 바꾸지 않는 이유는 선택을 바꿀 경우 자신이 바보였음을 스스로 인정하는 것이 되기 때문이다. 인생의 행로 선택은 바꾸는 것이 아니라 바뀌는 것임을 이들은 잘 알고 있다. '하늘은 스스로 돕는 자를 돕는다.'는 경구나 스티브 잡스(Steve Jobbs, 1955~2011)가 '네 운명을 믿으라.'고 한 것은 바로 이를 두고 한 말이다.

- 어떤 역경에서도 환경이나 조건을 탓하지 않는다. 이들에게는 '시련은 있어도 좌절은 없다.' 도전과 역경에 처하게 된 문제의 원인을 자신의 내부로부터 찾고 해결해나간다. 그 과정 속에서 뛰어난 능력과 지혜가 개발된다. 영국 수상이었던 윈스턴 처칠(Winston Churchill, 1874~1965)이 인생의 성공을 '실패로부터의 좌절을 극복한 열정의 결과'로 규정했던 이유가 무엇인지 음미해볼 필요가 있다.

- 눈앞의 이익(돈) 보다는 일에 승부를 건다. 도덕 선생의 얘기가 아니다. 그들은 '우회축적의 힘'을 알고 있을 뿐이다. 일에 앞서 보상에 집착한다면 자신의 능력 개발에 전념할 수 없을뿐더러 사람을 얻지 못한다. '돈을 쥐려는 자 사람을 보지 못한다(확금

자불견인 攫金者不見人)'는 경구나 '군자는 도의에 밝고(君子喩於義), 소인은 이익에 밝다(小人喩於利)'고 가르친 공자(孔子, BC 551~479)의 말씀(논어 〈이인(里仁)〉)은 모두 '우회축적의 힘'을 암시하고 있다. 입지(立志)는 자신에게 있지만, 성사(成事)는 타인에게 있는 것이 인생사이고 보면 피드백 사고와 시간적 사고에 기초한 '우회 축적의 힘'을 깨닫는 것은 정말 중요하다. '내 봉급이 얼만 줄 알았더라면 오늘의 난 없었을 것'이라고 스치듯 뱉은 어느 최고경영자의 말이 떠오른다.

- 생활 속에서 스스로 실험을 한다. 알아야 할 문제를 남이 제시하면 지겨운 숙제가 되지만, 스스로 제기하면 즐거운 호기심이 된다. 그래서 그들은 자발적 실험을 통해 내적 호기심을 채운다. 그 과정에서 소중한 우연과 만나는 '세렌디피티(Serendipity)'를 경험한다. '알고자 하는 욕구는 오직 인간 고유의 것이며, 그것은 감각을 통해 지각할 수 있는 앎에 머무르지 않고 진정한 앎을 추구하는 욕구'라고 한 고대 그리스 철학자 아리스토텔레스(Aristotle, BC 384~322)의 말처럼 사실을 넘어 진질을 알고자 하는 욕구는 '수면 아래를 보라.'는 시스템 사고의 조건에 부합된다.

- 주어진 과업에 항상 +α를 한다. 40년 가까이 교단에서의 경험에 비추어보면 학생은 세 부류로 구분된다. 주어진 과업도 전혀 하지 않는 학생, 최소한의 요구만 겨우 충족하는 학생, 그리고 요구를 뛰어 넘어 추가로 더 하는 학생으로 나뉜다. 누구나 가끔은 대충하고 넘어가려는 유혹에 빠지지만, 유별성이 강한 사람들은 자신과의 싸움을 통해 이러한 유혹을 극복해낸다. 이런 자기주도적 성향은 그들에겐 몸에 스며들어 있다. 그리고 스스로 성취감을 느낀다. 미국 컨트리 팝 가수 글렌 켐벨(Glen

Cambell, 1936~2017)의 히트곡 'Time'이란 노래에 이런 구절이 있다. '*Some people never die and some people never live.*'

▶ 우회축적(迂廻蓄積)의 힘

유별성은 마음(心)과 직결된 정신적 태도(Mental Attitude)이기 때문에 시스템 사고와 같은 기술적 훈련으로 배양할 수 있는 것은 아니지만 유별성의 중요성을 공감토록 하는데 도움을 줄 수 있다. 예컨대, '빠른 것이 더 느리다.'는 시스템 사고의 금언은 '우회축적논리'와 밀접한 관련이 있다. '토끼와 거북이' 우화나 마라톤에서 페이스메이커의 역할 등은 시간적 사고와 피드백 사고로 설명될 수 있다.

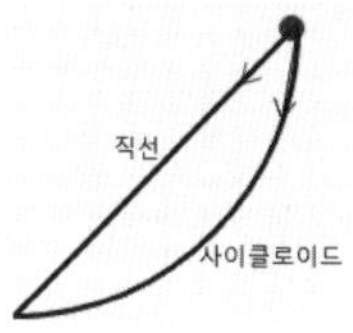

여기서 '우회축적의 힘'이 무엇인지 좀 더 살펴보자. 구슬을 위에서 아래로 굴릴 때 직선 코스와 사이클로이드 곡선 중 어느 코스를 택하는 것이 목표 지점에 더 빨리 닿을까? 직선 코스가 빠를 것 같지만 거리가 더 먼 사이클로이드 곡선이 더 빠르다. 이러한 자연 현상은 사회학적으로도 설명이 가능하다. 우회하면서 보다 큰 힘을 축적하여 시간 위에서 그 힘을 발산케 함으로써 더 낳은 결과를 거둘 수 있다. 이것이 바로 우회축적의 힘이다.

(2) 유연성(柔軟性)

유연성이란 물의 흐름과 같은 유연한 사고를 말하며, 이러한 사고는 여유로부터 나온다. 사고에 여유가 있으면 유희적 발상이 작용하게 되고, 유희적 발상이 작용하게 되면 경직된 수직적 사고는 유연한 수평적 사고로 자연스럽게 전환된다. 유별성이 열정으로 비롯되는 것이라면, 유연성은 여유에서 비롯된다. 열정과 여유가 서로 상치되는 것 같지만 그렇지 않다. 여유와 상치되는 것은 외적 통제에 의한 스트레스이다.

① 유희적 발상의 대표적 산물

'붙지 않는 풀'이라는 뒤집어진 발상에서 포스트-잇(Post-It)이 나왔고, '녹음되지 않는 녹음기'에서 워크맨(SONY Walkman)이 나왔다. 이러한 유희적 발상은 엄격한 논리적 법칙을 거부한다. '낙타가 바늘귀로 들어가는 것이 부자가 천국의 문을 들어가는 것보다 쉽다'는 성경 구절만큼이나 유희적이다. 언어의 대조법으로 볼 때 부자가 천국 가기 어려움을 강조하려면 '부자와 천국의 문'에 대응하여 '동아줄과 바늘귀'로 설정해야 논리상 맞다. 일설에 따르면 원래 기록에는 '밧줄(gamla)'로 되어 있으나 본의 아니게 '낙타(gamta)'로 잘못 번역되었는데 '낙타'가 신화적 힘을 더 할 수 있기에 그냥 두었다고 한다. 소수점을 한 자리 위로 잘못 찍어 시금치 철분 함량이 10배로 불어난 실수가 시금치 먹은 뽀빠이가 덩치 큰 블루투스를 때려눕히는 기적의 파편을 낳은 것과 맥을 같이 한다. 이어령 교수의 지적처럼 20세기가 단선적 결정론으로 도구를 만들고 그것으로 세계를 지배하는 인간(Homo Faber)의 시대였다면, 21세기는 놀이와 상상 그리고 창조적 힘으로 끝없이 삶을 허구와 이미지로 충만하게 하는 인간(Homo Pictor)의 시대이다. 이것이 바로 유연성의 본질이다.

② 유연성과 시스템 사고

그렇다면 시스템 사고는 어떻게 유연한 사고를 촉진할 수 있을까? 유연한 사고는 곡선적 사고이며 발산적 사고이다. 출발점에서 도착점까지 직선은 하나지만, 곡선은 무수히 많다. 이런 유연성과 관련하여 시스템 사고는 '사고의 분기'를 강조한다. '예기치 않은 상황을 상정'하여 사고를 분기하고 그로부터의 피드백을 시도하는 곡선적 사고와 단일의 정답을 거부하고 다양한 선택지를 수용하면서 발산적 사고를 허용한다.

또한 시간적 사고와 피드백 사고는 사고의 유연성을 강화한다. 제3장 제2절(시스템 사고의 조건)에서 다시 논의되겠지만, '시간을 다른 각도에서 바라보라.'는 시스템 사고의 조건은 같은 단위시간이라도 시간대에 따라 그 영향력을 달리한다는 사실을 유념케 하며, 피드백으로 되돌아오는 효과는 의외의 결과를 낳을 수 있음을 생각하게 만든다.

이렇듯 시스템 사고가 강조하는 사고의 분기와 그에 수반되는 피드백 사고와 시간적 사고는 단선적 사고의 문제를 해결하는데 큰 역할을 한다. 가령 '매출'과 '판촉활동'의 인과적 관계를 단선적으로 나타내면 아래의 그림과 같다. 이 그림에는 피드백과 시간지연이 반영되어 있지 않아 문제의 대상에 대한 이해와 사고를 유연하게 확대하기 어렵다.

매출 하락 → 판촉 활동 → 주문 증가 → 매출 상승 → 적체 주문 → 매출 하락 → 판촉 활동

그러나 아래에 제시된 인과지도와 같이 피드백과 시간지연을 반영하게 되면 대상 시스템의 구조에 대한 이해는 물론 구조가 유발하는 행태에 대한 직관을 얻게 된다.

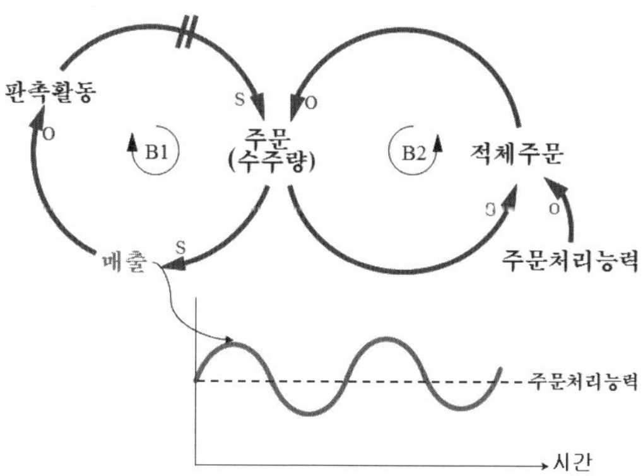

직관의 가시화 사례

▶ 사고의 분기와 피드백

시스템 사고에서는 항상 '사고의 분기'를 요구한다. 원하는 바를 얻는 과정은 반드시 예상하지 못한(예상했어야 하지만 그러지 못한) 결과를 수반하기 때문이다. 성장을 추구한다면 그 성장에 의해 자원이 소모되며,

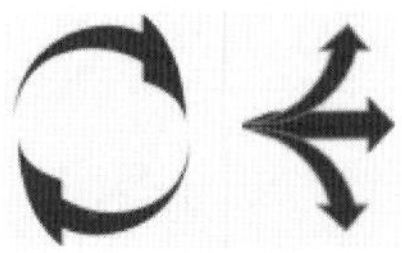

자원의 소모는 성장의 한계를 초래하는 피드백으로 작용한다는 사실이 전형적 예가 될 수 있다. 바로 앞 절(1. 성과의 근원)에서 보았듯이 선택은 성과를 결정하면서(선택 → 성과) 다른 한편으론 서서히 새로운 변화를 초래한다(선택 → 변화). 이렇듯 간과하기 쉬운 상황에는 대부분 시간지연이 개입하므로 '예기치 않은 상황'을 상정하려면 '시간적 사고'가 함께 요구된다.

(3) 유창성(流暢性)

유창성이란 '어떤 대상이나 현상을 다양하게 해석하여 가능한 경우의 수를 만들어 낼 수 있는 능력'을 말한다. 여기에는 분해되어 있는 것을 새롭게 재구성할 수 있는 능력, 문제의 본질을 꿰뚫어 보는 통찰력과 각 부문의 역할과 중요도를 파악하는 해석력, 부분과 전체의 균형을 유지할 수 있는 종합적 판단력 등이 동원된다. 그러나 유창성을 키우기 위해서 무엇보다 중요한 것은 학습과 경험이다.

① 경우의 수를 만들어 내는 능력

아래 그림에서 우리가 실체를 알아내고자 하는 대상은 흰색 막대로

가려져 있다. 이 검은 색의 실체는 과연 무엇일까? 가능한 많은 경우의 수를 만들어낼수록 유창성이 높다고 한다. 그 가능성은 영자 2가지(B, IB), 숫자 2가지(18, 13), 영문과 숫자 혼합 3가지(1B, I3, I8) 등

모두 7가지가 있을 수 있을 것이다. 흰색으로 가려진 곳에 I, 혹은 1이 있다면 경우의 수는 기하급수로 늘어날 것이다. 누군가는 숫자와 문자에 국한하지 않고 마루 밑에 놓여 있는 검정고무신 한 켤레라고 형상을 떠올릴 수도 있다. 그리되면 경우의 수는 더욱 늘어난다.

이제 경우의 수들을 만들어낼 수 있었던 원천이 무엇인지 생각해 보자. 위 예시의 경우 영문자나 숫자를 모른다면, 마루 밑 검정고무신을 본적이 없다면 경우의 수를 몇 개나 만들어 낼 수 있을까? 결국 유창성을 배양하려면 대상과 연결 지을 배경지식과 경험의 파편들이 필요함을 알 수 있다.

② 유창성과 시스템 사고

시스템 사고에서는 '수면 아래를 보라.'고 강조한다. 수면 아래 감춰져 있어 인지하기 어려운 요소들을 파악하고 이들을 전체의 시각에서 바라보는 통합적 사고를 중시한다. 부분적 파편을 거부하고 우리가 생각할 수 있는 가능한 모든 경우를 상정한 전체를 중시한다는 측면에서 시스템 사고는 유창성을 지원한다.

다음 예시를 통해 유창성이 시스템 사고에 어떻게 반영되는지 살펴보자. 어느 회사에서 종업원의 동기(motivation)부여를 통해 업무성과를 올리기 위한 방책을 찾고자 다음과 같이 인과지도를 그려보았으나 더 이상 확장할 수 없었다고 가정하자. 사고가 더 이상 확장되지 않은 결정적 이유는 '목표'와 '현실' 사이의 차이가 종업원 사기에 미치는 영향이 확실치 않기 때문이다.

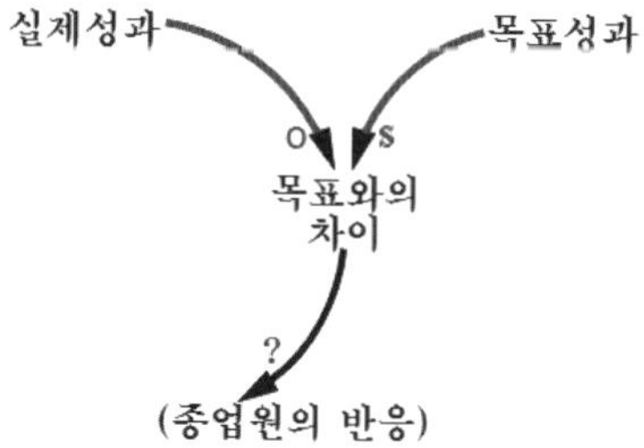

이 인과지도를 확장하려면 무엇보다도 이 문제를 해결해

야만 가능하다. 이때 종업원이 보일 수 있는 반응으로 두 가지 경우를 상정할 수 있을 것이다. 하나는 도전이요, 또 하나는 좌절이다. 도전의 루프를 탈 경우는 업무성과가 개선되겠지만, 좌절의 루프를 탈 경우는 이러한 부작용을 예방하기 위한 다른 조치가 필요할 것이다. 아래 그림은 종업원이 보일 수 있는 두 가지 경우의 수를 모두 반영한 인과지도이다.

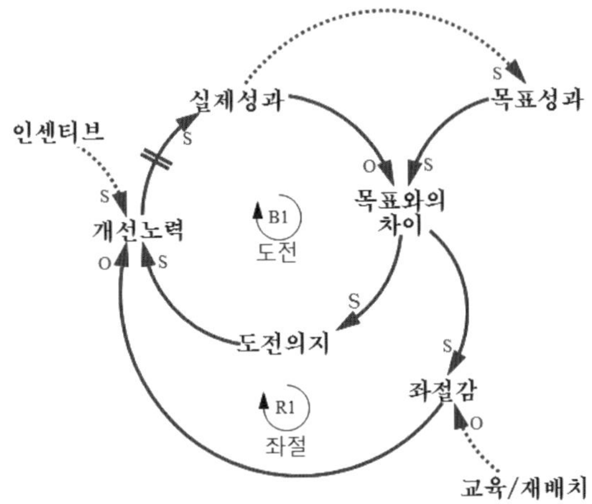

이 인과지도를 보면 업무성과를 높이기 위한 대안이 눈에 들어온다. 도전루프(B_1)를 돌리고 좌절루프(R_1)가 작동하는 것을 막아야 한다. 인센티브 도입으로 도전루프(B_1)를 활성화시키고(인센티브 →개선노력) 직무교육과 재배치를 실시하여 종업원의 좌절감을 최소화해야 한다(교육/재배치 → 좌절감). 특히 좌절루프가 자기증식의 강화루프(R)라는 점을 감안할 때 좌절감을 줄이는 시도가 보다 적극적으로 이루어져야 한다. 이런 조치들이 작동한다면 실제성과 대비 목표성과를 점중하는 조치(실제성과 → 목표성과)가 병행될 수 있다.

물론 이 예시는 너무 간단해서 인과지도를 그리지 않고도 이 정도는 생각해낼 수 있다. 그러나 보다 복잡한 현실적 문제에 직면하면 인과지도에 의존한 시스템 사고가 유용하게 쓰일 수 있다. 인과지도가 갖고 있는 '사고의 확장성'은 보다 많은 경우의 수를 체계적으로 도출할 수 있기 때문이다.

▶ 학습(學習)의 본질

유창성은 배경지식을 전제로 한다. 배경지식은 직접, 간접 경험을 통한 학습으로만 가능하다. 그렇다면 학습(學習)의 조건은 무엇일까? '학습'이란 단어를 모르는 이는 없지만, 학습은 어떤 조건이 충족될 때 이루지는 것인지, 그리고 왜 학습곡선은 'S'형으로 나타나는지에 대한 의문에 명쾌한 답을 제시할 수 있는 사람은 그리 많지 않을 것이다.

한자 '學習'에 그 답이 숨어 있다. 배울 학(學), 익힐 습(習). 이 정도는 누구나 다 안다. 그러나 이 정도 알아서는 삶에 전혀 보탬이 되지 않는다. 시스템 사고에서 강조하는 '수면 아래를 보자.'

학(學)을 파자하면 배움이란 어린 아이가 집에서 볏짚을 꼬는 행위이다. 아이가 볏짚을 꼰다면 그건 여치 집, 밀짚모자 등 장난감을 만드는 모습이다. 현대적으로 해석하면 퍼즐 맞추기 정도에 해당할 것이다. 이는 분명 자발적 행위이다. 결국 배움의 행위(學)는 자발성이 전제될 때 가능하다. 자발성은 호기심에서 이루어지는 것이며, 호기심은 스스로의 문제 제기에서 나온다.

한편 습(習)은 둥지 안의 어린 새(白)가 날개(羽)짓 하는 행위이다. 어린 새가 날개 짓을 반복하다보면 하늘로 날아오른다는 의미이고 보면 습(習)은 지속성을 전제로 한다. 지속성은 즐거움이 수반되어야 하는데, 이는 배움의 행위(學)가 올바로 작동할 때 가능하다. 학이시습지 불역열호(學而時習之 不亦說乎). '배우고 때때로 익히면 즐겁다.'는 공자의 말씀이 이를 반증한다.

이처럼 수면 아래에 숨어 있는 학습의 원리를 개념화하면 아래와 같다. 우측 인과지도는 좌측 개념도에 기초하여 학습의 본질을 시스템 사고로 표현한 것이다. 인과지도 아래 그래프는 학습의 행태를 시간 위에 나타내 보인 것으로 변곡점에 이르기 전까지는 배움의 행위(學)인 강화루프(R)가 지배적으로 작용하다가 변곡점을 지나면서부터는 연습의 행위(習)인 균형루프(B)가 지배루프로 작용하면서 최종 수렴점에 이르는 'S'형 곡선을 나타내게 된다.

(※ 시스템 구조와 행태의 관계는 제3장 제3절에서 상세히 논의한다.)

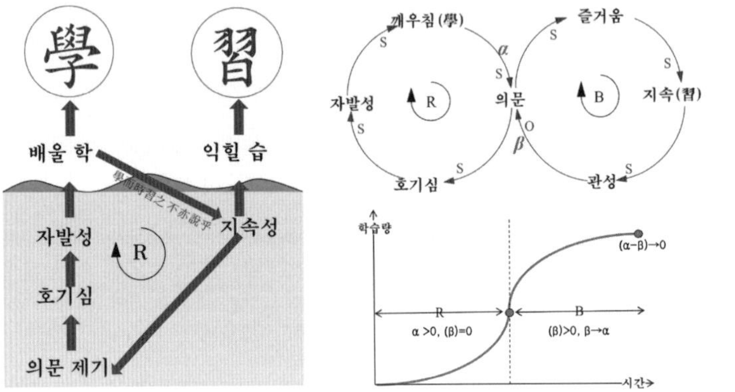

(4) 유통성(流通性)

유통성이란 자신의 생각을 타인과 공유, 교류할 수 있는 소통 능력을 말한다. 보사르(David Bosshart, 1959~)는 '우리가 살면서 어떤 문제에 부딪힌다면 그것은 모두 소통에서 비롯되는 것'이라 했다. 따라서 그 해결책도 결국은 더 나은 소통 방식에서 찾을 수밖에 없다. 더욱이 소통은 구성원들의 조직몰입을 도모하기 위한 수단으로서 뿐만 아니라 지식의 성장이란 관점에서도 매우 중요한 요소이다. 한 사람의 생각이 다른 사람의 생각을 촉진하며 참에 근접할 수 있기 때문이다.

① '참'에 수렴하는 사회화 과정

'정당화된 믿음(JTB: Justified True Belief)'에 'x'가 추가된 'JTB + x'가 지식의 또 다른 정의로 주목되는 것은 바로 이러한 이유에서이다. '안다고 하는 것에 대한 정당화된 믿음'이 과연 참인가는 영원히 알 수 없다. 다만 참에 수렴해갈 뿐이다. 그 유일한 방법은 사회화 과정을 거치는 것이다. 더욱이 '미래는 예측하는 것이 아니라 만들어 가는 것'이라면 그에 필요한 창의적 발상이나 새로운 시각은 이러한 사회화 과정에서 얻어지는 것임을 유념해야 한다.

② 유통성과 시스템 사고

한 사람의 생각이 다른 사람의 생각을 촉진한다는 것은 소통의 기본 명제이다. 창의적 소통능력을 '유통성'이라 하는데, 그 핵심은 짧지만 긴 이야기를 담아내는 촌철살인과 추상적 개념의 가시적 표현력이다. 그러나 이게 말처럼 쉽게 되는 것은 아니다. 어떤 추상에 대한 개념이 확실해야 하며 형상화를 위한 구성요소의 도출에 상당한 창의성이 요구된다.

시스템 사고에서 개념의 형상화 도구로 쓰이는 인과지도를 현실 상황에 적용하려면 이 역시 같은 조건이 요구된다. 장기판의 구조는 간단하지만 그 수는 무한하기 때문에 장기를 잘 두려면 묘수를 만들어 내는 창의성이 요구되는 것과 마찬가지이다. 한 가지 예시를 통해서 추상적 개념을 형상화 하는 것이 결코 쉽지 않으며 상당한 창의력을 필요로 한다는 것을 체험해보자. 이 예시는 역설적으로 인과지도는 표현의 창의력 개발에 상당한 도움을 줄 수 있음을 보여준다.

'소탐대실(小貪大失).' '작은 것(이익)을 탐하다 큰 것(이익)을 놓친다.'는 경구임을 모르는 이는 없다. 그러나 소탐((小貪)하면 왜 결국 대실((大失)하게 되는지 간단명료하게 설명하기란 결코 쉽지가 않다. 인과지도를 통해 '소탐대실(小貪大失)'의 작동원리를 명쾌하게 제시하려 할 때 우선 부닥치는 어려움은 그 이면에서 작용하는 잠재원인(변수)들의 식별이다. 변수들을 찾으려면 "개념을 이야기 하라(Story the Concept)." '소탐대실(小貪大失)' 현상의 잠재원인들을 알아보려면 그것이 의미하는 바를 풀어서 생각해볼 필요가 있다. '소탐대실(小貪大失)' 현상이 발생하게 되는 이유는 단적으로 '사리(私利)가 성(盛)하면 사리(事理)가 멸(滅)하고, 사리(事理)가 멸하면 사리(私利)가 멸하기 때문'이다. 여기서 네 가지 변수를 끌어낼 수 있다 - 사욕(私), 이득(利), 삶(事), 이치(理).

도출된 잠재원인(변수)들의 작동구조를 도식화하면 아래 그림의 인과지도와 같이 표현될 수 있다. '소탐대실'의 구조는 기본적으로 사리(私利)와 사리(事理), 두 개의 루프로 이루어진다.

우선 사리(私利)의 고리(R_1) 부터 살펴보자. 개인적 욕구, 즉 사욕(私)이 강화되면 얻는 성과, 즉 이득(利)이 증가한다. 이득(利)이 증가하면 그에 따라 사욕(私)이 다시금 증가하는 강화구조를 형성하고 있다. 사리(事理)의 고리(R_2) 역시 강화구조이다. 일(事)이 보이면 이치(理)를 알게 되고, 이치(理)를 알수록 일(事)이 보인다. 이들 두 개의 루프가 별개로 존재한다면 '소탐대실'은 성립하지 않는다. 그러나 그 어떤 시스템도 '산은 산이요 물은 물'처럼 개별적으로 존재하지 않는다. 모든 것은 관계 속에 놓여 있다. 이것이 시스템 사고의 본질이기도 하다.

제3장 제2절(시스템 사고의 조건)에서 다시 논의되지만, '의도하지 않은 것을 상정하라.'는 것은 '사고의 분기'와 그로부터 시간 위에서 되돌아오는 결과를 유념하라는 의미이다. '소탐대실'의 예시에서 사람들은 사리(私利)의 루프(R_1)에 빠지게 되지만, 거기서 끝나지 않

는다. 점차 커지는 욕구(私)는 시간이 경과하면서 일(事)에 대한 생각을 멀리하게 만들어(私 → 事) 결국 사리(事理)의 강화루프(R_2)를 선순환에서 악순환으로 바꿔놓게 되는데, 이것이 바로 '의도치 않은 결과'를 반영한 부분이다. 사리(事理)가 악순환으로 전환되면 이득(利)의 감소로 이어지다가(理 → 利) 그 결과로 이득(利)의 소멸을 초래하는 한계의 균형루프(B)가 작동하게 된다.

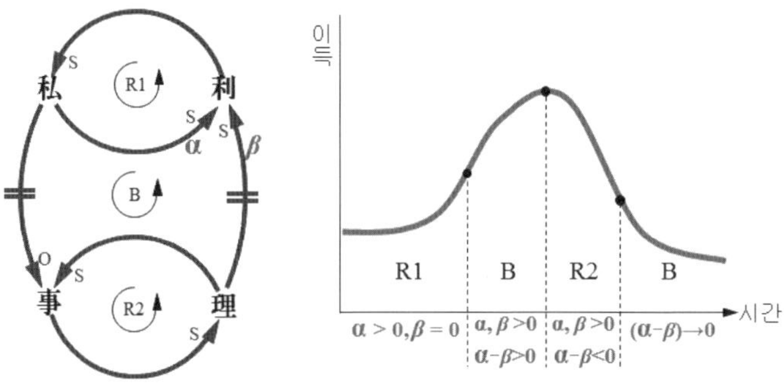

소탐대실(小貪大失)의 작동구조와 사리(私利)의 변화

위 그림의 우측에 제시된 그래프는 이와 같이 지배루프의 변화로 나타나는 소탐대실'의 행태를 보여주고 있다. 초반에는 사리(私利)의 고리(R_1)가 지배적으로 작용하면서 그 선순환의 힘(α)에 의한 이득의 가시적 성장을 보이지만, 사리(私利)의 강화로 사리(事 →理)의 연결선이 부정적으로 작용(β)하기 시작한다. 결국 한계루프(B)가 시스템을 지배하면서 이득은 한계에 이른다. 그 과정에서 힘을 축적하던 사리(事理)가 악순환 고리(R_2) 지배적으로 작용하면서 이득의 급격한 감소현상을 초래하게 된다.

이렇듯 시스템의 잠재원인 요소들이 형성하는 구조를 알게 되면 의도하지 않은 결과들을 사전에 예상할 수 있을 뿐만 아니라, 오히려 의도하는 결과를 얻을 가능성을 높일 수 있다.

▶ 사고의 형상화

'유통성'은 사고의 외부화(Externalization) 능력에 달려 있다 해도 과언이 아니다. 외부화의 가장 효과적 수단이 바로 형상화이다. 스웨덴 지식경영학자 스베이비(Karl Erik Sveiby, 1949~)의 말처럼 '사람은 말할 수 있는 것보다 훨씬 많은 것을 알고 있다.' 이는 곧 자신이 생각하는 바를 표출한다는 것이 좀처럼 쉬운 일이 아니라는 것을 의미한다.

시스템 사고에서 사용하는 인과지도는 '유통성'을 촉진하는 수단으로, 나무보다는 숲을 보는 능력을 키우는데 큰 도움을 준다. 인과지도의 확장성은 생각을 공유하고 교류하는 과정에서 도출된 새로운 시각을 수용하기에 적합하다. 또한 인과지도를 통한 생각의 형상화는 길고 복잡한 이야기를 짧지만 명료하게 나타낼 수 있는 강력한 소통의 도구이다. 결국 인과지도를 통한 형상화 능력은 유통성 배양에 직결된다.

2) 창의력 저해요인

창의력 신장을 위해서는 앞서 논의한 네 가지 속성을 배양해야 한다. 그러나 동전의 양면처럼 창의력을 저해하는 요인을 찾아 이들을 제거하는 노력이 병행되지 않으면 안 된다. 창의력 촉진요인과 저해요인들은 서로 에게 영향을 끼치는 피드백 관계에 놓여 있기 때문이다. 창의력을 저해하는 요인을 다양한 측면에서 논의할 수 있겠지만, 여기서는 '습관의 함정', '지배적 사고', '닻 내림 효과', '학습된 무기력' 등 네 가지로 집약해 설명하기로 한다.

(1) 습(習)의 함정

習 어떤 대상을 진정으로 보고, 들을 수 없는 원인은 마음(心)의 부재(不在) 이외에 또 한 가지가 있다. 그 주범은 바로 습(習)의 함정이다. 철학자 니이체(Friedrich W. Nietzsche, 1844~1900)

는 "고뇌 없이는 초월할 수 없으며, 초월 없이는 지평이 보이지 않는다."고 했다. 여기서 초월이란 습(習)의 함정으로부터 벗어나는 것이다. 반복되는 습관적 행위는 우리로 하여금 창의에서 더욱 멀어지게 한다. 좋은 습관이든 나쁜 습관이든, 한번쯤은 그에서 벗어나는 훈련이 필요하다. 낡은 톱은 갈아서 써야 하는 것과 같은 이치이다. 하지만 습을 버린다는 것은 말처럼 그렇게 쉬운 일이 아니다.

미국 심리학자이며 철학자인 윌리엄 제임스(William James, 1842~1910)가 지적했듯이 '우리 일상의 99.9%가 순전히 습관적인 것'이다. 반복된 행동은 습관을 잉태하고, 습관은 인식작용을 만들어낸다. 따라서 우리의 인식작용은 습관이 만들어낸 관성적 인식일 뿐 진정한 인식은 아니다. 습관에 의한 관성적 인식은 우리의 행동을 지배하게 된다. 그래서 습관은 버리려 하면 강하게 저항한다. 불가(佛家)에서는 이를 가리켜 '안이비설신의(眼耳鼻舌身意)를 통해 오랫동안 익혀온 습(習)들을 버리지 못하면 도(道)를 이룰 수 없다'고 한다. 비록 이런 철학적 시각에서 보지 않더라도 습이 지배하는 고정관념을 버린다는 것은 좀처럼 쉬운 일이 아니다. 습이라는 것은 우리를 틀에 가두어 둔다. 틀에 박히거나 굳어진 그것들로부터 오히려 편안함을 느끼고, 습관을 벗어난 행동을 하려면 어색하고 불편하다. 생각마저 습관의 노예가 되어버리기 때문이다.

습(習)이 왜 우리의 눈과 귀를 가리게 되는지 좀 더 살펴보자. 아래 그림(a)에서 대다수의 사람들은 주변(B)보다는 중심(A)를 선호할

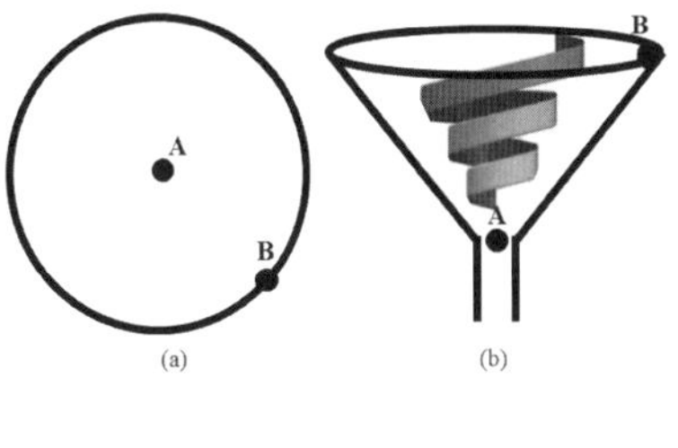

(a) (b)

것이다. 이렇듯 중심지향적인 우리의 성향은 비단 공간적 차원에서 뿐만 아니라 의식 세계에서도 마찬가지이다. 그러나 그림(b)처럼 우리는 어느 분야

에 종사하던 반복된 삶을 살아가면서 주변(B)에서 중심(A)으로 서서히 빠져들게 된다. 중심(A)에 근접할수록 우리가 볼 수 있는 세계는 깔때기가 열어 준 공간으로 제한된다. 심리학자들은 이를 가리켜 '정신적 감옥(psychic prison)'이라고 한다.

필자는 중심(A)에 있는 존재를 'I'적 존재, 주변(B)의 존재를 'Me'적 존재로 정의하고자 한다. 'I'와 'Me'는 모두 자기 자신을 지칭하는 것이지만, 'I'는 자기중심적 사고에 입각한 자신을 나타내는데 반해, 'Me'는 상대와 관계 속에 설정된 자기를 함의하는 것이다.[22] 결국 'I'는 '중심적 사고'의 존재인 반면 'Me'는 '주변적 사고'의 존재이다. 이렇듯 중심(A)와 주변(B)의 차이는 '기존의 것'으로 비롯하여 새로운 것을 만들어내는' 창의(創造)의 속성에 비추어 볼 때 매우 큰 시사점을 던지고 있다.

'중심(中心)'이란 영역(울타리)이 전제되지 않고는 존재할 수 없다. 따라서 주변에서 중심으로 이끌려갈수록 울타리는 강하고 높아진다. 자신의 인식세계를 둘러싼 울타리가 콘크리트처럼 딱딱해지면 '기존의 다른 세계'와 결합될 수 없다. 콜럼부스가 계란을 깨서 테이블에 세운 것을 일종의 사기라고 주장한다면, 그것은 자신이 엄격한 룰과 가정에 얼마나 강하게 매여 있는가를 폭로하는데 지나지 않는다. 이것이 바로 습(習)의 함정이다.

(2) 지배적 사고

觀 사람의 관(觀)을 지배하는 정신모델은 존재론과 인식론으로 결정된다.[23] 따라서 다분히 철학적인 얘기지만, 존재론과

---

22) 네그로폰테(Nicholas Negroponte) 교수는 저서 『Being Digital(1995)』에서 이러한 'Me'적 존재를 '디지털적 존재'라고 하였다.

인식론을 얘기하지 않을 수는 없을 것 같다. 존재론(ontology)이 실체가 무엇인가('What really is.')를 다룬다면 인식론(epistemology)은 그 실체를 어떻게 알 수 있는 가('How to know it.')에 관한 것이다.

무언가를 '안다(know)'고 하는 인식 작용은 '저기 밖에(out there)' 존재하는 그 무엇과의 관계 속에서만 가능하다. 존재론과 인식론은 서로가 서로의 근거로 작용한다. 뭔가 알려고 할 때 인간의 시선은 자연스럽게 그 대상으로 향한다. 그리고 귀납적 혹은 연역적으로 절차에 따른 '예측적 개선(Predictive Improvement)'을 추구하거나 직관, 심지어는 초월적 감각을 통해 통합적 이해를 확장해간다.

그러나 사람에게는 각자의 인식 작용을 지배하는 무의식 주준에 또 다른 사고가 존재한다. 이를 '지배적 사고(Dominant Thought)'라 하는데, 이 지배적 사고의 차이에 따라 보고 듣는 것이 달라진다. 지배적 사고는 오랫동안 성장과정을 거쳐 축적된 직접, 간접적인 경험으로 형성된다. 아래의 예시를 통해서 지배적 사고란 무엇인지 좀 더 살펴보기로 하자.

※ 다음 문항 중 가장 거리가 먼 것은?	
① 고릴라	② 사 슴
③ 고 래	④ 고 추

이 문제의 정답은 무엇이며, 그 답을 선택한 이유(기준)는 무엇인가? 만약 ④번을 선택했다면 필시 동식물학적 기준이 작용했을 것이다. 그러나 생태학적 시각으로 보면 ③번이 답이다. 나머지는 모두 서식지가 육지이고 고래만 해양이기 때문이다. 이렇듯 모든 가능성을 열어두고 보면 사슴도 답일 수 있고 고릴라도 답일 수 있다. 음운학적 시각으로 보면 사슴을 제외한 나머지 항목들은 '고'로 시작하며, 디지털적 시각으로 보면 '고릴라'만 석 자일 뿐 나머지는 모두 두 자이다.

---

23) 존재론과 인식론 외에 사람의 관(觀)을 지배하는 것으로 결정론(determinism)과 주의론(voluntarism)도 있으나 여기서는 논의를 생략한다.

이렇듯 같은 문제, 동일한 현상을 놓고도 달리 보이고 달리 인식되는 이유는 무엇일까? 그것은 바로 개인마다 각기 다른 사고의 틀, 즉 '지배적 사고'를 가지고 있기 때문이다. 위 예시가 시사하는 바는 두 가지로 집약되며, 이는 '시스템 사고'에 있어 매우 중요한 요건으로 작용한다.

첫째, 위 문제는 '거리가 가장 먼 것'이란 지문 자체가 모호성을 담고 있다. 이를 인지하지 못했다면, 문제풀이에 익숙해져 '거리'를 '물리적 거리'이거나 '관계상, 의미상 거리'로 인식하는 생각의 여유를 갖지 못한 것의 반증일 수 있다. 이렇듯 습관(타성)적으로 세상을 바라보면 새로운 것은 보이지 않는다. 이것이 바로 앞서 얘기한 실험실 사고의 폐해일 수 있으며 '습의 함정'이기도 하다.

둘째, 우리의 시각을 결정하는 '지배적 사고'는 성장과정을 거쳐 축적된 직접 혹은 간접 경험에 의해서 형성된다는 점이다. 따라서 개인의 인지 각도는 극히 제한적일 수밖에 없기 때문에 항상 모든 가능성을 열어두고 타인의 시각도 수용하면서 논증의 수렴과정을 거치는 '일상의 사고'를 하는 것이 매우 중요하다. "자신의 인식세계를 항상 의식하라"고 한 플라톤의 충고도 바로 '지배적 사고'에 연유한 것이다.

(3) 닻 내림 효과

'닻 내림 효과(Anchoring Effect)'란 정박할 때 배가 표류하지 못하도록 고정하는 닻(Anchor)처럼 사람도 무엇에 대한 '기준'이 설정되면 후속 평가와 행동이 그 기준 범주 내에서 이루어지게 된다는 행동경제학 용어이다. 물론 정보처리분야에서는 닻 내림의 행위(Anchoring)가 핵심에서 벗어나지 않고 그 핵심과 관련된 추가 정보를 입수하여 이해와 생각의 폭을 점차 넓혀나가는 긍정적인 효과로

작용한다. 그러나 닻이 내려진 범주에서 벗어나지 못하고 초기의 기준이 후속 판단을 낳는다는 측면에서는 부정적으로 작용할 수도 있다. 특히 창의성 분야에서는 이러한 '닻 내림 효과'가 발산적 사고를 저해하는 부정적 효과를 낳는다. 구매행위에 있어서도 'SALE'이란 문구에 접하게 되면 구매의 유혹을 느끼게 되는 것이나 협상 시 초기 설정기준에 따라 후속 협상이 흐름이 달라지는 것도 '닻 내림 효과'의 한 가지 사례가 될 수 있다. 무언가에 대해 첫인상이 후속 인식에 지속적인 영향을 끼치는 '인지의 편향' 현상도 '닻 내림 효과'의 일종이다. 이렇듯 닻 내림 현상은 타인이 닻을 내린 경우와 스스로 닻을 내린 경우로 구분된다.

'닻 내림 효과'로 인한 판단의 왜곡은 시스템 사고로 적절히 예방할 수 있다. 곧 '세일'이나 '한정판매' 등과 같이 제한적 정보가 기준이 될 때, 특정 시점이 아닌 시간을 중심으로 생각해보면 이전에도 있었고 다음 기회도 반드시 있을 것임을 염두에 두는 '시간적 사고'가 도움이 될 것이다. 협상의 경우 먼저 자신에게 유리한 의견을 제시한다거나, 상대방에 의해 먼저 닻이 내려진 상황에서는 그 닻에 반하는 의견을 제시하는 등의 '피드백 사고'가 닻 내림 효과에 의한 사고의 편향을 막을 수 있다.

(4) 학습된 무기력

'학습된 무기력(Learned Helplessness)'이란 좌절이나 실패를 반복 경험하게 되면 그 통제력에 대한 상실감이 학습되어 무기력으로 발전하는 심리적 현상을 말한다. 예컨대, 어릴 적부터 말뚝에 묶어 키운 코끼리는 덩치가 커진 후에도 자신이 묶인 상태를 벗어나려 하지 않는다. 수조 속 포식성 물고기와 먹이 물고기를 투명 유리로 갈라놓으면 포식성 물고기는 먹이를 향해 몇 차례 공격을 시도한다. 그 후 유리판을 제거하여 먹이가 바로 옆으로 지나가도 전혀 공격하려 하지 않는다. 이렇듯 무기력이 학습되는 현상은 주로 동물에게서 나타나지만, 사람도 이와 유사한 심리적 반응을 보인다.

가령 어느 사람에게 '바보'라는 경멸조의 표현을 세 번만 써도 그 사람은 정말 바보가 된다는 통설이 바로 그것이다. 수차례 투표를 해도 바뀌는 게 없는 경험을 하게 되면 투표율은 현저히 떨어진다. '투표해도 바뀔게 없다'는 것이 학습되기 때문이다. 이는 자기실패적 예언(Self-Failing Prophecy)이나 프레임 효과(Framing Effect)와도 유사하다.

인간에게 나타나는 학습된 무기력은 유별성과 대응되는 개념으로 보아도 무방하다. 문제의 원인을 외부 탓으로 돌리고 자신과는 타협하는 것을 반복하게 되면 자존감(心)은 점점 작아지게 된다. 학습된 무기력을 방지하려면 작지만 확실한 성취를 통해 자신에 대한 기대와 믿음을 스스로 강화해야 한다. 이를 자기효능감(Self-efficacy) 또는 자기실현적 예언(Self-Fulfilling Prophecy)이라고도 하는데 이를 강화하려면 주변인들의 인정과 칭찬도 매우 중요하다.

3. 창의와 시스템 사고

창의력은 곧 '여백을 읽는 힘'이라 했다. 그렇다면 여백을 읽는 힘의 원천은 무엇일까? 그것은 y축을 따라 깊이 파고드는 수직적 사고가 아니라 x축을 따라 넓게 영역을 넘나드는 수평적 사고력에 달려 있다. 뿐만 아니라 엄격히 설정된 전제의 방향에 따라 정답을 찾아내려하는 실험실(정형적: 절차적, 이론적) 사고가 아니라, 방향을 스스로 정해가면서 그에 따라 해답을 찾으려는 일상적(비정형적: 직관적, 실제적) 사고가 요구된다.

공중에서 무언가 떨어지는 것을 보았다면 그것은 진정으로 본 것이 아니다. 사고가 나무에서 떨어지는 것으로 보고 중력을 발견한 뉴턴(Issac Newton, 1642~1727)처럼 '무언가가 잡아당긴 것으로 볼 수 있는 힘', 이것이야말로 여백을 읽어내는 요체인 것이다. 공중에서 어떤 물체가 떨어지는 그 자체만 보아서는 도저히 무언가가 잡아당긴다는 생각에 이를 수 없다. 그러나 '사과가 위로 올라가거나 옆으로 날지 않는 이유는 무얼까?'라는 엉뚱한 질문에 이르게 되면 자연스레 주변을 다시 살피게 될 것이다. 공중의 모든 물체는 예외 없이 모두 땅으로 떨어진다는 사실을 새삼 인식하게 될 것이다. 그렇다면 지구가 잡아당긴다는 추론에 이를 수 있다. 물론 이 정도의 추론으로 중력이론이 곧바로 만들어진 것은 아니지만, 한 가지 분명한 것은 그 출발점이 되었다는 사실이다.

축구경기에서 승패를 결정짓는 최대 요인은 공을 열심히 쫓아다니는 것이 아니다. 공의 움직임에 따라 시시각각 변화하는 축구장 판세에서 골 찬스가 열리는 공간을 읽어내는 능력이다. 유능한 선수들을 지칭하여 '시야가 넓은 선수'라고 하는 것도 바로 이 때문이다.

'판'을 읽어낼 수 있는 '통합적 사고' 능력이 여백에서 가치와 기회를 포착하는데 결정적으로 필요한 것이라면 시스템 사고는 그에 부합되는 매우 유용한 수단이다. 제시된 아래 그림은 창의력의 4대 속성 중 정신적 자세(心)와 직결되는 유별성 외 유연성, 유창성, 유통성이 각각 여백을 읽는 수단으로서의 시스템 사고와 어떤 관련성이 있는지를 설명하고 있다.

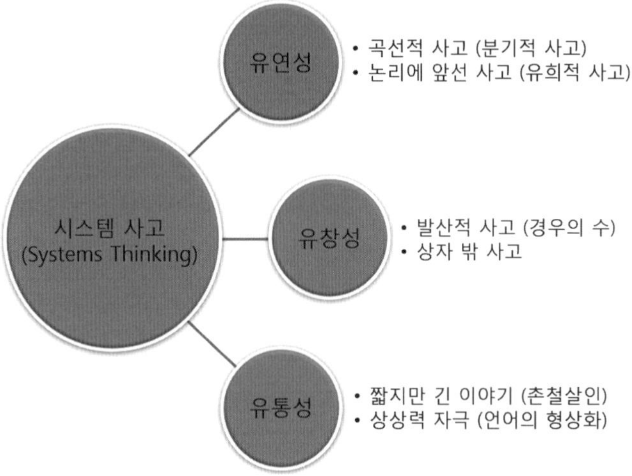

창의력과 시스템 사고의 연관성

1) 렉서스 리콜(Lexus Recall) 사례

시스템 사고가 '여백을 읽는 힘'을 기르는데 어떻게 활용될 수 있는지 일본의 고급 승용차 '렉서스 리콜(Lexus Recall)' 사례를 통해 살펴보자. 도요타(Toyota)는 렉서스를 미국 시장에 내놓은 지 3년 만인 1992년에 리콜을 단행한다. 당시 렉서스는 벤츠, BMW, 아우디 등 독일 차의 아성을 파죽지세로 잠식하던 터라 리콜은 상식적으로 이해가 되지 않는 일이었다. 그러나 도요타는 리콜을 단행함으로써 미국 고급승용차 시장에서 승기를 완전히 굳히게 된다. 이러한 리콜 전략의 창의적 발상은 어떻게 나왔을까?

공급자 입장에서 '리콜(Recall)' 사태는 기업경영에 치명타가 된다는 것쯤은 모두가 아는 사실이다. 그러나 항상 그런 것은 아니다. '리콜(Recall) = 치명타'이라는 도식적 사고의 허를 찌른 전략이 바로 도요타의 '렉서스 리콜(Lexus Recall)'이다. 아래 인과지도를 활용하여 '리콜'에 관한 통념적 사고체계의 여백에서 역 발상의 전략적 기회를 어떻게 포착할 수 있었는지 살펴보자.

굵은 실선으로 나타낸 강화루프(R_1, R_2)의 악순환 고리가 '리콜'에 관한 통념적 사고체계에 해당하는 것으로, 왜 '리콜'이 기업에 치명적인지 설명하고 있다. '리콜' 사태가 벌어지게 되면 '기업 이미지'가 나빠지고, 기업 이미지가 나빠지면 '고객의 제품신뢰'에 악영향을 끼쳐 결국 '매출' 하락으로 이어진다. '매출'이 하락하면 리콜에 소용되는 비용과 함께 기업의 '재정 건전성'이 악화되고, 재정 건전성이 악화되면 '품질' 관리가 부실해져서 다시금 '리콜'의 가능성이 높아지는 악순환 고리의 늪에 빠져들게 된다.

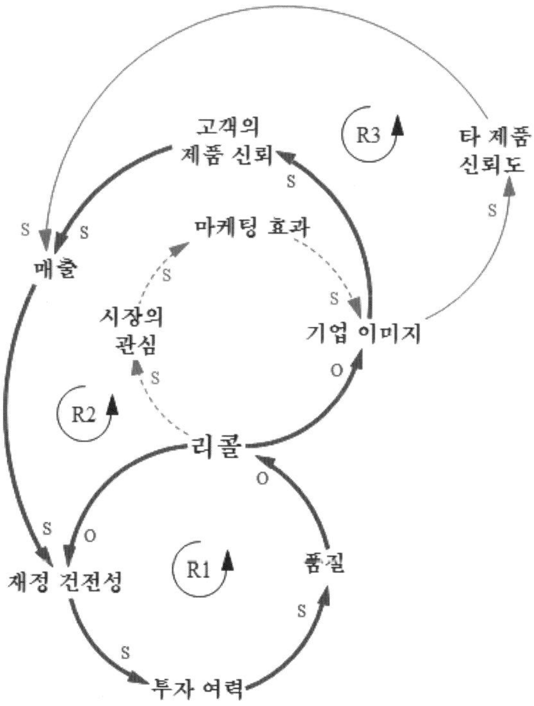

렉서스 리콜 - 통념을 이용한 역 발상 전략

(1) 여백을 읽는 힘

제3장 제3절(시스템 구조와 행태)에서 구체적 논의가 있겠지만, 선순환과 악순환의 구조는 동일하다. 구조가 같다는 것은 역설적으로 악순환도 선순환으로, 선순환도 악순환으로 바뀔 수 있음을 의미한다. 도요타는 바로 이러한 점을 활용한 것이다. 도요타 경영진의 사고는 '리콜도 리콜 나름'이라는 데서부터 출발한다. 상식적으로 성공과 다름없는 상황에서 리콜을 단행하면 어떤 일이 벌어질까? 위 인과지도에서 가는 점선으로 표시된 부분이 바로 그것이다. 사람이 개를 물면 뉴스거리가 되듯 상식에 위배된 렉서스 리콜은 뉴스가 되었고, 그 어떤 광고보다 훨씬 위력적으로 '시장의 관심'을 끌게 된다. 리콜 비용은 감수해야하지만, 작은 문제마저도 용납하지 않는다는 '마케팅 효과'로 '기업 이미지'는 리콜의 악순환 고리를 선순환으로 바꾸는 계기가 된다. 나아가 높아진 기업 이미지는 도요타의 다른 중저가 차종에 대한 '제품 신뢰도'를 견인하게 되고 이것이 추가 매출 증대로 이어지면서 강화루프(R_1, R_2)의 선순환은 더욱 강화된다.

이 사례에서 알 수 있듯이 '여백의 힘'은 가히 위력적이다. 그리고 그 힘은 무엇을 포착(정책개입 지점)해서 언제 시행할 것인가(정책개입 시점)에 대한 판단 능력으로 비롯된다.

- **정책개입지점**: 이 사례에서 정책지렛대는 바로 '리콜(Recall)'이란 변수이다. '리콜의 악순환'이란 통념을 깨고 이를 마케팅에 역이용함으로써 악순환을 선순환으로 바꿔 놓은 것이다.
- **정책개입시점**: 같은 조치라도 시점에 따라 그 효과는 상당한 차이를 보인다. 최근의 도요타 리콜 사태처럼 리콜을 위한 리콜이라면 악순환의 고리에서 벗어나지 못했을 것이다. 그러나 당시의 렉서스 사례는 아무도 예상하지 않은 시점에서 리콜을 단행했다.

(2) 창의력 증진을 위한 시스템 사고의 역할

앞 절에서 소개한 창의력의 4대 속성 가운데 정신적 자세(心)와 직결되는 유별성을 제외하고 유연성, 유창성, 유통성이 어떻게 시스템 사고를 통해 발현되는지 리콜 사례의 인과지도를 가지고 살펴보자.

① 유연성

유연성과 관련하여 시스템 사고는 '사고의 분기'를 강조한다. '예기치 않은 상황을 상정'하여 사고를 분기하고 그로부터의 피드백을 시도하는 곡선적 사고와 단일의 정답을 거부하고 다양한 선택지를 수용하면서 발산적 사고를 허용한다. '렉서스 리콜'의 사고모델에서 리콜이 기업 이미지를 떨어뜨리는 연결선(리콜 → 기업 이미지)뿐만 아니라 리콜이 오히려 기업 이미지를 제고하는 연결선(리콜 → 시장의 관심 → 마케팅 효과 → 기업 이미지)으로 분기한 것이 그에 해당한다. 이는 논리에 앞선 유연한 사고의 전형이다.

② 유창성

유창성과 관련하여 시스템 사고는 '수면 아래를 보라.'고 강조한다. 간과하기 쉬운 요소들을 파악하고 이들을 전체의 시각에서 바라보는 통합적 사고를 중시한다. '렉서스 리콜'의 사고모델에서 기업 이미지와 고객의 렉서스에 대한 신뢰 사이의 인과관계(기업 이미지 → 고객의 제품 신뢰)외에 기업 이미지가 다른 중저가 제품에도 영향을 주며 이는 매출로 연결된다(기업 이미지 → 타 제품 신뢰도 → 매출)는 발상이 그에 해당한다. 렉서스뿐만 아니라 타 제품군까지 함께 아우르면서 전체의 시각에서 바라보는 전략을 구사한 것이 유창성의 전형이다.

③ 유통성

유통성과 관련하여 시스템 사고에서는 '사고의 형상화'를 강조한다. '렉서스 리콜'의 사례의 인과지도는 리콜이 오히려 기업 이미지를 제고하며, 그로 인해 타 제품군에도 긍정적 영향을 끼칠 수 있다는 발상을 가능케 한다. 이처럼 사고의 형상화는 타인과 다양한 시각을 공유하면서 '여백'을 읽는데 결정적 기여를 한다.

생각해봅시다.

1. 누구나 예측을 하지만, 예측은 예측일 뿐이다. 예측의 한계를 극복하기 위한 대안을 논의해보라.

2. 시스템 사고의 세계관은 기본적으로 구조주의(Structuralism)에 기초하고 있지만, 행태주의(Behaviorism)도 함께 수용하고 있다. 시스템 사고가 이들을 어떻게 수용하는지 설명해보라.

3. 미래를 예상함에 있어 '행태가 행태를 낳는다.'는 주장과 '구조가 행태를 낳는다.'는 주장에 대해 어느 쪽이 왜 더 타당하다고 보는지 그 이유를 밝혀보시오.

4. 창의적 속성 중 하나인 유창성이란 무엇을 의미하는지 설명하고 시스템 사고가 어떻게 유창성 배양에 도움이 되는지 논의하시오.

5. 지배적 사고란 무엇을 말하며, 어떻게 형성되는지, 그리고 왜 이것이 중요한 지 설명하고 중국 성인 맹자 어머니의 교육과 관련된 '三遷之敎'와 '斷機之敎'의 시사점을 지배적 사고와 결부지어 해석하시오.

6. '과학적(기계적, 분석적) 사고'의 세계관(기본전제)을 세 가지로 집약하고, 이들 기본전제가 왜 한계에 직면해 있는지 논의하시오.

7. 'I'적 존재(사고)와 'Me'적 존재(사고)는 어떻게 다른 것이며, 수평적 사고에는 어느 쪽이 더 적합한지 논의해보시오.

8. 다음 전문용어들의 핵심 개념을 설명하시오.
   1) 진리의 상대성(The Relativity of Truth)
   2) 요소환원주의(Reductionism)
   3) 상보성의 원리(Complementary Principle)
   4) 불확정성의 원리(Uncertainty Principle)

| 제3장 |

시스템 사고는 어떻게 하는가?

하인리히(Heinrich) 법칙 - "1:29:300"

하타무라 요타로(畑村洋太郎)는 저서 '실패학의 권유(失敗學 のすすめ)'에서 어떤 실패가 수면 위로 드러나기까지는 '하인리히(Heinrich) 법칙'이 적용된다고 주장하고 있다: "사람들은 보고(듣고) 싶지 않은 것은 보려(들으려) 하지 않기 때문에 결국 큰 문제에 직면하게 된다."

'1:29:300 법칙'이라고 하는 '하인리히 법칙'은 미국 보험사 직원이던 하인리히가 저서 '산업안전사고방지(The Industrial Accidents Prevention)'에서 처음 제안한 것이다. 1건의 중대 사건(위기)이 터지기 전에 경미한 사건들이 29건 발생하며, 29건의 사건 이면에는 300건의 잠재원인들이 반복되어 나타난다는 것이다. 결국 위기는 어느 순간 갑자기 찾아오는 것이 아니라 사전에 그 징후가 계속 나타난다는 것이다.

사건의 잠재원인은 우연원인(chance cause)과 이상원인(abnormal cause)으로 구분된다. 여기서 우연원인이란 대상 시스템 구성요소 간 상호작용 메커니즘(구조)의 특성 하에서 반복적으로 발생되는 만성적 원인으로 쉽사리 인지되지 않는 특성을 가지고 있다. 한편 이상원인은 시스템 외부로부터의 예외적 영향, 즉 외생요소의 변화가 시스템 구조 전반에 영향을 끼치는 일회성 돌발 원인으로 시급히 교정되어야 하는 특성을 가지고 있다. 이는 비단 실패의 경우뿐만 아니라, 가시적 성공의 경우도 마찬가지이다.

제1절 시스템 사고의 법칙

이 절에서는 시스템 사고는 어떻게 하는가에 대해 좀 더 구체적으로 알아보고자 시스템 사고의 금언을 11개로 집약하여 제시하고 각 금언에 담겨 있는 시사점을 음미한 후, 사례를 통해서 본 시스템 사고의 교훈, 그리고 단선적 사고로는 보이지 않는 문제가 시스템 사고로 드러나는 경우 등을 살펴본다.

전체가 진실이다(The truth is the whole.)
-G.W.F. 헤겔(독일 철학자, 1770-1831)

1. 시스템 사고를 위한 금언

시스템 사고를 이해하려면 딱딱한 정의와 개념적 이론을 아는 것보다는 본질이 함축된 시적 표현을 통해 느끼는 것이 보다 효과적일 수 있다. 여기서는 시스템 사고의 금언을 11가지로 집약해서 각각의 예시에 대한 시스템 사고를 설명하기로 한다.[24)]

금언 1 **현재의 문제들은 과거 해결책의 산물이다.**
Today's problems come from yesterday's solution

- 정부가 최저임금 인상을 단행했으나 시간제 근로자들이 더 살기 어려워지는 이유는 무엇일까?

최저임금을 인상하면 단기적으로는 근로자들의 소득이 늘어나는

24) 피터 셍게(Peter Senge)의 저서 『The Fifth Discipline: The Art and Practice of the Learning Organization, 1990)』에서 발췌하여 재구성한 것임.

효과를 갖지만, 시간이 지나면서 고용주들은 인건비 절감을 위해 해고, 추가인력 고용 중단, 또는 자동화 설비로 인력을 대체한다.

금언 2 **압력은 더 큰 압력으로 되돌아 온다.**
The harder you push, the harder the system pushes back

- 어느 도시에서 빈민층을 위해 취업 프로그램을 만들고 저소득층을 위한 주택을 건설할 경우 이 사업이 성공할까?

소시민 주거 여건이 개선되면 인근 타 지역 영세민들이 유입되어 프로그램 확대가 필요하게 되어 세금의 증가로 이어진다. 이로 인해 기업들이 떠나면서 세원이 감소하고 이는 다시 빈민층에 대한 투자 감소로 이어지는 악순환을 초래할 수도 있다.

금언 3 **더 나쁜 사태가 오기 전에 일시적 개선이 나타난다.**
Behavior grows better before it grows worse

- 모기가 득실거리는 지역에 모기 퇴치를 위해 살충제를 살포한다면 실효성은 어떠할까?

당장은 모기가 현저히 줄어들겠지만, 살충제에 대한 내성을 키워 일정 시간이 지나면 다시 증가한다. 근본 처방은 모기가 서식할 수 없도록 청결을 유지하는 것이지만, 그 효과는 정책 집행자가 떠난 후에야 나타나게 된다. 이렇듯 근본처방의 필요성을 알면서도 늦은 레버리지(leverage)의 내증처방의 유혹에 빠지는 이유는 상쇄효과 피드백(Compensating Feedback)의 단기적 이익과 장기적 이익 사이의 시차 때문이다.

금언 4 **쉬운 해결책은 문제를 키울 뿐이다.**
The easy way out usually leads back in

- 산수시간에 늘 휴대용 계산기를 사용하는 초등학생에게는 어떤 문제가 발생할 수 있을까?

처음에는 손쉽게 계산을 해내겠지만, 자신도 모르는 사이 계산능력은 현저히 저하되어 계산기를 쓸 수 없는 상황에서는 황당한 상황에 직면할 수 있다. 흔히 자신에게 익숙하거나 손쉬운 해결책을 고수하게 되는데, 그럴 경우 새로운 상황에는 대처하지 못한다.

금언 5 **치료가 병을 더 악화 시킬 수 있다.**
The cure can be worse than the disease

- 어느 회사가 당면한 경영상의 문제를 해결하기 위해 외부 전문가의 컨설팅에 의존을 반복한다면 어떻게 될까?

처음에는 문제가 해결될 수도 있겠지만 외부 전문가에게 의존하는 과정에서 스스로 문제를 해결하는 능력은 점차 저하된다. 셍게(Peter Senge)는 무능한 조직의 전형적 특성 중의 하나로 '스스로 고민하지 않고 답을 외부 전문가에게 얻으려는 현상'을 지적하고 있다. 장기적(근본적) 해결책은 스스로 해결능력을 키우는 방안을 모색하는 것이다. 이는 시간과 의지의 문제이다.

금언 6 **빠른 것이 느린 것만 못하다. (웃자람을 경계하라)**
The Faster is the slower

- 어느 회사가 급성장하여 외부에서 관리 인력을 대거 영입할 때 발생할 수 있는 문제는 무엇일까?

조직문화의 급변으로 인한 혼란과 인건비의 급격한 증대로 인해 불황기에 접어들면 재정 부실을 초래할 수 있다. 피터 드러커(Peter F. Drucker)가 '조직의 웃자람(outgrow)'을 항상 경계해야 한다고 한 것도 이 금언과 일맥상통한다. 모든 시스템은 적정 성장률을 가지고 있다. 성장 속도가 지나치게 빠르면 시스템은 스스로 속도를 늦추려 하고 그 과정에서 조직을 위기로 몰기도 한다. 미국 저가항공사 'People Express' 처럼 초반의 급성장이 오히려 아예 멈춰 버리는 결과(파산)를 초래할 수도 있다.

금언 7 **원인과 결과는 시간과 공간상에서 서로 가까이 연결되어 있지 않다.** *Cause and effect are not closely related in time and space*

- 당신이 연못 속 붕어라고 가정하자. 바로 인근 육지의 집에서 불이 났을 때 어떤 행동을 취하겠는가?

물과 불은 상극이므로 단선적 사고로는 물속의 고기는 안전하다. 그러나 피드백 사고로는 상당한 위험이 도사리고 있음을 알 수 있다. 불과 불은 상극이므로 불을 끄기 위해 물을 마구 끌어갈 것이기 때문이다. 우리는 흔히 원인과 결과가 시공간 상에서 매우 가까이 연결되어 있다는 믿음을 갖는데 그렇지 않은 경우가 더 많다는 사실을 유념해야 한다.

금언 8 **작은 변화가 큰 결과를 초래할 수 있다. 그러나 근본 원인은 잘 보이지 않는다.** *Small change can produce big results- but the areas of highest leverage are often the least obvious*

- 매출 신장세가 둔화된다면 어떤 행동을 취하겠는가?

원인을 외부 환경에서 찾고 이를 정당화하기 쉽지만, 실은 내부의 문제일 가능성이 매우 높다. 내부의 문제는 대부분 작은 변화가 누적되는 만성적 특성을 지니고 있기 때문에 인지하기 어렵다. 이럴 때는 미분의 관점에서 변화를 보아야 한다. 적분의 시간에서 보면 성장은 지속되고 있더라도 미분의 시각에서 성장률은 플러스(+)에서 마이너스(-)로 반전되었음을 알 수 있다. 이것이 곧 위기의 징후이다.

금언 9	**코끼리를 둘로 나눈다고 두 마리가 되는 것은 아니다.** *Dividing an big elephant in half does not produce two small elephants*

- 영업, 자재, 생산 등 각 부서가 일을 열심히 하면서 각자의 목표를 달성하려 한다면 그것이 과연 바람직할까?

반드시 그렇지만은 않다. 왜냐하면 각 부서별 목표가 서로 상충되는 문제로 인해 전체 최적화는 달성하지 못할 가능성이 높기 때문이다. 따라서 부서별 목표가 서로 상충되는지 반드시 점검해봐야 한다. 이는 마치 최고로 아름다운 얼굴 부위들만 선별하여 조합한다고 그 얼굴이 최고로 아름다울 수는 없는 것과 같다. 부분 최적화의 합이 곧 전체 최적화가 될 수 없으며, 오히려 전체 최적화를 희생시킬 가능성이 높다.

금언 10	**케익을 갖거나 먹을 수는 있어도 이를 동시에 할 수는 없다.** *You can have your cake and eat it too - but not all at once*

- 배우자가 직장 일에만 몰두하고 가정사는 소홀하다면 이혼할 수밖에 없을까?

직장일로 가정에 소홀한 것이 이혼의 사유가 될 수는 없다. 물론 직장과 가정 중 택일해야 하는 상황이라면 그럴 수 있겠지만, 그건 겉으로 드러난 이유일 뿐 분명 다른 이유가 존재할 것이다. 이 금언은 분단된 개별적 존재들을 놓고 고민해야 하는 '선택'의 문제에서는 참(truth)일 수 있다. 그러나 모든 존재들은 어떤 형태로든 서로를 결정짓는 유기적 관계에 있음을 전제할 때는 항상 참은 아니다. 즉 시스템 사고로 바라보면 선택("Either-or")이 아닌 병존("Both") 가능한 방안이 모색될 수 있다.

금언 11 **비난할 대상은 외부에 존재하지 않는다.**
The outside circumstances are not to blame

- 자신의 처지를 불우한 가정 등 주변의 환경 탓으로 돌리는 친구가 있다면 당신은 어떤 충고를 하겠는가?

자신의 처지가 불행하게 느껴진다면 그 원인은 전적으로 자신의 내부에 있다. 역경지수가 아무리 높아도 오히려 그것이 성장의 동력으로 작용한 사람들도 무수히 많다. 환경을 탓한다고 해서 그 환경이 자신에게 유리하게 바뀔 리도 없다. 오히려 스스로 환경을 바꿔 나가려는 자세가 필요하다. 시스템 사고에선 외부란 개념은 없다. 우리는 시스템의 일부이고 시스템은 문제의 원인을 포함하고 있다.

우리는 흔히 어떤 문제나 난관에 봉착했을 때 거의 본능적으로 그 탓을 외부에 돌리곤 한다. 그러나 피터 드러커(Peter F. Drucker)의 지적처럼 쇠퇴하는 조직이나 개인에게서 나타나는 징후 중 하나는 외부(환경) 탓을 하는 현상이라는 점을 유념할 필요가 있다.

2. 사례에서 얻는 교훈

누군가 위기에 직면하게 된다면 용서될 수 있는 것과 용서될 수 없는 것이 있다. 그러나 대부분은 용서될 수 없는 것이다. 왜 용서될 수 없는지 시스템 사고를 통해 위기(危機)에 관한 세 가지 의문에 대한 교훈을 얻으면서 그 이유를 살펴보자.

- 위기는 예고 없이 오는 것인가?
- 위기의 진원은 어디인가?
- 징후에 둔감하기 쉬운 이유는 무엇인가?

1) 사례: 성장의 급락

성장의 급락(Growth stall)

지난 반세기 동안 세계 500개 우량기업의 87%는 "Stall Point"를 수 차례 경험(S&P500 지수 대비 지난 10년간 평균시장수익률 74% 하락)했고, 그때마다 경영진이 교체되었다.

- 미국 기업이사회(Corporate Executive Board CEB),
'성장의 급락(Growth Stall) 현상에 대한 연구(Harvard Business Review, 2008. 3)'

실제로 '리바이스 청바지'로 유명한 '리바이 스트라우스(Levi Strauss)'는 1996년 70억 달러의 매출을 기록하며 사상 최대 실적을 냈으나 이듬해부터 갑작스러운 침체에 빠졌고 결국 2000년 말 매출액이 46억 달러로 줄어들었다. 3M이나 Apple, Daimler-Benz, VOLVO 등 굴지의 기업 대부분은 이와 유사한 성장의 정체를 겪었다.

이면의 원인으로 규제(7%)와 경기 불황(4%), 지정학적 요인(1%), 노동시장의 경직성(1%) 등 외부 환경 때문인 경우는 13%에 불과한 반면 나머지 87%는 혁신 실패나 주력시장의 포기 등 전략적 오류(70%)와 역량 부족 등 조직적 내부요인(17%)으로 드러났다.

이 조사를 수행한 연구진은 다음과 같이 평하고 있다 : "많은 경우 실적이 급상승하다가 갑작스럽게 침체가 나타나기 때문에 경영진

들은 이런 현상을 사전에 예상하거나 대처하지 못했다."

(의문 1) 위기는 예고 없이 오는 것인가?

거안사위(居安思危). '평안할 때 위기에 대비하라.'는 공자의 가르침이다. 위기는 예고 없이 찾아오는 것이 아니라는 것이다. 이 장 첫 페이지에 소개한 바 있는 '하인리히 법칙'이나 피터 드러커가 제시한 쇠퇴의 세 가지 징후(제2장 제3절 창의력 저해요인 참조)도 같은 맥락이다.

하인리히(Heinrich) 법칙 -

"1건의 중대 사건(위기)이 터지기 전에 경미한 사건이 29건 발생하며, 29건의 사건이면에는 300건의 잠재원인들이 반복되어 나타난다."

- 하인리히, '산업안전사고방지(The Industrial Accidents Prevention)'

신호를 감지하지 못할 뿐, 위기는 결코 하루아침에 발생하는 것이 아니다. 위기는 수면 아래서 지속적으로 힘을 축적하다 일시에 수면위로 오른다. 따라서 아직 드러나지 않은 정체의 징후와 이면의 잠재원인들을 미리 파악하고 대책을 세우면 얼마든지 위기를 극복할 수 있다. 위기의 도래를 시스템 사고의 금언과 결부 지어보면 다음과 같다.

- '사태가 악화되기 전에 일시적 개선 상태가 먼저 나타난다 (*Behavior grows better before it gets worse*).'

1996년 70억 달러의 매출을 기록하며 사상 최대 실적을 냈으나 이듬해부터 갑작스러운 침체에 빠진 리바이스(Levis)의 사례가 그에 해당한다. 이러한 원인은 장기적 성장 잠재력을 희생하는 단기적 처방에 매달리는데서 비롯되는 것으로, "소탐대실(小貪大失)"이라는 경구와 맞닿아 있다.

• '원인과 결과는 시간과 공간적으로 서로 가까이에 연결되어 있지 않다(*Cause and effect are not closely related in time and space*).'

사전에 나타나는 많은 징후들과 그 이면의 잠재원인들을 미리 감지하고 대처했다면 사건은 발생하지 않을 것이다. 그러나 잠재원인들은 징후들로부터 시간과 공간적으로 가까이에 있지 않은 경우가 허다하기 때문에 쉽사리 인지하기 어렵다. 소위 '나비효과(Butterfly Effects)'라는 것이 이를 함축적으로 대변하고 있음에 주목할 필요가 있다.

(의문 2) 위기의 진원은 어디인가?

내우외환(內愚外患). 한 마디로 위기는 안으로부터의 안일함과 우둔함에서 비롯된다. 외부로부터의 도전과 역경은 위기를 발화하는 역할을 할 뿐 위기의 근원은 아니다. 성장의 급락을 겪은 원인의 87%는 경영진이 통제할 수 있는 내부 요인으로 드러난 사례가 이를 반증한다. 이를 시스템 사고의 금언과 결부지어 살펴보면 다음과 같다.

• '비난 받을 대상은 외부에 없다(*Circumstances are not to blame*).'

시스템 사고에선 사실상 외부란 개념은 없다. 피드백 대상이 존재할 뿐이다. 시스템의 홀론(Holon)적 특성이 말하듯 우리는 시스템의 일부이고 시스템은 문제의 원인을 포함하고 있다. 바로 다음 의문 3에서도 논의하지만, 외환(外患)은 이상원인에 해당하므로 비교적 쉽게 인지될 수 있다. 문제는 우연원인인 내우(內愚), 즉 안으로부터의 안일함과 우둔함에 있다.

• '자신이 설명할 수 있는 세계만을 본다(*We only see the world we can describe*).'

사람은 현상에 집착할 뿐 그 이면은 잘 보지 못한다. 그렇기에 공자는 일찍이 군자(리더)가 품어야 할 9가지 생각(思) 중 '시사명(視思明)'을 우선으로 꼽고 있다. 무언가 바라볼(視) 때는 제대로(明) 보고 있는가를 생각(思)하면서 보라는 뜻이다. 수면 아래의 잠재원인들은 간과한 채 그로부터 유발되는 현상에만 집착하여 문제를 해결하려는 것이 내우(內愚)의 실체다.

(의문 3) 징후에 둔감한 이유는 무엇인가?

위기의 징후에 둔감한 이유는, 특히 이 사례처럼 잘나가던 기업의 경우, '자기실현적 예언(Self-fulfilling Prophecy)'의 부작용이기도 하다.

• '어제의 처방이 오늘의 질병을 낳는다(*Yesterday's solutions give birth to today's problems*).'

아무리 좋은 처방도 그로부터 발생할 수 있는 부작용(예기치 못한 상황)을 항상 염두에 두어야 한다. 모든 것이 잘 진행되고 있는 상황에서 그 이면에 도사리고 있는 정체(쇠퇴)의 징후와 원인적 요소들을 사전에 발견한다는 것은 말처럼 그리 쉬운 일이 아니기 때문이다. "어떤 성공을 달성케 한 인자들은 성공에 이른 순간부터 실패 요인으로 작용하기 시작한다."는 경고성 표현은 "항상 자신의 인식을 의식하라."고 한 플라톤(Platon)의 말과 상통한다.

• '작은 변화가 큰 차이를 만든다(*Small change can produce big results*).'

'삶은 개구리 증후군(Boiled Frog Syndrome)'이나 '가랑비에 옷 젖는다.'는 속담처럼 작은 변화는 쉽게 체감되지 않는다. 경미한 변화를 그냥 지나치게 되는 이유는 '경미'하기 때문이기도 하지만, 많은 경우 그 이면의 잠재원인, 특히 우연원인들이 시스템 내부에 습관처럼 체화되어 있는 만성적 특성 때문이다. 사례에서 내부 요인이 87%를 차지하고 있다'는 것은 자칫 지나치기 쉬운 우연원인들을 간과하거나 과소평가한 결과이다.

'성장의 급락 사례'에서 얻은 교훈을 시스템 사고의 조건과 결부지어보면 아래의 표와 같다. 통합적 사고, 피드백 사고, 시간적 사고를 복합적으로 구사할 때 돌이킬 수 없는 실패를 예방하고 나아가 성공에 이르는 대응책을 실천에 옮길 수 있다.

사례의 교훈과 시스템 사고의 조건

사례에서 얻은 교훈	시스템 사고의 조건
사람은 설명할 수 있는 세계만 보고자 한다.	물 수위(Water Line)를 낮추어 바라보라.
어제의 처방이 오늘의 질병을 낳는다.	의도하지 않은 결과(Unintended Consequences)를 상정하라.
사태가 악화되기 전에 일시적 개선이 먼저 나타난다.	시간을 다른 각도(Different Look at time)에서 보고 시간지연(time Delays)에 주목하라.
작은 변화가 큰 차이를 만든다.	피드백(Feedback) 속에서의 미세한 변화에 주목하라.
원인과 결과는 시간, 공간적으로 가까이에 있지 않다.	현상을 욕조(Bathtub)와 같이 이해하라.

3. 단선적 사고의 함정

시스템 사고는 날로 복잡해지는 현대사회의 각종 현상을 올바로 바라보고자 하는데서 출발했다. 특히 '$y = f(x)$'와 같이 독립변수(x)와 종속변수(y) 간 인과적 관계($x \rightarrow y$) 단선적으로 바라보는 기존 사고체계의 문제점을 극복하고자 제시된 제3의 사고체계이다.

단선적 사고체계에서는 x를 구성하는 독립변수들(x_1 x_2 …. x_n)은 상호 배타적 관계에 있다는 가정 하에 각 시점에서의 점 추정을 시도한다. 그러나 (x → y → x)와 같은 순환관계가 존재하거나 x를 구성하는 독립변수(x_1 x_2 …. x_n) 사이에 상호 영향을 끼치는 인과적 관계가 존재하는 경우에는 그 실효성을 기대하기 어렵다.

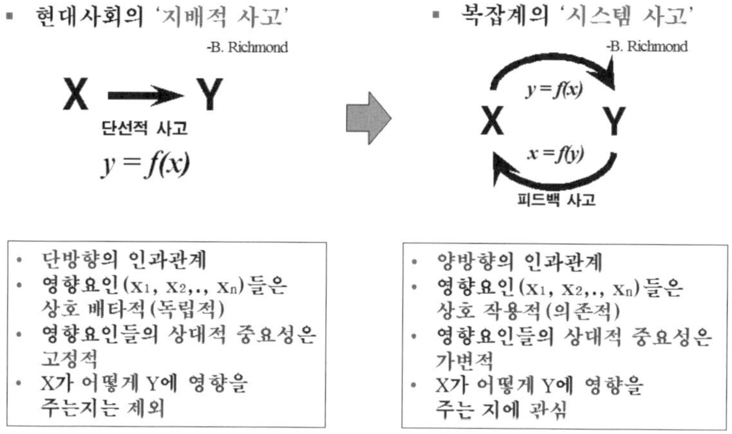

단선적 사고와 피드백 사고의 개념적 비교

1) 단선적 사고의 전형

우리의 일상에서 지배적 사고로 작용하는 단선적 사고의 위험성을 경고하고자 도넬라 메도스(Donella H. Meadows, 1989)가 제시한 예시들을 인용해보자.[25] 그는 일상생활에서 우리에게 착각을 일으키는 단선적 사고를 다음과 같이 17가지로 집약하고 있다.

25) Meadows Donella H.(1989) SYSTEM DYNAMICS MEETS THE PRESS an excerpt from The Global Citizen, Island Press, 1991.

- 하나의 원인이 하나의 결과를 낳는다.
  - 어떤 결과에 여러 원인이 개입되거나 하나 원인이 여러 결과를 유발하지는 않을까?
- 성장은 항상 좋은 것이며 달성 또한 가능하다.
  - 얻는 것이 있으면 그로 인해 반드시 잃는 것도 있을 터인데, 과연 성장으로 잃는 것은 없으며, 성장은 끝없이 가능할까?
- 내 인생의 행로가 바뀐다고 타인의 운명이 바뀌는 것은 아니다.
  - 사람은 누구를 만나느냐에 따라 인생이 바뀐다. 내 인생의 행로가 변해서 만나는 사람이 바뀐다면 그 사람의 행로도 바뀌지 않을까?
- 새로이 유발되는 문제들은 기술로 해결될 수 있다.
  - 해결할 수 있는 기술은 또 다른 비용과 문제를 유발하지는 않을까? 그리고 기술보다 중요한 사회적 요소는 없을까?
- 미래는 예측되는 것이지 선택되거나 창조될 수 없다.
  - 얼마나 정확한 예측이 가능하며, 만약 가능하다면 어떠한 일이 벌어질까? 미래를 만들고 스스로 관리할 수는 없을까?
- 측정되지 않는 문제는 문제가 아니거나 중요하지 않은 문제이다.
  - 숫자로 나타나는 측정은 심리적 안정을 줄 뿐 오히려 윤리, 도덕, 사기 등 비계량적 요소들이 더 크게 작용하지는 않을까?
- 경제성만 충족된다면 더 이상의 정당화는 필요치 않다.
  - 황금만능주의(경제성지배주의)가 오히려 정신적 황폐나 사회 혹은 자연의 붕괴를 가져오지는 않을까?

- 모든 관계는 선형적이며, 시간 지연이 없고, 연속적이다.
  - 얼음 녹는 속도가 과연 선형적일까? 주문이 밀려오는 시점에서 생산 여력을 늘리면 늘어나는 주문을 감당할 수 있을까?
- 모든 결과는 투자한 만큼의 노력과 비용에 비례한다.
  - 열심히 일하는 것과 스마트하게 일하는 것이 과연 같을까? 더 많은 무기를 확보하면 그 만큼 더 안전해질까?
- 개인이 번영하면 사회 전체도 번영한다.
  - 개별 고리를 잘 관리한다고 해서 사슬 전체의 장력이 늘어날까? 부분최적화가 전제 최적화를 가져올까?
- '선택'이란 택일을 말하는 것일 뿐 동시는 있을 수 없다.
  - 두 개 이상을 동시에 택할 수는 없을까? 배타적 관계가 아니라면 선택의 대상들이 상호 보완적일 수는 없을까?
- 소유는 행복과 비례한다.
  - 부자라고해서 모두가 행복할까? 비타민을 많이 먹을수록 건강이 좋아질까?
- 작은 존재는 큰 전체를 변화 시킬 수 없다.
  - '받침과 지렛대만 있으면 지구도 들어 올릴 수 있다'는 말은 망상일까? 꿀벌이 사라지는 현상은 '꿀벌'의 멸종으로만 끝날까?
- 사람은 선하지 않고 욕심으로 채워져 있어 믿을 존재가 못된다.
  - 선하고 믿을 만한 사람은 찾아보기 힘들까? 인간이 태생적으로 가지고 있는 공감과 동정심은 무얼 말할까?
- 인간의 이성과 사유의 능력은 직관보다 우월한 힘을 갖는다.
  - 인간 문명의 발달이 과연 이성으로만 가능할까? 새로운 발견이 논리와 합리적 사유로만 이루어지는 것일까?

- 문제가 없으면 고치려 하지 말라. 현재로도 충분하다.
  - 급변하는 환경 속에서 문제가 없을 수 있을까? 문제가 없다면 그것이 바로 문제 아닐까?
- 우리는 무엇을 하고 있는지 스스로 잘 알고 있다.
  - 무엇을 하고 있는지를 잘 안다면 예기치 못한 상황에 직면하는 경우를 어떻게 설명할 수 있을까?

위 예시들을 통해서 알 수 있듯이 단선적 사고는 원인에서 결과까지의 영향요소들을 한 줄로 나열할 수 있으며, 시간이 변해도 이들의 중요성이 일정하다는 가정에서 출발한다. 만약 우리가 '무엇이 범죄를 유발하는가?'라는 질문을 받는다면, 저학력, 실업, 황금만능주의 등과 같은 것들을 제시할 것이다. 그리고 이러한 요인들의 경중을 따져 가장 중요한 요인부터 나열할 것이다.

그러나 시스템 사고는 이들 각 요소들의 상대적 중요성은 시간에 따라 변화하며, 원인이나 결과를 결정하는 것은 영향을 미치는 각 요소들 사이의 관계라고 본다. 예를 들어 가정불화의 원인을 가족구성원 개개인에서 찾기보다는 구성원간의 관계, 즉 부부간의 관계, 부모와 자식 간의 관계, 자녀 간의 관계에서 찾는다.

2) 단선적 사고의 한계

우리는 주변에서 일어나는 사건들을 지나치게 단순한 인과관계로 단정 지으려는 경향이 있다. 가령 "내가 결혼생활에 실패한건 남편이 일 중독자였기 때문이야."처럼 우리는 'A 때문에 B이다'라는 단선적 사고로 현실의 문제를 받아들인다. 그러나 이런 단선적 사고는 현실에 숨어 있는 복잡한 여러 인과관계를 거의 드러내지 못한다. A는 B에 영향을 미치지만, B는 동시에 A에 그리고 X, Y, Z에도 영향을 미친다. 남편의 일중독 때문에 결혼에 실패했을까? 그렇다면 일 중독자를 둔 부인들은 거의 모두 이혼해야 맞다. 그런데 현실은 그렇지 않다는 것은 이혼한 부부의 경우 남편과의 관계에 다른 요인이 내재해 있음을 의미한다.

리치먼드(B. Richmond)는 현대사회를 지배하는 이같은 단선적 사고의 기본 가정을 다음과 같이 지적하고 있다. 첫째, 인과관계가 단방향이다. 둘째, 요인(독립변수)들이 서로 독립적이다. 셋째, 요인 간 상대적 중요성은 고정되어 있다. 넷째, 요인들의 관계가 어떻게 종속변수에 영향을 주는지는 중요하지 않다.

그러나 이런 가정은 현실적이지 못하다. 인과관계는 단방향이 아닌 쌍방향이며, 독립변수들은 상호 독립적이 아니라 의존적이다. 요인 간 상대적 중요성도 고정적이라기보다는 시간의 흐름에 따라 변화한다. 문제의 해결을 위해서는 원인을 찾아내는 것뿐만 아니라 그 원인들이 어떻게 작용해서 문제를 야기했는지에 대한 이해도 필요하다. 단선적 사고로는 합리적이고 문제가 없어 보여도 시스템 사고로는 문제가 드러나는 경우를 몇 가지 살펴보기로 하자.

예시 1 성과는 노력한 만큼 나타난다.

이 사고모델을 인과지도로 나타내면 아래와 같다. 대부분의 사람

들은 '성과가 노력에 비례한다.'는 믿음을 가지고 있지만 현실은 그렇지 않다. 이러한 단선적 사고로는 다음과 같은 질문에 답할 수 없다.

- 노력을 추동하는 힘은 무엇일까?
- 좌절하거나 포기하는 상황은 왜 발생할까?
- 열심히 노력했지만 성과는커녕 위기로 내몰리는 이유가 무얼까?

노력하게 만드는 동력은 무엇일까? 이에 답하기 위해 단선적 사고를 피드백 사고로 바꿔보면 아래와 같다. 노력은 설정된 목표와 현재 성과의 차이(gap)에서 비롯된다. 현재의 성과가 목표에 미달하면 그 만큼 도전 의지가 생기고 이를 만회하고자 노력하게 된다. 결국 뚜렷한 목표가 전제되어야 노력이 따를 수 있음을 알 수 있다.

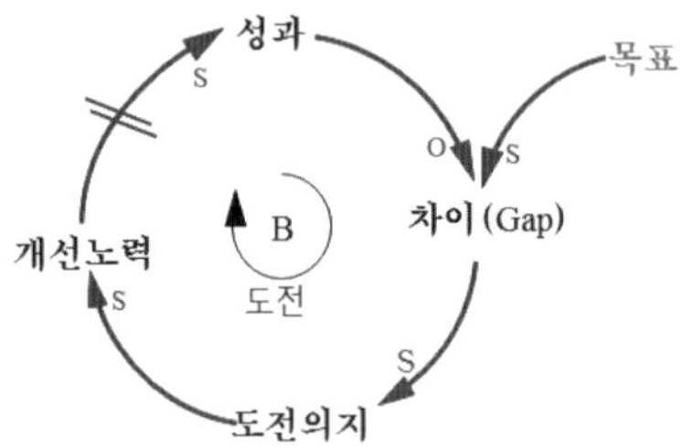

그렇다면 좌절하거나 포기하는 상황은 왜 발생할까? 목표 대비 성과의 차이가 클수록 도전의지가 강화되는 것은 아니다. 사실 위 인과지도에서 '차이'와 '도전의지' 사이의 인과관계(차이 → 도전)의 극성은 이중성을 갖기 때문에 이 인과지도는 불완전한 것이다. '차이'에 따라 '도전'이 있을 수도 있지만 차이가 워낙 크다고 느껴진다면 '좌절'할 수도 있기 때문이다. 옆의 인과지도에서 루프 B는 노력을 경주하는 도전을 반영한 것이요, 루프 R은 좌절과 포기를 반영한 것이다.

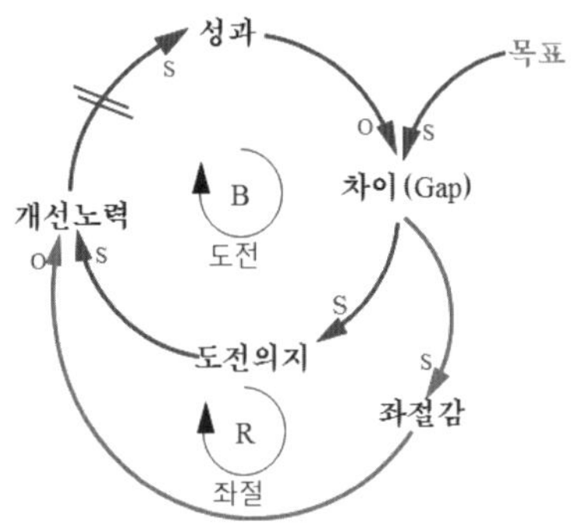

이제 열심히 노력해도 성과는커녕 위기로 내몰리는 이유를 추가해보자. '성과'는 노력에 의해서만 결정되는 것은 아니다. 제2장 제2절(1. 성과의 근원)에서 논의했듯이 성과는 일차적으로 '선택'에 의해 좌우된다. 선택이 얼마나 유효적절한 것인가에 따라 같은 노력이라도 성과는 달라 질수 있다. 나아가 선택은 시간 위에서 새로운 변화를 야기한다. 이를 반영한 인과지도는 아래와 같다.

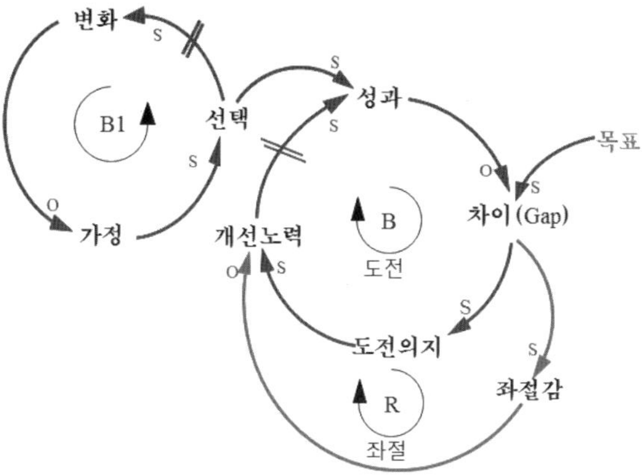

시스템 사고로 본 성과의 작동구조

예시 2 좋은 습관이 성과를 낳는다.

'성공하는 사람들의 7가지 습관(원제: The 7 Habits of Highly Effective People)'이란 책이 있다. 책 내용은 차치하고 그 논조는 결국 '좋은 습관이 성과를 낳는다.'는 것이다(습관 → 성과). 이 사고모델을 인과지도로 나타내면 아래와 같다.

습관 $\xrightarrow{s}$ **성과** 과연 그럴까? 나는 이 책을 접하는 순간 '습관이 성과를 결정한다면, 습관은 무엇이 결정하는가'에 대한 의문이 들었다. 아무리 이 책을 열심히 읽어 어떤 습관이 성과를 낳는 지 완벽하게 안다고 해서 그 습관을 들일 수 있는 것은 아니기 때문이다. 이 책이 유의미한 가치를 가지려면 '수면 아래 숨어있는 요소'들을 찾아 그들 사이의 관계까지 음미해야만 한다.

습관은 책을 읽어서 생기는 것이 아니다. 실천적 행동(行)을 통해서만 가능하다. 나아가 행동은 생각(思)이 낳고, 생각은 제1장 제1절(1. 사고의 근원)에서 논의했듯이 마음(心)에서 출발한다. 마음은 생각(思)을 낳고 생각은 행동(行)을 낳으며, 행동이 습관(習)을 낳는다. 이렇듯 수면아래 요인들의 인과적 관계를 보면 성과(果)를 내는 좋은 습관은 결국 올바른 마음(心)가짐 없이는 불가능하다는 것을 알 수 있다. 이러한 인과적 연속성을 도식으로 나타내면 아래 그림과 같다.

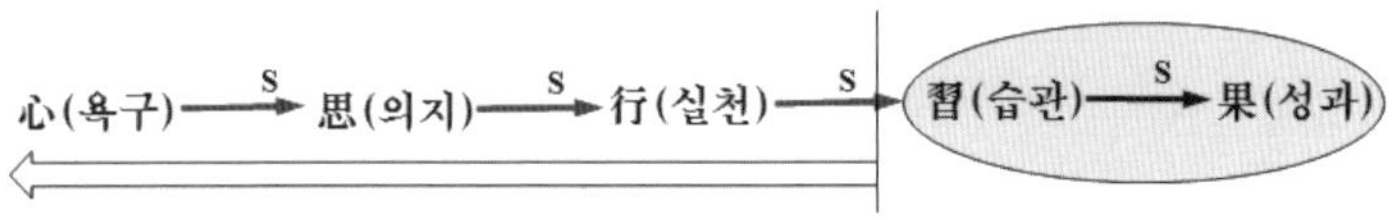

마음(心)과 성과(果)의 인과관계(단선적 모델)

그렇다면 성과는 그대로 끝나고 마는 것일까? 그렇지 않다. 성과(果)는 다시금 마음(心)에 영향을 준다. 따라서 단선적 사고를 아래 인과지도와 같이 피드백 사고로 전환할 필요가 있다. 그리되면 성과(果)의 근원인 마음(心)을 어떻게 강화시킬 수 있는지 보인다.

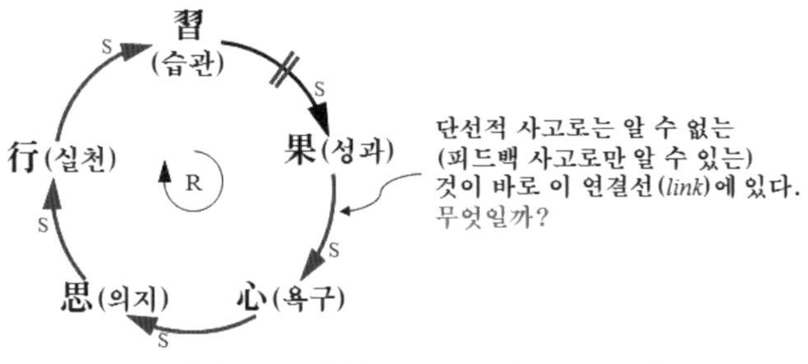

마음(心)과 성과(果)의 인과관계(피드백 모델)

그 성과가 기대 이상이면 이는 자신의 마음을 강화시켜 선순환의 고리를 형성할 것이고, 그 반대의 경우에는 마음이 약화되어 악순환의 고리를 형성하게 될 것이다. '작은 결과에도 크게 칭찬하라.'는 교훈은 바로 이런 연유로 설명할 수도 있다.

예시 3 민원인 주차 불편은 주차장 증설로 해결될 수 있다.

이 사고모델을 인과지도로 나타내면 아래와 같다. 주차장 증설로 민원인의 주차 불편을 해소하겠다는 논리의 정당성을 좀 더 명확히 하게 위해 이 단선적 모델을 피드백 모델로 바꿔보자. 주차장을 증설하게 되면 주차 수용 여력이 그 만큼 더 확보되어 주차 불편이 해소되고, 그리되면 민원인의 불만은 해소될 것이다. 이를 인과지도로 나타내면 다음과 같다. 여기서 유념할 것은 '주차장 수용 여력'이란 변수를 추가해도 '주차장 증설'과 '주차 불편' 사이의 인과적 극성은 변화가 없다는 점이다. 제1장 제3절(2. 인과지도 작성 규칙)에서 보았듯이 최초 원인과 최종 결과 사이의 인과적 내용을 구체화하기 위해 변수를 추가해도 전체 극성이 변해서는 안 된다. 이 루프(B_1)만 봐서는 주차장 증설이란 결정에 전혀 문제가 없어 보인다.

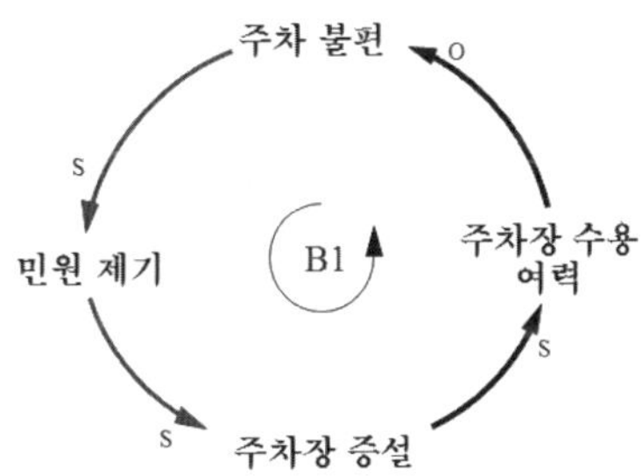

그러나 중장기적으로는 이것만이 해결책이 될 수는 없다. 아래 인과지도에서 보는 바와 같기 오히려 경우에 따라서는 문제의 증상이 더욱 악화되거나 다른 문제를 야기할 수도 있다. 시내 유입차량을 억제하는 처방을 함께 쓰지 않는다면 주차장 증설효과는 한시적일 수밖에 없음을 이 인과지도로 알 수 있다.

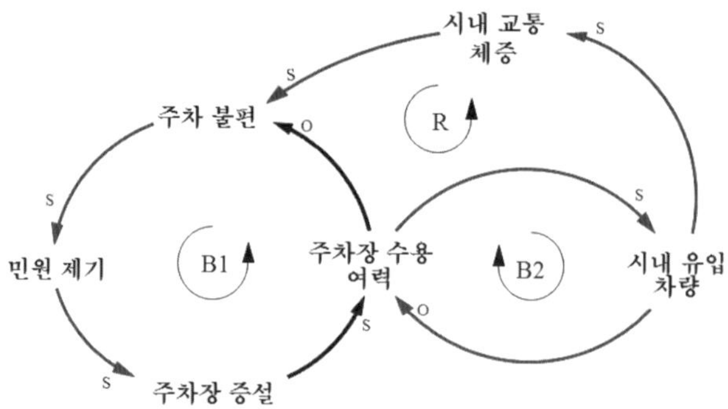

주차난 해소의 대증처방(피드백 모델)

예시 4 제품의 품질, 기능, 가격은 기업성장에 결정적이다.

매출(종속변수)을 기업 성장의 대표지표로 간주할 때, 가격과 품질, 제품의 기능 등은 매출에 영향을 끼치는 중요한 요인(독립변수)임에 틀림이 없다. 따라서 아래 그림의 단선적 모델은 전혀 문제가 없어 보인다. 그러나 시스템 사고의 관점에서 보면 이러한 단선적 모델은 몇 가지 중대한 문제점을 내포하고 있음을 알 수가 있다.

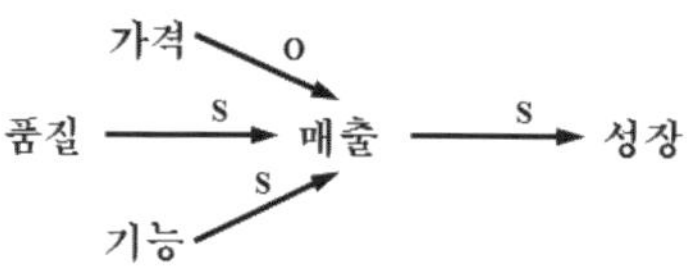

첫째, 이러한 독립변인들이 성장의 지속성을 담보할 수 있을까? 성장은 반드시 자원을 소비한다. 즉 성장과 함께 자원은 지속적으로 고갈된다. 아래 인과지도에서처럼 자원을 생산능력으로 가정할 때 매출이 일정 규모를 넘어서면 생산능력의 한계증상이 나타나며, 결과적으로 생산 차질은 성장을 견인했던 가격, 품질, 기능의 제약요인으로 작용하게 된다. 따라서 매출 증가가 시작되면 동시에 고갈되는 생산능력의 한계에 대비하는 타이밍이 중요하다. 그러지 않으면 성장은 시간 경과 후 오히려 기업을 위기로 몰아간다. 앞서 사례에서 본 '성장의 급락'도 이것으로 설명될 수 있다.

둘째, 독립변인들이 서로 배타적일까? 계량적으로 성장을 예측할 때 가격, 품질, 기능을 회귀식의 독립변수로 설정하고 이들 간 공선성(Collinearity)이 없음을 전제로 한다. 그러나 아래 인과지도를 보면 가격, 품질, 기능은 간접적으로 피드백 관계에 있다. 또한 시간 위에서 볼 때, 단위시간 당 피드백 영향도는 상당히 가변적일 수 있음을 알 수 있다. 그러나 계량모델에서 독립변수의 가중치(계수)를 고정적인 것으로 간주하는 것 자체가 비현실적이다.

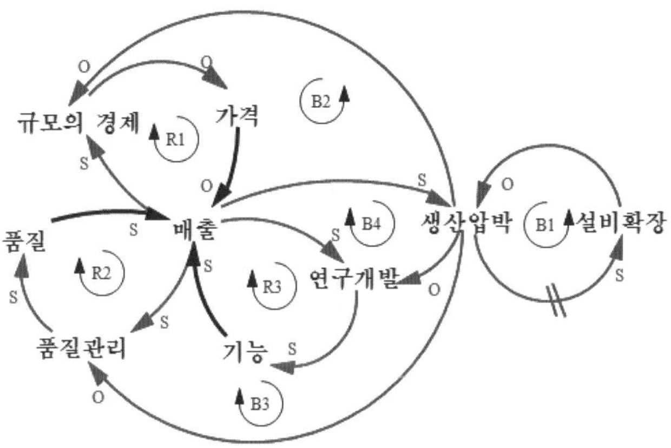

기업 성장과 한계의 시스템 사고 예시

예시 5 교사, 부모, 성취욕, 교실환경은 학업성과의 결정요인이다.

아래 그림에 보인 바와 같이 학업성과는 교사의 자질, 학생의 성취욕구, 부모의 관심, 교실환경 등에 좌우된다는 단선적 논리는 전혀 문제가 없어 보인다. 그러나 시스템 사고의 관점에서 보면 이 역시 예시 4와 비슷한

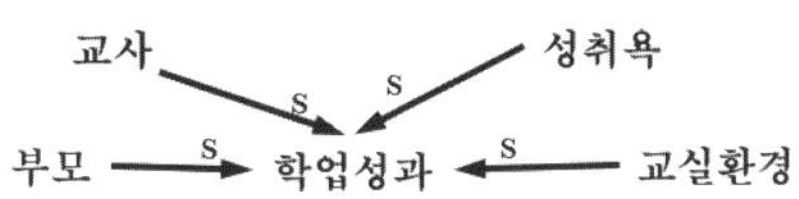

문제를 안고 있으므로 반복된 논의는 않는다. 다만, 아래 인과지도에서 독립변인들은 서로 배타적이지 않으며 독립변수들의 가중치(계수)가 고정적일 수 없다는 점에 주목해야 한다.

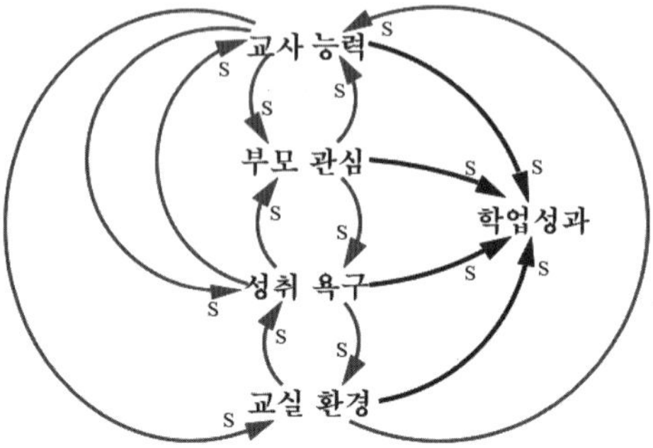

학업성과와 복수 독립변인 간 피드백 모델

제2절 시스템 사고의 조건

이 절에서는 앞서 살펴본 시스템의 특성과 시스템 사고의 금언들이 시사하는 내용에 기초하여 시스템적으로 사고하는 방식을 여섯 가지 조건으로 추출한 후 각 조건의 구체적 내용을 살핀다.

낙타의 허리는 마지막 얹은 콩알 하나에 부러진다.
- 아라비아 속담

기본적으로 어떤 사항들을 준수해야 시스템 사고를 할 수 있는지 살펴보자. 시스템 사고는 기본적으로 겉으로 드러난 행태나 패턴을 중시하기보다는 그 이면에서 이러한 현상을 유발하는 구조를 파악하는데 그 초점이 맞춰져 있다. 그 연장선에서 볼 때 시스템 사고를 위한 조건은 아래와 같이 여섯 가지로 집약된다.

- 목표를 정의하라(Clarify the Target).
- 수면 아래를 보라(Lower the Water Line).
- 의도하지 않은 경우를 상정하라(Ferret out Unintended Consequences).
- 시스템을 욕조처럼 생각하라(Think Like a Bathtub).
- 시간을 다른 각도로 보라(Take a Different Look at Time).
- 지연에 주목하라(Pay Attention to the Time Delays).

이들 조건을 통합적 사고, 피드백 사고, 시간적 사고 등 시스템 사고의 세 가지 요소에 맞춰 재분류하면 아래 그림과 같다. 물론 이들 여서가지 조건이 시스템 사고의 요소별로 확연히 구분되는 것은 아니지만, 논의의 편의를 위해 재분류한 것이다.

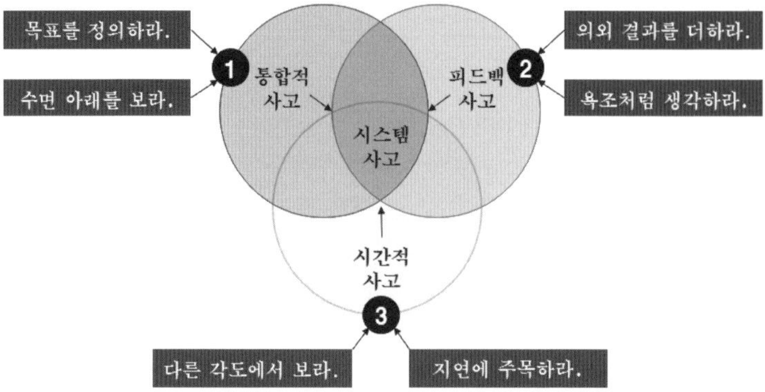

시스템 사고의 실천 조건

1. 통합적 사고

통합적 사고의 핵심은 시스템의 특성을 반영하는 주요 변수(요소)들을 빠뜨리지 않고 모두 반영하고자 함이다. 이를 위해 반드시 필요한 조건은 목표의 명확한 정의와 수면 아래를 들여다보듯 감춰진 변수들을 찾아내는 것이다.

1) 목표를 정의하라.

시스템 사고의 출발점은 대상 시스템의 목표를 명확히 설정하는 것이다. 그 이유는 첫째, 제1장 제2절(1. 시스템의 이해)에서 논의한 바와 같이 시스템은 '목표 지향적'이기 때문이다. 또한 관조 대상으로서의 시스템은 어떻게 바라보느냐에 따라 그 존재의 성격과 목적을 달리할 수 있다는 '상보성의 원리' 때문이기도 하다.

둘째, 목표가 모호하면 시스템의 범주를 명확하게 설정할 수 없으며, 시스템의 범주가 명확치 않으면 나머지 조건에 아무리 충실해도 올바른 사고를 할 수 없다. 특히 시스템 범주가 불분명하면 그 속에 내재해 있는 우연원인들의 상호작용 구조를 파악하기 어려운 문제도 있지만, 시스템 외부에서 작용하는 이상원인(외생적 원인)과 시스템의 우연원인(내생적 원인)간 상호작용이 낳는 결과도 파악할 수 없다.[26)]

셋째, 시스템의 목표가 명확히 설정되어야만 과거 데이터에 기초한 객관적 분석이 가능하며 시간상에서 사건의 변화 패턴을 도출해 낼 수 있다. 나아가 사건의 변화 패턴은 이면의 작동구조를 읽어내는데 매우 중요한 단서가 된다.

2) 수면 아래를 보라.

시스템을 바라볼 때는 아래 그림처럼 바다에 떠 있는 빙산처럼 바라봐야 한다. 흔히 인용되는 '빙산의 일각'이란 말은 관조하는 대상의 실체는 10%만이 수면 위로 드러나 있고 나머지 90%는 수면아래 가려 보이지 않음을 의미한다. 플라톤의 표현을 빌린다면 수면위에 드러나 있는 빙산의 10%는 우리가 쉽사리 인지할 수 있는 '빛의 세계'요, 수면아래 가려 있는 90%는 '어둠의 세계'이다. 눈에 보이는 것만이 전부인 것으로 판단하고 행동한다면 그 결과는 너무나도 자명한 것이다.

겉으로 드러난 '빙산의 일각'을 사건(event)이라 한다면, 그 사건을 유발하는 일차적 원인은 '하인리히 법칙'에서와 같이 일정기간 동안 연이어 발생한 과거의 경미한 징후들이다. 이들 징후는 관련된 과거 데이터(historical data)를 분석해보면 모종의 변화 유형(pattern)을 찾을 수 있다. 그러나 보다 근본적 원인은 행태의 변화를 낳는 이

26) 물론 시스템 범주를 어떻게 설정하느냐에 따라 이상원인도 우연원인으로 분류할 수 있겠지만, 이를 구분할 수 있는 한 가지 중요한 기준은 통제가능 여부이다. 통제(조절)가 가능하다면 우연원인이요 그렇지 못하면 이상원인이 된다.

면의 잠재원인들이 상호작용하는 메커니즘, 즉 대상 시스템의 구조(structure)에 있다.[27)]

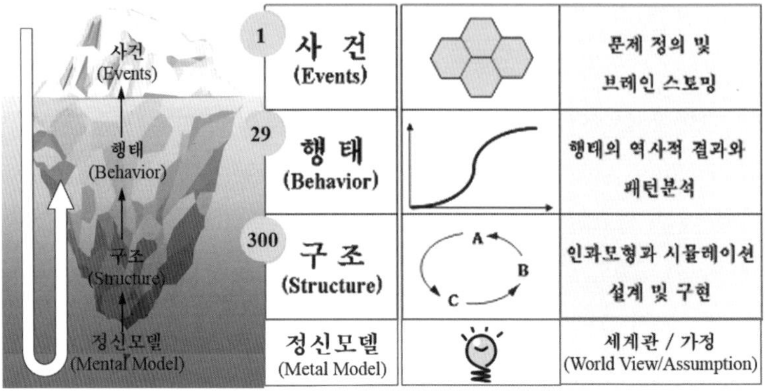

현시의 세계와 사고의 세계

결국 시스템 사고의 핵심은 '구조가 행태를 유발한다.'는 전제 하에 사건 그 자체보다 시간 위에서 전개되는 징후들의 변화 패턴을 유발하는 구조를 알아내고자 함에 있다. 역설적으로 시스템의 구조를 알면 행태의 변화 패턴을 알 수 있다는 것이 시스템 사고의 세계관이다.

이제 아래 박스 안의 사진을 예시로 삼아 관조 대상 시스템에 대한 이해의 수준(Level of Understanding)이 어떻게 확대될 수 있는지 살펴보기로 하자.

27) 관조 대상 시스템의 구조(structure)를 도식적으로 표현(외부화)하는 수단으로 '인과지도(CLD: Causal Loop Diagram)'를 사용하게 되는데, 이에 관한 작성법과 주요사항은 제1장 제3절을 참조하기 바란다.

▶ **우연원인과 이상원인**

아래 사진에서 사건 발생의 잠재원인을 우연원인(Accidental Cause)과 이상원인(Abnormal Cause)으로 구분하여 도출해보라.

- **사건(Event)**: 어느 사람이 승용차를 몰고 가던 중 길 옆에서 바다를 바라보고 있는 여인의 자태에 정신이 팔려 바다로부터 차도를 보호하는 안전레일에 차를 처박고 사망하는 대형 사고를 내고 말았다.
- **행태(Behavior)**: 경찰의 부검결과 그는 체내 알코올 농도 0.08%로 음주과다 상태였다. 과거의 전력 조회결과 그는 경미한 접촉사고를 수차례 냈으며, 동료들을 대상으로 한 탐문결과 그는 평소 업무 스트레스에 시달릴 때마다 술을 통해 해소하곤 하는 습성을 가지고 있었다. 관할 경찰청에 따르면 교통사고의 대부분은 운자자의 부주의로 발생하며 음주운전, 주행 중 전화통화 등이 주요 원인인 것으로 밝혀졌다.
- **구조(Structure)**: 사건이 터지기 전에 나타난 징후들의 이면에서 작용한 잠재원인 요소를 우연원인(내재원인)과 이상원인(돌발원인)으로 구분해서 정리하면 다음과 같다.

- 우연(내재)원인: 스트레스, 스트레스 해소 습관(술에 의존)
- 이상(돌발)원인: 여성의 미모

• **세계관(World View)**: 유사한 사건의 재발 방지를 위해 근본 처방을 찾기 위해서는 문제를 바라보는 정신세계(혹은 정신모델)가 새로이 정제 또는 확장되어야 한다.

2. 피드백 사고

일차적으로 변수들이 식별, 도출되었으므로 인과지도를 활용하여 이들 변수(요인) 간 인과관계를 표현해보자. 이 단계에서 유념 할 사항을 정리하면 아래와 같다.

• 시스템 사고는 요인 간 피드백에 주목한다.
• 피드백 루프의 극성(양, 음)이 행태의 차이를 낳는다.
• 피드백에 의한 성과(효과)와 대가(비용)로 구분하여 분기한다.

단선적 사고로는 이상(돌발)원인인 '여성의 미모'가 '충돌사고'의 원인(여성의 미모 → 충돌사고)인 것처럼 보인다. 과연 그럴까? 만약 충돌사고의 원인이 여성의 미모라면 지나가던 모든 차들이 다 같은 사고를 당했어야 맞다. 유독 이 운전자만 사고를 당한 이유는 그 사람에게 내재해 있는 우연원인, 즉 '스트레스', 술로 스트레스를 해소하는 습관에 의한 것이다.

이에 기초하여 잠재원인 간 상호작동 메커니즘(즉, 관조 대상의 시스템 구조)을 인과지도로 대략 그려보면 아래 그림과 같다.[28)]

---

28) 이미 제1장 제3절에서 인과지도 작성법을 보았듯이 인과지도에서 화살표에 표시된 극성 's'는 변수 간 변화가 같은 방향(Same direction)임을 의미하며, 'o'는 변수 간 변화가 반대 방향(Opposite direction)을 의미한다.

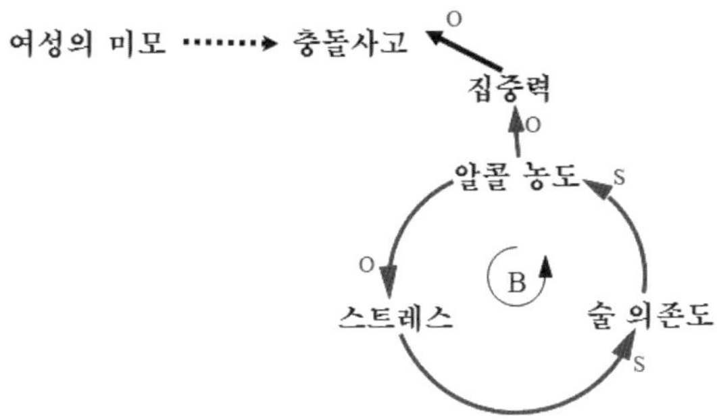

교통사고 사례의 피드백 사고 모델

1) 의도하지 않은 경우를 상정하라.

'얻는 것이 있으면 반드시 잃는 것도 있다.'는 경구가 말하듯 어떤 선택으로부터 기대되는 긍정적 결과 이면에는 반드시 그에 수반되는 부정적 결과가 따르기 마련이다. 그러나 단기적으로 효과를 볼 수 있는 처방에 몰입되어, 그 처방으로 인해 해악으로 되돌아오는 경우를 간과하기 쉽다. 이러한 이유 때문에 인과지도를 작성할 때 반드시 유념해야 할 사항은 의도한 것(얻고자 하는 것)과 그로 인한 대가(잃게 되는 것)로 분기해야 한다는 점이다. 물론 이 역시 통합적 사고의 일환으로 볼 수 있으나, 굳이 피드백 사고의 조건에 포함한 이유는 의도하지 않은 경우는 거의 모두 다시금 환류(feedback)되어 시스템의 상태를 악화시키기 때문이다.

앞서 제시한 교통사고 사례의 인과지도에서 의도하지 않은 상황을 추가해보자. 이 사건의 주인공은 균형루프 B와 같이 평소 스트레스를 풀기위해 술을 마셨고 술은 스트레스 해소에 효과가 있었다. 그러나 그로부터 예기치 못한 일차적 상황은 무엇일까? 그것은 아래 인과지도의 점선으로 표시된 강화루프 R_1이다. 단기적으로 술은 스트레스 해소에 긍정적인 영향을 끼치지만 그로 인한 체내 알코올은 집중력을 떨어뜨려 업무성과의 저하로 이어지게 되고 이는 다시금 스트레스를 증가시키는 원인이 된다.

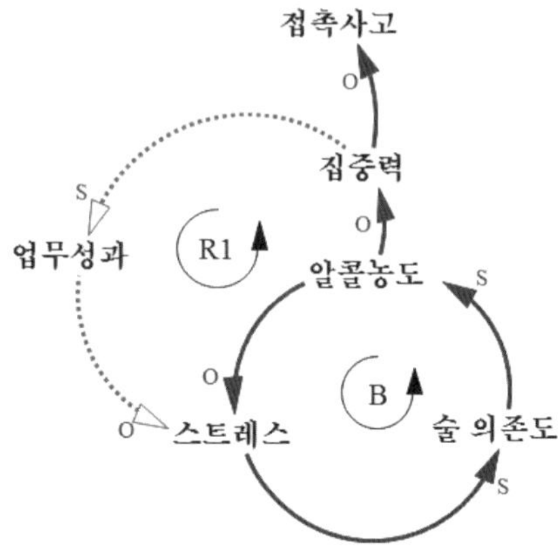

교통사고 사례 피드백 사고 확장
(1차 의도치 않은 상황 반영)

2) 욕조(Bathtub)처럼 생각하라.

아래 제시된 그림처럼 시스템은 예외 없이 'Input-Process-Output' 구조를 갖는다. 이 구조를 욕조처럼 생각하면 이해하기 쉽다. 가령 욕조에 적정 수준의 물을 채워두려면 수도꼭지와 하수구에서의 유입량과 유출량을 조절하면 가능하다. 마치 인구의 적정수준을 유지하거나 일정 시점까지 희망수준에 이르도록 하려면 출산과 사망을 조절할 수 있는 정책을 강구하는 것과 마찬가지이다. 모든 사회적 시스템은 이와 같다고 이해해도 무방하다. 결국 사회적으로 나타나는 현

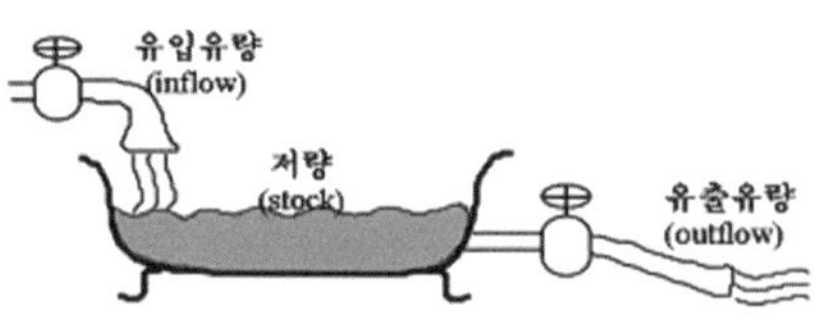

상(Process)은 욕조의 물에 해당하며, 그 현상을 바람직한 수준으로 조절, 통제하려면 수도꼭지(Input)와

하수구(Output)를 조절하면 된다.

이제 교통사고 예시로 다시 돌아가 인과지도로 작성된 시스템을 욕조에 대응해보자. 욕조의 물처럼 관리의 대상은 바로 '스트레스'라는 변수이다. 스트레스 수준에 영향을 끼치는 것은 '업무성과'와 '술 의존도'로 전자는 수도꼭지, 후자는 하수구에 각각 해당된다. 업무로 인해 스트레스가 증가하면 술을 마셔서 이를 해소하기 때문이다.

그러나 하수구에 해당하는 '술로 풀기'는 피드백 사고로 볼 때 업무성과를 떨어뜨려 스트레스를 다시금 증가시키므로 적절한 조절정책이 아님을 알 수 있다. 따라서 술로 인한 스트레스의 악순환을 차단하려면 계몽과 단속을 강화하는 한편, 보다 근본적으로는 운동 등 건전한 여가활용 방안을 찾도록 하는 것이 문제의 근본적 해결책일 것이다. 결국 '술 의존'이라는 하수구를 '단속'과 '운동'이라는 하수구로 대체할 필요가 있는 것이다.

'시스템을 욕조로 간주'하는 또 다른 중요한 이유는, 이 책에서는 논의하지 않지만, 시스템 시뮬레이션의 시발점이 되기 때문이다. 제1장 제3절(3. 인과지도의 용도)에서 잠간 언급했듯이, 인과지도는 시뮬레이션 시행의 개념모델 역할을 한다. 시뮬레이션을 위해서는 이 개념모델이 '저량-유량 모델(SFD: Stock-Flow Diagram)'로 전환되어야 하는데, '시스템을 욕조로 간주'하면 개념모델을 시행모델로 바꾸기 용이하다.

인과지도에서는 시스댐 행태의 저변에서 작동하는 구성요소 간 관계 구조를 설명하면서도 구성요소의 역할과 특성 등 유형을 구분하지는 않았다. 그러나 시스템을 욕조와 같이 생각하게 되면 아래 표와 같이 시스템 행태의 원인적 요소들의 역할 및 특성이 명확하게 구분된다.

시스템 구성요소의 역할 구분

일반적 차원	정책적 차원	기술적 차원
• 욕조의 물 (저량: Stock)	• 결과변수 (Stock Variable)	• 수준 혹은 저량 변수 (Level Variable 혹은 Stock Variable)
• 수도꼭지 (유입유량: Inflow) • 하수구 (유출유량: Outflow)	• 정책 혹은 조절 변수 (Policy Variable 혹은 Control Variable)	• 변화율 혹은 유량 변수 (Rate Variable 혹은 Flow Variable)

'저량-유량 모델(SFD: Stock-Flow Diagram)'에서는 욕조의 물을 저량변수(stock variable)' 혹은 '수준변수(level variable)'라 하며, 수도꼭지와 하수구에서 조절되는 단위시간 당 유량은 '유량변수(flow variable)', 혹은 '변화율변수(rate variable)'라고 한다. 특히 유입유량(inflow)과 유출유량(outflow)의 차이로 저량(stock)의 변화가 결정되기 때문에 '유량변수(flow variable)'를 '조절변수(control variable)' 또는 '정책변수(policy variable)'라 부른다.

3. 시간적 사고

시스템 사고의 한축을 이루고 있는 '시간적 사고'란 모든 것을 시간 위에서 생각하고자 하는 것으로, 시간지연에 주목하는 한편 시간을 여러 각도에서 바라보고자 함이다.

1) 시간 지연에 주목하라.

어떤 시스템이던 정도의 차이는 있지만 원인(투입)에서 결과(산출)에 이르기까지 반드시 시간지연(delays)이 발생한다. 이러한 지연은 물질지연(Material Delays)과 정보지연(Information Delays)으로 대별된다.[29] 물질지연이란 물적 변환이나 공간적 이동에 따른 지연을 말하는 것으로 '전달지연(Delivery Delay)'라고도 한다. 한편 정보지연이란 상황을 인지, 해석, 판단하여 정책을 수립하거나 의사결정을 내리기까지 제반 정보활동에 소요되는 지연을 말하며 '인지지연(Perception Delay)'라고도 한다.

교통사고 예시로 다시 돌아가 시간지연 요소를 반영하여 앞서 작성된 인과지도를 추가로 확장해보자. 아래 인과지도와 같이 잦은 '접촉사고'는 만성적으로 스트레스를 고조시킨다. 점선으로 표시된 강화루프 R_2와 같이 체내 알코올 농도로 인한 집중력 저하로 경미한 교통사고에 자주 직면하게 되고 이는 다시금 스트레스를 증가시키는 요인이 된다. 이런 악순환의 고리가 술 마시는 습관을 더욱 강화시키는 결과를 낳는다. 결국 이 사람의 경우 스트레스는 업무 압박, 술에 의존하는 습관뿐만 아니라 접촉사고까지 더하고 있음을 알 수가 있다.

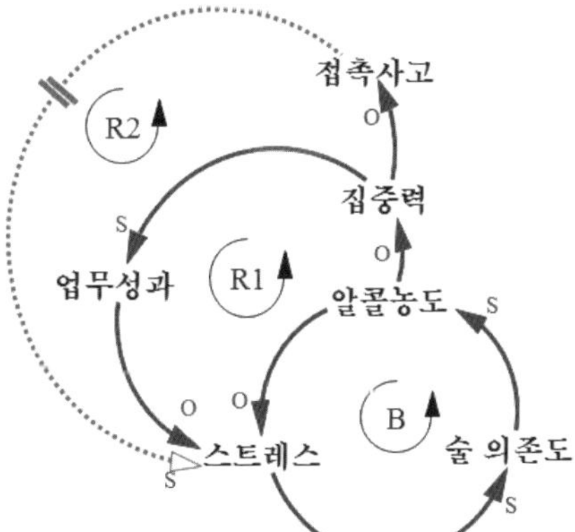

교통사고 사례 피드백 사고 확장(2차 의도치 않은 상황 반영)

---

29) 시간지연은 시스템의 행태가 파동과 같은 동태적 특성을 갖게 되는 근원적 요소로 시스템 다이내믹스에서 가장 중요한 개념 중의 하나이다.

어떤 시스템 내에서 발생하는 이러한 시간지연은 두 가지 측면에서 중요한 시사점을 던진다. 첫째, 앞서 시스템 사고의 두 번째("의도하지 않은 결과를 상정하라.") 조건에서도 언급한 바와 같이 눈앞의 이득은 쉽사리 보이지만 그로부터 돌아오는 더 큰 해악은 시간지연이 개입되기 때문에 이를 간과 한 채 단기적 이익을 선택하는 의사결정의 오류를 초래할 수 있다. 둘째, 시간지연은 시스템의 행태에 파동을 조장하여 동태성을 유발하게 된다. 이로부터 우리가 유추할 수 있는 것은 시스템 내에 지연 발생점인 처리(Process)단계가 많이 개입되어 있을수록 그 시스템의 행태는 더욱 불안정한 동태적 변화를 나타내게 된다는 점이다.

2) 시간을 다른 각도에서 바라보라.

시간을 다른 각도에서 보라는 의미는 두 가지를 내포하고 있다. 첫째는 동일한 단위시간이라도 그 영향력은 뒤로 갈수록 증폭된다는 것이다. 이는 어떤 선택에 대한 단기의 성과(효과)와 장기의 성과(효과)는 다른 것임을 유념하라는 의미기도하다. 단기적으로는 성과가 있지만, 오히려 그 선택지가 장기적으론 훨씬 큰 대가(비용)으로 되돌아오는 결과를 초래하는 경우가 너무 흔하게 발생하기 때문이다. '소탐대실(小貪大失)'이란 경구가 이를 단적으로 반증한다. 결국 시스템 사고로 보면 시간은 단순히 수치적으로 길고 짧음이 아니라 '우회축적의 힘(시간위에서 축적된 힘)'에 의해 돌아오는 파장은 전혀 차원이 다른 결과를 초래할 수 있다.

예시로 보인 교통사고 사망자의 경우 초기에는 술을 마셔서 얻는 '스트레스 해소'라는 효과에 비해 술로 인한 부작용은 그리 크지 않았을 것이다. 그러다보니 아래 인과지도 루프 B(술에 의한 스트레스 감소)처럼 스트레스를 받을 때마다 술을 마시곤 했을 것이다. 그러나 시간이 경과 할수록 술로 인한 부작용은 집중력 저하로 인한 '업무성과 부진'(R_1)과 '잦은 접촉사고'(R_2)로 이어지면서 이들 모두가 '스트레스 증폭'이라는 문제를 초래하게 된다. 시스템 행태를 결정짓는 지배루프(R_1, R_2)가 '스트레스 증대'라는 강화루프라는 사실은 술로 스트레스를 해소하는 균형루프(B)가 시간이 흐를수록 오히려 스트레스를 증대시키는 강화루프를 활성시킴으로써 그로 인한 부작용이 전체 시스템을 악화시키고 있음을 알 수 있다.

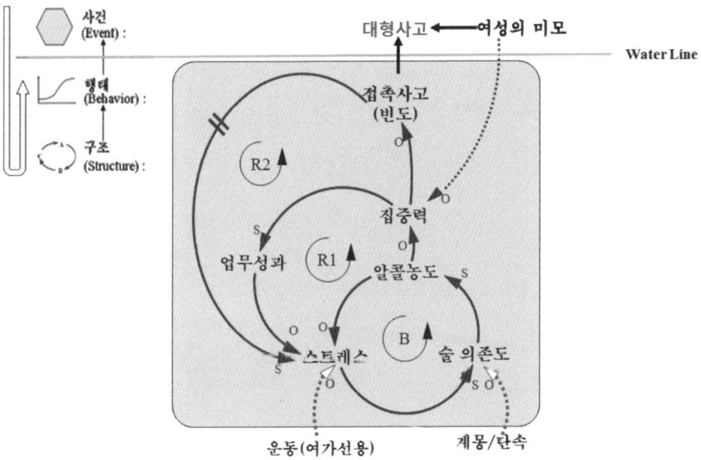

관조 대상 시스템(교통사고)에 대한 이해수준의 확장

둘째는 시스템 내에 존재하는 피드백 루프의 극성에 따라 시간 위에서의 단위시간당 영향력은 상당한 차이를 보인다는 것이다. 강화루프가 지배적으로 작용하는 경우 임계점에 이르기까지는 시스템의 행태 변화가 두드러지게 나타나지 않지만, 임계점을 넘어서면 급격한 변화를 보인다. 반대로 균형루프가 지배적으로 작용하는 경우 일정수준에 수렴하기 전까지는 빠른 변화가 있지만 포화점에 근접할수록 거의 변화가 없다.

위 인과지도에서 인과지도 루프 B(술에 의한 스트레스 감소)는 음의 극성을 가지고 있으므로 일정수준(주량)에 수렴하기 전까지는 스트레스 해소에 유의한 변화가 있지만 포화점에 근접할수록 사실상 스트레스 해소에 거의 변화가 없다. 반면에 루프 R_1과 R_2(술로 인한 스트레스 증대)는 양의 극성을 가지고 있으므로 루프 B(술에 의한 스트레스 감소)가 반복되면서 임계점에 이르게 되면 스트레스 증가는 급격히 상승하는 모습을 보인다.[30]

이렇듯 실패한 정책인데도 불구하고 단기적 효과만으로 성공한 정책으로 인식하는 오류를 낳기도 하며, 때로는 그와 반대로 중장기적으론 성공적인 정책임에도 불구하고 근본적 개선에 따른 일시적 혹은 단기적 부작용 때문에 실패로 단정하는 경우도 발생한다. 이와 관련하여 시스템 사고에는 다음과 같은 두 가지 경구를 우리에게 전하고 있다. '오늘의 처방이 내일의 실패를 낳는다.' 그리고 그 반대로 '근본적 개선은 일시적으로 상황을 악화시킬 수 있다.'

30) 시스템 구조와 행태의 관계에 대한 논의는 다음 절과 후속 이어지는 제2부에서 계속된다.

제3절 시스템 구조와 행태

외형으로 드러난 시스템의 행태가 복잡해 보이는 경우라도 이면의 구조는 의외로 단순한 경우가 많다. 이러한 점에 착안하여 시스템의 구조와 행태 간 관계를 살펴보고, 구조를 통해서 행태를 어떻게 추정, 관리할 수 있으며 각 구조가 갖는 의미와 시사점 무엇인지에 대해 집중 논의하기로 한다.

가장 단순한 것이 정답이다.
- 오컴의 윌리엄(영국 수도사·철학자, 1285-1347)

시스템 사고가 행태보다는 구조에 관심을 두는 현실적인 이유는 세 가지로 집약된다. 첫째는 외견 상 복잡해 보이는 행태도 그 구조는 의외로 간단할 수 있기 때문이다. 둘째는 구조를 통해 행태를 유추할 수 있기 때문이다. 셋째는 행태를 바람직한 방향으로 바꾸기 위해서는 구조를 조정해야 하기 때문이다.

▶ 시스템의 구조와 행태

- 장기판의 구조는 매우 간단하지만 그 구조 위에서 움직이는 장기의 행태는 무척 다양하고 복잡하다.
- 요소가 같더라도 구조가 다르면 행태도 달라진다. 따라서 개별 요소보다는 요소 간 관계, 즉 구조의 파악이 매우 중요하다.

겉으로 드러나는 시스템 행태의 전형(BOT: Behavior Over Time, 시간 위에서의 행태변화)은 아래 그림과 같이 대체로 6가지로 분류되며, 이들은 각기 고유한 구조를 가지고 있다. 매우 복잡해 보이는 현상도 이들 구조가 복합적으로 작용한 결과일 뿐이다.

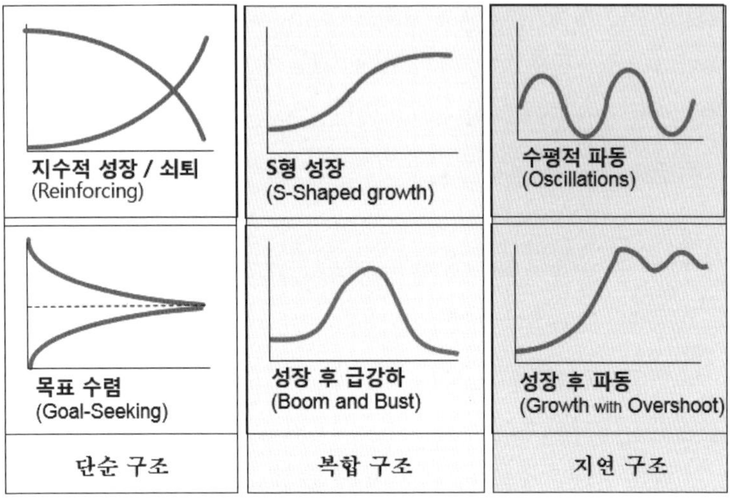

시스템 행태(BOT)의 전형

1. 단순구조와 행태

시스템의 가장 단순한 구조는 단일의 피드백 루프만을 가진 경우로, 그 극성이 양(+)이면 '강화루프(Positive Feedback Loop)' 혹은 '강화고리', 극성이 음(-)이면 '균형루프(Positive Feedback Loop)' 혹은 '균형고리'로 구분된다. 여기서는 '고리' 대신에 '루프'라는 용어로 통일하기로 한다.

1) 강화루프(Positive Feedback Loop)

지수적으로 성장하거나 감소하는 행태의 구조는 아래 그림과 같이 양(+)의 극성을 갖는 '자기강화루프(self-reinforcing loop)'이다. 어느 한 요소(변수)가 증가(감소)하면 그에 대응하는 상대 요소(변수) 역시 증가(감소)하면서, 증가는 더욱 증가되고 감소는 더욱 감소하는 행태를 보인다.

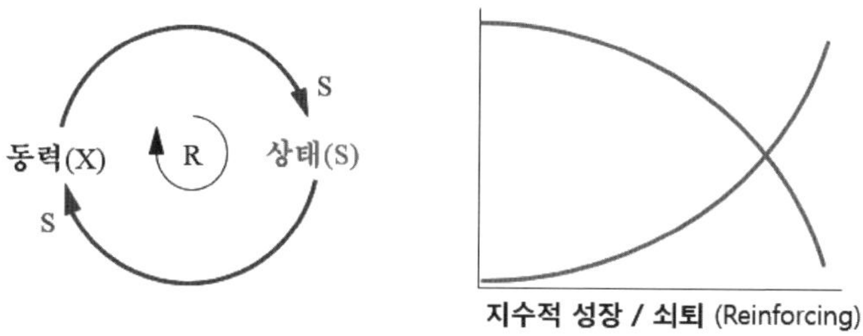

강화루프 구조와 행태의 전형

아래 그림은 강화루프(Ⓡ)의 전형적인 예로, 이자와 원리금 사이의 관계, 비현실적이지만 편의상 사망을 고려하지 않고 인구와 신생아의 관계를 인과지도로 설명하고 있다.

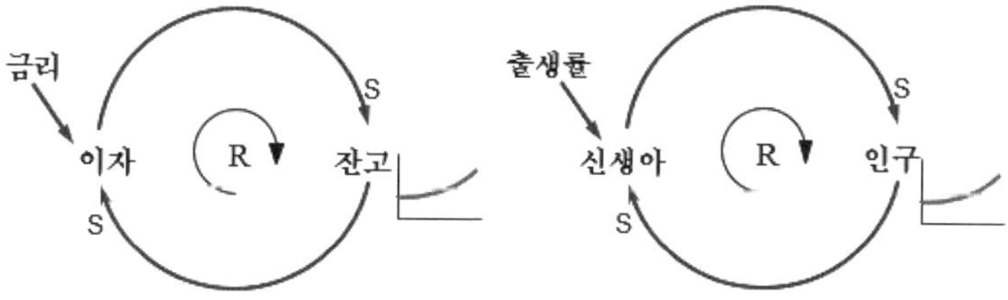

강화루프의 예시

■ 구조관리 포인트

강화루프(Ⓡ)는 일단 성장을 시작하면 선순환(virtuous cycle) 혹은 악순환(vicious cycle)의 극단화 현상을 보이기 때문에 '일탈 강화 피드백(deviation amplifying feedback)' 루프라고도 한다. 그러나 이런 식의 극단화 현상이 무한정 나타나는 경우는 없다. 왜냐하면 시스템의 목표지향성과 자원의 한계로 인해 이런 현상을 제어하고자 하는 기제, 즉 다음에서 논의하게 될 음(-)의 피드백 구조가 작동하기 때문이다.

강화루프(R)를 적절히 관리하기 위해서는 아래 사항들을 유념할 필요가 있다. 첫째, 선순환과 악순환의 구조는 동일하다. 따라서 선순환도 악순환으로, 악순환도 선순환으로 일시에 바뀔 수 있음에 유의해야 한다.

둘째, 선순환의 경우 임계점은 성장이 두드러지게 나타나는 지점을 말한다. 그러나 머지않아 변곡점에 이르러 나타날 한계증상에 대비하여 성장을 지속할 수 있는 정책수단을 모색해야 함을 의미하기도 한다. 날이 화창할 때 비올 때를 대비해야 하는 것과 마찬가지이다.

셋째, 악순환의 경우 임계점은 낭떠러지와 같이 쇠퇴의 회복 불능을 의미한다. 따라서 임계점에 이르기 전에 선순환으로 바꿀 수 있는 레버리지 변수의 개선에 집중하거나 시스템 구조 변경을 모색해야 한다.

아래 그림은 강화루프(R)가 지배적으로 작용하는 악순환의 예시로 이미 논의되었던 것들이다. 좌측 인과지도(예시 1)는 레버리지(운동 및 여가선용, 계몽 및 단속)를 활용하여 스트레스를 술로 해소하는 악순환의 고리를 끊는 경우이며, 우측 인과지도(예시 2)는 '리콜'의 통념을 깨고 리콜을 통해 오히려 기업 이미지를 인위적으로 높임으로써 악순환을 선순환으로 바꾼 사례이다.

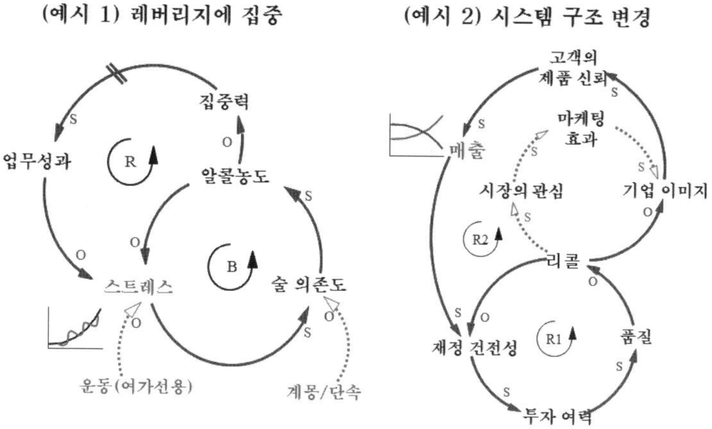

악순환의 강화루프 구조관리 사례

2) 균형루프(Negative Feedback Loop)

일정 수준에 수렴하고자 하는 목표 지향형 단일구조는 아래 그림과 같이 음(-)의 극성을 갖는 균형루프(balancing loop)이다. 어느 한 요소(변수)가 증가(감소)하면 이와 피드백 관계에 있는 상대 요소(변수)는 이를 다시 감소(증가)하도록 작용한다.

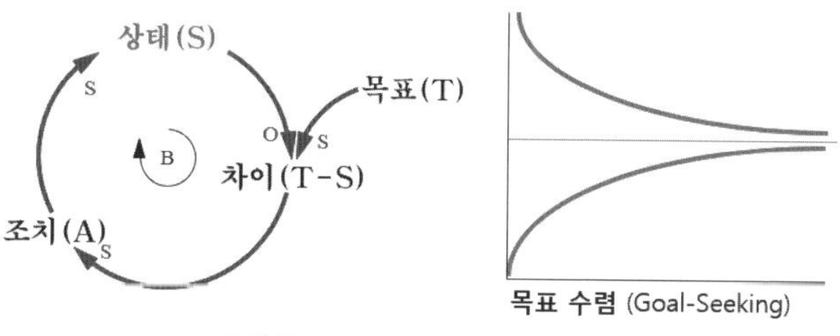

균형루프 구조와 행태의 전형

아래 그림은 균형루프(B)의 전형적인 예로 오염허용수준과 정화상태, 희망온도와 실내온도 사이의 피드백 관계를 인과지도로 설명하고 있다.

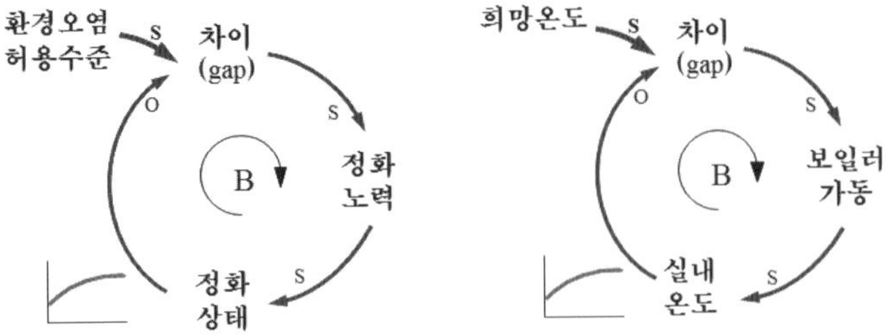

균형루프의 예시

■ 구조관리 포인트

균형루프(B)는 성장, 쇠퇴 일변도의 일탈 행태를 거부하고 목표에 수렴하는 안정적 모습을 보이기 때문에 '안정화(stabilizing)', '일탈억제(deviation counteracting)' 혹은 '목표수렴(goal-seeking) 루프'라고도 한다. 현실적으로 모든 시스템은 적어도 하나 이상의 균형루프를 가지고 있는데, 그 이유는 시스템의 목표지향성 때문이다. 그래서 인과지도에는 목표수준과 현실수준 사이의 간극(gap)이 반영된다.

균형루프(B)를 적절히 관리하기 위해서는 아래 사항들을 유념할 필요가 있다. 첫째, 균형루프가 보이는 수렴적 행태의 목표수준은 명확한 것인지, 구성원의 합의 하에 설정된 것인지 점검해야 한다.

둘째, 균형루프의 수렴적 행태가 선순환(성장)이후의 현상이라면, 정체 상태로 진입하고 있음을 의미하므로 이를 지연 혹은 예방할 수 있는 레버리지 변수 개선에 집중하거나 구조 변경을 모색해야 한다.

셋째, 균형루프의 수렴적 행태가 악순환(쇠퇴)이후의 현상이라면, 안정 상태로 진입하고 있음을 의미하므로 '기다림(Wait and See)'이 최선이지만 저점에서 반등하여 성장의 선순환에 진입할 수 있는 수단을 모색하는 것이 바람직하다.

아래 그림은 목표성과에 대응하는 세 가지 유형을 제시하고 있다. 루프 B_1은 성과가 목표에 수렴해가는 전형적인 균형루프 행태(BOT 그래프 B1)를 보인다. 성과가 목표에 이르러 정체되는 현상을 예방하려면 칭찬이나 인센티브와 같은 레버리지를 활용하여 목표성과를 상향 조정하면 강화루프 R_1이 형성되면서 지수성장의 행태(BOT 그래프 R1)을 나타내게 된다. 참고로 루프 B_1과 루프 R_1은 허츠버그(Hertzberg)의 2요인('결핍욕구'와 '성장욕구')과 각각 의미상 같다. 한편 목표대비 현실의 차이가 크면 루프 R_2처럼 좌절의 강화루프가 형성되어 성과는 오히려 급격한 하락(BOT 그래프 R2)을 보인다. 이를 차단하려면 격려와 교육 및 재배치 등의 레버리지를 구사할 수 있을 것이다.

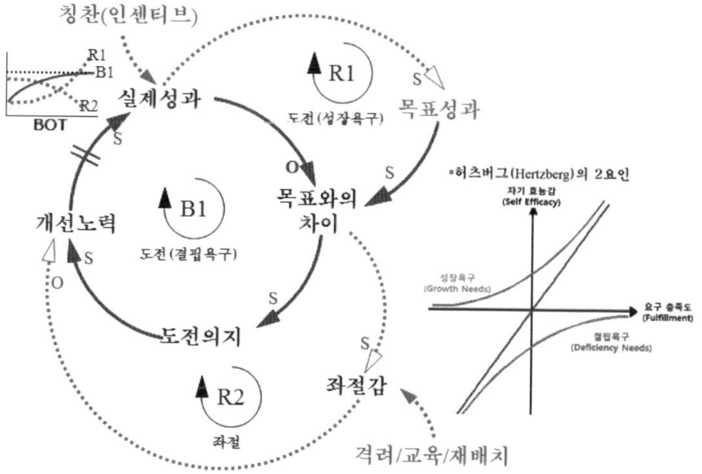

균형루프의 구조관리 사례

2. 복합구조와 행태

'복합구조'란 강화루프(R)와 균형루프(B)로 이루어진 시스템 구조를 말하는 것으로 어느 루프가 지배적으로 작용하느냐에 따라 행태는 다양하게 나타난다. 이러한 복합구조는 시스템의 수용능력(K: Carrying Capacity)이 고정적인 경우와 가변적인 경우 구분될 수 있다.

1) 수용능력이 고정된 복합구조

시스템 수용능력이 부동의 한계상수로 고정되어 있다고 가정할 경우, 한계가 나타나기 전 까지는 강화루프가 지배적으로 작용하다가 그 후부터는 균형루프로 '음의 피드백'이 지배루프가 되는 전형적 'S'자 행태를 보인다.

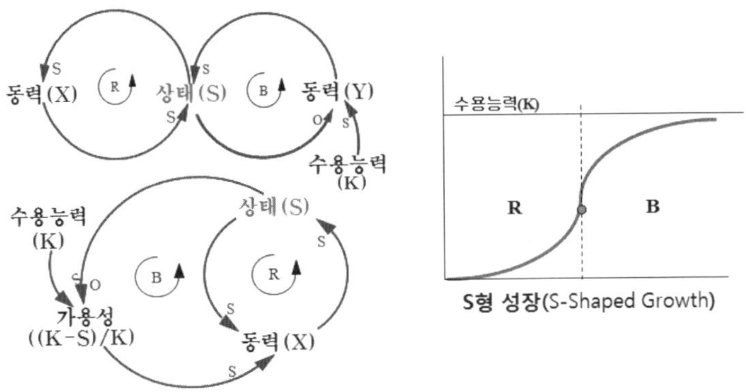

수용능력이 고정된 복합구조와 행태

아래 그림은 시스템의 수용능력이 고정된 복합구조의 전형적인 예로, 주문량과 생산여력, 고객수와 서비스품질 사이의 피드백 복합구조를 인과지도로 설명하고 있다.

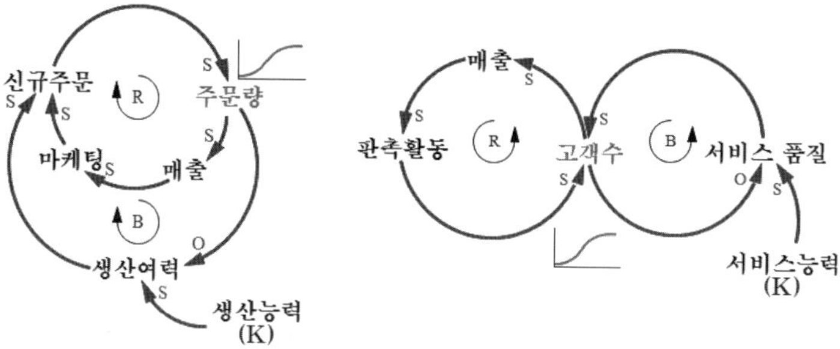

수용능력이 고정된 복합구조 예시

■ 구조관리 포인트

강화루프와 균형루프가 복합적으로 작용하는 시스템은 항상 한계 수준을 설정하게 되는데, 그 이유는 균형루프가 자기 제어적 특성을 지니고 있기 때문이다. 수용능력이 고정된 시스템에서 제약요인은 확장이나 축소될 수 없음을 기본 가정으로 하여 이를 '부동의 한계상수'라 한다.[31]

이러한 시스템은 일명 '로지스틱 곡선(Logistic Curve)', 학습곡선(Learning Curve)이라고도 하는 'S'형 성장 패턴을 보인다. 이러한 행태는 신기술의 사회적 확산이나 시장에 제품이 보급되는 과정에서 나타나는 전형이다. 아래 그림과 같이 수용력의 한계 조짐이 나타나기 전까지는 강화루프가 작동하면서 지수성장 행태를 보이지만 수용능력의 제약에 따른 한계의 조짐이 나타나면서부터, 즉 변곡점을 지나면서부터는 균형루프가 작동하면서 한계에 수렴하게 된다.

결국 이러한 행태의 변화는 '지배루프의 전이'가 일어나기 때문이다. 여기서 '지배루프(dominant feedback loop)'란 시스템의 행태를 결정하는 루프를 말하는데, 이러한 '지배루프의 전이'에 대한 이해는 시스템 구조관리의 핵심이 된다. 지배루프의 전이로 나타나는 'S'형

31) '성장 후 정체'는 제6장 제1절(성장의 한계)에서 구체적으로 논의된다.

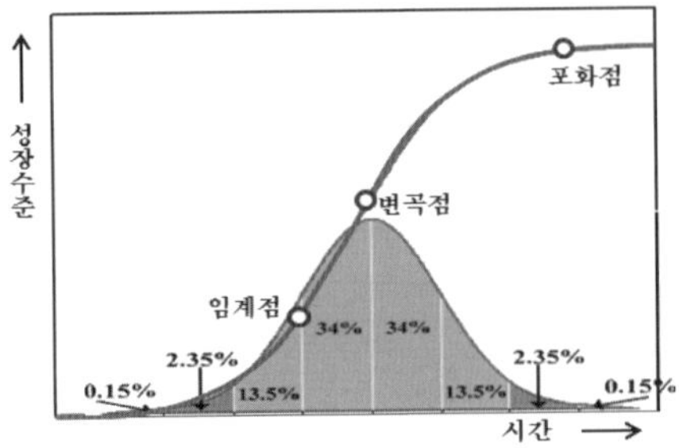

‘S’형 패턴과 3개 지점

패턴을 관리하려면 항상 임계점, 변곡점, 포화점 등 3개 지점을 유념해야 한다. 임계점은 강화루프 함이 가시적으로 나타나기 시작하는 지점을 말하며, 변곡점은 ‘지배루프의 전이’가 일어나는 지점이다. 그리고 포화점은 시스템 수용능력의 한계에 이르는 지점을 말한다. 정규분포를 가정한 성장의 경우 ‘지배루프의 전이’가 일어나는 변곡점을 중심으로 구조관리의 핵심사항을 정리하면 다음과 같다.

- **임계관리**: 강화루프(Ⓡ)가 지배적으로 작용할 때는 임계관리를 해야 한다. 성장이 가시적으로 나타나기 시작하는 임계점은 시스템 수용능력(K)의 약 16% 정도에서 나타난다. 따라서 의미상 선순환의 경우는 ‘성장촉진전략’을, 악순환의 경우라면 ‘성장지연전략’을 구사해야 한다. (단일 강화루프 구조관리 포인트 참조)
- **정체관리**: 정체현상은 시스템 수용능력(K)의 50%에 이르러 지배적 힘이 강화루프에서 균형루프(Ⓑ)로 전환되면서부터 나타난다. 이를 변곡점이라 하는데 이때부터 정체관리에 착수해야 한다. 그 정체가 선순환이후의 현상이라면, 이는 곧 쇠퇴의 신호이므로 이를 지연 혹은 예방할 수 있는 레버리지 변수의 개선에 집중하거나 시스템 구조 변경을 모색해야 한다. 그러나 만약 악순환이후의 정체 현상이라면, 안정화에 진입하고 있음을 의미하므로 ‘기다림(Wait and See)’이 최선이지만 저점에서 반등하여 성장의 선순환에 진입할 수 있는 수단을 모색하는 것이 바람직하다. (단일 균형루프 구조관리 포인트 참조)

▶ **지배루프의 전이**

유창성이 강한 사람이라면 이런 의문을 제기할 수 있다. '지배루프의 전이가 균형루프(B)에서 강화루프(R)로 바뀌는 경우도 있다. 그렇다면 복합구조가 보이는 행태는 'S' 곡선만은 아니지 않은가?' 맞는 말이다. 지배루프의 전이가 어떻게 일어나느냐에 따라 다음과 같이 다양한 형태로 나타날 수 있다.

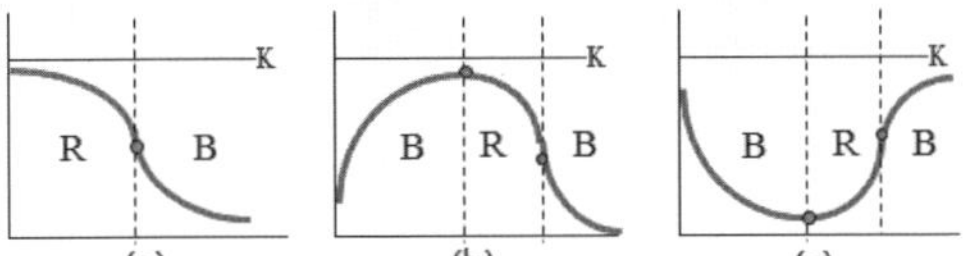

그런데 왜 'S'형 패턴으로만 설명했을까? 사실상 위 그림 모두 'S'형 패턴이다. 관측구간을 어떻게 잡았느냐에 따라 달리 보인 것뿐이다. 그림(a)는 Y축이 긍정의 의미를 갖는다면 악순환을, 부정의 의미를 갖는다면 선순환을 의미할 뿐 기본적으로 'S'형이다. 그림(b)는 균형루프(B)에서 강화루프(R)로 전이되는 경우지만 관찰구간을 과거로 좀 더 넓혀서 보았다면 균형루프(B) 이전에 강화루프(R)가 작동했었음을 알 수 있다. 그림(c)는 그림(b)의 역함수 패턴일 뿐 다른 건 없다.

'S'형 패턴으로만 복합구조의 행태를 설명한 이유는 세상의 모든 시스템이 강화루프(R)에서 출발하기 때문이다. 균형에 이르는 안정화 혹은 정체는 그 다음이다. 마치 계단을 오를 때 처음부터 한계증상을 보이는 경우는 없는 것과 같은 이치이다.

2) 수용능력이 가변적인 복합구조

성장은 반드시 자원의 소비를 수반한다. 따라서 여기서 '가변적'이라 함은 아래 그림과 같이 시스템이 성장함에 따라 가용자원이 잠식되는 시스템의 구조를 말한다. 이러한 시스템 구조는 사실상 수용능력이 고정적인 경우를 확장한 개념이다. 수용능력이 가변적인 시스템의 행태는 아래 그림과 같이 'S'형에서 끝나지 않고 그 후 급속히 하락하는 '성장 후 급강하(Boom & Bust)' 패턴을 보인다.

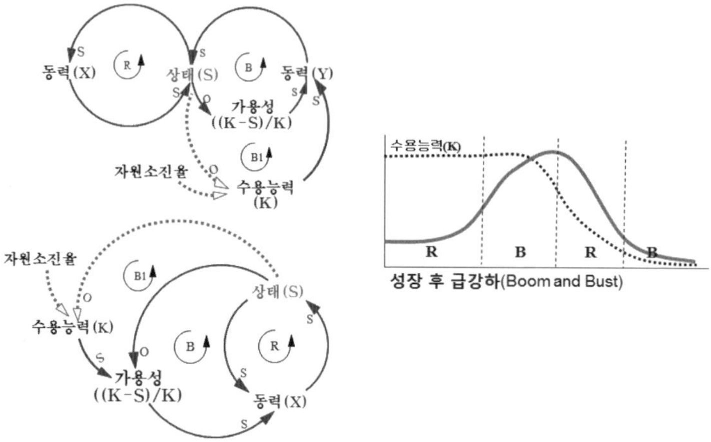

수용능력이 감소하는 복합구조와 행태

이런 행태는 수용능력이 고정적인 복합구조와 비교해보면 쉽게 설명된다. 수용능력이 고정인 경우는 부동의 한계상수로 설정된 수용능력(K)이 시스템 외부에 존재한다. 하지만 성장과 함께 수용능력이 잠식되는 경우는 시스템 상태(S)가 수용능력(K)에 영향을 주도록 수용능력(K)이 내생변수로 편입되어 있다. 위 그림에서 점선 화살표로 형성된 균형루프 B_1이 그에 해당한다. 성장이 지속됨에 따라 자원이 소진되고, 결국 포화점에 이른 후 순성장률이 마이너스(-)로 접어들면서 그간 성장을 견인했던 강화루프는 선순환에서 악순환으로 전환된다. 이로써 시스템은 성장의 정점에 이른 후 급 하강하는 행태를 보이게 된다.

아래 그림은 시스템의 수용능력이 성장과 함께 잠식되는 가변적 복합구조의 전형적인 예로, 주문량과 주문처리능력, 가입자 수와 서비스 능력 사이의 피드백 복합구조를 각각 인과지도로 설명하고 있다.

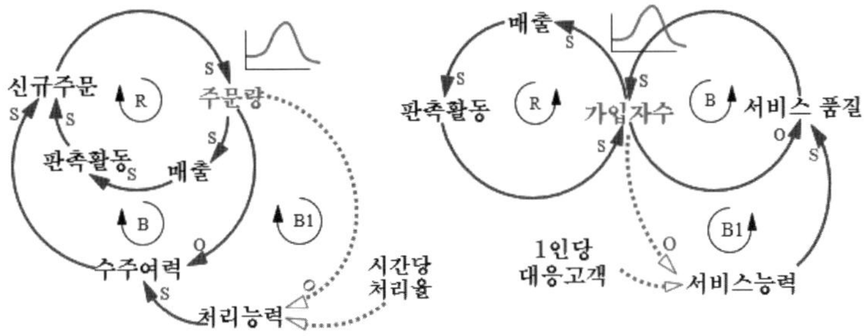

수용능력이 감소하는 복합구조 예시

■ 구조관리 포인트

포화점에 이르러 성장이 선순환에서 악순환으로 반전될 조짐이 나타나는 상황에서 수용능력(K) 확대를 시도할 경우 그 효과가 나타나기까지의 시간 지연으로 인해 악순환은 개선되지 않는다. 따라서 임계점을 돌파하여 급성장하는 시기에 미리 수용능력(K) 확장 계획을 마련하지 않으면 안 된다.[32] 결국 수용능력 개선을 위한 투자의 시점 선정(timing)이 핵심 포인트이다. 이는 화창할 때 비올 때를 대비해야 하는 것과 같은 이치이다.

3. 지연구조와 행태

시간지연(delay)은 시스템 사고에서 매우 중요한 요소다. 앞서 시스템 사고의 3대 요소 중 하나인 '시간적 사고'를 논의하면서 소개한 바 있지만, 지연은 물질지연(Material Delays)과 정보지연(Information Delays)으로 대별된다. '전달지연(Delivery Delay)'라고도 하는 물질지연은 물적 변환이나 공간적 이동에 따른 지연이다. 한편 정보지연이란

32) 이에 대해서는 제6장 제1절(성장의 한계)에서 구체적으로 논의된다.

상황을 인지, 해석, 판단하여 정책을 수립하거나 의사결정을 내리기까지의 제반 정보활동에 소요되는 지연으로 이를 '인지지연(Perception Delay)'라고도 한다. 이러한 지연이 개입되는 시스템 역시 단순구조와 복합구조로 구분해서 생각해 볼 수 있다.

1) 지연이 개입된 단순구조와 행태

균형루프만으로 되어 있는 시스템에 지연이 개입되면 아래 그림처럼 수평적 파동(Oscillation)이나 수렴적 파동(Convergent Wave)을 보인다. '수평적 파동'은 일정한 목표수준을 중심으로 과잉행동과 과소행동이 반복되어 나타나는 것을 말하며, '수렴적 파동'은 과잉행동과 과소행동이 점차 소멸하면서 안정 상태로 수렴하는 행태를 말한다.

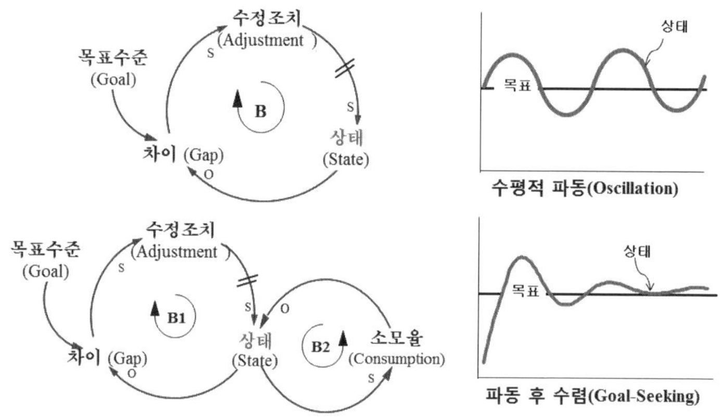

지연이 개입된 단순구조와 행태(수평적 파동 / 파동 후 수렴)

이러한 파동은 균형루프에 지연이 작용할 때 나타나는 행태의 전형이다. 파동은 균형이나 목표수준에 수렴하려는 자기제어적 힘이 시간지연 만큼 누적되어 과잉과 과소 대응이 반복되어 나타나는 결과이기 때문이다. 따라서 선순환 혹은 악순환의 자기강화적(일탈적)

힘을 가진 강화루프로만 이루어진 경우에는, 물론 그런 시스템은 존재하지 않지만, 시간지연이 개입되더라도 파동은 나타나지 않는다. 결국 파동은 균형루프에 지연(delay)이 존재하고, 그 균형루프가 지배루프로 작용할 때 나타난다.

아래 그림은 수평적 파동 현상을 보이는 시스템의 예시 두 가지를 보여주고 있다. 그림(a)는 적정 재고수준을 중심으로 과잉, 과소 재고가 반복되는 경우이며, 그림(b)는 특정 제품의 적정가격을 중심으로 공급과 수요의 변동에 따라 가격이 급등과 급락이 반복되는 경우이다.

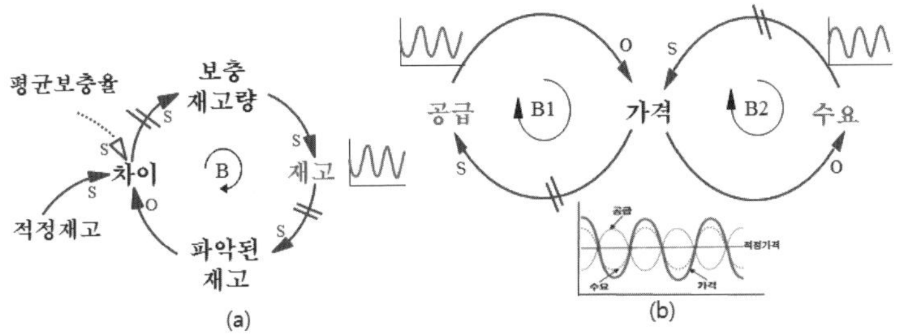

지연이 개입된 단순구조와 행태 예시(수평적 파동)

그림(a)의 경우 실제 보유재고와 파악된 재고는 시차로 인해 차이가 발생한다. 재고를 파악하는 중에도 실제 재고는 계속 감소할 수 있기 때문이다. 또한 파악된 재고와 적정재고의 차이를 보충하려 주문하지만 주문시점부터 입고까지의 전달지연으로 인해 과잉주문이 이루어지게 된다.

그림(b)의 경우 역시 공급과 가격, 수요와 가격 변동 사이에 시차가 있기 때문에 가격을 적정 수준으로 안정시키려 공급을 늘려도 가격은 한동안 계속 상승한다. 그 반대의 경우도 마찬가지이다. 이렇듯 시스템에 내재해있는 시간지연은 과잉, 과소 행동을 유발한다.

이제 파동 후 일정수준으로 수렴하는 경우를 살펴보자. 아래 그림은 샤워할 때 우리가 흔히 경험하는 사례이다. 샤워 탭을 좌우로 움직이면서 희망하는 적정온도와 실제 느끼는 온도의 차이를 조절해 가면서 일정 온도에 수렴하게 된다. 처음에는 느끼는 수온과 희망온도의 차이가 크기 때문에 그 반작용으로 탭의 회전도 그 만큼 커진다. 그러나 온도 차이가 줄어들수록 탭을 조절하는 강도는 점차 작아지게 된다. 이처럼 실제 물의 온도는 그림의 BOT(b)처럼 파동을 보이면서 일정 수준의 온도에 수렴하는 행태를 나타내게 된다. 그러나 수온을 적정온도로 맞추는 과정에 시간지연이 없다면 수온의 변화는 BOT(a)처럼 완만하게 적정온도에 수렴하게 될 것이다.

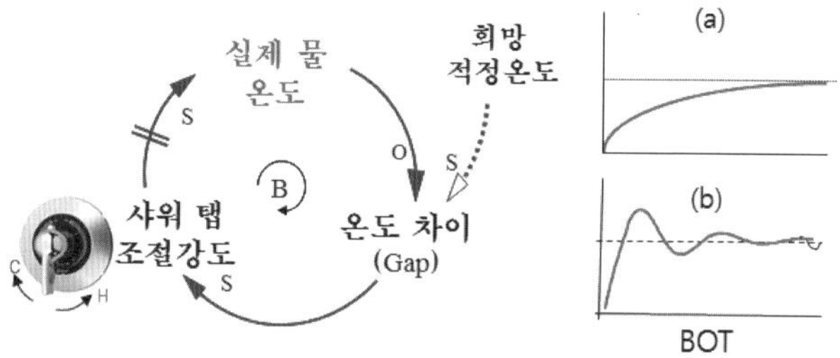

지연이 개입된 단순구조와 행태 예시(파동 후 수렴)

2) 지연이 개입된 복합구조와 행태

복합구조를 가지고 있는 시스템에서 균형루프에 시간지연이 개입된다면, 대체로 두 가지 경우를 상정해 볼 수 있다. 하나는 성장의 한계로 작용하는 균형루프에 시간(성장의 한계가 나타나는데 걸리는 시간)이 개입되는 경우와 성장의 한계를 개선하려는 균형루프에 시간(한계 증상에 대처하여 수용능력 개선에 걸리는 시간)이 개입되는 경우이다. 전자는 수용능력(K)이 고정된 경우이며, 수용능력(K)이 가변적인 경우에 해당한다.

(1) 고정적 수용능력에 지연이 개입되는 복합구조

아래 그림의 인과지도를 보면 성장의 한계로 작용하는 균형루프에 시간이 개입되어 있다는 것 외에는 기본적으로 'S'형 성장 구조와 다르지 않다. 그러나 행태는 많이 달라 보인다.

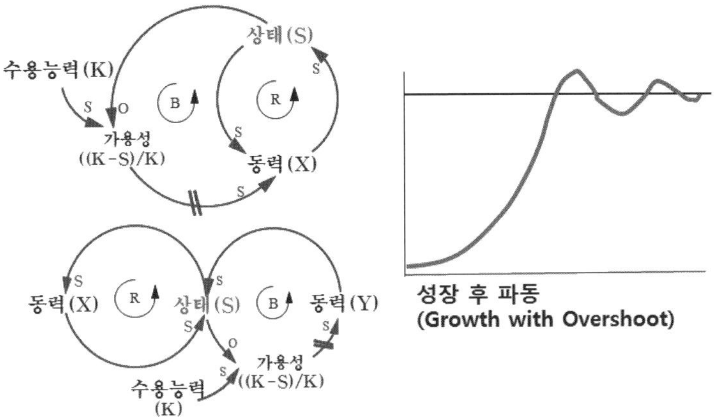

고정적 수용능력에 지연이 개입된 복합구조와 행태(성장 후 파동)

자원가용성(Resource Availability: R.A. = 1- S/K)이 높을수록 자원의 투입여력이 크다는 것을 의미한다. 따라서 시스템 상태(S)가 낮은 초기에는 자원이 대량 유입되면서 강화루프가 성장의 선순환으로 작동한다. 그러나 성장할수록 자원가용성이 하락하면서 한계증상을 유발하는 균형루프가 작동하기 시작한다. 여기까지는 수용능력이 고정된 복합구조와 동일하다. 그러나 균형루프에 시간지연이 개입되어 있으므로 시스템의 행태는 한계수준에 완만하게 수렴하지 않고 그것을 중심으로 과잉, 과소 행동이 반복되면서 점차 그 진폭을 줄여가는 모습을 보이게 된다.

여기서 혹자는 '수용능력이 고정되어 있는데, 어떻게 성장이 수용능력을 초과(Overshoot)하는 현상이 발생할 수 있는가?'라는 의문을 제기할 수 있다. 수용능력이 생산설비와 같이 물리적 한계를 갖고 있다면 이러한 의문 제기가 타당하다. 그러나 수용능력이 서비스 능력과 같이 소프트한 경우라면 시간지연으로 인한 과잉반응이 가능하다. 아래 그림은 앞서 보았던 수용능력이 고정된 복합구조의 예시에 시간지연을 반영한 것이다. 시간지연으로 인한 과잉, 과소 조절행동으로 '수주량'과 '가입자 수'는 각각 시간 위에서 성장 후 파동을 그리면서 시스템 수용능력(K)에 수렴하는 행태를 보인다.

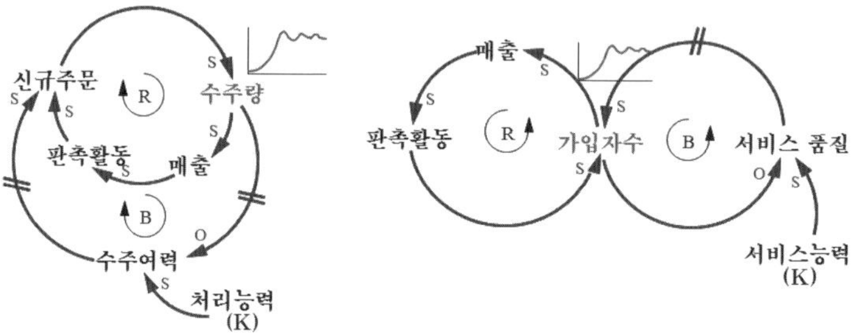

고정적 수용능력에 지연이 개입된 복합구조와 행태 예시(성장 후 파동)

(2) 가변적 수용능력에 지연이 개입된 복합구조

이 구조 역시 아래 그림의 인과지도에서 보는 바와 같이 균형루프(B_1)에 시간지연이 개입되어 있다는 것 외에는 성장 후 한계에 수렴하는 'S'형 성장 구조와 다르지 않다. 다만 자원가용성을 적정수준으로 유지하기 위해 점선 화살표로 형성된 균형루프 B_1에 수용능력(K)을 부동의 한계상수가 아닌 내생변수로 편입한 것만 다르다. 또한 성장의 한계로 작동하는 균형루프(B)에 있던 시간지연은 균형루프(B_1)에 있는 시간지연에 비해 무시할 정도라고 편의상 가정하여 생략하였다.

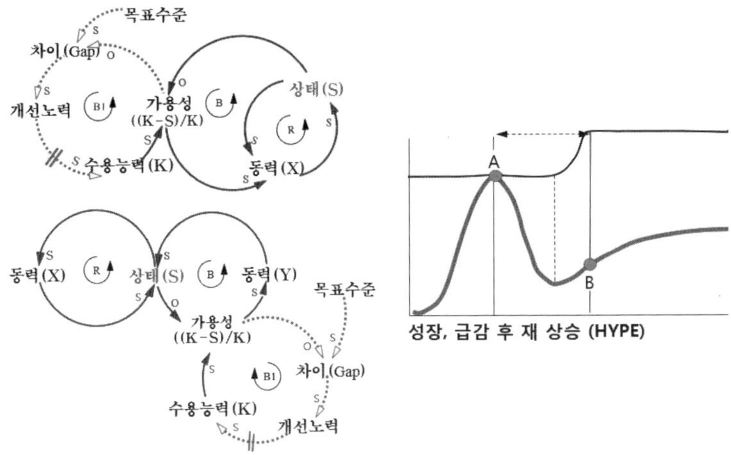

가변적 수용능력에 지연이 개입된 복합구조와 행태(성장 후 급감, 재상승 -하이프)

이 구조에서 '가변적'이란 균형루프 B_1에 반영되어 있듯이 수용능력(K)의 확대가 가능하다는 것을 의미한다. 이는 앞서 시간지연이 없고 수용능력은 가변적인 복합구조에서 재고, 원자재, 서비스 능력 등의 경우처럼 '성장에 따라 자원이 소모된다.'는 의미로 사용된 '가변적'과는 다른 것이므로 혼동하지 않기 바란다.

이제 이 구조가 왜 하이프(Hype) 현상을 나타내는지 살펴보자. 결론부터 얘기하면 균형루프 B_1에서 수용능력 확대를 위한 노력(투자)이 가시적 효과를 나타내기까지 시간이 소요된 결과이다. 위 그림의 BOT에서 포화점(A)까지는 전형적인 'S'형 패턴을 보인다. 그러나 포화점을 지나면 그 동안 성장을 견인했던 강화루프 R은 악순환으로 작용하면서 급격한 하락을 보인다. 포화점(A) 혹은 그 이전에 이런 문제를 사전에 차단하고자 수용능력 확대를 위한 노력(투자)을 한다 해도 그 효과가 나타나기까지 시간이 소요된다. 그 결과 저점(trough)에 이른 후 수용력 확대가 가시적으로 나타나는 지점 B에 이르러서야 다시 반등하는 커다란 파동을 보이는데, 이를 '하이프' 현상

이라고 한다.[33]

(3) 채찍효과(Bullwhip Effect)

시간지연이 유발하는 또 다른 현상으로 '채찍효과(bullwhip effect)'가 있다. '채찍효과'란 채찍의 손잡이 부분이 조금만 흔들려도 반대 쪽 끝부분이 요동하는 것처럼 기업의 비즈니스 프로세스도 앞 단계에서의 정보가 정확하지 못하거나 왜곡되면 뒤로 갈수록 증폭되어 관리가 불가능한 상태까지 이를 수 있는 경영상의 문제를 수사적으로 표현한 것이다. 특히 이러한 현상은 공급사슬(Supply Chain)에서 빈번히 발생한다.

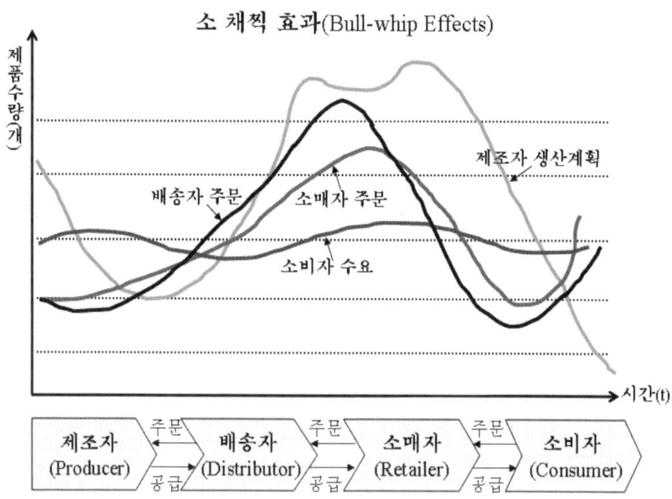

공급사슬에서의 단계별 행태변화와 채찍효과

앞의 그림과 같이 각 단계에서 발생하는 지연은 후속 단계로 갈수록 왜곡을 증폭시킨다. 결국 채찍효과의 주범은 시간지연이며, 이

33) 하이프 현상에 대한 구체적 논의는 제10장 제1절에서 구체적으로 논의된다.

를 제거 혹은 최소화하기 위한 방안 모색이 공급사슬관리(SCM)의 핵심이라 해도 과언이 아니다.

▶ **채찍효과(Bullwhip Effects)**

Anderson(1996)은 1971년부터 1995년까지 미국 자동차 및 관련 장비 산업에 대한 실증분석을 통해 채찍효과에 관한 흥미로운 자료를 제시하고 있다. 25년간 GDP는 2~3%의 범위에서 변동한 반면 자동차 산업의 매출은 최대 25%, 장비산업은 최대 75%의 등락을 보였다. 흥미로운 점은 매출로 나타나는 실수요보다 제품주문의 변동 폭이 훨씬 크다는 점이다. 장비산업의 경우 주문은 매출보다 2배 이상 큰 폭으로 증가 또는 감소하는 모습을 보였다.

---

4. 구조 관리 핵심사항

지금까지 시스템 구조와 행태의 관계를 설명했지만, 독자의 상당수는 복잡하게 느꼈을 수도 있다. 따라서 이미 논의된 내용을 구조의 이해를 통한 행태 추정의 일반적 원칙과 바림직한 행태를 유도하기 위한 구조의 관리지침으로 구분해서 정리한다.

1) 구조를 통한 행태 추정의 일반 원칙

시스템의 성격과 행태를 규정짓는 것은 지배루프이다. 단순구조일 경우는 해당 루프가 시스템의 행태를 결정하므로 별도의 지배루프의 개념이 존재하지 않는다. 그러나 강화루프와 균형루프가 함께 작용하는 복합구조에서는 어떤 루프가 지배루프인가, 어떻게 지배루프의 전이가 일어나는가, 그리고 지배루프가 균형루프일 경우 유의미한 시간지연이 개입되어 있는가에 따라 시스템의 행태가 달라진다.

(1) 어떤 루프가 지배루프인가.

• 지배루프가 강화루프((R))라면, 선순환인지 악순환인지부터 파악하라.

- 선순환이라면 지수적 증가( )를 보이며,
- 악순환이라면 지수적 감소( )를 보인다.

• 지배루프가 균형루프((B))라면, 선순환과 악순환 중 어느 것으로부터 균형을 찾으려 하는 것인지 파악하라.

- 선순환으로부터의 균형이라면 정체적 수렴( )을 보이며,
- 악순환으로부터의 균형이라면 안정적 수렴( )을 보인다.

(2) 어떻게 지배루프의 전이가 일어나는가?

• 지배루프가 전이될 경우(관측구간에 따라 다르지만 강화루프에서 균형루프로 전이되는 것이 정상), 항상 변곡점을 중심으로 패턴이 달라짐을 유념하라.

- 강화에서 균형으로 전이될 경우는 'S'형 패턴( )을 보이며,
- 균형에서 강화로의 전이라면 그 반대의 패턴( )을 보인다.
- 시스템 수용능력(K)이 '부동의 한계상수'가 아니라 가변적(즉 K가 감소)이라면 성장 후 급락( ) 행태를 보인다.

(3) 시간지연이 개입될 경우 행태는 어떻게 나타날까?

• '시간지연'이란 변수가 하나 더 추가되었으므로 생각해봐야 할 경우의 수는 훨씬 많아진다. 우선 단순구조와 복합구조로 구분

한 후, 복합구조의 경우 시스템 수용능력(K)이 고정된 구조와 가변적 구조로 구분해서 정리해보기로 하자. 다만 복합구조의 경우 유념해야 할 두 가지 사항이 있다.

- 첫째, 복합구조에서 지배루프가 고정된 상황은 없다. 반드시 지배루프는 전이가 일어난다. 시스템은 목표 지향적이며 동시에 자기제어적 특성을 가지고 있기 때문이다.
- 둘째, 복합구조에서 '가변적'이라 함은 시스템 수용능력(K)이 '부동의 한계상수'가 아니라 즉 성장에 따른 K의 감소나 성장에 따른 한계증상에 대응하여 K를 확대하는 등의 가변성을 의미한다.

  여기서 시간지연은 수용능력(K)의 확대에 개입되는 지연을 말한다. 성장에 따른 K의 감소는 자기제어적 조치에 해당하지 않으므로 시간지연은 의미가 없다.

① 단순구조의 경우

- 시간지연이 강화루프와 균형루프 중 어디에 개입되어 있느냐에 따라, 행태는 파동으로 나타날 수도 있고 그렇지 않을 수도 있다.
  - 현실엔 그런 경우는 없지만, 강화루프로(R)만 되어 있는 시스템에 지연이 개입되어 있더라도 파동은 나타나지 않는다.
  - 균형루프(B)로만 되어 있는 시스템에 지연이 개입되어 있다면 수평적 파동( )이나 파동 후 수렴( )하는 행태를 보인다.

② 복합구조의 경우

- 앞서 논의한 바와 같이 지배루프의 전이는 관측구간에 따라 달라 보이지만, 강화루프에서 균형루프(R → B)로 이루어진다. 또한

균형루프에 시간지연이 개입될 경우는 항상 파동을 나타낸다는 것을 유념해야 한다.

- 수용능력(K)이 고정되어 있는 경우
  - 강화루프()가 지배루프이며 동시에 시간지연이 있다면, 그 행태는 파동 없이 강화루프의 행태적 특성(선순환 혹은 악순환)을 따른다. 단, 시간지연이 클 경우 미세한 파동( 혹은 )을 보인다.
  - 균형루프()가 지배루프이며 동시에 시간지연이 있다면, 이는 곧 강화루프에서 균형루프로 지배루프의 전이가 일어난 것임을 의미하므로 그 행태는 'S'형 패턴을 보인 후 수렴수준에 이르러 파동을 보이는 '성장 후 파동'의 행태()를 나타낸다.

- 수용능력(K)이 가변적(한계증상에 대응한 K의 확대)인 경우
  - 균형루프는 적어도 두 가지 유형으로 구분된다. 첫째는 성장에 따라 한계증상을 유발하는 '한계루프'이며, 둘째는 이를 개선하고자 수용능력(K)을 확대하는 '개선루프'이다.
  - '개선루프'에서 수용능력의 확장에 시간지연이 개입되면, 포화점에 이르러 그간 성장을 견인했던 선순환의 강화루프가 악순환으로 작용하면서 급속히 하강하다가 시간 경과 후 수용능력의 확장 효과가 가시화되면서 비로소 바닥을 치고 다시 상승한 후 일정수준에 수렴하는 하이프() 현상이 나타난다.

2) 시스템 구조관리 지침

파동을 유발하는 시간지연을 어떻게 관리할 것인가는 매우 중요한 사안이며, 관리의 핵심은 지연을 최소화하는 방안을 찾는 것이다. 다만 여기서는 시간지연은 불가피한 것으로 간주하고 구조관리를 통해서 바람직한 행태를 유도할 수 있는 일반적 지침만을 제시하기로 한다. 시스템의 행태는 기본적으로 지배루프가 강화루프인가 균형루프인가에 따라 달라진다.

(1) 시스템의 지배루프가 강화루프인 경우

- 강화루프(Ⓡ)가 지배루프로 작용하는 경우, 임계점을 관리하라.
  - 선순환이라면 임계점은 '가속성장의 희망'을 의미한다. 따라서 신속히 임계지점에 이르도록 병목과 시간지연을 제거하는 방안을 강구할 필요가 있다. 임계점은 정규분포의 경우 수용여력(K)의 15-20%이므로, 이 지점에서 한계증상을 유발하는 균형루프(한계루프)가 지배루프로 작동하는 시점, 즉 변곡점 발생시점을 최대한 늦출 수 있도록 수용능력 증대 혹은 제약요인 완화 등 균형루프(한계루프) 관리에 착수해야 한다.
  - 악순환이라면 임계점은 '회복불능의 위험'을 의미한다. 따라서 최대한 임계상황 발생을 지연하고 안정화 단계로 접어들 수 있도록 균형루프의 힘을 강화하는 방안을 모색해야 한다. 또는 악순환을 선순환으로 바꿀 수 있도록 미처 파악되지 않은 요소(변수)와 관계(구조)가 있는지 점검해야 한다.

(2) 시스템의 지배루프가 균형루프인 경우

- 균형루프(Ⓑ)가 지배루프로 작용하는 경우, 안정화를 관리하라.
  - 선순환으로부터의 균형이라면 이는 곧 '성장의 정체'를 의미

한다. 따라서 포화점에 이르기 전, 한계증상이 나타나기 시작하는 변곡점에 진입하면서부터 이를 완화할 수 있도록 수용여력(K) 확대에 주목해야 한다. 정규분포의 경우 한계증상은 성장이 수용여력(K)의 50% 정도에서부터 나타난다. 성장의 정체는 정체로 끝나는 것이 아니라 포화점에 이르러 성장을 견인했던 선순환의 강화루프가 악순환으로 전환되어 정체 후 급격한 하락에 직면할 수 있음을 유념해야 한다.

- 악순환으로부터의 균형이라면 이는 곧 '회복의 희망'을 의미한다. 따라서 최선의 방책은 '기다림'이다. 그러나 시간지연으로 인해 재상승 국면에 진입하는 기회를 놓칠 수 있으므로 기다리면서도 다시 성장을 견인할 수 있도록 강화루프를 악순환에서 선순환으로 반전시킬 수 있는 방안을 모색해야 한다. 이울러 미처 파악되지 않은 요소와 관계가 시스템 내에 있는지 등을 중점 파악할 필요가 있다.

생각해봅시다.

1. '소득주도성장'을 단선적 사고로 설명한 후, 그 문제점과 개선책을 시스템 사고로 설명해보시오.

2. '시간을 다른 각도에서 바라보라.'는 시스템 사고의 조건은 무엇을 의미하는지 사례를 들어 설명해보시오.

3. 위기는 예고 없이 오는가? 그렇다면 왜, 아니라면 왜 아닌지 시스템 사고의 관점에서 그 이유를 밝혀보시오.

4. 강화루프의 간단한 예시를 찾아 그 시스템의 행태를 설명하고, '엑셀(스프레드시트)'을 활용하여 그 행태를 확인해보시오.

5. 균형루프의 간단한 예시를 찾아 그 시스템의 행태를 설명하고, '엑셀(스프레드시트)'을 활용하여 그 행태를 확인해보시오.

6. 'S'형 성장 구조를 보이는 간단한 예시를 인과지도로 작성한 후 왜 이 구조가 'S'형 행태를 보이게 되는지 논의하시오.

7. '지배루프(Dominant Feedback Loop)'의 개념을 설명하고 문항 6의 예시에서 지배루프의 전이를 논의하시오.

8. 다음의 표현들은 시스템 사고의 어떤 사고요소를 강조하고자 하는 것인지 설명하시오.

   (시스템 사고 금언)
   "오늘의 처방이 내일의 질병을 낳는다."
   "미세한 변화가 큰 차이를 만들어낸다."
   "부분 최적화는 전체 최적화의 희생으로 이어진다."

   (중국 사자성어)
   소탐대실(小貪大失) / 순망치한(脣亡齒寒)
   선종외시(先從隗始) / 교학상장(教學相長)

제2부

시스템 사고의 원형과 적용

Applications

사회적 현상 이면의 구조를 이해하고 인과지도를 작성한다는 것이 말처럼 쉬운 일은 결코 아니다. 그러나 현실 문제 유형별 특성을 반영한 참조모델을 활용한다면 상당한 도움을 받을 수 있을 것이다. 이러한 배경에서 그간 시스템 다이내믹스 학자들은 지속적으로 원형을 발굴해왔다.

제2부에서는 가장 널리 알려져 있는 11가지 시스템 원형을 아래와 같이 6개 유형으로 재구성하여 제4장부터 제9장까지 각 장별로 이 원형들을 구체적으로 소개한다. 아울러 제9장에서는 제시된 시스템 원형들의 관련성을 체계적으로 정리한 '원형 계보'를 제시하였다.

- 제4장 처방과 중독(Fix and Addiction)
- 제5장 균형과 표류(Balancing and Drifting)
- 제6장 한계와 극복(Limits and Beyond)
- 제7장 경쟁과 승자(Competition and Winner)
- 제8장 선택과 악연(Choice and Adversary)
- 제9장 공유의 비극(Tragedy of the Commons)

마지막 제10장에서는 정책수단 설계의 주안점을 제시하고 이들이 어떻게 적용될 수 있는지 논의하였다. 이어서 시스템 사고의 관점에서 정책실패의 원형을 유형별로 살펴보고 정책이 실패하는 원인을 사례에 대응해보았다.

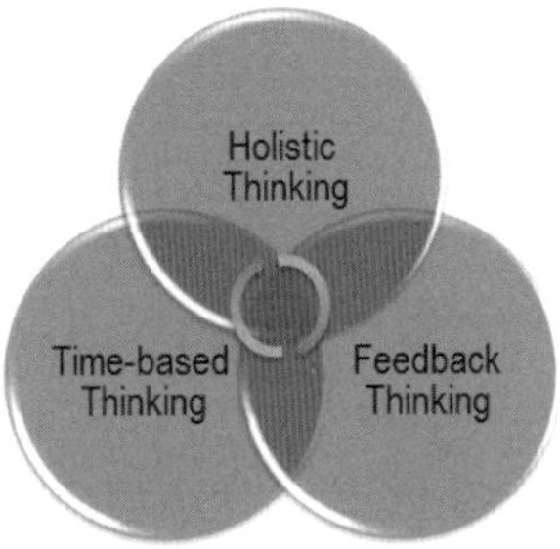

시스템 사고의 3대 요건

| 제4장 |

처방과 중독

보이는 것이 전부가 아니다

얼마 전까지만 해도 허허벌판 사막이었던 중동지역에서 영국의 기술진에 의해 검은 물(원유)이 발견되면서 그곳 사람들은 갑작스레 부자가 되었다.

이야기의 주인공인 한 젊은 청년도 세상 밖을 구경할 만큼 여유가 생겨 미국 라스베이거스를 여행하게 되었다. 휘황찬란한 네온사인과 환각적인 부위기에 싸여 마음껏 여유를 즐겼다. 무엇보다도 그에게는 투숙한 호텔의 욕실에서 샤워와 목욕을 즐길 수 있었던 것이 가장 소중한 경험이었다.

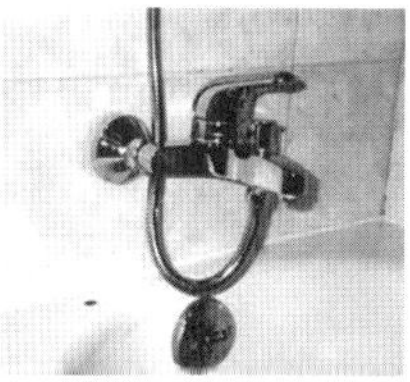

여행 일정을 모두 끝내고 가이드의 지시에 따라 다른 여행객들은 아침 일찍 호텔 로비에 모였으나 이 청년은 나타나지 않았다. 그러자 가이드는 그를 찾으러 호텔방으로 올라갔다. 침실, 거실을 뒤졌으나 그는 보이지 않았다. 욕실에서 욕조 위 벽에 붙어 있는 수도꼭지를 떼려고 애쓰고 있었다. 이를 본 가이드는 “그걸 떼서 어디 쓰려고 하느냐?”고 물었다. 그 청년 왈, “알다시피 우리나라는 물이 부족하지 않은가. 그래서 이걸 가져다 우리 집 벽에 붙이려고 한다. 물을 맘껏 쓸 수 있도록 …”

제1절 처방의 실패

인간을 얽매는 욕망 중의 하나는 당면한 문제로부터 시급히 탈출하고자 하는 것이다. 그러나 문제는 탈출을 위한 처방이 오히려 문제를 더 키우는 경우가 허다하다. 이 절에서는 이렇듯 인간의 가장 원초적 사고 중 하나인 '처방의 실패(실패에 이르는 처방)'에 대한 사고모델을 인과지도로 설명하면서 그 시사점을 논의한다.

성공을 달성한 순간부터 성공요인은 실패요인으로 작용한다.
- 피터 드러커(미국 경영학자, 1909-2005)

1. 사고모델

어떤 문제에 직면하면 흔히 우리는 빠른 해결책을 찾지만 오히려 그로 인해 문제가 악화되는 경우를 자주 보게 된다. 문제 증상이 심할수록 처방은 강화되며, 단기적으로는 증상이 완화된다. 그러나 시간이 지나면 그 처방은 부작용으로 되돌아와 문제 증상은 차도가 없거나 더 악화된다.

이런 응급처방의 유혹에 빠지게 되는 가장 큰 이유는 '우선 불부터 끄고 보자'는 심리가 작용하기 때문이다. 미봉책은 효과가 빠르게 나타나는 반면 그로 인한 부작용은 서서히 시간이 경과한 후에 나타난다. 예컨대 위장이 쓰리면 바쁘거나 돈이 없다는 이유로 소화제나 진통제로 때우다가 문제를 더욱 키우는 경우를 종종 볼 수 있다. 때로는 부작용이 있음을 알면서도 응급처방에 집착하는 경우도 있다. 바로 정치적 이유가 작용할 때 그러하다. 자신의 임기 중에 단기적

처방을 쓰면 효과가 있을 것이고, 후에 나타날 부작용은 후임자의 몫으로 전가될 수 있기 때문이다.

1) 시스템 구조와 행태

'처방의 실패'는 아래 그림의 인과지도와 같이 두 개의 피드백 루프로 설명될 수 있다. 첫 번째 동태성은 문제의 징후와 그에 대한 신속한 처방을 포함하는 균형루프(B)이다. 이 루프는 우리가 어떻게 문제를 시급히 해결해야 하는가를 설명하고 있다. 두 번째 동태성은 (증상 → 처방 → 부작용 → 증상)에 이르는 강화루프(R)이다. 이 루프의 (처방 → 부작용)에 시간지연이 개입된다. 물론 부작용은 의도치 않은 결과이지만 설혹 예상했더라도 시간 위에서 서서히 체감할 수 없을 정도로 점진적으로 증대되기 때문에 그 부작용이 한꺼번에 나타나기 전까지는 동일한 단기처방을 지속한다.

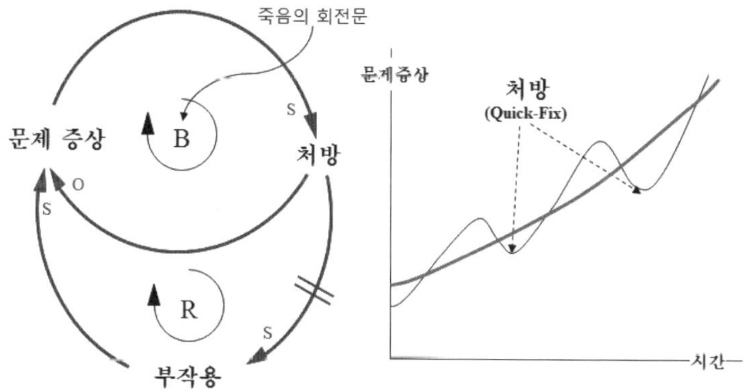

'처방의 실패' 원형의 구조와 행태(BOT)

물론 응급처방 그 자체를 나쁜 것이라고 할 순 없다. 응급처방도 필요하다. 그러나 문제는 근본 해결책을 찾지 못하고 빠른 처방만을 반복하여 결국 "죽음의 회전문(The Death Spiral)"에서 헤어나지 못한다는 데 있다.

■ 지배루프의 전이

시간이 경과하면서 지배루프가 바뀌는 현상, 즉 '지배루프의 전이'는 '처방의 실패' 원형의 경우뿐만 아니라 모든 시스템에서 나타난다. 이 원형의 전반적 행태를 지배하는 것은 강화루프(R)이다. 그러나 초반에는 부작용이 나타나지 않기 때문에 증상을 완화하는 균형루프(B)가 지배적으로 작용한다. 증상이 다시 나타나지만 예전에 효과를 보았기 때문에 다시금 그 처방을 동원한다. 그러나 그 과정 속에서 축적된 부작용이 가시화 되는 시점부터는 의도하지 않은 결과, 즉 부작용을 유발하는 강화루프(R)가 지배적으로 작용한다.

이처럼 '처방의 실패'는 증상을 악화시키는 강화루프(R)의 힘이 증상을 완화시키는 균형루프(B)의 힘보다 크기 때문에 전반적인 행태의 변화는 위 그림의 BOT와 같이 지수 성장 혹은 쇠퇴의 모습을 보이게 된다. 이는 시간지연으로 축적된 부작용이 처방보다 힘이 더 크기 때문이다.

2) '처방의 실패' 예시

자금 압박을 해소하기 위한 문제라던가, 수익 하락을 막기 위한 응급처방은 일시적 증세 완화효과는 있어도 전반적 대세는 악화일로를 걷게 된다. 아래 그림은 이러한 시스템의 전형적 예시를 보여주고 있다. 이는 마치 삐걱거리는 수레바퀴에 급하다고 물을 바르는 것과 같은 이치이다. 처음에는 물이 윤활유 작용을 하겠지만 곧바로 물은 증발하게 되고 바퀴에 녹이 쓸어 더욱 삐걱거리는 현상을 맞이하게 된다. BOT를 보면 단기적으로는 증상이 빠르게 완화된다. 그러나 이런 효과 때문에 중장기적으로 증상이 더욱 악화되는 것을 제대로 알지 못한다.

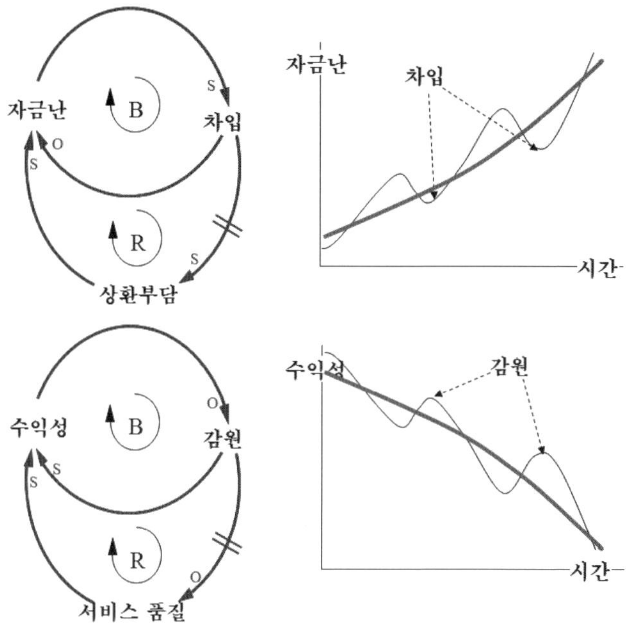

'처방의 실패' 시스템의 구조와 행태(BOT) 예시

2. 적용연습

'처방의 실패'는 가장 간단하면서도 가장 흔히 접하게 되는 사고모델이다. 그러나 시스템의 구조를 인과지도(CLD: Causal Loop Diagram)로 그려낼 수 있다면, 그것은 보다 복잡한 문제에 도전할 수 있는 첫걸음이 될 수 있다. 이 원형의 사고모델을 인과지도로 작성하는 방식을 알아보기로 하자.

1) 모델 개발 절차

(단계 1) 문제의 정의

문제를 알면 이미 답의 절반은 찾은 것이다. 따라서 첫 단계는 해결하려는 문제를 파악하여 그로부터 변수를 도출하는 것이다. '처방의 실패'의 경우 우리가 생각할 수 있는 초기의 변수는 문제(증상)와 그에 대한 처방이다. 문제가 시급한 사안일수록 단기적 처방들이 힘을 얻게 된다.

(단계 2) 피드백 형성

피드백 사고를 도입하여 문제의 징후를 완화하는 균형루프를 만든다. 도출된 처방이 다수일 경우에도 마찬가지이다. 예컨대 처방이 3개일 경우 아래 그림과 같이 다중 루프를 만들면 된다.

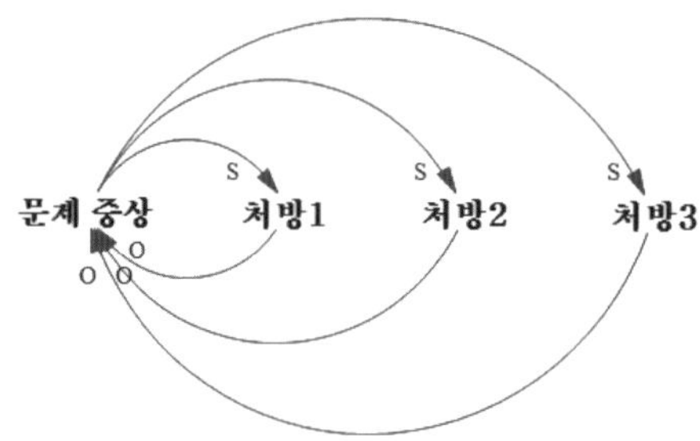

복수의 처방을 반영한 다중 균형루프

(단계 3) 시간지연 반영

시간적 사고를 도입하여 중장기적으로 처방이 초래할 수 있는 부작용이 없는지를 검토한다. 이때 부작용을 새로운 변수로 추가하게 되면 (문제증상 → 처방 → 부작용 →문제증상)에 이르는 악순환의 강화루프가 새로 형성된다. 이때 유념할 것은 처방이 부작용으로 나타나기까지 시간지연이 개입된다는 점이다. 이로써 처방과 그로부터 유발되는 부작용, 그리고 부작용이 드러나는 시간지연까지 시스템 사고의 3대 요소인 피드백 사고, 시간적 사고, 통합적 사고가 모두 반영되었음을 볼 수 있다.

2) 단계별 적용 예시

(단계 1) 문제의 정의

아래 제시한 현상(BOT)을 보면 문제의 증상은 '모기의 창궐'이며, 그에 대응한 처방은 '살충제 살포'이다. 그러나 그 효과는 일시적일

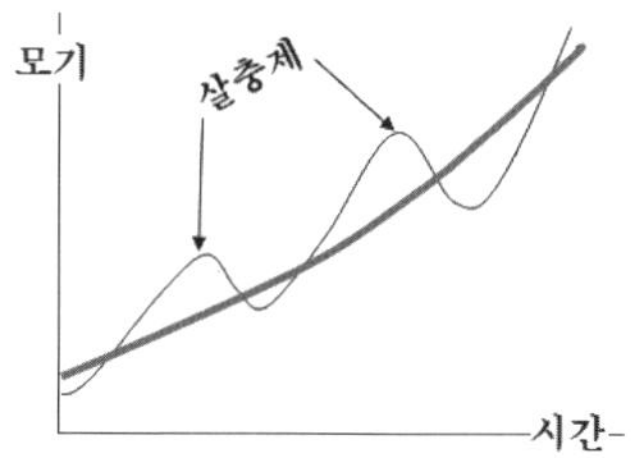

뿐 모기는 더욱 기승을 부리고 있다. 이 문제의 변수는 '모기'와 '살충제'이다. 이들 변수 사이의 인과관계를 단선적 사고로 나타내면 아래와 같다.

(단계 2) 피드백 형성

위 단선적 사고를 정당화할 수 있는 균형루프를 만들면 다음과

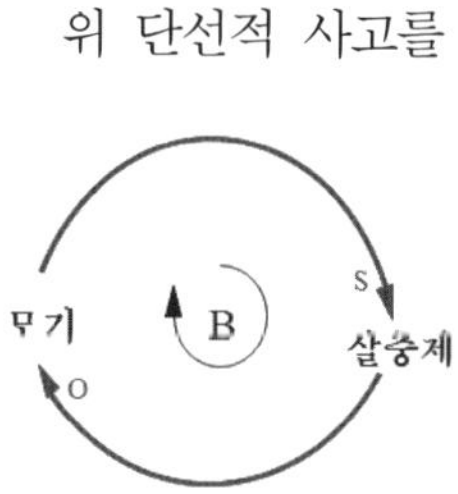

같다. 모기가 많을수록 살충제 처방이 강화될 것이고, 살충제 처방을 사용하면 그만큼 모기는 줄어들 것이다. 이러한 사고 모델은 겉으로 보기에 전혀 문제가 없어 보인다.

(단계 3) 시간지연 반영

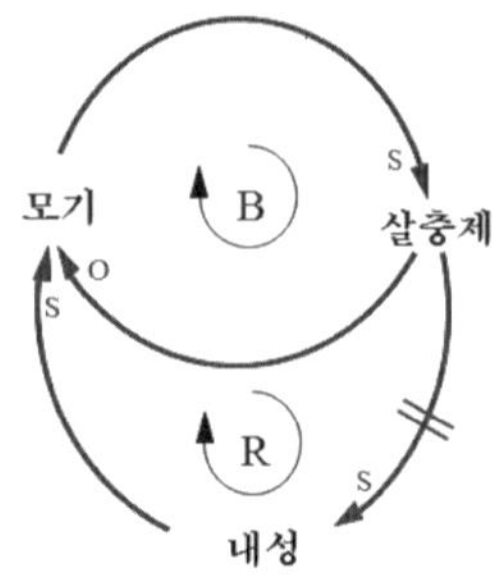

그러나 부작용은 시간지연 속에 숨어 있다. 따라서 처방이 초래할 수 있는 부작용 요소를 파악하여 시스템 구조에 추가한 후, 문제증상과 연결한 악순환 강화루프에 시간지연을 반영한다. 이 예시의 부작용 요소는 살충제에 대한 모기의 '내성'이다. 옆의 그림은 이러한 절차를 걸쳐 완성된 인과지도이다. 이 그림과 위에 제시된 BOT를 비교해보기 바란다.

3. 구조관리 지침 및 시사점

'처방의 실패'를 관리하는 가장 좋은 방법은 첫 단계부터 그러한 상황에 빠져들지 않도록 하는 것이다. 우리가 시행하려는 해결책으로 그 문제가 재발하거나 더 악화될 소지는 없는지 사전에 면밀히 검토해야 한다.

▶ 응급처방의 유혹에 빠지는 이유

응급처방의 유혹에 빠지는 이유는 대체로 세 가지로 설명된다.

- 효과 경제성: 적은 비용으로 단기에 효과를 볼 수 있기 때문
- 정치적 이유: 임기 중에 무언가 성과를 내야 한다는 심리적 압박
- 시간 벌기용: 장기적 정책수단을 강구하기 위한 시간 벌기용

---

1) 구조관리 지침

응급처방의 반복적인 실패(죽음의 회전문)에서 탈출할 수 있는 몇 가지 가이드라인을 제시하면 다음과 같다.

• 문제의 징후와 원인을 혼동하지 마라.

'더 많은 현금이 필요하다.'면 문제는 현금 부족이 아니라 운영자본의 감소에 있으며, '주문을 신속히 처리해야 한다.'면 문제는 주문처리 지연이 아니라 고객 수요의 증가나 주문처리 방식 혹은 담당 부서의 무능력이나 사기에 있을 수 있다. 이처럼 문제의 징후를 정확히 파악하는 것은 응급처방의 유혹에서 벗어나게 하는 좋은 수단이 된다.

• 과거, 현재, 미래의 해결책을 모두 검토하라.

어떤 문제에 대해 자신이 이해하고 있는 바를 다른 사람들과 공유하여 다양한 관점에서의 합리적인 이유들을 추가하거나 수정하는 노력을 서슴치 말아야 한다. 이런 측면에서 인과지도는 매우 유익한 수단이 된다.

• 의도(예상)하지 않은 결과를 상정하라.

흔히 원하는 바는 잘 알지만 그로 인해 의도하지 않은 결과를 상정하는 것은 말처럼 쉬운 일은 아니다. 따라서 자신의 사고 프로세스를 상대의 입장에서 생각해보는 역지사지(易地思之)의 자세가 필요하다.

• 의도하지 않은 결과와 문제의 원인 간 연결고리를 찾아라.

징후와 처방은 회전문처럼 계속 반복될 위험성이 있다. 따라서 의도한 결과를 얻기 위한 처방이 의도하지 않은 결과를 낳을 수 있음을 염두에 두고 그 원인을 찾아 이들 간 관계를 시스템 구조에 반영해야 한다.

• 정책지렛대를 찾아 적용하라.

정책지렛대는 최소의 노력이나 투자로 문제를 근본적으로 해결할 수 있는 구조적 변화를 유도할 수 있다. 예컨대 부작용에 대한 대응책을 구조에 반영함으로써 이를 차단하거나 최소화 할 수 있을 것이다.

2) 교훈 및 시사점

지금까지 살펴 본 '처방의 실패' 사고모델을 통해 얻을 수 있는 교훈으로 우리가 유념해야 할 사항을 정리하면 다음과 같다.

▶ '처방의 실패'에서 얻는 교훈

- '얻는 게 있으면 반드시 잃는 것도 있다.' 무언가를 얻고자 할 때는 그로부터 유발되는 부작용이나 치러야 할 비용을 검토해야 한다.
- '보고자 하는 대로 세상을 볼 뿐이다.' 아무리 문제 해결에 대한 단기적 효과가 크더라도 그것만 보아서는 안 된다. 인과지도를 그릴 때 '사고의 분기'를 강조하는 이유는 여기에 있다.
- '낙타의 허리는 마지막 올려놓은 콩알 하나에 부러진다.' 처방으로 서서히 나타나는 부작용은 일시에 나타난다는 점을 명심해야 한다. 시스템 사고에서 '시간을 다른 각도에서 보라'는 것은 바로 이러한 이유에서이다.

★ 시스템 사고 금언:

- 현재의 문제들은 과거 해결책의 산물이다.
  Today's problems come from yesterday's solution.

제2절 중독의 함정

앞 절에서는 문제의 징후에 대처하는 처방의 부작용으로 결국 그 처방이 실패하는 사고모델에 대해 논의했다. 그러나 처방은 응급처방만 있는 것이 아니라 근본처방도 있다. 따라서 여기서는 '실패에 이르는 처방'의 원형을 확대하여 응급처방과 근본처방 두 가지를 반영한 사고모델을 논의한다.

오늘 달걀을 얻는 것보다 내일 닭을 얻는 게 낫다.
- 토마스 풀러(영국 역사학자, 1608-1661)

1. 사고모델

문제에 대처하는 처방은 대증처방뿐만 아니라 근본처방도 있다. 이들 두 가지 처방을 모두 반영한 사고모델을 '짐 떠넘기기(Shifting the Burden)' 혹은 '중독의 함정(The Pitfall of Addiction)'이라고 한다. 시간을 요하는 근본 처방 보다는 효과가 빠르게 나타나는 단기적 처방에 떠넘기고 그에 중독된다 해서 이런 수사적 표현이 나온 것이다. '짐 떠넘기기'는 불편한 느낌이나 고통을 가능한 빨리 제거하려는 심리적 성향을 상징적으로 나타낸 것으로, 이런 상황은 우리의 일상에서 흔히 볼 수 있다.

이 사고모델은 앞서 소개한 '처방의 실패'를 두 가지 측면에서 확장한 것이다. 첫째는 문제의 해결을 위한 처방으로 징후에 대처하는 대증처방만이 아니라 근본적 해결을 위한 처방까지 동시에 생각한다는 점이다. 둘째는 대증처방이 근본처방에 부정적으로 작용하여 증상에 대한 근본적 치유의 힘을 잃게 된다는 점이다.

1) 시스템 구조와 행태

'중독의 함정'은 아래 그림의 인과지도와 같이 세 개의 피드백 루프로 설명될 수 있다. 첫 번째 동태성은 문제의 징후와 그에 대한 신속한 처방을 포함하는 균형루프(B_1)이다. 이 루프는 우리가 어떻게 문제를 시급히 해결해야 하는가를 설명하고 있다.

두 번째 동태성은 문제의 증상과 근본처방을 반영한 균형루프(B_2)이다. 이 균형루프는 근본처방이 바람직하지만 증상을 근본적으로 해결하기까지에는 적지 않은 시간지연이 개입됨을 보여주고 있다.

세 번째 동태성은 (증상 → 대증처방 → 부작용 → 근본처방 → 증상)에 이르는 강화루프(R)이다. 증상이 심할수록 대증처방과 근본처방의 필요성이 모두 증대되지만 대증처방은 그 효과가 빠르게 나타나는 반면 근본처방에는 상당한 시간이 소요된다. 따라서 대증처방으로 인해 근본처방이 위축되는 결과를 낳는다.

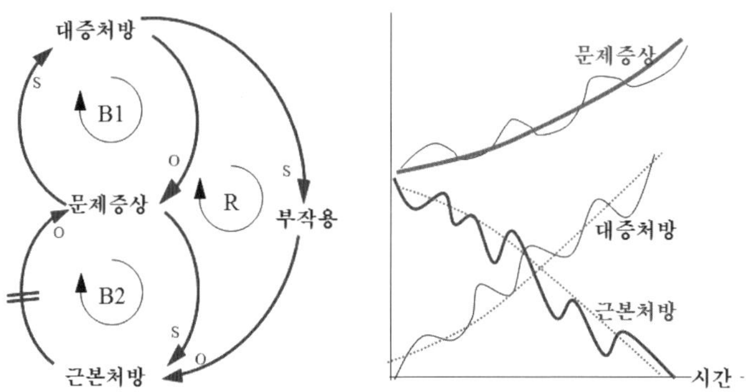

'중독의 함정' 원형의 구조와 행태(BOT)

이 시스템 원형은 근본적 해결 노력을 기피하거나 해결 능력을 상실하게 되어, 대증적 해결책에 얼마나 쉽게 중독될 수 있는 지를 보여주고 있다. 시간이 경과하면서 문제의 징후는 재현되고, 다시금 대증처방이 시행되는 '8'자 모양의 악순환이 반복된다. 이렇듯 대증처방은 보다 근본적인 해결책을 외면하게 하는 부작용을 낳는다.

■ 지배루프의 전이

이 시스템의 행태를 지배하는 것은 대증처방의 균형루프(B_1)나 근본처방의 균형루프(B_2) 중 어느 하나가 아니라 이들이 반복적으로 순환하는 '8'자 모양의 루프이다. 이들 두 개의 균형루프가 서로 맞물려 작동하게 되면 강화루프의 행태를 보이게 된다. '문제증상'에서 출발하여 이 루프를 따라가 보면 이 지배적 루프가 어떻게 작용하는지 알 수 있다.

위 그림 BOT와 같이 중독성 있는 대증처방과 시간을 요하는 근본처방은 'X'자형 패턴으로 나타난다. 문제 증세가 시급할수록 빠른 효과를 보이는 대증처방이 강화된다(B_1). 물론 일시적으로 문제를 근본적으로 해결하려는 노력을 하지만(B_2), 시간지연(근본처방 → 문제증상)으로 인해 증상이 빠르게 해소되지 않자 다시금 대증처방에 의존하는 과정(B_1)이 반복된다. 이 과정에서 (증상 → 대증처방 → 부작용 → 근본처방 → 증상)에 이르는 부작용의 강화루프(R)가 작용하면서 증상은 대증처방이 시행될 때마다 일시 완화되는 물결 패턴을 보이면서 더욱 악화되는 지수 성장을 한다.

이러한 '짐 떠넘기기'는 대부분 문제의 신속한 해결을 바라는 심리에서 비롯된다. 대증처방으로 문제의 증상은 곧바로 완화되기 때문에 어렵고 시간이 많이 소요되는 근본 해결책에 대한 필요를 절감하지 못하게 된다. 또한 근본처방을 시행하는 능력 자체를 잠식하기도 한다.

2) '중독의 함정' 예시

아래 그림은 '짐 떠넘기기' 상황의 인과지도와 BOT를 예시로 보여주고 있다. 어느 교수가 자신의 연구를 위해 통계분석을 조교에게 시키는 상황을 상정한 것이다. 여러 일로 시간 압박을 받는 교수는 조교를 통해 쉽사리 일을 해결할 수 있다. 그러나 이런 일이 반복되면 결국 교수는 그 조교에 대한 의존도가 점차 높아지게 되고 스스로 통계를 처리하는 능력을 쌓으려는 동기는 더욱 약화된다. 특히 다양한 민감도 분석이 요구되는 경우 이를 조교에게 설명하느라 시간은 오히려 더 소요되는 결과를 초래한다. 조교가 휴가를 떠난 사이에 이런 일이 발생하면 교수는 속수무책의 상황에 빠지고 만다.

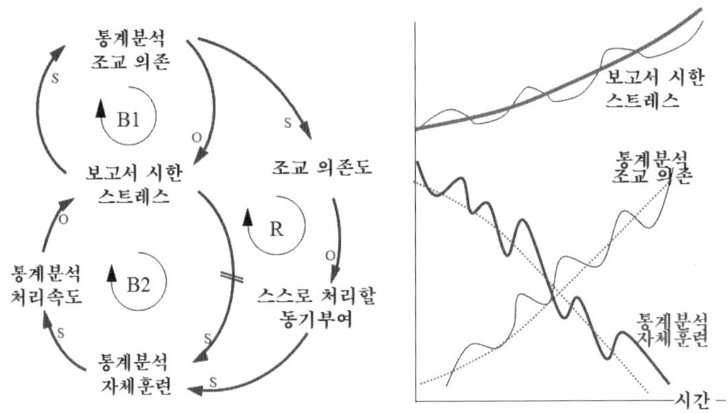

'중독의 함정' 시스템의 구조와 행태(BOT) 예시

2. 적용연습

'중독의 함정' 혹은 '짐 떠넘기기' 구조를 인과지도로 나타내기 위해서는 그에 내재되어 있는 세 가지 단서를 이해해야 한다.

- '처방의 실패'에서처럼 반복적으로 나타나는 문제를 즉시 완화시킬 수 있는 손쉬운 해결책을 적용하려는 심리가 작용한다.
- 문제 해결을 위한 보다 근본 대책이 있음을 알면서도 즉각적인 효과가 없고 시간, 비용 등이 요구된다는 이유로 기피하게 된다.
- 결국 심리적 강박감에서 구사되는 단기적 해결책은 중독성이 있어 쉽사리 거기서 빠져나오지 못한다.

이들 세 가지 단서를 가지고 '중독의 함정' 원형에 해당하는 상황이 어떤 단계를 거쳐 인과지도가 완성되는지 살펴보기로 하자.

1) 모델 개발 절차

(단계 1) 문제의 정의

문제의 징후에 대하여, 해결책으로 동원된 처방이 근본적 해결책인지 파악한다. 만약 근본처방이 아니라면 무엇이 그에 해당될지를 생각한다.

(단계 2) 피드백 형성

피드백 사고를 도입하여 문제의 징후와 대증처방 사이의 균형루프(B_1)와 문제의 징후와 근본처방 사이의 균형루프(B_2)를 각각 구성한다.

(단계 3) 시간지연 반영

이들 두 개의 균형루프가 완성되면, 대중처방이 초래할 수 있는 부작용과 그로 인해 영향을 받는 근본처방 사이를 연결선으로 나타내고 극성을 표시한다. 시간적 사고를 도입하여 근본처방과 문제증상 사이의 연결선에 시간지연을 나타낸다. 끝으로 (증상 → 대증처방

→ 부작용 → 근본처방 → 증상)에 이르는 부작용의 강화루프(R)가 만들어졌는지 확인한다.

2) 단계별 적용 예시

(단계 1) 문제의 정의

아래 제시한 현상(BOT)을 보면 문제의 증상은 '조직성과의 하락'이며, 그에 대응한 처방은 '외부전문가에 의존'하여 해결책을 찾으려는 것이다. 그러나 학습조직의 대가인 센게(Senge)가 지적했듯이, 무능한 조직은 전형적으로 '외부전문가로부터 답을 얻으려 하는 것'이

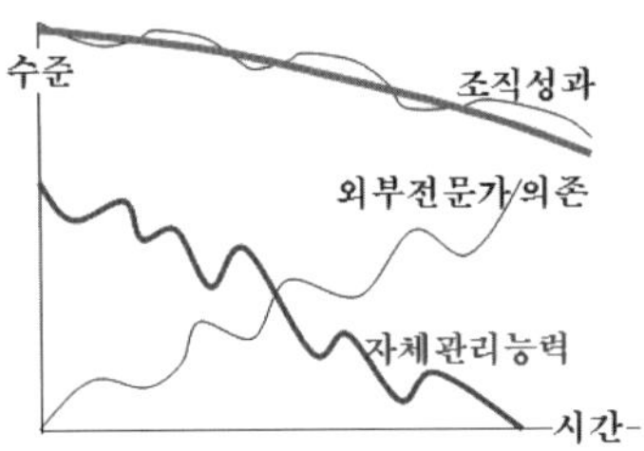

다. 이 문제의 핵심 변수는 '조직성과'와 '외부전문가에 의존' 등 두 가지다. 이들 사이의 인과관계를 단선적 사고로 나타내면 아래와 같다.

(단계 2) 피드백 형성

위 단선적 사고를 정당화할 수 있는 균형루프를 만들면 다음과 같다. 외부전문가에게 답을 구하면 일단 조직성과 문제가 해결될 수 있을 것이고, 조직성과 문제가 심각할수록 외부전문가에게 의존하려

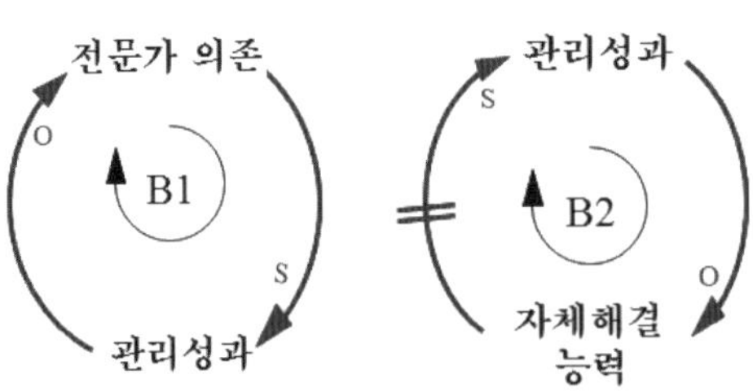

는 유혹은 강화될 것이다. 이러한 사고모델은 겉으로는 전혀 문제가 없어 보인다. 그러나 이는 조직역량 개발에

부작용으로 작용할 것이므로 자체 문제해결 능력 배양의 근본처방을 모색하지 않으면 안 된다. 따라서 우측 그림처럼 문제증상과 근본처방의 피드백 관계에서 또 다른 균형루프가 형성된다.

(단계 3) 시간지연 반영

대중처방이 초래할 수 있는 부작용과 그 부작용으로 인해 영향을 받는 근본처방 사이를 연결선으로 나타내고 극성을 표시한다. 이로써 (증상 → 대중처방 → 부작용 → 근본처방 → 증상)에 이르는 부작용의 강화루프(R)가 형성되었는지 확인한다. 특히 부작용은 항상 시간지연 속에 숨어 있으므로, 이 강화루프에 시간지연이 반영되었는지 확인해야 한다. 이 예시의 부작용은 '자체능력 개발 동기의 상실'이다. 옆의 그림은 이러한 절차를 걸쳐 완성된 인과지도이다. 이 그림과 위에 제시된 BOT를 비교해보라.

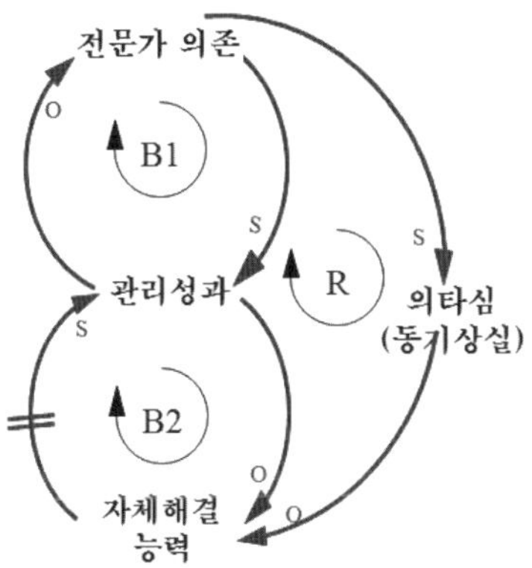

3. 구조관리 지침 및 시사점

'처방의 중독' 구조는 기본적으로 '처방의 실패'를 확장한 것이다. 여기서 구조 관리 상 주목해야 할 것은 근본처방만이 올바른 해결책이라고 단정해서는 안 된다는 점이다. 문제의 징후에 대처하는 방안의 적절성은 상황과 관점에 따라 다르고 짐 떠넘기기의 부작용들을 현실적으로 추적하기 어렵기 때문이다. 그러나 중독구조를 형성하는 문제와 대중처방 사이의 균형루프에 빠지는 것을 제어하는 장치는 반드시 필요하다. 또한 근본처방이 병목으로 작용하는 만큼 이를 해소할 수 있는 방안도 구조에 추가될 필요가 있을 것이다.

1) 구조관리 지침

'중독의 함정'에서 벗어날 수 있는 몇 가지 가이드라인을 제시하면 다음과 같다.

• 대증처방에 의존하고 있다면 다음의 질문에 답해보라.

문제를 일으키는 더 깊은 원인과 그에 대한 다른 대안은 없는가? 현재의 해결책은 우리의 비전과 일치하는가? 그렇지 않다면, 무엇이 그에 부합되는가? 이 해결책으로 초래되는 장기적인 결과들은 무엇이며, 발생가능한 부작용은 무엇인가?

• 대증처방이 불가피하더라도 그 의존도는 최소화하라.

경우에 따라서는 대증처방을 중단한다는 것이 현명하지 못한 처사일 수도 있다. 따라서 '짐 떠넘기기' 구조에서 벗어나는 방법은 대증처방을 계속하더라도 그와 동시에 근본처방의 역량을 키워 궁극적으로 대증처방의 의존도를 줄이거나 제거하는 것이다. 이 구조에서 가장 적절한 대처는 장기와 단기의 균형을 유지하는 것이다.

• 중독의 고리에서 눈을 돌려 근본처방에 집중하라.

중독의 고리에 빠져 있다면 '그 중독은 무엇에 반응하고 있는가?', '왜 거기에 빠질 수밖에 없다고 생각하는가?', '이러한 의존성은 왜 생기게 되었는가?' 등의 의문을 스스로 던져보아야 한다. 그 해답을 찾아 구조에 반영하고 중독구조를 일시에 없애려하기보다는 근본처방을 통해 차츰 중독을 치유하는 지혜가 필요하다.

2) 교훈 및 시사점

'중독의 함정' 사고모델을 통해 '중독의 함정' 사고모델에서 알아야 할 핵심 교훈은, 비록 일시적으로 대증처방을 쓰더라도, 그 단맛의 중독에서 헤어나지 못하는 악순환의 고리를 차단하는 근본적 정책수단이 모색되어야 한다는 점이다.

▶ **'중독의 함정'의 교훈**

- '머리로 아는 것과 실천하는 것은 별개의 문제이다.' 단기적 대안에 중독되어 이를 반복하다가 기회를 놓치는 경우가 허다하다.
- '빠른 것이 결국은 느리다.' 아무리 화급해도 시간적 여유를 가지고 근본처방 능력을 배양하는 것이 결국은 더 빨리 문제를 해결하는 수단이 된다. 대증처방은 문제의 증상을 완화할 수는 있으나 해결할 수는 없기 때문이다.
- '신선놀음에 도끼자루 썩는다.' 손쉬운 처방에 한번 빠지면 그에 더 중독되는 행동 패턴을 보인다는 점을 명심해야 한다.

★ 시스템 사고 금언:

- 쉬운 해결책은 증상을 악화시킨다.
  The easy way out leads back in.

생각해봅시다.

1. 옆에 제시된 그래프를 보고 이러한 행태를 유발하는 시스템 구조를 '처방의 실패' 원형을 참조해서 인과지도로 작성해보시오.

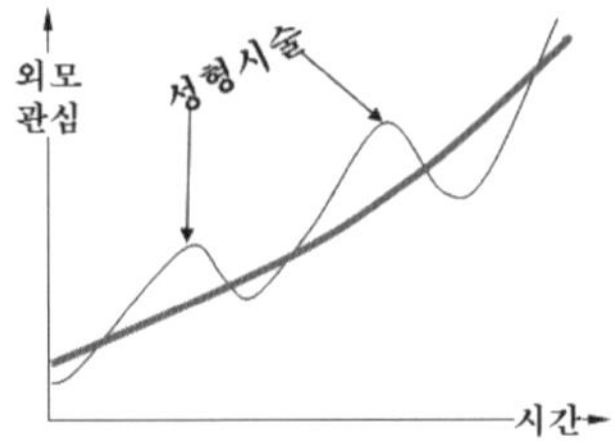

2. 옆에 제시된 인과지도는 '처방의 실패' 원형의 예시로 본문에서 보았던 것이다. '중독의 함정' 원형을 참조해서 이를 재구성(확장)하고 그 내용을 설명하시오.

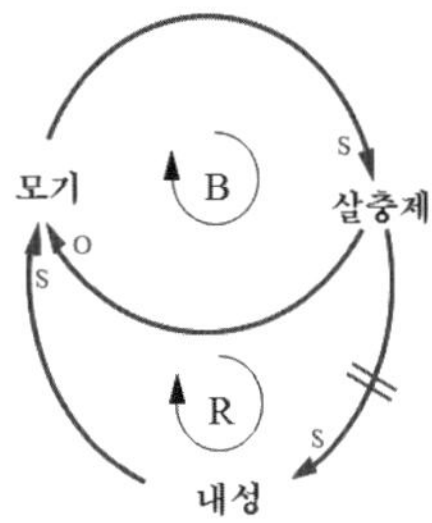

3. 아래 제시된 행태 그래프(BOT)는 매출 증진 차원에서 소매상에 리베이트 제공 등 판촉 지원을 했으나 그 효과는 일시적일 뿐 매출은 지속적으로 하락하고 있음을 보여주고 있다. '중독의 함정' 원형을 참조해서 이 시스템의 구조를 인과지도로 설명해보시오.

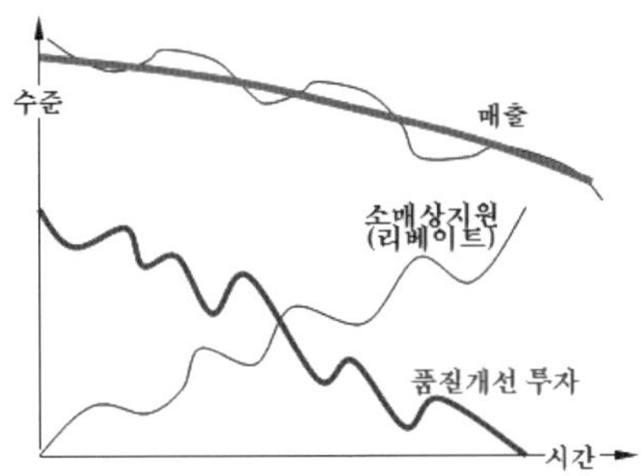

| 제5장 |

균형과 표류

적응의 역설

개구리에게는 수온이 15도일 때 가장 기분이 좋은 상태라고 한다. 서서히 온도를 높이면 20도, 30도가 되어도 유유히 헤엄을 계속한다. 그러다 45도쯤에 이르면 죽게 된다. 뜨거운 물에 개구리를 넣으면 뛰쳐나온다. 그러나 아주 조금씩 온도를 올리면 뜨거워지는 것을 모른 채 죽음을 맞이하게 된다. 이러한 현상을 '삶은 개구리 증후군(Boiled Frog Syndrome)'이라고 한다.

이것이 의미하는 바는 '작은 원인이 큰 결과를 초래한다.'는 것으로 지구 온난화(Global Warming), 쓰레기 배출, 자원 남용 등 '방관자 효과(Spectator Effects)'로 인한 사회적 문제뿐만 아니라 일상에서 반복적으로 일어나는 소소한 선택이 결국 큰 결과로 이어지는 개인적 차원의 문제에 이르기까지 우리에게 던지는 교훈은 매우 심대하다.

취사성탑(聚沙成塔), 적투성산(積土成山) 등과 같은 '티끌 모아 태산'이란 의미의 사자성어나 '가랑비에 옷 젖는다.', '낙숫물에 댓돌 뚫린다.'는 속담도 작은 변화를 간과하기 쉬운 우리의 속성에 경종을 울리는 가르침이다. '시간을 다른 각도로 바라보라.'는 시스템 사고의 조건도 이러한 교훈에서 연유한 것이다. 현실 적응 이면에 도사리고 있는 어두운 그림자를 경계해야 한다.

제1절 지연 속의 균형

'목표의 표류' 원형을 살펴보기에 앞서 이 절에서는 그 기초가 되는 음(-)의 피드백 루프에 관해 구체적으로 논의한다. 왜냐하면 양(+)의 피드백 루프와 달리 음의 피드백 루프는 반드시 일정한 목표에 수렴하고자 하며 그 수렴과정에 시간지연이 개입되기 때문이다.

낙하속도와 낙하시간은 정비례한다.
- 갈릴레오 갈릴레이(이탈리아 과학자, 1564-1642)

1. 균형의 세 가지 유형

안정적 상태를 지향하는 균형루프는 그것이 정체를 의미하는 것이 아니라면 시스템 관리 측면에서는 매우 바람직한 요소이다. 균형루프가 작동하면서 일정한 목표수준을 향해 수렴하는 과정에는 대부분 시간지연이 개입되지만, 지연을 무시할 수 있는 경우도 상정해 볼 수 있다.34)

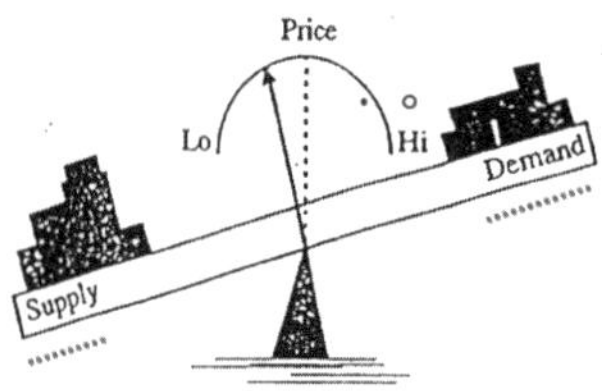

1) (유형 1) 시간지연이 없는 균형(Smoothing)

균형루프에 시간지연이 없다면 이 구조의 원형과 행태는 아래 그림에 보인 바와 같다. 현재 상태와 목표 사이의 간극을 줄여 목표에 수렴하려는 조정 과정을 지속한다. 물론 현실적으로 목표에 수렴하는 과정에 시간

34) 아래 내용의 상당부분은 이미 제3장 제3절(3. 지연구조)에서 소개된 바 있으나, 논의의 흐름을 위해 추가로 보완 설명한다.

지연이 없을 수는 없지만, 그 지연이 무시할 정도라고 가정한 것이다.

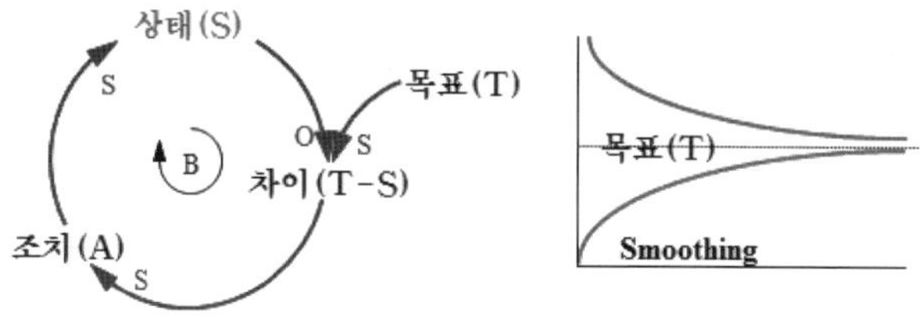

시간지연이 없는 목표수렴 구조와 행태의 원형

예컨대 아래 그림과 같이 컵에 물을 받는 상황을 생각해보자. 컵에 채울 물의 희망 수준과 컵에 담긴 현재 수위 사이의 차이에 따라 수도꼭지를 돌리는 강도가 달라지며, 그 강도가 에 따라 단위시간당 물의 유입량도 변화한다. 유입량은 다시 현재 물의 수위를 변화시킨다.

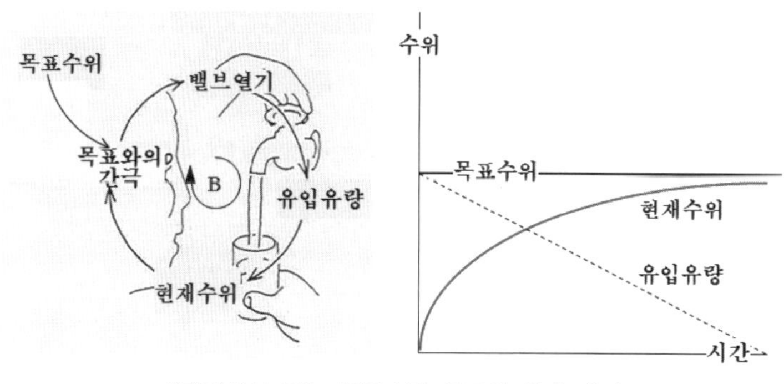

시간지연이 없는 목표수렴 구조와 행태 예시

여기서 있을 수 있는 지연은 물의 희망수준과 컵에 담긴 현재 수위 사이의 차이를 인지하는 정보지연(인지지연)과 그에 따라 수도꼭지를 돌려 물이 컵까지 유입되는 물질지연(전달지연) 등 두 가지를 상정할 수 있지만 현실적으로 이들 지연은 아주 미세하므로 거의 무시할 정도이다.

2) 시간지연이 개입된 균형

균형루프에 시간지연 요소가 하나 이상 존재하는 경우, 구조는 같아도 목표와 현실 사이의 간극을 조절하는 강도에 따라 행태는 아래 그림과 같이 두 가지 유형의 파동으로 나타난다. 하나는 간극의 조절 강도가 줄어듦에 따라 등락 폭 역시 차츰 점감하여 목표에 수렴(Tapering)하는 경우이며, 다른 하나는 간극의 조절 강도가 일정하여 목표를 중심으로 일정하게 등락을 반복(Oscillating)하는 경우이다.

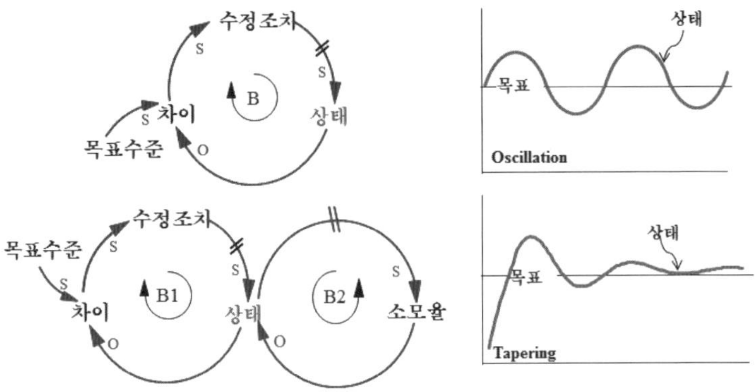

시간지연이 개입된 목표수렴 구조와 행태의 원형

(1) (유형 2) 수렴적 파동 - Tapering

예컨대 샤워할 때 적정한 물을 온도를 맞춰가는 과정을 상정해보자. 샤워꼭지를 온수 쪽으로 돌리면 따스한 물이 나올 것이라 기대하지만 찬물이 나오는 경우를 경험해 보았을 것이다. 이 경우 황급히 꼭지를 온수 쪽으로 더 돌리고 손으로 물을 만져본 후 이제 적당하다고 생각한다. 그 상태에서 샤워를 계속하다보면 이번에는 물이 너무 뜨거워진다. 그러면 수도꼭지를 다시 차가운 쪽으로 서둘러 돌린다. 이런 일은 물이 데워지기까지의 시간지연과 그로 인한 과잉 조절행동 때문에 발생한다.

샤워할 때 우리가 하는 과잉조절 행동을 인과지도로 그려보면 아래와 같다. 샤워 텝 조절과 실제 물의 온도 사이에 시간지연을 반영했다. 이러한 구조 하에서는 과잉반응으로 인해 물의 온도 변화는 파동 후 목표온도에 수렴하는 행태를 보인다.

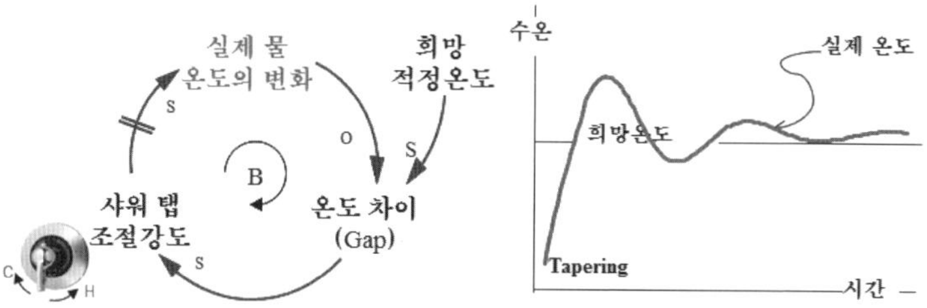

수렴적 파동(Tapering)을 보이는 구조와 행태의 예시

이와는 반대로 시간이 갈수록 파동의 진폭이 확대되는 경우도 생각할 수 있다. 다만 그런 경우는 복합구조에서 강화루프가 작동하면서 균형루프에서 발생시키는 파동을 더욱 조장하기 때문이다.

(2) (유형 3) 수평적 파동 - Oscillation

목표를 중심으로 일정하게 등락을 반복하는 수평적 파동(Oscillating)은 시간지연이 개입된 균형루프에서 목표와 상태 사이의 간극 조절 강도가 일정한 경우 발생한다. 또한 시간지연이 개입된 균형루프가 이중으로 구성되어 있고 목표에 수렴하고자 하는 힘이 대등할 때 나타난다. 균형루프의 힘이 서로 다르면 강한 루프의 행태에 맞춰 수렴적 파동을 보일 것이다.

아래 인과지도는 재고 보충이 일정 비율로 이루어진다고 가정할 때 파악된 재고와 적정재고의 차이를 일정 간격으로 보충하는 시스템의 구조와 행태를 예시로 보여주고 있다. 보유재고로 만든 제품이 일정비율씩 판매로 빠져나간다고 가정하여 위에 보인 인과지도에 재고와 판매의 피드백 루프를 추가로 반영한 것일 뿐 다른 차이는 없으며, 양쪽 모두 수평적 파동을 보인다. 다만 이 경우 판매로 인해 재고의 등락이 커지면 재고량 변화의 진폭도 커진다.

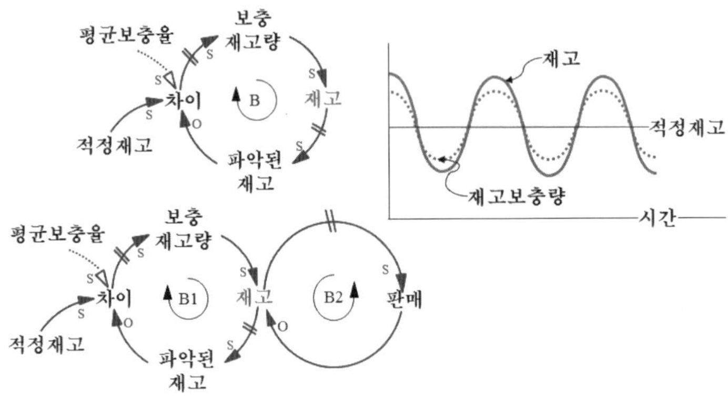

수평적 파동(Oscillation)을 보이는 구조와 행태의 예시(1)

한 마디로 적정재고를 유지하려는 재고보충 균형루프(B_1)와 재고의 감소를 초래하는 재고유출 균형루프(B_2)가 서로 맞물리면서 재고의 유입과 유출이 시간지연 속에서 반복해 일어난다. 그 결과 보유 재고량은 목표 재고수준을 중심으로 파동을 지속적으로 일으키게 된다.

이렇듯 시간지연이 개입된 균형루프들이 소비와 보충을 교차하는 경우는 일반 시장경제에서도 전형적으로 일어나는 현상이다. 예컨대 식품 등 주요 소비재 가격을 안정화하려는 사례를 상정해보자. 여기에는 기본적으로 아래 그림의 인과지도와 같이 공급과 가격, 수요와 가격 등 두개의 균형루프가 존재한다. 그러나 수요와 공급에 중요한 지연이 존재하기 때문에 과도한 증가와 하락이 반복적으로 나타난다.

가격과 공급의 균형루프(B_1)에서 공급이 많아지면 가격은 떨어지게 되고 가격이 내려가면 공급을 줄이게 된다. 여기서 가격이 내려가더라도 공급량을 줄이는 데는 시간지연이 존재한다. 한편 가격과 수요의 균형루프(B_2)에서 공급에 의해 가격이 낮아지면 수요가 촉진되고, 수요가 많아지면 일정 시간 경과 후 가격은 다시 올라가는 순환적 작용이 반복된다. 이로써 제품의 가격은 적정가를 중심으로 등락을 반복하게 된다.

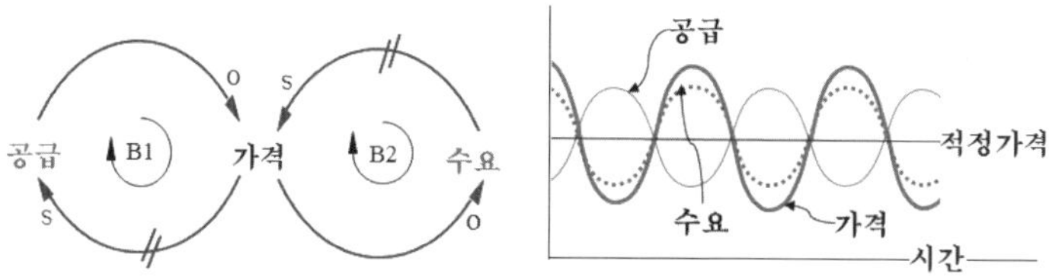

수평적 파동(Oscillation)을 보이는 구조와 행태의 예시(2)

2. 시간지연의 시사점

시간지연은 한 마디로 '숨어있는 말썽꾸러기(hidden troublemaker)'라는 수사적 표현이 적합할 것 같다. 시간지연 때문에 관리상의 문제가 많이 발생하기 때문이다. 그 유형은 크게 두 가지로 집약될 수 있다.

첫째는 정보처리와 물질전달에 개입되는 시간지연은 그 만큼의 누적효과 때문에 일차 과잉행동이 유발되며 그에 대한 대응조치로 과소행동을 취하게 만든다. 예컨대 생산자에서부터 최종 소비자에 이르는 공급사슬(Supply Chain)의 경우 최종 소비자의 주문 변화가 단계를 거슬러 가면서 점차 확대되어 생산자에 이르면 생산 계획에 과대 과소 요구량이 반영되어 결국 과잉생산과 과소생산이 반복된다. 이러한 현상은 마치 소 꼬리의 몸통 쪽이 조금만 흔들려도 끄트

머리는 크게 요동치는 현상과 유사하여 '채찍효과(bullwhip effect)' 라고 부르기도 한다.[35]

둘째로 시간지연은 어떤 조치에 대한 효과가 즉시 나타나길 바라지만 실제로는 상당 시간이 지난 후에야 나타남으로써 적절한 조치의 시점을 놓치게 만드는 주범이 된다. 이에 대한 예는 제10장에서 정책개입시점을 논의할 때 보다 구체적으로 설명될 것이다.

이러한 시간지연은 인지하기가 매우 어렵다. 그 이유는 첫째, 피드백을 인지하고 결과를 측정하여, 결과에 어떻게 반응할지를 예상하고 해결책을 집행하는데 너무 많은 시간이 걸리기 때문이다. 둘째, 시간지연이 가져올 대부분의 잠재적 효과를 고려하기 어렵고 지연이 존재한다는 것을 깨닫지 못하는 경우도 많기 때문이다.

이처럼 시간지연은 시스템이 어떻게 변화할지 예측할 수 없게 만들고 문제 해결을 위한 우리의 노력을 허사로 만들 수 있기 때문에 시간지연에 주목하는 것은 매우 중요하다.

▶ 시스템의 동기화와 시스템 유효성

모든 사회적 시스템은 기본적으로 '물질의 흐름(Physical Flow)'과 '정보의 흐름(Informational Flow)' 등 두 가지 흐름으로 이루어져 있으며 이들의 관계는 빛과 그림자, 동전의 양면과 같은 관계에 있다. 문제는 물질의 흐름과 정보의 흐름에는 시간지연이 개입되며, 물질과 정보의 지연에는 차이가 있다는 점이다. 따라서 시스템의 유효성(effectiveness)은 이들 두 가지 흐름체계를 얼마나 잘 동기화(synchronization)하는가에 달려있다고 해도 과언이 아니다.

요즘처럼 급변하는 환경 속에서 기업을 위시한 모든 조직의 최대 관건은 바로 이 두 가지 흐름체계를 동기화 할 수 있는 수단을 모색하는 것이며, 정보기술 응용이 그 수단의 핵심에 자리하고 있다.

---

35) 시간지연과 '채찍효과'에 대해서는 제3장 제3절(3. 지연구조) 참조할 것.

3. 최적화의 딜레마

'최적화의 딜레마'는 '양자택일(兩者擇一)'과 반대 개념이다. 수레의 두 바퀴, 동전의 양면처럼 어느 한쪽을 선택하는 것이 아니라 양쪽이 서로 맞물려 있어 어느 한 쪽도 선택할 수 없는 진퇴양난(進退兩難)의 상황과 유사하다. 마치 시소나 시계추의 움직임처럼 균형점을 중심으로 양자가 서로 그에 수렴하려 하지만 시간지연으로 등락을 반복한다.

1) 시스템 구조와 행태

이러한 시스템은 아래 그림의 인과지도에서 보는 것처럼 전형적으로 시간지연을 수반하는 두 개의 균형루프가 서로 맞물려 움직이는 구조를 가지고 있다. '최적화의 딜레마' 상황의 시스템 구조는 바로 앞에서 논의했던 수평적 파동(Oscillation)을 유발한다.

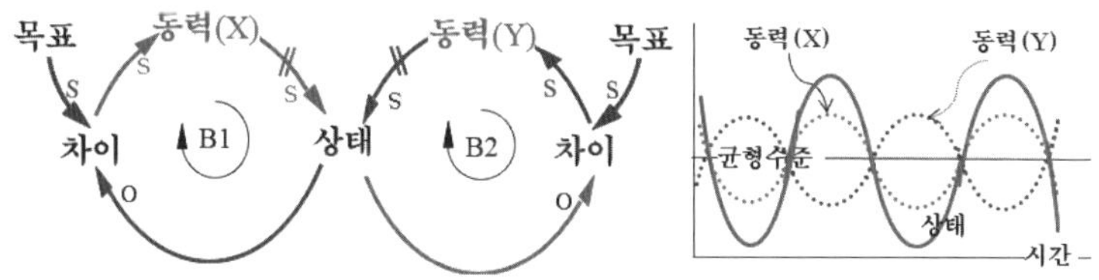

'최적화의 딜레마' 원형의 구조와 행태

한쪽(X)에서 균형(목표수준)을 향해 움직이지만 시간지연 때문에 균형에 필요한 동력 이상으로 힘이 가해지게 된다. 그에 반응하여 다른 한쪽(Y)에서 다시 균형(목표수준)을 향해 움직이지만 이 역시 시간지연으로 인해 균형에 필요한 동력 이상으로 힘이 가해지는 현상이 일어난다. 이렇듯 지배루프의 전이가 교차하게 되면 목표수준에 수렴하지 못한 채 '균형을 향한 파동'이 반복, 지속되는 결과를 초래한다.

앞서 논의했던 수요와 공급 사이의 관계를 가격 변동을 중심으로 살펴보자. 우선 단선적 시각에서 가격의 등락을 구분하여 공급과 수요에 끼치는 영향을 인과지도로 작성하면 옆의 그림과 같다. 가격이 오르면 공급은 확대되지만 수요는 축소된다. 반면에 가격이 내리면 공급은 축소되지만 수요는 확대된다. 이처럼 가격 변동을 중심으로 수요와 공급은 거울에 비친 영상(mirror image)처럼 정반대의 움직임을 보인다.

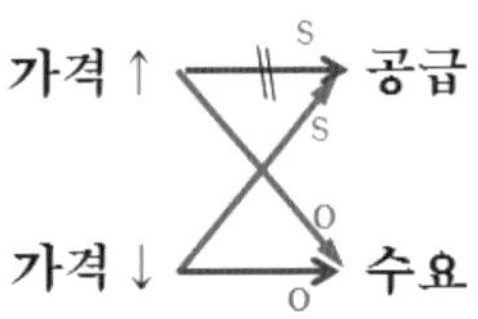

하지만 이것만으로는 시스템이 왜 수평적 파동을 끝없이 반복하게 되는지 알 수 없다. 이제 시스템 사고를 도입하여 '최적화의 딜레마'가 왜 발생하는지 좀 더 살펴보자. 가격 변동이 공급에 영향을 주지만, 공급은 다시금 가격에 영향을 끼친다. 또한 가격 변동이 수요에 영향을 주지만, 수요 역시 가격 변동에 영행을 끼친다. 여기서 단선적 사고로는 알 수 없던 한 가지가 드러난다. 그것은 바로 수요의 변화로 인한 가격의 변화는 일정시간이 경과해야 나타난다는 점이다. 옆에 제시된 그림은 이러한 피드백과 시간지연을 반영한 인과지도이다.

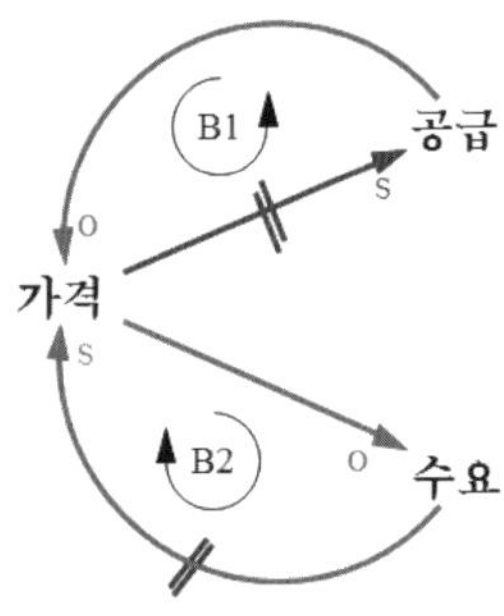

가격이 하락하면 공급도 하락해야 하지만 공급이 가격 하락으로 나타나기 전까지 공급은 계속된다. 한편 가격이 하락하면 수요는 증가하지만, 수요증가로 가격이 상승을 시작하기 전까지 수요는 계속 누적된다. 결국 과잉공급과 과잉수요가 반복되면서 가격은 균형에 이르지 못하고 파동을 나타내게 된다.

2) 적용연습

'최적화의 딜레마'는 생활 주변서 흔히 발생하는 원형으로, 서로 상쇄관계에 놓여 있는 의사결정 상황에서 균형점(equilibrium)을 찾으려 할 때 참조될 수 있는 모델이다. 예컨대, 폭염이 지속되면 에어컨을 켜서 실내온도를 낮출 때 누진제로 전기요금이 올라가는 상황이 그 전형이다. 아래 예시는 이와 비슷하게 겨울철 실내 난방을 상정해서 '최적화의 딜레마' 원형을 적용하는 절차를 설명하고 있다.

(1) 모델 개발 절차

(단계 1) 문제의 정의

의사결정요소와 직결되는 변수 간 상쇄관계를 파악한다. '겨울철 실내 난방'의 경우 의사결정문제는 '몇 도에 맞춰 놓는 것이 추위를 겪지 않으면서도 난방비를 절약할 수 있을까'하는 것이다. 이때 의사결정요소는 '희망온도 설정'이며, 이를 중심으로 서로 상쇄관계에 놓여 있는 변수는 '실내온도'와 난방비 '절감효과'일 것이다. 이들 사이의 행태변화(BOT)를 개념적으로 나타내면 그림과 같다. 이를 토대로 설정온도를 높이거나 낮췄을 때 실내온도와 비용절감의 상쇄관계를 단선적 시각에서 그려보자.

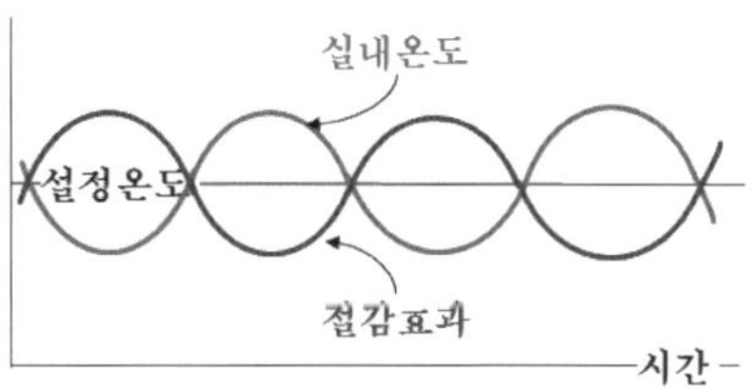

아래 인과지도에서 알 수 있듯이 '실내온도'와 난방비 '절감효과'는 거울 영상(mirror image)처럼 정반대의 움직임을 보인다. 설정온도를 높이면 실내온도는 올라가지만 그만큼 난방비 절감효과는 떨어

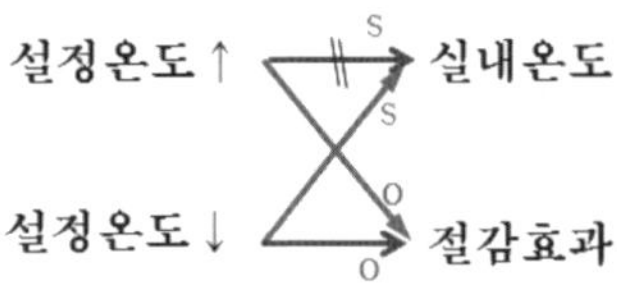

진다. 반면에 설정온도를 낮추면 실내 온도 역시 낮아지지만 그만큼 난방비 절감효과는 올라간다. 이로써 '최적화의 딜레마'는 일단 설명된다.

(단계 2) 피드백 형성

단선적 사고에 기초한 인과지도로부터 설정온도의 변화에 따른 실내온도와 비용 절감효과 사이에 상쇄관계가 있음을 확인했다면, 그 다음 단계는 아래 그림과 같이 의사결정요소와 판단기준 사이에 존재하는 상쇄효과를 반영하여 '희망온도 설정'과 '실내온도', '희망온도 설정'과 난방비 '절감효과'의 균형루프를 각각 구성하는 것이다. 두 개의 균형루프가 '설정온도'라는 공통의 변수를 두고 서로 상쇄작용을 하면서 등락을 반복하는 파동이 지속됨을 유추할 수가 있다. 이로써 '최적화의 딜레마'가 왜 파동을 보이는지 설명된다.

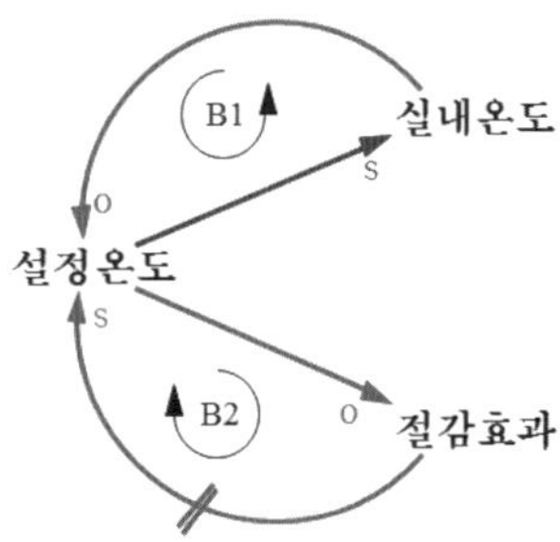

(단계 3) 시간지연 반영

위 인과지도를 보면 (난방비 절감효과 → 설정온도)에 시간지연이 이미 반영되어 있다. (설정온도 → 실내온도)에도 시간지연을 반영할 수 있으나, 여기서는 그 지연이 크지 않은 것으로 가정하였다.

실내온도와 절감효과 등 판단기준의 상쇄효과로 인해 양자 간 타협의 과정은 수평적 진동을 반복하지만 시스템 전체의 개선을 모색하기 위해 아래와 같은 변수를 추가해보자.

- **추가변수**: 보일러 가동, 열손실, 그리고 각 균형루프의 목표수준(희망온도, 경비절약 목표수준)

옆에 제시된 인과지도는 추가변수를 활용하여 확장한 것이다. 이 시스템은 세 개의 균형루프로 구성되어 있다. 실내온도 균형루프(B_1), 경비절감 균형루프(B_2), 그리고 열손실 균형루프(B_3)가 그것이다. 여기서 우리는 시스템 전체의 개선을 위해 취할 수 있는 지렛대가 무엇인지 가늠해 볼 수 있다. 비록 균형루프 B_1과 B_2는 서로 상쇄작용을 하고 있지만 또 다른 균형루프 B_3을 잘만 관리한다면 상쇄관계에 있는 양측을 일정수준 만족시킬 수 있음을 발견할 수 있다. 그것은 바로 열손실을 최소화할 수 있는 장치를 설치하는 것이며, '최적화의 딜레마'를 해소하는 지렛대가 될 수 있다. 또 다른 지렛대로 무엇이 있을 수 있을지 생각해보기 바란다.

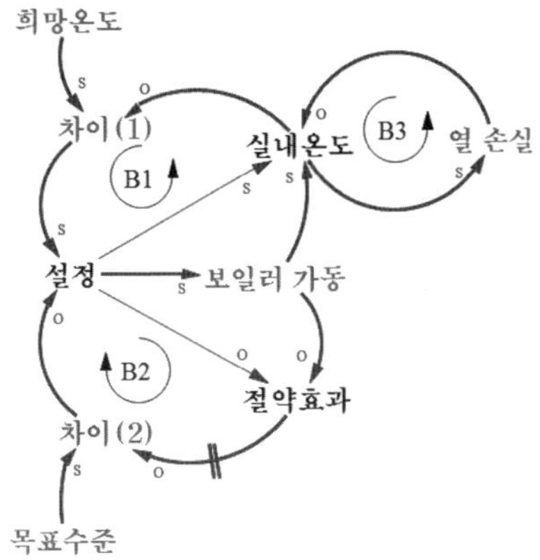

3) 구조관리 지침 및 시사점

'최적화의 딜레마' 상황에서 벗어날 수 있는 몇 가지 가이드라인을 제시하면 다음과 같다.

• 지배루프의 전이가 어떻게 일어나는지에 주목하라.

시스템 내부에 존재하는 시간지연과 균형루프 간 상쇄작용으로 인해 지배루프가 주기적으로 교체되는 특성을 지니고 있다. 이런 경우 지배루프의 주기적 교체가 왜 일어나는지 따져봐야 한다. 필시 위 예시에서 '실내온도'와 난방비 '절감효과'처럼 의사결정의 판단기준 사이에 상쇄효과가 존재하고 있기 때문일 것이다.

• 지배루프의 교체 주기를 파악하라.

지배루프의 교체 주기를 살펴보고, 현재 사이클은 어떤 루프가 지배루프로 작동하는지 판단해야 한다. 이를 토대로 다음 사이클은 언제쯤 도래하며 지배루프는 무엇이 될지 예상하고 그에 대비해야 한다. 지배루프의 교체 주기는 대체로 시스템 내에 개입되어 있는 시간지연을 참고하면 추측이 가능하다.

• 시간지연을 관리하라.

시스템 파동의 진폭을 낮추어 균형수준에 인접한 상태를 유지하고자 한다면 시간지연요소의 특징을 파악하여 이를 단축할 수 있는 방안을 모색해야 한다. 시간지연이 길수록 되돌아오는 축적된 힘은 그만큼 더 커지기 때문에 파동의 진폭은 확대된다.

• 시스템 전체의 개선을 위한 지렛대를 찾아라.

수평적 파동의 원인은 시간이 개입된 균형루프 간 주기적 상쇄효과가 작용하고 있기 때문이다. 따라서 인과지도에 상쇄관계의 균형루프만 존재한다면 시스템 전체의 최적화를 위한 개선책을 찾을 수 없다. 이런 경우는 앞의 예시처럼 인과지도를 확장하여 새로운 루프를 발견하는 것이 중요하다.

지금까지 살펴 본 '최적화의 딜레마' 사고모델을 통해 얻을 수 있는 교훈으로 우리가 유념해야 할 사항을 정리하면 다음과 같다.

▶ **'최적화의 딜레마'에서 얻는 교훈**

- '단순함에 답이 있다.' 다수의 목표가 서로 상충되어 의사결정의 어려움에 직면하는 상황은 개인이나 조직에서 흔히 발생한다. 우유부단함에서 벗어나 안정화를 추구하려면 목표를 장기와 단기로 구분하고 우선순위를 설정할 필요가 있다. 이때 가장 단순한 것이 정답일 수 있음(Ockham's Razor)을 유념하라.
- '대부분의 경우 문제의 주범은 내부에 있다.' 어떤 문제에 직면한다면 그 문제의 원인은 내부에 있다. 설혹 외부에 있다 해도, 해결 대안은 통제관리가 가능한 내부에서 찾을 수밖에 없다. '문제의 원인을 외부 탓으로 전가하는 현상'은 쇠퇴하는 조직의 3가지 징후 중 하나임을 잊지 말아야 한다.
- '시스템을 변화(안정화)시킬 수 있는 지렛대를 찾아라.' 시스템의 작동구조를 이해하지 못한다면 문제의 원인을 정확히 규명하기 어렵고, 그리되면 해결의 효율적 수단(레버리지)을 구사하기 어렵다.

★ 시스템 사고 금언:

- 케이크를 갖거나 먹을 수는 있어도 이 둘을 동시에 할 수는 없다.
  You can have your cake and eat it too – but not both all at once.

제2절 목표의 표류

이제 본 주제인 '목표의 표류' 원형을 살펴보기로 하자. 앞 절에서는 균형루프의 설정된 목표를 변하지 않는 상수로 보았다. 그러나 현실적으로 많은 경우 목표는 상향 혹은 하향 조정된다. 대체로 목표의 상향 조정은 의식적으로 이루어지지만, 하향 조정은 심리적 작용에 의한 것이다. 이 절에서는 주로 후자의 경우를 집중 논의하기로 한다.

나에게는 꿈을 꾸는 능력과
한 마리의 쥐(미키마우스)가 있었다.
- 월트 디즈니(미국 애니메이션 제작자, 1901-1966)

1. 사고모델

목표는 붙박이가 아니다. 목표는 상황에 따라 조정되기도 한다. 여기서 중요한 것은 목표의 상향 조정은 우리의 의지 및 도전의식에 의해 이루어지는 것인 반면에 하향 조정은 현실과의 타협을 통해 위안을 얻고자 하는 심리적 이유가 거의 대부분이라는 점이다.

영리한 독자들은 이미 예상했겠지만, '목표의 표류' 원형은 '목표가 항상 고정된 것은 아니지 않은가?'라는 의문으로부터 출발한다. 다분히 부정적으로 인식될 수도 있음에도 불구하고, '목표의 표류(Drifting Goal)'라고 명명한 이유는 목표가 고정되어 있지 않음을 전제로 한 것일 뿐만 아니라, 도전과 타협 등 목표 수정의 두 가지 유형 중 주로 타협을 통한 목표의 후퇴를 의미하기 때문이다.

목표 달성이 어렵다는 판단이 들 때 우리는 종종 처음 설정했던 목표를 낮추곤 한다. 목표를 후퇴시키는 것은 특별한 노력이 들거나 시간이 걸리는 것은 아니기 때문이다. 그러나 목표를 계속 낮추게 될 경우 현실을 개선하여 목표와의 차이를 줄이려는 노력은 위축된다. 결국 '목표의 표류' 원형은 도전을 통해 목표를 달성하려하기 보다는 목표를 낮추고 싶은 유혹에 빠져드는 것을 말한다.

1) 시스템 구조와 행태

'목표의 표류'는 아래 그림의 좌측 균형루프로부터 출발한다. 이 균형루프(B)는 목표가 고정되어 있다. 목표와 현재의 차이는 우측 인과지도와 같이 현재수준을 올리려는 노력, 즉 극복루프(B_1)를 통해서 도전하거나 현실과 타협하여 목표치를 낮추는 타협루프(B_2)를 통해서 목표와 현실의 간극을 좁힐 수 있다. 우측 끝 그림에는 목표수준과 현실의 차이에 대처하는 두 가지 가능성이 제시되어 있다. ①은 목표수준을 낮춰 차이를 줄이는 타협루프(B_2)에 해당하며 ②는 현실수준을 끌어올려서 차이를 줄이는 극복루프(B_1)에 해당한다.

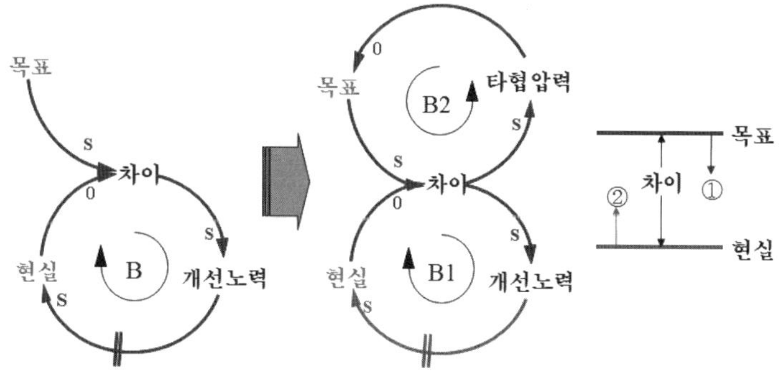

'목표의 표류' 원형의 구조

'목표의 표류' 구조를 보면 '짐 떠넘기기(중독의 함정)' 원형처럼 타협의 균형루프(B_2)와 극복의 균형루프(B_1)가 반복적으로 순환하는 '8'자 모양의 구조를 이루고 있다. 의미상으로도 이 원형과 유사하다. 타협의 균형루프(B_2)는 대증처방, 극복의 균형루프(B_1)는 근본처방으로 해석될 수 있기 때문이다. 그러나 '짐 떠넘기기' 원형과 달리 이 시스템의 행태는 '타협'과 '극복' 중 어느 것이 지배루프로 작용하는가에 따라 달라진다.

■ 지배루프의 전이와 행태 변화

따라서 '목표의 표류'에서 나타나는 동태성은 어떤 루프가 지배적으로 작용하느냐에 따라 다음 세 가지가 모두 가능하다.

- 타협형: 목표를 낮추는 타협루프(B_2)가 지배루프로 작용하는 경우
- 의지형: 현실 개선의 극복루프(B_1)가 지배루프로 작용하는 경우
- 혼합형: 타협(B_2)과 극복(B_1) 루프가 교차해서 나타나는 경우

① 타협형

타협루프가 지배루프로 작동하는 동태성을 '목표의 후퇴'라고 한다. 의지와 상황에 따라 다르지만, 대부분의 경우 자신도 인지하지 못한 채 타협루프를 작동시키려는 유혹에 빠지게 된다. 목표수준을 낮추는 타협의 과정은 작은 변화가 큰 결과를 야기할 수 있음을 표현한 '삶은 개구리 증후군(Boiled Frog Syndrome)'과 유사하다. 나이가 들수록 꿈이 작아지는 것처럼, 우리가 살아가면서 가장 흔히 볼 수 있는 현상이다. '목표의 후퇴'는 대략 다음과 같은 이유로 나타난다.

첫째, 현실적 제약을 극복하려는 시도를 과감히 택하지 못하는 이유는 시간, 노력 비용 등이 요구되는 데다 그것이 성공한다는 보장이 없고, 즉각 효과가 나타나지도 않는다는데 있다.

둘째, 정치적인 이유도 있다. 개선 노력을 한다는 것은 일면 현재 상태가 잘못되어 있다는 것을 대외적으로 인정하게 되는 것일 수 있는 만큼 그것을 드러낼 수 없는 상황도 상정할 수 있다.

셋째, 개인적 성장 배경도 원인이 될 수 있다. 목표의 후퇴가 쉽사리 나타나는 사람은 선천적으로 타고난 성향에도 원인이 있겠지만, 성장과정에서 자기강화적(self-reinforcing) 사고나 '유별성'을 주변에서 키워주지 못했을 가능성이 크다.

가장 흔히 나타나는 타협형 구조의 전형적인 행태는 아래 그림과 같이 타협루프(B_2)가 지배루프로 작용하면서 나타난다. 목표를 낮추면 쉽사리 간극(gap)은 줄어들게 되고, 간극이 줄면 현실 개선을 위해 노력하려는 극복루프(B_1)의 힘도 그만큼 줄어 목표와 현실의 간극은 다시 벌어진다.

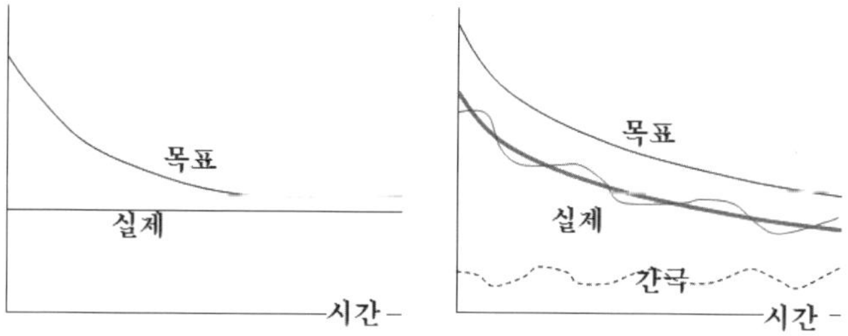

타협형 구조의 전형적 행태(BOT)

그렇다고 목표를 낮추는 것이 나쁜 것만은 아니다. 목표에 집착하여 과도한 노력에 지쳐서 미래를 도모하지 못하는 우를 범할 수도 있다. 따라서 심리적으로나 무의식적인 목표의 후퇴는 문제가 있지만, 다음 기회를 도모하기 위한 '일보후퇴 이보전진'의 의도적 후퇴라면 바람직할 수도 있다.

② 의지형

의지형은 극복루프(B_1)가 지배적으로 작용하는 경우에 해당된다. 이런 경우는 아래 좌측 그림에서와 같이 불변의 목표를 향해 도전해 가는 경우와 우측 그림처럼 목표를 계속 올려가면서 그를 달성하려는 노력을 지속하는 경우 등 두 가지 행태로 나타난다.

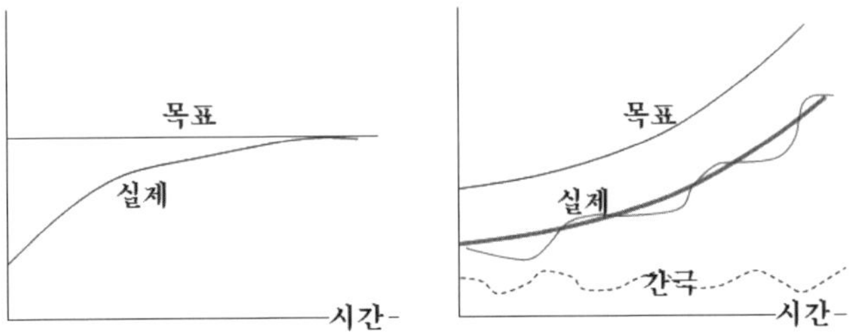

의지형 구조의 전형적 행태(BOT)

③ 혼합형

보다 현실적으로는 타협과 극복이 교차해서 나타난다. 이런 혼합형은 어느 한 쪽만 배타적 지배루프로 작용하는 것이 아니라 '8'자 모양으로 타협과 극복이 반복적으로 교차하는 경우를 말한다.

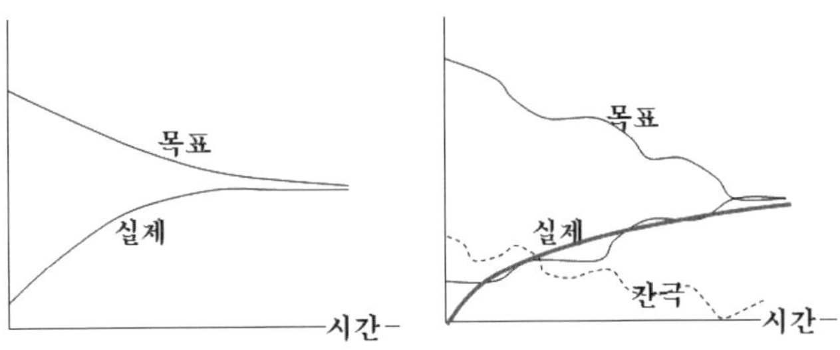

혼합형 구조의 전형적 행태(BOT)

2) '목표의 표류' 예시

'목표의 표류'에서 가장 흔히 나타나는 '목표의 후퇴'에 대해 예시를 통해 좀 더 살펴보자. 어떤 제품이든 이상적 목표품질 수준이 있고 실제품질 수준이 있다. 이때 목표 품질과 실제 품질 사이의 간극을 줄이거나 없애는 방법은 목표 수준 자체를 낮추거나 품질관리 노력에 투자하는 것이다. 그러나 흔히 품질 향상에 소요되는 투자비용을 최대한 아끼고자 하는 유혹에 빠져 목표 품질의 수준을 낮추는 쪽으로 타협하기 쉽다.

아래 그림은 이러한 '목표의 후퇴' 상황에 대한 BOT의 전형적 예시를 보여주고 있다. 이 BOT는 타협루프인 균형루프 B_2가 지배적으로 작동한 타협형 행태의 전형이다. 왜 타협루프에 중독되기 쉬운지 알아보기 위해 인과지도를 좀 더 확장해보자.

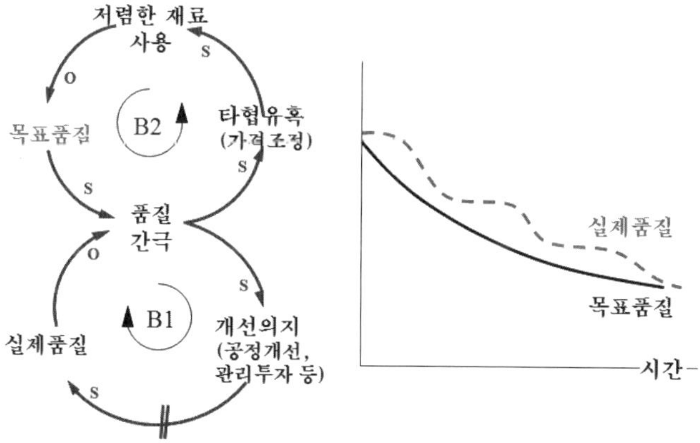

'목표의 후퇴' 시스템의 구조와 행태(BOT) 예시

'사고의 분기'는 인과지도 작성에서 매우 중요한 원칙이라는 사실을 기억할 것이다. 위 예시의 경우 타협 유혹에 빠져 저렴한 재료를 사용하면서 목표품질을 낮추게 되지만, 아래 그림과 같이 다른 한편으로는 품질의 개선의지를 위축시킨다. 이는 (저렴한 재료 사용 → 개선의지 → 실제품질 → 품질간극 → 타협유혹 → 저렴한 재료 사용)으로 형성되는 악순환의 강화루프로 인해 극복루프(B_1)는 작동되지 않는다. 이 인과지도를 보면 무슨 원형이 연상되는가? 그것은 바로 '중독의 함정'이다.

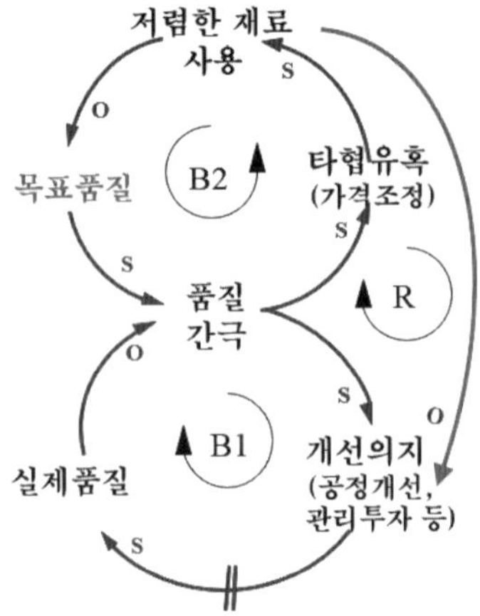

2. 적용연습

'목표의 표류'에 대한 인과지도는 특정성과가 희망수준보다 낮고 시간이 경과함에 따라 저하되고 있을 때 유용하게 적용될 수 있다. 따라서 자신이 바라는 것과 실제 일어나고 있는 것 사이에 간극이 있는지, 그리고 그 간극은 어느 정도인지를 파악하는 것은 매우 중요하다.

1) 모델 개발 절차

(단계 1) 문제의 정의

'목표의 표류'를 인과지도로 나타내는 첫 단추는 목표의 확인이다. 그리고 그 목표와 현실의 차이를 살피는 것이다. 일단 여기까지 되면 목표와 현실, 그리고 이들 사이의 간극을 연결하여 인과적 구성을 결정한다. 목표와 현실의 간극(gap)에서 타협과 극복으로 분기한다.

(단계 2) 피드백 형성

타협은 목표를 낮추는 방향으로 극복은 현실을 끌어올리는 방향으로 루프를 형성하고 각 루프에 극성을 부여한다.

(단계 3) 시간지연 반영

현실을 개선하려는 노력과 성과 사이에 지간지연을 표시해야 한다. 시간지연은 개선 노력보다는 현실 타협으로 기울게 되는 가장 큰 이유 중에 하나이므로 매우 중요한 포인트이다.

2) 단계별 적용 예시

(단계 1) 문제의 정의

아래 그림은 다큐멘터리 영화 제작을 둘러싼 경영진과 제작진의 사고모델 차이에서 비롯된 분쟁 배경을 설명하고 있다.

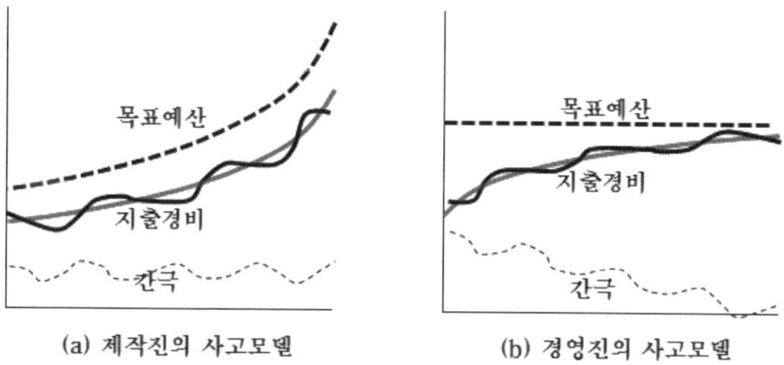

영화 제작 예산과 비용지출에 대한 제작진과 경영진의 예상 BOT

제작진은 투자비용보다는 고급 영화를 만들어 투자자들로부터의 호응과 관객 몰이를 통한 흥행 수익을 기대했다. 반면에 경영진은 기본적으로 제작비용의 상한선을 정해놓고 있었다. 그러나 실제 벌어진 상황은 경영진의 예상과 달리 제작비용이 늘어났고 그에 끌려가듯 예산도 지속적으로 확대되었다.

결국 아래 그림과 같이 영화 제작 착수 후 얼마 되지 않아 지출비용이 예산을 초과하자 급기야 경영진이 감독을 회의실로 불러 추궁하는 상황까지 벌어진 것이다. 그럴수록 제작진은 좋은 영화를 만들어야 한다는 강박감에 비용을 더 투입하였고, 비용관리에 대한 관심은 점점 낮아졌다. 그러나 경영진은 제작진의 기대를 확신할 수 없었고 비용지출 허용의 한계에 달했던 것이다.

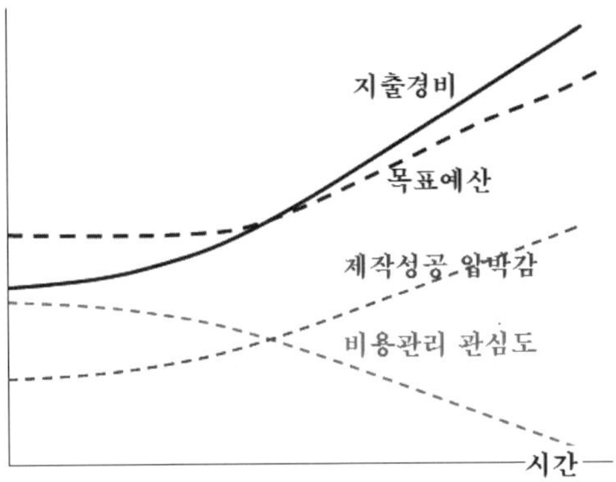

영화 제작 예산과 지출의 실제 BOT

결국 경영진과 제작진 간 사고모델의 차이에서 비롯된 분쟁은 목표예산 대비 경비지출의 초과로 촉발되었다. 결국 이 문제는 '목표의 표류' 원형에 부합되는 것으로 초기 인과지도를 작성해보면 옆의 그림과 같다.

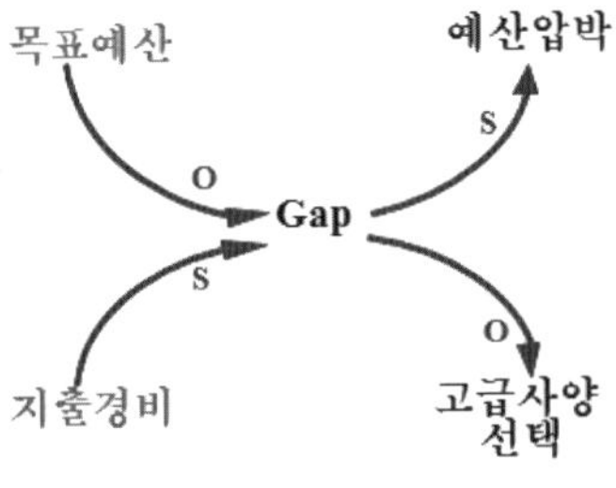

이 인과지도는 목표와 현실의 차이를 반영하기 위해 핵심변수 '목표예산'과 '지출경비'를 서로 결

부지어 그 차이(gap)를 중심으로 타협과 극복으로 분기한 것이다. 한 가지 주의 할 점은 목표수준이 현실수준보다 높은 일반적 상황과는 달리 이 경우는 현실(지출)이 목표(예산)를 초과하고 있다는 점이다. 따라서 지출이 증가하면 간극은 더 커지고, 지출이 감소하면 간극은 그 만큼 줄어들기 때문에 (지출경비 → 간극)의 인과관계는 음(-)의 극성을 갖는다. 한편 목표예산이 증가하면 간극은 축소되지만, 예산이 감소하면 간극은 그 만큼 확대되므로 (목표예산 → 간극)의 인과관계는 양(+)의 극성을 갖는다.

(단계 2) 피드백 형성

여기까지는 제작진과 경영진의 사고모델에 큰 차이가 없다. 그러나 타협은 목표를 낮추는 방향으로 극복은 현실을 끌어올리는 방향으로 피드백 루프를 형성하고 각 루프에 극성을 부여해보면 이들의 사고모델에 어떤 차이가 있는지 명확히 알 수 있다. 예산에 여유가 있는 초반에는 양쪽 모두 문제가 없지만, 지출이 예산을 초과하면서부터는 사고모델에 양자 간 차이가 두드러지게 나타난다.

(단계 3) 시간지연 반영

이 예시에서는 시간지연이 큰 문제는 아니지만 영화 제작에 필요한 로케 현장 및 사양 선택과 그에 따른 경비지출 사이에 시간지연이 반영될 수 있다.

피드백과 시간지연을 반영하여 제작진과 경영진의 사고모델을 인과지도로 확대해보면 그리면 아래 그림과 같다.

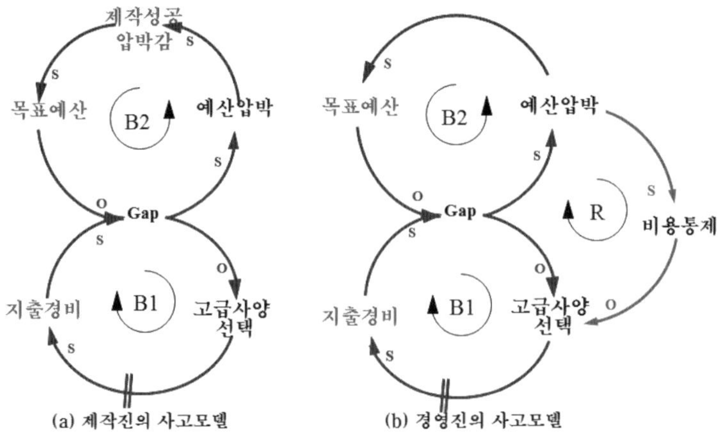

다큐멘터리 제작을 둘러싼 제작진과 경영진의 사고모델 비교

제작진의 사고모델인 인과지도(a)의 경우 예산대비 지출이 초과하면서부터 더욱 더 '성공에 대한 압박감'이 강해지고 그 압박은 예산을 증액하여 간극(결손)을 줄이려는 시도로 이어진다. 간극에 여유가 생기면 그 만큼 영화제작에 고급 선택사양들을 쓸 수 있는 여력이 생기고 이는 다시금 지출이 예산을 초과는 간극을 확대시킨다. 이러한 제작진의 사고모델은 예산과 지출 비용의 BOT와 일치한다.

반면에 경영진의 사고모델인 인과지도(b)를 보면 예산대비 지출이 초과하면서부터 더욱 비용 절감의 필요성을 갖게 되고 이는 '비용통제'로 이어진다. 비용지출이 통제되면 그 만큼 영화제작에 고급 선택사양들을 쓸 수 있는 여력이 줄어들고 이는 비용지출을 억제하여 예산을 초과하는 간극을 줄이게 된다.

제작진과 경영진 모두 똑같은 '목표의 표류' 원형을 적용해봤지만, 그 내용 면에서는 정 반대의 모습을 보이고 있다. 여기서 볼 수 있듯이 어떤 관조 대상 시스템에 대한 인과지도를 작성함에 있어 시각에 따라 다양한 모습을 나타낼 수 있다. 이처럼 두 개의 인과지도를 그린 이유는 동일한 문제를 놓고도 입장의 차이에 따라 사고모델이 다를 수 있으며, 아래 그림처럼 인과지도는 서로 다른 시각 차이를 모두 반영할 수 있음을 강조하기 위함이었다.

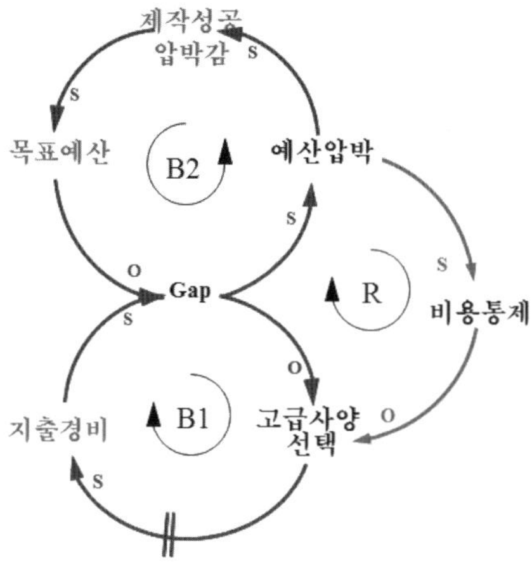

다큐멘터리 제작에 대한 제작진과 경영진의 통합 사고모델

여기서 또 한 가지 반드시 짚고 넘어가야 할 것은 바로 '목표의 표류'와 '짐 떠넘기기' 원형의 유사성이 상당히 크다는 점이다. 기억하겠지만 외형 면에서 '짐 떠넘기기' 원형도 '8'자 모양의 구조를 이루고 있다. 그러나 여기서 이러한 유사성을 강조하려는 것은 외형이 아니라 구조가 갖는 의미이다.

3. 구조관리 지침 및 시사점

'목표의 표류'에서 현재의 목표는 어떤 절대적 표준에 의한 것이 아니라 과거의 성과수준에 의해서 결정되는 것이 보통이다. 이러한 조건 하에서는 초기의 비전, 더 높은 표준, 혹은 장기적인 관점을 잃어버리기 십상이다. 따라서 '목표의 표류' 중 특히 '목표의 후퇴'에 관리의 초점을 둘 필요가 있다. 여기서 핵심 포인트는 목표를 낮추려는 유혹을 경계하고 그로부터 벗어날 수 있도록 구조를 확장하는 것이 필요하다는 점이다.

만약 목표를 낮추고자 하는 조짐이 발견된다면, 목표의 후퇴가 어떤 결과를 가져 올 수 있는지를 인과지도에 대입하여 설명하는 것이 효과적이다. 앞서 보았던 품질관리 사례를 가지고 어떻게 목표의 후퇴를 저지할 수 있을 것인지에 대해 살펴보자. 아래의 인과지도는 고객이 자사 제품의 품질에 대한 '기대수준'과 '경쟁사의 품질표준' 등을 추가로 반영하면 목표품질이 후퇴하는 것을 저지할 수 있음을 보여주고 있다.

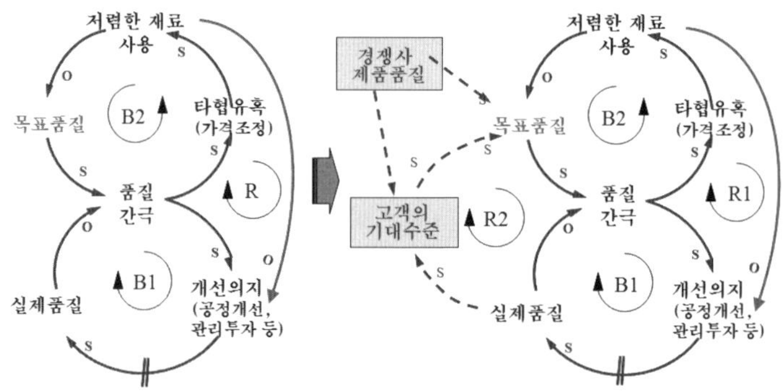

'목표의 후퇴'를 저지하기 위한 품질관리 인과지도

고객의 시각을 구조에 편입시키면 (고객의 기대수준 → 목표 품질 → 품질 간극 → 개선 활동 → 실제품질 → 고객의 기대수준)으로 이어지는 선순환의 강화루프(R_2)가 형성된다. 이 루프를 통해 품질개선 노력을 강화하고 '타협루프(B_2)'를 저지하는 효과를 얻을 수 있다. 고객을 기업 활동의 중요한 일부로 간주해야 하는 이유는 바로 여기에 있다. 경쟁사의 품질표준을 추가하면 '타협루프(B_2)'를 더욱 억제할 수 있을 것이다.

1) 구조관리 지침

'목표의 후퇴'를 파악하고 그 동태성을 회피한다는 것이 말처럼 쉬운 일은 아니다. 이에 몇 가지 가이드라인을 제시하면 다음과 같다.

• 후퇴하고 있는 목표가 있는지 점검하라.

목표는 변화한다. 따라서 그 목표가 어떻게 변화(목표의 강화, 침식, 상향과 하향 반복)하고 있는지 알아보아야 한다. 특히 시간의 경과에 따른 후퇴 또는 저하되는 목표의 표준 또는 성과지표를 점검할 필요가 있다. 그리고 정확히 무엇이 어떻게 후퇴하고 있는지 파악해야 한다.

• 경쟁관계에 놓인 목표들은 없는 지 점검하라.

핵심 목표는 어느 그룹(경쟁사, 고객, 혹은 내부 정책)을 겨냥한 것인지 파악하고 그와 관련된 다른 목표들을 점검할 필요가 있다. 만약 서로 상충된다면 절충방안을 도출해야 한다.

• 목표 수준을 무엇이 결정하는지 확인하라.

확인한 목표에 대해 무엇이 그 목표의 수준을 결정하는지 알아보아야 한다. 그것은 경쟁자, 고객 혹은 내부 정책일 수 있다. 시스템 외부에 있는 이러한 요인들이 목표의 후퇴를 정당화하는 수단으로 작용하기 쉽다.

• 간극(Gap)을 조정하는 과정을 살펴보라.

목표와 현실의 간극 개선을 위한 표준운영절차를 확인하고, 그것이 목표를 낮추고 있지는 않은 지 확인할 필요가 있다. 또한 목표 설정이 과거 성과와 너무 강하게 연결되어 있지는 않은지도 살펴야 한다.

2) 교훈 및 시사점

지금까지 살펴 본 '목표의 표류' 사고모델을 통해 얻을 수 있는 교훈을 정리하면 다음과 같다.

▶ '목표의 표류(후퇴)'에서 얻는 교훈

- '칭찬은 코끼리도 춤추게 한다.' 목표를 쉽사리 후퇴시키는 사람과 그렇지 않은 사람의 차이는 성장과정에서 크고 작은 칭찬을 통해 자신에 대한 유별한 마음이 얼마나 형성되어 있는가에 좌우된다.
- '멀리 뛰려면 뒤로 물러서야 한다.' 목표의 후퇴는 때론 일종의 지혜로 작용할 수도 있다. 단 심리적 위축이나 무의식 타협에 의한 후퇴가 아니라 의도적, 전략적 후퇴라는 전제가 붙는다.
- '작은 성과가 큰 차이를 만든다.' 큰 목표를 잡으려다 좌절하기보다는 작은 목표의 달성을 반복하면서 차츰 목표를 높여가는 것이 '극복루프'를 강화할 수 있는 효과적 길이다.

★ 시스템 사고 금언:

- 작은 변화가 큰 결과를 초래하지만 근본 원인은 잘 보이지 않는다.
  Small change can produce big results– the highest leverage are often the least obvious.

생각해봅시다.

1. 다음과 같은 행태(BOT)를 보이는 시스템 구조의 예시를 각각 인과지도로 작성하고 내용을 설명해보자.

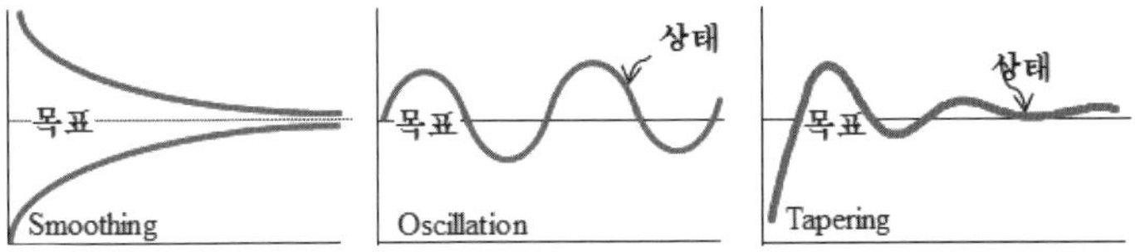

2. 아래 그래프는 목표가 후퇴함에 따라 실제 성과도 낮아지는 행태(BOT)를 보여주고 있다. 이런 행태를 보이는 사례를 하나 찾아 인과지도를 작성하고 그 원인과 대책을 논의해보시오.

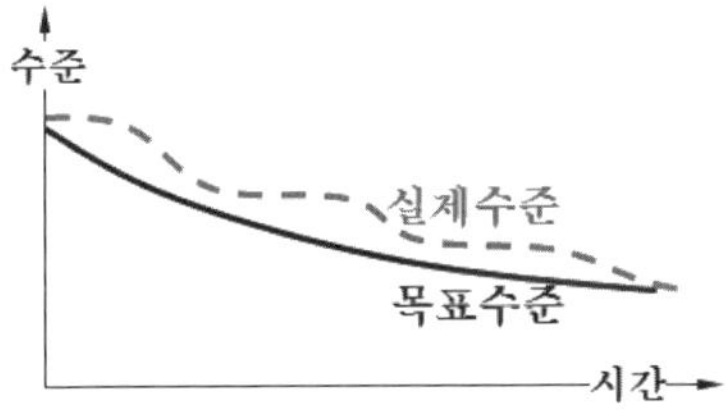

3. 우리 주변에서 발견할 수 있는 '목표의 표류(후퇴)'의 상황을 한 가지 상정하고 이를 설명할 수 있는 인과지도를 작성해보시오. 그리고 다음의 각 사항을 논의해봅시다.
   1) 원래의 목표와 그 목표를 바꾸게 한 원인은 무엇인가.
   2) 목표의 후퇴를 막기 위한 조치로 무엇이 있는가.
   3) 예상되는 BOT는 어떤 모습을 보일까.

| 제6장 |

한계와 극복

지수 성장의 공포

하루에 2배씩 면적을 넓혀가는 수련이 있는데, 연못이 그 수련으로 꽉 채워지는데 30일이 소요된다고 하자. 수련을 그대로 방치할 경우 연못에 서식하는 다른 수생식물들은 모두 멸종하게 된다. 처음엔 수련이 너무 작아 별로 걱정하지 않는다. 수련이 번식을 계속하지만 연못의 절반은 아직 여유가 있다. 29일째 되는 날 수련이 연못의 절반을 덮는다. 이제 연못이 수련으로 완전히 덮이기까지는 며칠이 남았을까? 연못의 절반이 수련으로 덮이는데 29일이 소요되었으므로 나머지 절빈도 29일이 걸릴까? 아니다. 남은 시간은 단 하루뿐이다. 한 가지 예를 더 들어보자. 언제나 내기에서 이길 수 있는 방법이 있다. 이길 확률이 얼마나 되던 관계없이 배팅 금액을 계속 2배로 걸면 이긴다. 처음에 1만원을 걸어서 지면 그 다음엔 2만원을 건다. 그래도 지면 4만원을 건다. 이렇게 계속 내기 금액을 2배로 걸면 언젠가 한번 이기는 순간에 모든 걸 따게 돼있다. 그런데 왜 이렇게 하시 못하는가? 그깃은 기하급수로 늘어가는 내기 금액을 감당할 수 없기 때문이다. 처음에 1원을 걸었다 하더라도 이런 방법으로 30번을 계속 하려면 적어도 10억 원 이상 필요하다. 결국 우리는 내기에서 이기는 방법은 알고 있지만 기하급수적으로 커지는 판돈을 감당하지 못한다. 이처럼 기하급수는 인간의 보편적 예측과 관념을 뛰어넘는다.

제1절 성장의 한계

날이 화창할 때는 비바람이 몰아치는 상황을 상정하기 어렵다. 마찬가지로 성장의 일로 걷는 경우 그로부터 유발되는 한계와 붕괴의 씨앗이 자라고 있음을 알기는 말처럼 쉬운 일이 아니다. 이 절에서는 성장과 그 이면에서 자라는 한계의 요소에 대해 논의하고자 한다. 그리고 그에 대처하여 지속가능한 성장을 위한 시스템 원형의 활용법을 살펴본다.

성공한 사람은 항상 실패의 가능성을 알고 있는 사람이다.
- 디오도어 루빈(미국 심리학자, 1923-)

1. 사고모델

성장의 한계는 기본적으로 성장을 제한하는 자원의 한계를 전제로 하는 사고모델이다. 맬서스(T. Malthus, 1766~1834)가 '인구론(An Essay on the Principle of Population, 1798)'에서 지적한 '인구 성장의 한계'는 우리에게 최초로 경종을 울린 성장의 한계 모델이다. 그는 '인구는 기하급수로, 식량은 산술급수로 늘어난다.'는 유명한 말로 인구 성장의 한계를 지적한 바 있다. 결국 인류에 엄청난 재앙이 올 수 있다는 경고였다.

근자에 들어서 우리의 주목을 받는 성장의 한계에 관한 사고모델이 또 하나 있다. 그것은 바로 1972년 로마클럽(The Club of Rome)에서 발간한 '성장의 한계(The Limits to Growth)'란 보고서이다.[36]

---

36) Donella H. Meadows, Dennis L. Meadows, Jorgen Randers, and William W. Behrens III. (1972). The Limits to Growth. New York: Universe Books.

▶ '성장의 한계' - 로마클럽 보고서

미국 MIT 대학의 메도우즈(D. H. Meadows)에 의해 주도된 로마클럽은 시뮬레이션을 통해 성장의 한계로 초래될 수 있는 미래사회상을 예측한 바 있다. 이 모델은 1970년을 기점으로 과거 데이터에 근거하여 인구, 식량, 천연자원, 산업발전, 환경오염 등 다섯 가지 요소가 어떻게 상호작용하는가를 설명하고 있다. 미래에도 이러한 상태가 계속된다면 인류의 미래사회는 어떠한 상황에 처해질 것인가에 대해 예견하는 것이었다.

이들이 시도한 '성장의 한계'의 기본 내용은 천연자원은 한정되어 있고, 인구는 계속해서 증가할 것이기 때문에 미래의 경제발전은 제한을 받을 수밖에 없다는 것이다. 이는 맬서스가 제시한 인구론을 답습한 것이라는 일각의 비판을 반영하듯 이를 주도했던 연구그룹은 신맬더스주의자(Neo-Malthusian)로 지칭되기도 하였다.

'성장의 한계' 시나리오는 '성장은 자원을 소비한다.'는 명제로부터 출발한다. 성장은 더 많은 성장 동력을 낳게 되어 지속적인 성장의 확대를 보이게 된다. 그러나 시간이 지남에 따라 성장은 그에 필요한 자원을 소비하게 되고 그 소비량은 점차 증대되어 자원의 한계에 이르게 된다. 한계 증상이 나타나는 시점부터는 비록 성장은 여전히 지속되더라도 성장률은 점차 감소하여 완전 정체에 이르게 된다. 여기서 더 나아가 한계의 조짐이 나타나면서 점차 성장 동력은 잠식되고, 성장 동력이 잠식되면서부터는 지금까지 선순환으로 작용했던 성장 구조는 결국 악순환으로 반전되어 마이너스 성장을 보이는 지경에 이르게 된다.

1) 시스템 구조와 행태

'성장의 한계' 원형은 아래 그림의 인과지도와 같이 '성장'의 강화루프와 '한계'의 균형루프가 서로 맞물린 구조를 이룬다. 초반에는 성장루프(R)가 작동하면서 강화루프의 전형적 형태인 지수 성장을 나타낸다. 그러나 성장은 반드시 그에 필요한 자원을 소모하게 되므로 자원의 제약으로 인한 한계 증상이 나타나면서 균형루프(B)인 '한계루프'가 서서히 시스템의 지배력을 가지게 된다. 결국 성장은 지속되지만 성장률은 점차 '0'에 수렴하면서 수용능력에 접근하는 'S'형 행태를 보이게 된다. 여기서 수용능력은 '부동의 한계상수'로 자원의 한계 수준을 의미한다.

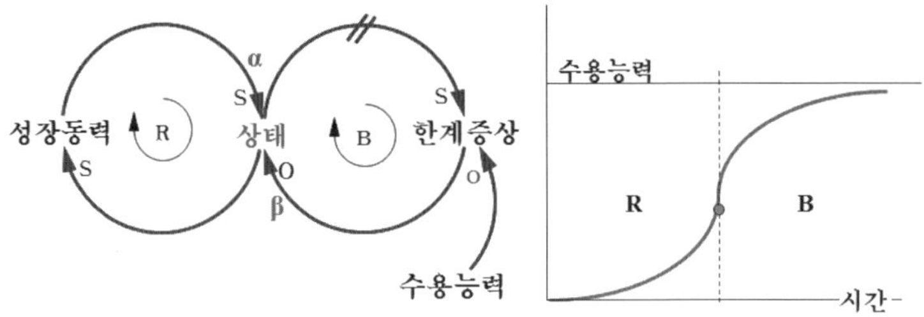

'성장의 한계' 원형의 구조와 행태(BOT)

'유창성'이 높은 독자들이라면 이러한 의문을 제기할 것이다. 과연 '성장의 한계' 원형이 보이는 행태가 'S'형의 로지스틱 커브로 끝날까? 이 의문에 답하려면 지배루프의 전이에 대해 면밀히 살펴볼 필요가 있다.

■ 지배루프의 전이와 행태 변화

'성장의 한계' 원형이 보이는 행태는 아래 그림에서 보는 바와 같이 'S'형 패턴으로 끝나지 않는다. 성장곡선으로 키 크는 과정처럼 'S'자 형태의 곡선 ①을 생각하기 쉽지만, 사회 시스템은 오히려 곡선 ②와 같은 '성장 후 쇠퇴'의 모습을 나타내는 경우가 더 많다. 다음을 읽기 전에 독자 스스로 답을 생각해보기 바란다.

'성장의 한계' 원형에서 지배루프는 시간 위에서 분명하게 구분된다. 변곡점에서 지배루프의 전이에 따른 행태 변화가 일어나므로, 성장의 힘을 α, 성장을 제한하는 한계의 힘을 β라 할 때, 지배루프의 전이가 어떤 행태 변화를 유발하는지 좀 더 살펴보자.

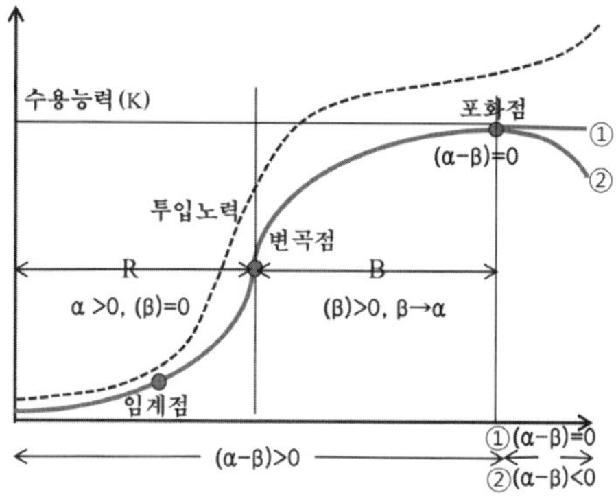

'성장의 한계'에서 지배루프와 행태(BOT)의 관계

한계증상이 나타나는 변곡점(β=0에서 β>0로 바뀌는 지점) 이전까지는 강화루프(R)가 지배루프로 작용하면서 지수성장의 패턴을 보인다. 그러나 변곡점부터 포화점까지는 한계루프(B)가 지배루프로 작용하면서 한계의 힘(β)은 지속적으로 커진다. β가 커진다는 것은 성장률(α-β)이 그 만큼 낮아진다는 것을 의미한다. 그래도 포화점까지는 성장률이 양((α-β)>0)을 유지하므로 성장은 계속된다. 포화점에 이르러 성장률이 '0'에 수렴((α-β)→0)하면서 성장은 멈추게 된다.

포화점에 이른 후에는 어떤 상황이 발생할까? 한계증상(β)이 더욱 심화되어 결국 성장동력(α)보다 커지면서((α-β)<0) 그간 성장을 견인했던 강화루프(R)는 쇠퇴의 나락으로 몰아가는 악순환으로 작용하게 된다. 결국 아무런 조치가 없는 한 강화루프(R)는 악순환의 '쇠퇴'를 유발하게 되어 이때부터 성장이 하락 반전하는 곡선 ②와 같은 행태를 유발하게 된다.

'성장의 한계' 원형과 관련해서 유념해야 할 사항을 두 가지로 집약하면 다음과 같다. 첫째, 위 BOT에 보인 바와 같이 '개선노력'의 정도를 나타내는 점선의 행태 변화이다. 한계증상을 완화하려는 노력은 계속 증가하지만 그에 따른 성과는 정체되거나 오히려 감소하게 된다. 보통 우리는 과거에 작동했던 처방의 효능에 빠져 이 처방을 고수하려는 경향이 있지만, 이 그림에서 보듯이 어제의 처방은 오늘의 문제를 야기할 수 있다는 점을 유념해야 한다.

둘째, 성장을 견인하는 선순환의 강화루프(R)에서 성장을 제한하는 균형루프(B)로 시스템의 지배권이 바뀌는 변곡점을 지나서도 성장은 계속되기 때문에 '성장루프'가 계속 작동하는 것으로 오인하기 쉽다는 점이다. 이로 인해 많은 경우 한계루프가 성장루프를 선순환에서 악순환으로 반전시켜 성장이 하락하는 것을 목격하고서야 이를 바로잡으려 하지만 시간지연으로 대세를 바꾸기에는 너무 늦게 된다. 시간지연을 시스템에 '숨어 있는 문제아'라고 하는 이유는 여기에 있다.

'지배루프의 전이'

- **지배적 루프의 교차는 변곡점으로 나타난다.**
  '성장의 한계' 원형을 구성하는 두 개의 피드백 중, 초반에는 '성장루프(R)'가 지배적 루프로 작용하다가 한계증상이 나타나는 시점부터는 '한계루프(B)'가 지배적으로 작용

- **세 가지 변형점의 관리상 의미를 이해해야 한다.**
  성장과정에서 나타나는 임계점, 변곡점, 그리고 포화점이다.
  - **임계점**: '성장루프(R)'가 지배루프로 작용하는 성장과정의 초반에 자기강화적 현상이 더욱 두드러지게 나타나는 지점(K의 약 16%)으로, 선순환의 경우 성장촉진전략을, 악순환의 경우는 성장지연전략 구사
  - **변곡점**: '한계루프(B)'로 시스템 지배력이 전환되어 한계증상이 시작되는 지점(K의 약 50%)으로, 포화점에서의 정체현상을 지연할 수 있는 레버리지 변수에 집중하거나 수용능력 K를 확대할 대안 모색에 착수
  - **포화점**: 성장을 멈추는 이 지점에서는 불가피하게 나타날 쇠퇴현상을 조기에 끝내고 다시 상승할 수 있는 대안을 적극 모색해야 함

따라서 이러한 판단오류를 예방하려면 성장의 패턴만 봐서는 안 되며 반드시 성장률의 변화를 살펴야 한다. 성장의 강화루프가 쇠퇴의 강화루프로 바뀌는 것을 차단하고 지속가능한 성장을 추구하려면 성장률이 양에서 음으로 반전되는 변곡점에 주목해야 한다.

2) '성장의 한계' 예시

아래 그림(a), (b), (c)는 초반에 고객 기반이 지속적으로 확대되지만, 고객 수가 많아질수록 서비스 품질이 떨어지고 이는 결국 고객 이탈로 이어지는 일련의 과정을 단계별로 상정한 것이다. (a), (b), (c)를 시간 위에서 연결해보면 최 우측 그래프와 같이 나타난다. 이러한 행태 변화의 이면에는 그림(d)와 같은 구조가 있기 때문이다.

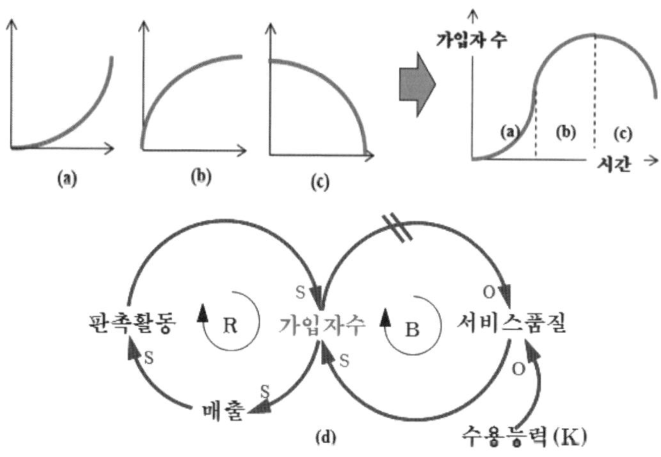

'성장의 한계' 시스템 구조와 행태(BOT) 예시

가입자를 늘리기 위해 매출의 상당부분을 각종 촉진정책에 투입하면 그 효과에 힘입어 신규 가입자를 더 끌어 올 수 있고, 가입자가 계속 늘어나면 촉진활동에 투입할 수 있는 재정여력은 더욱 확대된다. 이런 사고모델이 강화루프(R)에 반영되어 있다. 그러나 손바닥만 보고 손등은 안 보는 경우처럼 성장엔진을 돌려 고객이 늘면 그 만큼 서비스 품질에 한계가 올 수 있다는 점을 간과하였다. 서비스 품질이 저하되면서 가입자 증가율이 둔화되고, 신규 가입자가 줄면 다시 서비스 품질은 개선되어 가입자는 일정 수준에 수렴(B)하는 'S'형 성장을 보일 수도 있었다. 그러나 현실은 그렇지 않다. 경쟁구도 하에서 기존 가입자의 이탈마저 늘어나면서 매출은 줄어들고, 매출이 줄면서 촉진활동이 위축되어 가입자 증가는 마이너스로 전환되는 악순환의 강화루프(R)에 빠지게 된다.

2. 적용연습

'성장의 한계'의 경우 우리의 관심사는 성장이다. 그리고 이를 가능케 하는 성장 동력이 있을 것이다. 그러나 그 성장 동력이 소비하게 되는 자원의 한계 역시 염두에 두어야 한다.

1) 모델 개발 절차

(단계 1) 문제의 정의

일단 성장엔진이 작동하기 시작하면 그로부터 발생할 수 있는 부작용은 알려고 하지 않거나 경시되는 경향이 있다. 그러나 있을 수 있는 부작용들 중에 적어도 하나 이상은 성장엔진과 연결되어 있어 그 엔진을 정지시키거나 후진시키는 역할을 할 수 있음을 명심해야 한다. 따라서 성장 목표 및 그와 연관된 성장요소와 한계요소를 파악하는 것이 우선되어야 한다.

(단계 2) 피드백 형성

기본적으로 성장목표에 이르도록 견인하는 강화루프와 성장에 수반되어 나타나는 한계의 균형루프를 만든다. 한계요인이 다수일 경우라면 각각을 설명하는 균형루프를 구성한다.

(단계 3) 시간지연 반영

성장의 발목을 잡는 부작용은 시간을 경과하면서 서서히 나타나거나 상당 시간이 경과한 후에 그 모습을 드러내기 때문에 간과하기 쉽다. 이러한 시간지연은 균형루프에 숨어 있으므로 변수 간 연결선 중에서 어디에 시간지연이 개입되는지를 명확히 반영해야 한다.

2) 단계별 적용 예시

(단계 1) 문제의 정의

아래 제시한 현상(BOT)을 보면 성장목표는 '매출 증대'에 있으며, 그 가능요소는 품질 좋은 제품을 만드는 것이다. 따라서 단선적 사고로는 좋은 제품이 매출 증대(품질 → 매출)로 이어진다는 논리가 가능하다. 그러나 BOT를 보면 이런 단순논리가 시간이 흐를수록 반대로 나타나고 있다. 그렇다면 성장과정에서 유발되는 제약(한계)요소는 무엇일까? BOT를 보면 그것은 서비스에 대한 고객 만족의 저하이다. 이로부터 매출 증대가 서비스 품질 저하(매출 → 서비스 품질)로 이어진다. 그리고 이와 관계되는 품질, 서비스에 대한 고객 만족 등이 동태적 관계를 형성하고 있음을 추측해볼 수 있다.

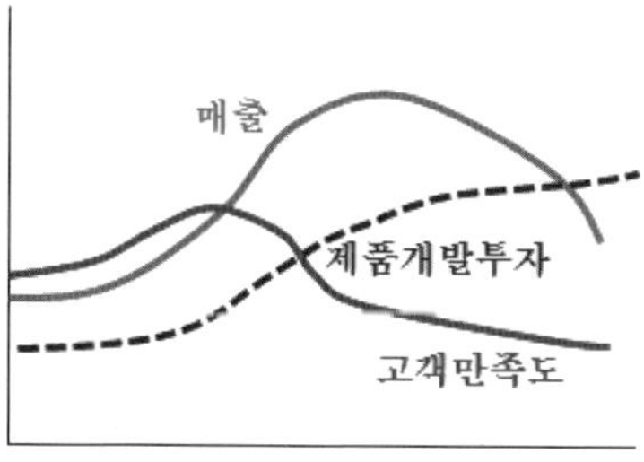

(단계 2) 피드백 형성

성장목표인 '매출'을 중심으로 한편으로는 가능요소인 '제품 품질'과 성장의 강화루프를 구성하고 또 다른 한편으로는 제약요소인 '고객만족'과 한계의 균형루프를 구성한다.

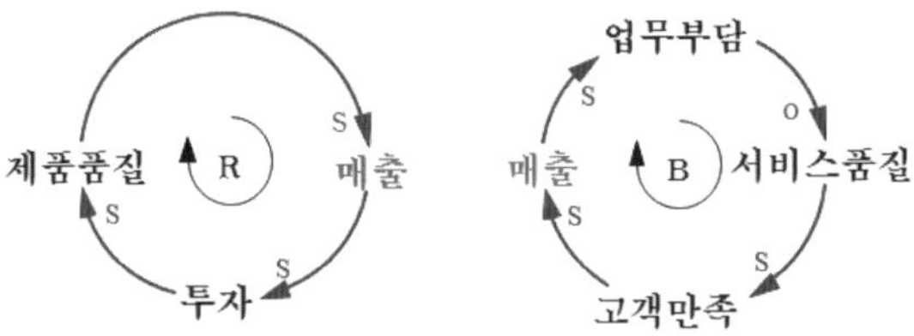

(단계 3) 시간지연 반영

위 인과지도를 성장목표인 '매출'을 중심으로 하나로 합친 인과지도를 만든 후, 아래 그림과 같이 한계의 균형루프에 수용능력(K)으로 고객관리능력을 추가하고 매출 증대로 인한 업무 부담이 서비스 품질 하락으로 이어지는 연결선에 시간지연을 반영한다.

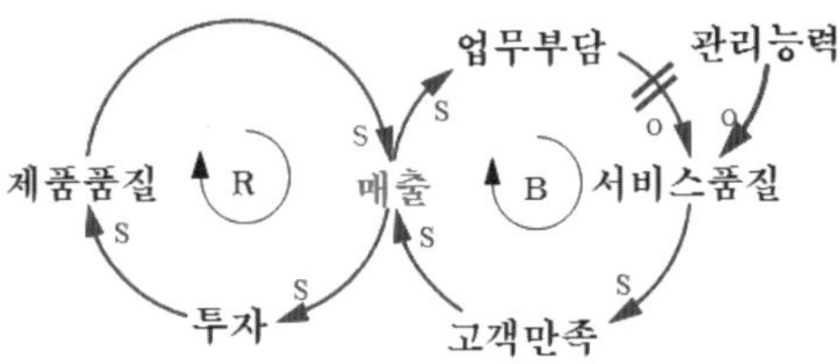

3. 구조관리 지침 및 시사점

'성장의 한계' 구조는 가속기(accelerator)에 제동기(break)가 달린 시스템으로 이해하면 좋다. 쓰레기 치운다고 열심히 빈 쓰레기봉투에 무언가를 넣고 있는 상황과도 닮아 있다. 이러한 비유는 '성장은 성장 그 자체에 의미를 두기보다는 지속가능한 성장이라야 한다.'는 것을 암시하는 것이다. 따라서 성장이 의미를 갖으려면 다음 사항에 관리의 초점을 두어야 한다.

첫째, 성장 피드백 루프에 개입되어 있는 요소(즉, 성장 동력)들을 면밀히 관찰해야 한다. 중장기적으로 성장을 저해하는 요인들은 통상적으로 잘 안보이지만 분명 한 개 이상은 성장 요소와 관련되어 있기 때문이다.

둘째, 성장의 변화율을 예의 주시해야 한다. 겉으로 보기엔 계속 성장하는 것 같지만 변화율은 이미 마이너스로 접어든 경우가 자주 발견되기 때문이다. 그 요인은 분명 성장요인과 관계되어 있는 한계요인(들)이 작용하기 시작했음을 의미하는 것이므로 이 한계요인을 제거 혹은 이완시키는 노력이 지연되어서는 안 된다.

1) 구조관리 지침

'성장의 한계'에 대응하는 몇 가지 가이드라인을 제시하면 다음과 같다.

• '성장' 그 자체 보다는 '지속가능성'에 방점을 두라.

성장을 저해하는 한계요인들은 잘 안 보이지만 분명 한 개 이상은 성장요소와 관련되어 있다. 성장 이후의 정체에 대비하여 한계요인들은 성장 중에도 관리되어야 한다.

• 한계의 조짐이 나타나기 전에 이 원형을 사용하라.

'성장의 한계' 원형은 한계의 조짐이 나타나기 전에 적용하는 것이 가장 유용하다. 그간 지속된 성장의 누적효과가 어떻게 장차 문제를 유발할 수 있는지를 쉽게 파악할 수 있기 때문이다. 성장의 결과가 어떤 한계의 압력을 키우고 있는지 인과지도를 통해 추적하고, 그 한계 조짐이 나타나기 전에 이를 제거하는 방안을 찾아야 한다.

• 성장은 다양한 한계 요소를 내포하고 있을 수 있음을 명심하라.

성장 계획을 수립할 때는 항상 그와 관련된 한계를 생각하고 다른 분야나 동종의 사업에서 어떤 한계에 직면했었는지 살펴봐야 한다. 그러려면 자사의 입장에서만이 아니라 고객, 공급자, 그리고 다른 시스템 구성원들 입장에서도 한계를 생각해 볼 필요가 있다.

• 성장과정에서 작동했던 가정과 답을 재점검하라.

목표를 이루게 한 모든 성공요소들은 성공이 실현된 순간부터 실패요인으로 작용하기 시작한다. 소위 성공한 자는 자신이 내렸던 처방에 확신을 갖는다. 그래서 한계에 부딪히면 새로운 처방을 찾으려 하기보다는 기존의 처방을 더 강하게 밀어붙이려 한다. 이것이 곧 성장 시스템을 붕괴시키는 요인이 된다.

• 성장의 한계에 이른 시스템에 미련을 두는 심리를 경계하라.

한계의 균형루프가 작동을 시작할 때 지금까지의 처방을 더 강하게 쓰려는 반사작용(knee-jerk reaction)을 피해야한다. '성장의 한계' 증상이 나타날 때 그에 대응하는 진정한 지렛대는 성장의 엔진을 더욱 강하게 추진하는 것이 아니라 성장을 제한하는 요소를 발견하고 이를 선제적으로 관리하는 것이다. 그러나 이러한 조치는 수요가 발생하기 전 새로운 설비를 증설할 때 설득을 필요로 하는 것만큼이나 쉽지 않은 결정이 될 수도 있다.

2) 교훈 및 시사점

지금까지 살펴 본 '성장의 한계' 사고모델을 통해 얻을 수 있는 교훈으로 우리가 유념해야 할 사항은 다음과 같다.

▶ '성장의 한계'에서 얻는 교훈

- '빨리 자라는 벼에는 이삭이 패지 않는다.', '웃자람(outgrow)을 경계' 하란 경영 금언처럼 빠른 성장의 이면에는 쇠퇴를 촉진하는 요소도 함께 자라고 있음을 잊지 말아야 한다.
- '낙타의 허리는 마지막 올려놓은 콩알 하나에 부러진다.' 콩짐을 조금이라도 더 얹으려는 생각만 있을 뿐 낙타의 허리가 점차 휘고 있음은 감지하지 못한다. 결국 낙타의 허리가 부러지는 사고가 나서야 비로소 성과에 대한 지나친 집착이 화를 불러왔음을 알게 된다.
- '강하게 밀어붙일수록 증상은 더 강하게 되돌아온다.' 예전에 작동했던 수법이 또 작동하리라는 '생각의 관성'에 빠져, 같은 수법으로 더 세게 밀어붙이지만 문제는 더욱 악화된다.
- '소 잃고 외양간 고치는 우를 범하지 말라.' 보기엔 계속 성장하는 것 같지만 변화율은 이미 마이너스로 접어든 경우 성장에만 취해 있다가 뒤늦게 정체를 발견하곤 대응을 서두르지만 그때는 늦는다.

★ 시스템 사고 금언:

- 밀어붙이면 그 만큼 더 세게 되돌아온다.

  The harder you push, the harder the system pushes back.

제2절 성장과 투자

앞서 살펴본 '성장의 한계' 원형의 경우 성장을 제한하는 요인을 통제 혹은 조절 불가능한 부동의 상수로 간주했지만 이 절에서는 이 한계를 확장 가능한 요인으로 보고 논의를 전개한다. 따라서 '성장의 한계' 원형과 '목표의 표류' 원형을 잘 이해했다면 이 원형은 상대적으로 이해하기 쉬울 것이다.

투자의 귀재가 천일 필요는 없다. 투자는 타이밍이다.
- 웨렌 버핏(미국 투자가, 1930-)

1. 사고모델

다시 맬서스(T. Malthus)의 명제로 돌아가 보자. '인구는 기하급수로, 식량은 산술급수로 늘어난다.'는 말이 과연 참인가에 대한 의문으로부터 '성장과 투자' 원형에 대한 논의를 시작해보자.

인구는 더 많은 인구를 만들어내는 반면, 식량은 한 사람이 생산할 수 있는 양이 제한되어 있고 경작지의 한계까지 생각하면 산술급수라기보다는 오히려 한계생산에 더 가까울 수 있다. 결국 그의 명제는 다른 외적 요인이 없다면 분명 참이거나 참에 가깝다. 그러나 최근 일어나고 있는 현상을 보면 반드시 그렇지만은 않다. 인구는 결혼 및 출산 기피로 일부 국가에서는 이미 줄어드는 현상을 보이고 있다. 식량은, 물론 계속 문제는 있지만, 인구의 증가폭에 비해 각종 기술혁신으로 그 이상 생산되고 있다. 적어도 이러한 현상에 비추어 보면 결국 그의 명제는 분명 참이 아니거나 오히려 거짓에 가깝다.

▶ **한계를 넘어(Beyond the Limits)**

'성장의 한계(Limits to Growth)'를 발표했던 미국 MIT 메도우즈(D. H. Meadows, 1972)와 그 그룹이 신 맬서스주의자(Neo-Malthusian)라는 비판을 받게 된 결정적 이유는 '성장의 한계'를 유발하는 자원을 부동의 한계상수로 설정했기 때문이다.

'성장의 한계'를 비판하는 사람들은 자원은 부동의 한계상수가 아니라는 시각에서 출발한다. 기술혁신과 새로운 사회적 변화를 통해 지속적으로 발굴될 수 있는 것으로 보는 것이다. 이러한 시각은 한마디로 이 절에서 논의되는 '성장과 투자'의 원형에 기초한 사고모델에 근거한다.

그러나 '성장과 투자' 역시 한계요인에 대한 대응시점을 늦추게 될 경우 같은 결과에 도달할 수 있다. 우리가 지금 무엇인가를 실천하지 않는다면 지구촌의 '지속가능발전' 개념은 어쩔 수 없이 '성장 중지' 개념으로 변화할 수도 있기 때문이다.

'성장과 투자' 원형은 '성장의 한계' 모델의 확장판이다. '성장의 한계' 시나리오는 자원을 부동의 한계상수로 간주한다. 성장으로 인해 자원이 소모되면 성장은 한계에 수렴하는 정체 현상을 보이거나 선순환으로 작용해왔던 강화루프가 악순환으로 반전되어 마이너스 성장을 보일 수 있다는 것이다. 반면에 '성장과 투자' 시나리오는 자원을 시스템 내부의 변수로 간주한다. 자원도 자원 나름이고 특히 기업의 성장자원이나 천연자원마저도 기술혁신과 시장수요에 의해 새로이 발굴 될 수 있다는 것이다. 따라서 '성장과 투자' 원형은 '성장의 한계'에서 설정하고 있는 자원의 상한선도 혁신과 투자를 통해 극복될 수 있다는 시나리오에 근거한다.

1) 시스템 구조와 행태

'성장과 투자' 원형은 아래 그림의 인과지도에서 보는 것처럼 '성장의 한계' 원형에 투자 등을 통해 제약요인(수용능력)을 개선하는 균형루프(B_2)가 추가된 것이다. 점선으로 형성된 새로운 균형루프(B_2)를 의미상 '개선루프'라 할 때, '성장과 투자'의 구조는 성장루프(R)와 한계루프(B_1), 그리고 그 한계를 완화하는 '개선루프(B_2)' 등 세 개의 루프로 구성된다.

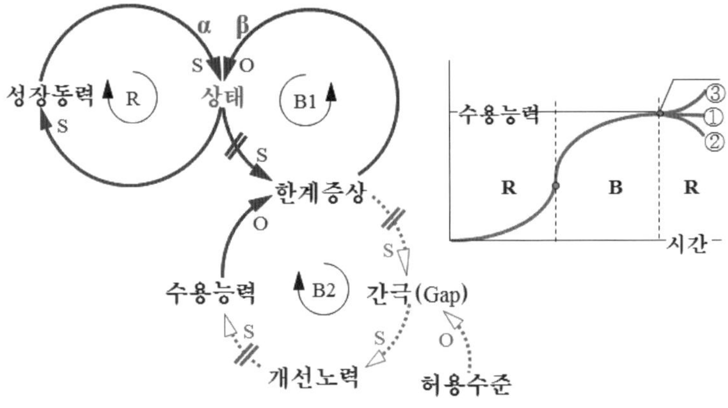

'성장과 투자' 원형의 구조와 행태(BOT)

▪ 지배루프의 전이와 행태 변화

'성장의 한계'와 마찬가지로 '성장과 투자' 원형 역시 주안점은 성장의 엔진을 더욱 강하게 추진하는 것이 아니라 성장을 제한하는 요소를 발견하고 이를 제거 혹은 이완시키는 것이다. 이것이 바로 핵심적인 정책지렛대(policy leverage)이다. 따라서 '성장과 투자'의 원형을 구성하는 3개 루프 중에서 가장 중요한 것은 현실 제약을 완화하는 '개선루프(B_2)'이다.

물론 '성장과 투자' 시스템의 행태를 지배하는 루프도 시간에 따라 변화한다. '성장의 한계'에서 이미 논의된 바 있지만, 성장의 한계 증상이 나타나기 전까지는 '성장루프(R)'가 지배적으로 작용하다가 한계증상이 나타나기 시작하면서부터는 그 한계에 수렴하는 '한계루프(B_1)'가 지배적으로 작용하게 된다. 여기서 중요한 것은 '성장루프(R)'에서 '한계루프(B_1)'로 지배적 힘이 이동하게 되는 변곡점에서 이러한 한계를 제거 또는 이완할 수 있는 '극복루프(B_2)'가 작동될 수 있도록 사전조치가 필요하다는 점이다. 그러지 않으면 시간지연으로 인해 '한계루프(B_1)'가 '성장루프(R)'에 부정적 영향을 끼치게 되어 그 성장루프는 선순환의 '성장'에서 악순환의 '쇠퇴'로 바뀌게 된다.

'성장과 투자' 원형의 전형적인 행태는 위 그림 BOT에서 보는 것처럼 한계에 수렴하는 '성장의 한계'와 달리 포화점에 이른 후 새로운 성장을 보이고 있다. 이러한 행태는 '극복루프(B_2)'가 작동한 결과이다. 보다 구체적인 논의를 위해 '성장의 한계' 원형에서와 같이 성장의 힘을 α, 성장을 제한하는 한계의 힘을 β라 하고, 지배루프의 전이로 인해 어떤 행태 변화가 나타나는지 좀 더 살펴보자.

아래 그림과 같이 포화점에 이르기까지는 '성장의 한계' 원형과 그 행태의 패턴이 동일하다. 다른 점은 포화점에 이른 후의 상황이다. '성장의 한계'에서는 시스템 수용능력이 부동의 한계 상수였기 때문에 포화점을 지나면서부터 한계증상(β)의 힘이 성장동력(α)보다 커진다((α-β) < 0).

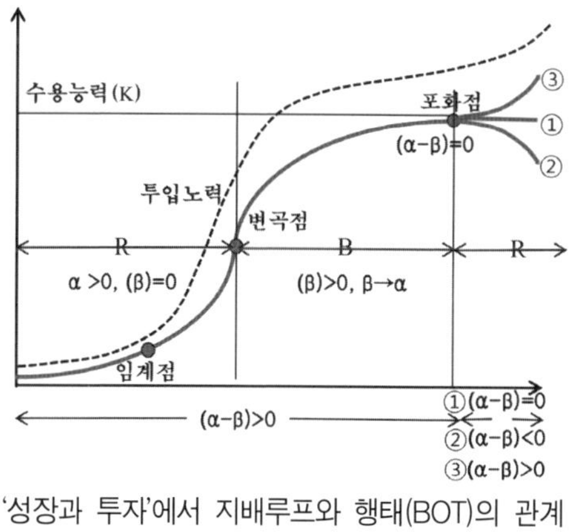

'성장과 투자'에서 지배루프와 행태(BOT)의 관계

그 결과 그간 성장을 견인했던 강화루프(R)는 쇠퇴의 나락으로 몰아가는 악순환의 지배루프로 작용하게 된다. 결국 아무런 조치가 없는 한 강화루프(R)는 악순환의 '쇠퇴'를 유발하게 되어 이때부터 성장이 하락 반전하는 곡선 ②와 같은 행태를 유발하게 된다. 그러나 '성장과 투자'는 시스템 수용능력을 내생변수로 설정하였기 때문에, 포화점에 이른 후에도 '극복루프(B_2)'가 작동하여 한계증상(β)의 힘이 성장동력(α)보다 작은 상태((α-β)>0)가 계속 유지되면서 성장은 지속되는 곡선 ③의 행태를 나타낸다.

결국 포화점 이후 지배루프로 작용하는 강화루프(R)가 성장의 선순환으로 작용하면서 곡선 ③의 행태를 보일 것인가, 아니면 쇠퇴의 악순환으로 작용하면서 곡선 ②를 따를 것인가는 '극복루프(B_2)'가 언제 작동하느냐에 달려 있다. '성장과 투자' 원형의 인과지도에서 보았듯이 '극복루프(B_2)'에는 개선노력이 수용능력 확대로 나타나기까지(개선노력 → 수용능력)는 시간지연이 개입되어 있기 때문에 시간지연을 감안한 적시의 개선노력이라면 곡선 ③의 행태를 보이지만, 그렇지 않다면 '소 잃고 외양간 고치는' 상황이 발생하여 결국 곡선 ②를 따르게 될 것이다.

2) '성장과 투자' 예시

결국 성장의 '지속가능성'은 극복루프(B_2)가 언제 작동하는가에 좌우된다. 한계 극복을 위한 개선 노력의 타이밍이 얼마나 중요한지 어떤 제품의 시장수요 변화와 그에 따른 설비 확장을 예로 삼아 좀 더 살펴보자.

우선 '성장과 투자' 원형을 참조하여 시장수요와 설비의 제약에 관한 인과지도를 아래 그림과 같이 작성하였다. 여기서는 한계증상이 주문적체이며, 이로 인해 매출 신장이 둔화되기 시작하면 그대로 방치하지 않고 설비투자를 통해 주문처리 능력을 향상시킴으로써 주문적체의 한계증상을 제거하거나 지연시킨다는 점이 '성장의 한계'와 근본적으로 다르다. 그러나 문제는 설비 확장을 통해 한계증상을 제거 또는 완화하기까지는 시간을 요하기 때문에 한계증상이 나타나는 시점에서 극복루프(B_2)가 작동되면 그땐 이미 늦는다. 투자 효과가 나타날 때까지 고객을 기다리도록 잡아둘 수는 없기 때문이다.

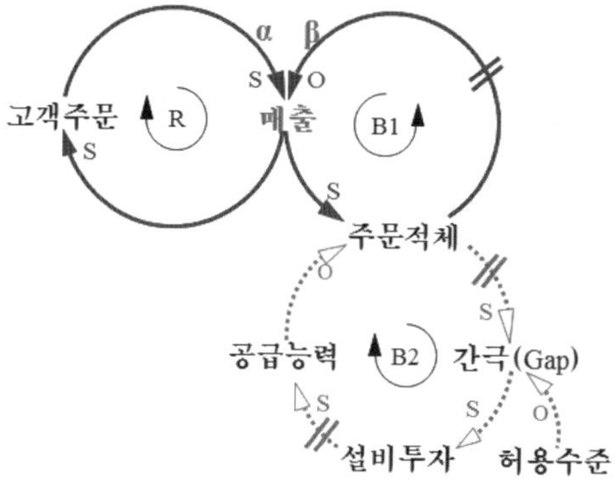

'성장과 투자' 원형의 인과지도 예시

아래 BOT는 설비투자 효과가 나타나기까지의 시간지연으로 인해 고객 수요에 적절히 대응하지 못하는 상황을 보여주고 있다. 시장의 고객 수요가 대응 설비를 초과하는 최초의 한계증상은 구간 A-B에서 나타난다. 이에 대응하여 계획을 세우고 실제 투자가 착수되는 것은 시점 B이지만 설비 확장은 구간 B-C에서 이루어진다. 그러나 이 구간에서는 다시 시장 수요가 설비용량을 훨씬 밑도는 상황에 접어들어 결국 과잉 투자의 결과를 낳는다. 그러나 구간 C-D에서 고객 수요는 다시 설비용량을 초과하게 되어 한계증상을 보이게 된다. 이때 다시 투자가 이루어지지만 실제 설비 증설 효과는 한 구간 이후에 나타난다. 시점 D를 지날 때까지 고객 수요가 회복되지 않으면 회사는 결국 설비를 줄이게 되고 이는 고객 수요의 감소로 이어지면서 악순환의 고리에 빠지게 된다. 결국 투자의 적기를 놓친 극복루프의 가동은 성장을 위축시키는 저투자의 결과를 낳는다.

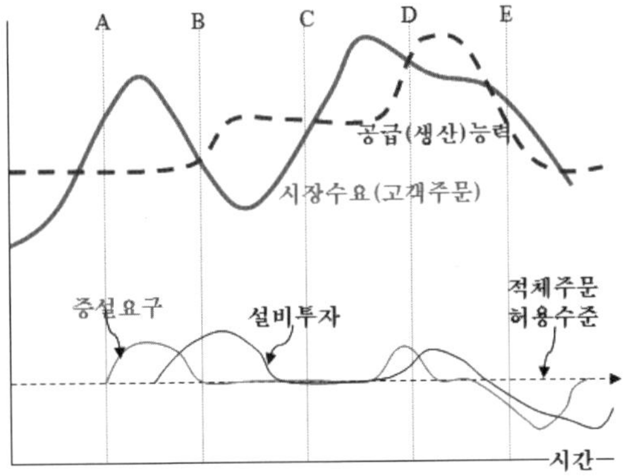

수요 변동과 설비증설 효과의 시차로 인한 행태 변화

2. 적용연습

'성장과 투자' 원형은 '성장의 한계'와 기본적으로 동일하다. 따라서 모델 개발 절차 역시 대동소이하다. 다만 한 가지 다른 것은 '성장의 한계'에서 성장을 제한하는 현실제약(자원의 한계 등)을 '부동의 한계상수(K)'로 설정한 반면, '성장과 투자' 원형은 개선노력을 통해 이를 제거 혹은 이완하려는 '극복루프'를 추가한다는 점이다. 여기에는 시간지연이 개입된다는 점도 반드시 인과지도에 반영해야 한다.

1) 모델 개발 절차

(단계 1) 문제의 정의

우선 성장 목표 및 그와 연관된 성장요소와 한계요소를 파악하는 것은 '성장의 한계'와 동일하지만 시스템 수용능력 확장에 개입되는 변수를 추가로 식별해야 한다. 수용능력 확장의 결정요인은 한계 허용수준과 한계증상의 차이(허용수준 - 한계증상)로 파악될 수 있다.

(단계 2) 피드백 형성

수용능력 확장의 결정요인으로부터 나타날 수 있는 경우를 도전과 타협 등 두 가지 가능성으로 분기하여 피드백을 구성한다. '도전'은 개선의지(투자)의 실천이며, '타협'은 투자대신 허용수준의 완화를 통한 현실 유지 내지는 소극적 개선을 의미한다. '도전'의 경우 개선의지(투자)와 실천을 반영하여 근본처방의 '극복루프'를 구성하고, '타협'의 경우는 허용수준의 완화를 반영하여 대증처방의 '중독루프'를 구성한다.

(단계 3) 시간지연 반영

'성장과 투자' 모델에서 시간지연이 중점 반영되어야 할 부분은 '극복루프'이다. 이 균형루프에는 수용능력 확장에 소요되는 획득지연과 한계증상을 인지하는데 소요되는 인지지연 등 두 가지 시간 지연이 개입된다.

- **수용능력 확장에 이르는 지연(Capacity Acquisition Delay) 관리**: 수용능력의 한계를 완화하기 위한 투자가 실제 효과로 나타나는데 걸리는 시간을 의미하는 것으로, 이를 과소평가할 경우 개선조치가 오히려 상황을 악화시키는 결과를 낳을 수 있다. 따라서 한계증상이 나타나기 이전에 성장의 한계요인을 정확히

규명하고 이를 개선하는데 소요되는 시간과 비용을 사전에 산정하여 적기에 대응해야 한다.

- **한계증상 인지에 이르는 지연(Perception Delay) 관리**: 한계요인을 물리적으로 완화하는 조치보다 더욱 중요한 것이 한계증상을 인지하는 것이다. 성장이 지속되는 과정에서 한계증상을 사전에 인지한다는 것은 결코 쉬운 일이 아니기 때문이다. 인지지연을 사전에 간파하여 예방할 수 있는 방안은 구조관리 지침에서 중점 논의한다.

2) 단계별 적용 예시

(단계 1) 문제의 정의

아래 제시한 현상(BOT)을 보면 성장목표는 고객 규모 확대를 통한 '매출' 증대에 있으며, 그 가능요소는 마케팅(판촉활동)이다. 따라서 단선적 사고로는 적극적 마케팅 활동이 매출 증대(마케팅 $\xrightarrow{s}$ 매출)로 이어진다는 논리가 가능하다. 그러나 BOT를 보면 이런 단순논리가 시간이 흐를수록 반대로 나타나고 있다. 마케팅 활동은 지속적으로 강화되고 있지만 매출은 정점을 지나면서부터는 오히려 하락하는 모습을 보이고 있다. 그렇다면 성장의 제약(한계)요소는 무엇일까? BOT에 따르면 그것은 서비스 능력이다. 결국 이 시스템의 수용능력의 결정요인은 '목표 품질'과 한계증상인 '서비스 품질'의 차이로 결정되는 '개선 요구'이다. 따라서 이들 변수 간 단선적 인과관계는 (목표품질 $\xrightarrow{s}$ 개선요구 $\xleftarrow{o}$ 서비스품질)로 표현될 수 있다. 이로부터 품질 개선을 위한 도전(개선요구

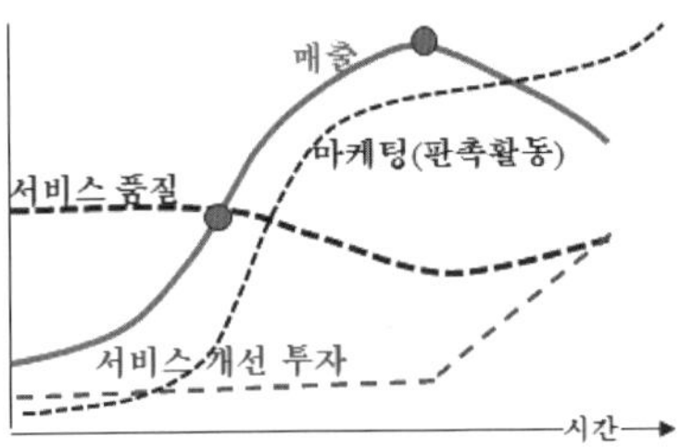

—s→서비스 향상 투자)과 목표 품질수준을 낮추는 타협(개선요구—s→타협유혹) 등 두 가지 가능성이 한계를 극복하는 과정에 개입될 수 있음을 추정해볼 수 있다.

(단계 2) 피드백 형성

성장목표인 '매출'과 직결되는 '고객 규모'를 중심으로 가능요소인 '판촉활동'으로 성장의 강화루프를 구성하고, 다른 한편으로는 제약요소인 '서비스 품질'로 한계의 균형루프를 구성한다. 그런 후 '고객 규모'를 공통으로 성장의 강화루프와 한계의 균형루프를 하나로 합친 인과지도를 작성하면 옆의 그림과 같다. 여기까지는 '성장의 한계'와 동일하다.

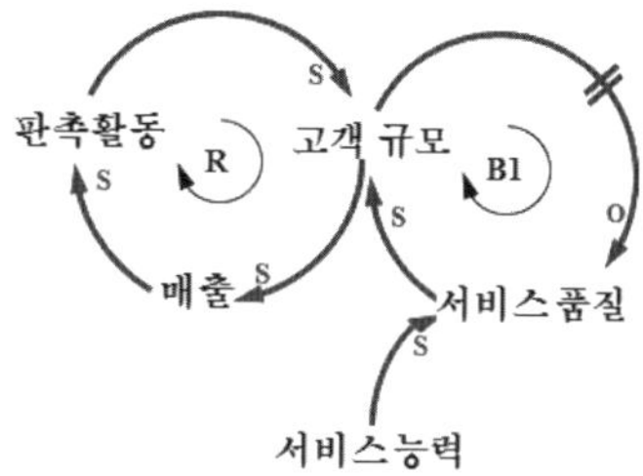

'성장과 투자' 원형으로 이를 확대하기 위해 서비스 능력 확대를 위한 극복의 균형루프를 만들어보자. 앞서 문제의 정의에서 논의했듯이 한계의 결정요인은 '목표 품질'과 한계증상인 '서비스 품질'의 차이로 결정되는 '개선 요구'이며, 이들 간 단선적 인과관계는 (서비스 품질—o→개선요구)이다. 이로부터 아래 그림과 같이 품질 개선을 위한 도전의 균형루프(B_2)가 (개선요구—s→서비스 향상 투자—s→서비스 능력) 만들어진다.

다른 한편으론 '개선요구'로부터 타협의 균형루프도 만들어질 수 있다. 그것은 (개선요구—s→타협유혹)의 단선적 인과관계에서 출발한다. '타협 유혹'은 '목표품질'과 음(-)의 관계(타협유혹—o→목표품질)이며, '목표품질'은 '개선요구'와 양(+)의 관계(목표품질—s→개선요구)이다. 이들을 연결하면 아래 그림과 같이 타협의 균형루프(B_3)가 형성된다.

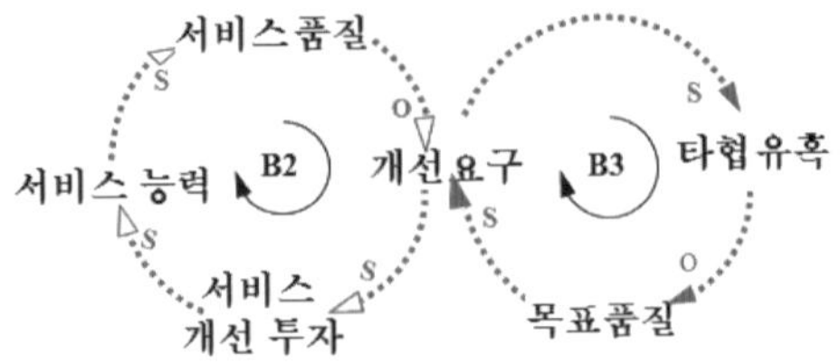

(단계 3) 시간지연 반영

'성장과 투자' 모델에 개입되는 시간지연은 대체로 세 가지로 구분된다. 첫째는 '성장의 한계'와 마찬가지로 한계의 균형루프(B_1)에 존재하는 시간지연이다. 이는 성장에 따라 나타나는 한계증상의 시간지연을 말한다. 두 번째는 극복의 균형루프(B_2)에 존재하는 지연으로 앞서 소개한 바와 같이 인지지연과 획득지연으로 구분된다. 이 예시의 경우는 (서비스품질 → 개선요구)에 이르는 지연이 인지지연이며, (개선투자 → 서비스능력)에 이르는 지연이 획득지연이다.

아래 그림은 문제의 정의 및 변수의 발견에서부터 피드백 구성과 시간지연 반영에 이르기까지의 절차를 걸쳐 완성된 인과지도이다.

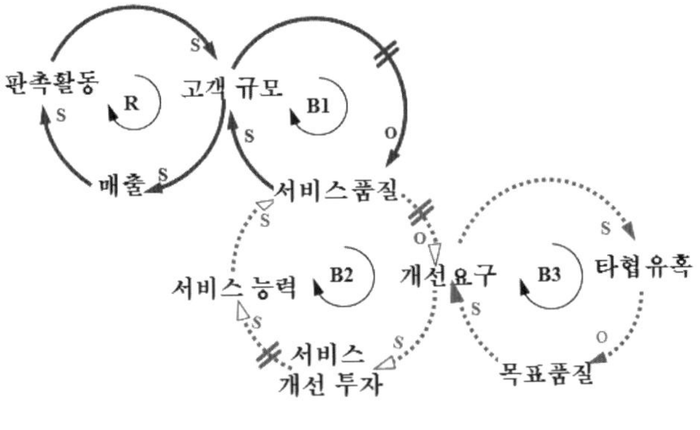

3. 구조관리 지침 및 시사점

'성장과 투자' 원형이 제대로 작동하고 있는지를 알아보려면 성장 행태의 추세부터 살펴야 한다. 만약 성장을 지속하고 있다면 지속가능한 성장을 위해 사전에 충분한 투자계획을 마련하고 있는지 점검해야 한다. 경기 위축이나 시장 수요 감소 등으로 인해 비용절감, 인원감축, 투자 축소 등에 대한 논의가 제기될 경우 반드시 이러한 조치들이 성장에 어떠한 영향을 끼칠 수 있는지 살펴보아야 한다.

한계를 극복하는 과정을 반영하는 '극복루프'와 '타협루프'가 서로 긴밀하게 연결되어 있는지 점검할 필요도 있다. 양쪽을 고려하지 않을 경우 '극복루프'에서 아무리 개선을 위한 투자와 노력이 이루어져도 '성장루프'에 악영향을 주는 '타협루프'는 그대로 작동하게 된다. 따라서 '극복루프'에 내재해 있는 시간지연을 감안하여 정책 개입의 타이밍을 포착하는 것이 중요하다. 성장둔화기에 접어들었다는 이유로 투자비용을 오히려 감축함으로써 성장을 잠식하는 우를 범하기도 한다.

'극복루프'에서의 지연관리

- **한계 극복을 위한 시도가 시장요구에 제때, 제대로 부응하지 못하는 경우가 발생할 수 있음을 유념해야 한다.**
  그 원인은 극복루프에 내재해 있는 인지지연과 추가자원의 획득지연 때문이다.

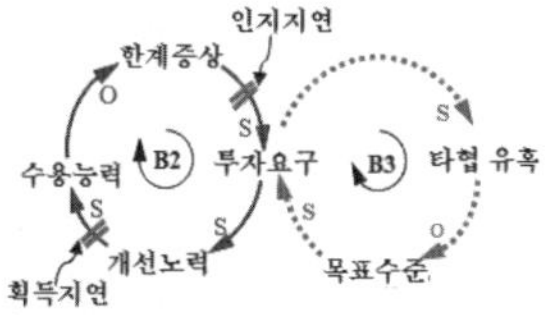

- **인지지연**: 한계증상을 인지하고 수용능력을 확장하기 위한 개선누력(투자)을 결정하는 과정에는 시간지연이 개입될 뿐만 아니라, 인지의 차이로 인해 자칫 중독의 늪(R)으로 빠질 가능성 있음을 경계해야 한다.
- **회득지연**: 수용력 확장을 위한 개선노력(투자)의 이행 과정에도 상당한 시간지연이 개입된다. 시간지연 정도는 획득지연이 인지지연보다 훨씬 클 수 있지만, 지연관리 측면에서는 훨씬 수월하다.

1) 구조관리 지침

'성장과 투자' 원형을 관리함에 있어 가중 중요한 부분은 시간지연으로 인해 투자 효과가 나지 않는 '저투자 함정(under-investment trap)'을 경계하는 것이다. 그러기 위해서는 한계증상이 나타나기 이전에 그 잠재요인을 파악하고 이를 제거, 완화할 수 있어야 한다. 그러나 한계요인들이 내재해 있는 균형루프의 행태는 서서히 진행되기 때문에 사전에 간파하기란 그리 쉽지가 않다. 특히 인지지연은 더욱 그러하므로 이를 사전에 예방할 수 있는 가이드라인을 세 가지로 집약하면 다음과 같다.

• 성장단계에서 성장의 한계를 염두에 두라.

성장 과정에서는 그 이면에 잠재해있는 성장 수용여력을 염두에 두고 한계의 도래에 대한 대비책을 세워야 한다. 예컨대, 매출이 신장되고 있다면 그에 수반되는 한계요인, 즉 생산 여력, 고객 서비스, 배송 및 납기 준수 등의 제반 요인들이 추가 매출 신장으로 어떤 영향을 받을 지 점검해야 한다. 이와 반대로 매출이 위축될 경우도 상정해볼 필요가 있다.

• 내부 시스템이 성장에 충분히 대응할 수 있는지를 검토하라.

조직문화, 관리체계 등 내면적 요인들이 매출 증가 등 외형적 성장을 따라가지 못하는 경우가 흔히 발생한다. 예컨대 공격적 매출 확대를 추진할 경우 이를 감당해야 할 관리와 서비스 제공 능력에는 문제가 없을 지, 그리고 인력을 대폭 확충한다면 이로 인해 발생될 수 있는 문제들은 없는 지 충분한 검토가 있어야 한다.

• 한계여력 확대 시 제기될 수 있는 문제들을 모두 검토하라.

과거에 성과를 이루어냈던 처방은 비록 참고는 될 수 있어도 그것이 다시금 곧바로 실행으로 이어져서는 안 된다. 현재의 성장을 견인하는 시장요인들이 무엇인지부터 파악해야 한다. 그렇지 않으면 새로운 시장 환경에서의 변화 요인들과 대응처방 사이의 연결고리를 잃어 처방은 작동하지 않는다.

2) 교훈 및 시사점

지금까지 살펴 본 '성장과 투자' 사고모델을 통해 얻을 수 있는 교훈으로 우리가 유념해야 할 사항을 정리하면 다음과 같다.

▶ '성장과 투자'에서 얻는 교훈

- '성장 후 반드시 한계는 온다.' 성장의 단맛에 빠져 다가올 한계에 대비할 시점을 놓칠 수 있음을 경계해야 한다. 한계에 대비할 적정시점은 수용능력의 50%까지 성장했거나 변화율이 양(+)에서 음(-)으로 전환된 변곡점 직후이다. '가뭄에 장마를 대비하라.'
- '시간지연을 염두에 두고 대응하라.' '극복루프'에 내재된 인지지연보다 획득지연이 통상 더 크지만 관리하기는 인지지연이 더 어렵다는 점을 염두에 두어야 한다. 인지지연의 경우 의사결정자의 시각 차이로 인해 보수적 선택을 할 가능성이 있으며, 자칫 중독의 함정(R)에 빠질 수 있음을 경계해야 한다.

★ 시스템 사고 금언:

- 비난할 사람은 외부가 아니라 내부에 있다.

  To blame is not the out world but the inside of yours.

생각해봅시다.

1. '인구는 기하급수로 증가하고 식량은 산술급수로 증가한다.'는 맬더스의 명제를 가지고 다음을 수행하시오.
   1) '성장의 한계' 원형을 활용하여 맬더스의 사고모델을 인과지도로 작성하고 그에 해당하는 행태 변화 그래프(BOT)를 제시하시오.
   2) '성장과 투자' 원형을 활용하여 앞서 작성된 인과지도를 확장하고 그에 따른 행태 변화(BOT)는 어떤 차이가 있는지 설명하시오.

2. 아래의 시스템 구조가 보이는 행태 변화 그래프(BOT)를 작성하고 임계점, 변곡점, 포화점에서의 대응 전략을 논의하시오.

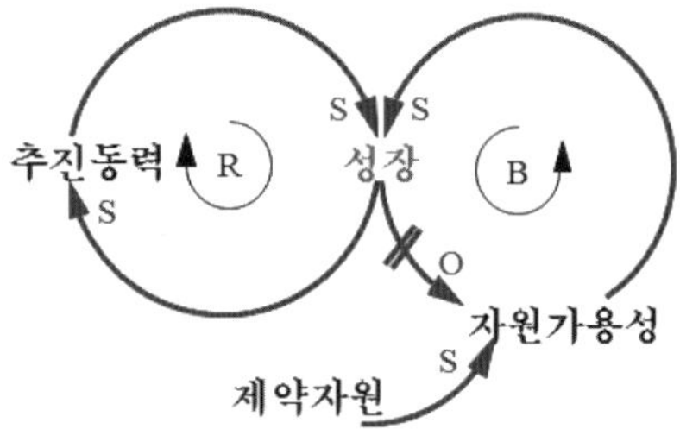

3. 문항 2의 인과지도에서 '제약자원'의 한계를 해소하는 '개선루프'를 추가하고 그 투자 효과가 제대로 나타나려면 무엇을 유념해야 하는지 설명하시오. (※ 개선루프에는 '인지지연'과 '획득지연' 등 지연요소도 함께 반영하시오.)

4. 문항 3에서 작성된 인과지도에 '목표의 표류' 원형을 적용하여 적정 규모의 투자(노력)가 이루어지지 못하는 경우를 추가하고, 대응책을 논의하시오.

| 제7장 |

경쟁과 승자

제로섬(Zero-sum) 경쟁

키가 같은 나무들이 살고 있었다. 한 동안 잘 지내던 어느 날 한 나무가 좀 더 햇볕을 잘 받으려 다른 나무들보다 삐죽 몸을 키웠다. 그러자 주변의 나무들은 그보다 더 키를 키워 햇볕을 받으려 했다. 나무들의 이러한 경쟁은 숲 전체로 퍼져나갔다. 한 번 경쟁이 붙으니 너도나도 줄기가 지탱할 수 있는 한 키를 키우려했다. 나무들은 불어난 덩치를 유지하기 위해 훨씬 많은 양분을 찾아 더 깊숙이 뿌리를 내려야 했다. 몸이 불어난 나무들은 하루하루를 힘겹게 살 수 밖에 없었고 경쟁에서 낙오된 나무들은 모두 고사하고 말았다.

개별 나무가 아닌 숲 전체로 관점을 돌려보자. 아무리 치열한 경쟁을 벌여봤자 나무의 일조량이라는 측면에서는 제로섬이다. 오히려 모두에게 처음보다 못한 상황만 전개된다.

오늘날 대한민국의 최상위 몇 퍼센트 정도만을 제외한 나머지 가정은 하나같이 자녀 사교육비에 있어서 이러한 경쟁의 딜레마를 겪고 있다. 여유 있는 집이나 없는 집이나 애들 사교육비 빼면 남는 돈이 없어 허덕이기는 마찬가지이다. 이러한 경쟁의 딜레마는 제로섬 게임에서 발생한다. 대학이 더 이상 신분상승을 보장하는 곳이 아니라 하더라도 이 경쟁은 끝나지 않는다. 이것은 단순한 신분상승의 문제가 아닌 죽느냐 사느냐의 문제이기 때문이다.

제1절 경쟁의 양동효과

사회적 시스템에서 흔히 볼 수 있는 것 중의 하나가 바로 경쟁이다. 경쟁은 기본적으로 상대편에 대한 비교 우위를 점하고자 하는데서 비롯된다. 그러나 하나씩 따로 떼어 놓고 보면 상당히 합리적이고 안정적 행태를 취한다. 다만 이들을 서로 붙여 놓았을 때 경쟁의 사고는 작동하게 되며 이는 결국 개별 시스템을 파국으로 몰아간다. 이 절에서는 경쟁에 대한 사고의 틀을 살펴보고 그 대응책을 함께 논의한다.

진정한 경쟁상대는 과거의 자신이다.
- 무라카미 하루키(일본 소설가, 1949-)

1. 사고모델

경쟁의 '양동효과(Escalation Effects)'는 '목표의 후퇴'와 정반대의 현상을 보인다. '목표의 후퇴'가 현실 타협에 의한 우 하향 행태를 보이는 반면 경쟁에 의한 양동효과는 우 상향 행태를 보인다. 외형적으로 이들은 두 개의 균형루프로 구성되어 있다는 점은 같지만, '양동효과'는 상대가 있는 반면 '목표의 후퇴'는 상대가 없다는 점이 다르다.

군비경쟁과 같은 상황이 양동효과의 전형이 될 수 있다. 구소련과 미국이 군비경쟁을 할 때 양쪽 진영이 보유한 핵무기는 지구를 일곱 번 정도 멸망시킬 수 있는 양이었다고 한다. 그 와중에 소련은 무한 군비경쟁을 감당하지 못하고 결국 붕괴되고 말았다. 합리적으로 생각하면 굳이 그렇게 많은 핵무기를 보유할 필요가 없다. 그렇지만 소련은 그 합리적인 길을 선택하지 않았고, 군비경쟁에서 승리한 미국 역시 현재까지 군비 증강에 쏟는 열의를 결코 줄이지 않고 있다. 이는 죄수의 딜레마(Prisoner's Dilemma)와 맥을 같이 한다. 서로를 믿을 수 없기 때문에 보다 우월한 지위를 선점하고자 무한경쟁의 덫에 빠진다. 우리에게 세상을 한 번 멸망시킬 수 있는 핵전력이 있더라도 상대가 두 번 멸망시킬 수 있는 전력을 갖추고 있다면 왠지 불안하다.

▶ **죄수의 딜레마(Prisoner's Dilemma)**

옛날 어느 왕국에서 잔혹한 살인 사건이 일어났다. 얼마 후 두 용의자가 체포되었는데 이들이 공범이라는 심증은 있으나 물증이 없었다. 왕은 이들을 각 방에 가두고 한 사람씩 따로 불러 만약 범죄 사실을 함구하면 10년 징역에 처할 것이고, 먼저 자백하는 사람은 석방하겠다는 조건을 제시하였다. 먼저 자백하는 사람은 석방되겠지만 그 대가로 동지였던 다른 한 사람은 사형을 당할 것이다. 만약 우리가 이런 상황에 처했다면 어떤 결정을 내리겠는가. 나만 살고 친구를 죽일 것인가 아니면 범죄 사실을 함구한 채 10년 징역을 살 것인가.

무엇보다 큰 고민은 상대편이 먼저 자백하여 내가 죽지는 않을까 하는 의구심일 것이다. 상호 신뢰가 확실하다면 일단 사형은 면한 채 10년 징역으로 끝나겠지만, 상대편에 대한 불신과 나만 살고자 하는 욕심이 앞선다면 둘 다 사형을 당하게 될 것이다.

물론 이 얘기는 「게임이론」에 나오는 한 가지 사례에 불과하다. 그러나 이러한 "죄수의 딜레마"는 끊임없이 이어지는 인류의 전쟁과 치열한 경쟁의 역사를 잘 설명하고 있다. 지금도 계속되는 군비경쟁은 우리 인류가 가지고 있는 "죄수의 딜레마"와 다를 바 없다.

---

1) 시스템 구조와 행태

경쟁의 '양동효과' 원형은 아래 그림의 인과지도와 같이 두 개의 균형루프가 서로 맞물린 구조를 이룬다. 이 구조를 보면 경쟁의 개별 당사자는 양동효과를 초래하는데 아무런 책임이 없어 보인다. 앞서 언급한 바와 같이 경쟁에 참여한 당사자들의 성과는 '목표의 후퇴'와 달리 지속적으로 상승한다. 그런 행태는 강화루프가 만들어내는 전형적 현상이다. 그러나 아래 인과지도를 보면 균형루프만 두 개 있을 뿐, 양동효과를 나타내는 강화루프는 없다. 그런데 어떻게 이런 현상이 나타날 수 있을까?

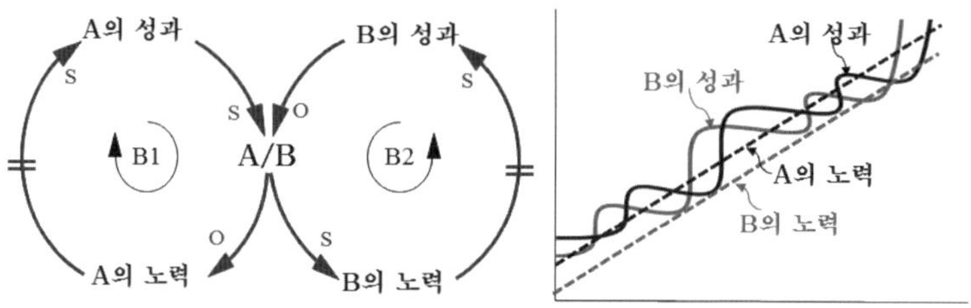

'경쟁의 양동효과' 원형의 구조와 행태(BOT)

이 의문에 대한 답을 찾기 위해 위 인과지도의 동태성을 좀 더 유심히 살펴보자. 일단 'A의 성과'로부터 출발하여 화살표의 방향으로 계속 따라가 보면 그 이유를 알 수 있다. 경쟁상대인 B와 비교하여 A의 성과(A/B)가 우월하면 'B의 노력'은 강화되고 상대적으로 'A의 노력'은 완화된다. 'B의 노력'이 강화되면 'B의 성과'는 증대되어 B와 비교한 A의 성과(A/B)는 이전에 비해 줄어든다. 이에 대응한 'A의 노력'은 강화되고 그 결과 성과는 증대된다. 결국 A와 B의 성과가 모두 증대되는 결과를 가져온다. 이러한 순환작용이 반복되면 끊임없는 경쟁의 상승작용이 유발된다.

결국 경쟁의 '양동효과'는 두 개의 균형루프로 시스템 구조를 이루고 있으나 전체 시스템은 아래의 인과지도와 같이 하나의 강화루프 구조임을 알 수가 있다. 이것이 바로 양동효과가 유발되는 원인이다.

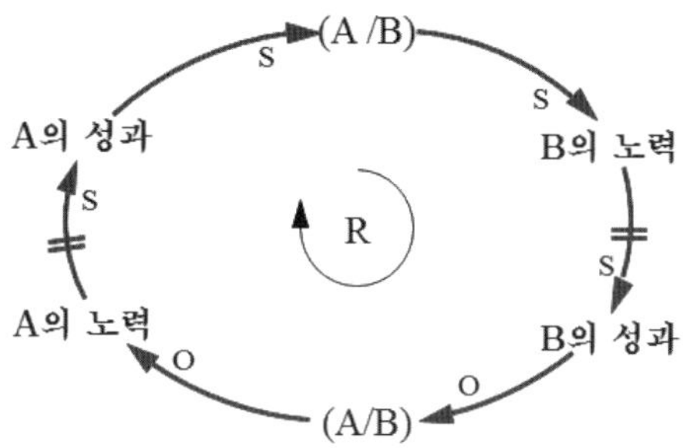

경쟁의 '양동효과' 원형의 재구성(단일의 강화루프)

■ 지배루프의 전이와 행태의 변화

'양동효과' 원형은 두 개의 균형루프로 구성되어 있지만 실제로는 제로섬 게임 구도에서 단일의 강화루프이다. 따라서 지배루프는 존재하지 않는다. 존재한다면 경쟁의 균형을 깨뜨리는 루프가 지배적 루프이고, 이러한 지배적 힘은 두 개의 루프에서 번갈아 교차된다. 이로써 '양동효과'가 시간 위에서 보이는 행태 변화(BOT)는 앞서 본 바와 같이 우 상향의 상승을 보인다. 비록 구조는 '목표의 후퇴'와 같지만 행태는 정 반대의 양상을 보인다. 이처럼 '목표의 후퇴'와 '양동효과'가 정반대의 행태를 갖는 이유는 두 가지 측면에서 찾을 수 있다.

우선 '목표의 후퇴'에서 목표는 개별적 목표인 반면 '양동효과'의 목표는 상대적 목표라는 점이다. 둘째는 그 연장선에서 '목표의 후퇴'는 뚜렷한 상대가 없지만, '양동효과'는 상대방이 존재하는 제로섬(zero sum)게임 상황이라는 점이다. 따라서 개인은 상당히 안정적으로 음(-)의 피드백 구조 하에 움직이지만 이렇게 안정적이고 합리적인 개인들의 상호 작용으로 이루어지는 전체 시스템은 강화루프의 일탈적 행태로 돌변한다.

▶ **양동효과의 특징**

'양동효과'란 경쟁이 지속적으로 과열되고 상승하는 현상을 말한다. 따라서 이러한 양동효과는 강화루프(R)에서 발생하는 전형이다. 그러나 '양동효과'의 원형을 보면 안정을 지향하는 균형루프(B)로만 구성되어 있다. 따라서 양자의 개별 행동은 상당히 안정적 혹은 합리적이지만 이들의 상호작용에 의해 발생되는 시스템 전체의 행태는 상당히 비합리적인 상황으로 돌변한다. 이러한 경쟁의 상승은 시스템을 극도로 탈진시키고 결국 시스템의 붕괴를 초래한다.

2) 경쟁의 '양동효과' 예시

좀 더 이해를 돕기 위해서 한 동네 두 개의 대형 슈퍼마켓의 가격인하 경쟁을 상정해보자. A가 더 많은 고객을 유치하기 위해서 할인 판매를 단행한다고 하자. 지역의 고객은 일정하므로 이는 분명 제로섬 게임이다. 따라서 경쟁사인 B는 보다 더 파격적인 가격인하로 대응하여, A에 비해 더욱 많은 매출을 늘리려고 한다. 그러면 A는 가격을 더 많이 내리게 되고 그렇게 되면 B도 가만히 있을 리 없다. 이러한 경쟁은 결국 과다 출혈경쟁으로 이어져 어느 하나가 파산할 때까지 지속된다. 이러한 경쟁 상황을 인과지도와 그에 대한 행태를 그려보면 아래에 제시된 바와 같다.

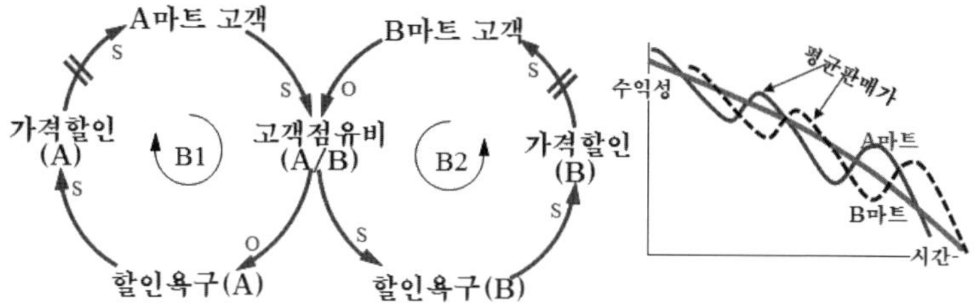

2. 적용연습

경쟁의 '양동효과'는 그 구조가 매우 간단하면서도 일상에서 흔히 접하게 되는 사고모델이다. 그러나 정작 이 원형은 실세계에 적용하기가 생각보다 쉽지는 않다. 왜냐하면 경쟁의 반대 개념인 담합을 정당화하는 수단으로 악용될 수도 있기 때문이다.

1) 모델 개발 절차

(단계 1) 문제의 정의

'양동효과'를 인과지도로 작성하려면 경쟁의 핵심요소부터 파악해야 한다. 그리고 그 경쟁요소가 제로섬에 해당하는 것인지 확인이 필요하다. 만약 이 두 가지 조건에 부합되면 경쟁요소의 상대적 비교우위를 양자 간 연결(공유) 변수로 삼는다.

(단계 2) 피드백 형성

경쟁의 공유변수에 대응하는 한 측의 대응수위와 성과를 연결하여 균형루프를 만든 후, 같은 방식으로 다른 한쪽의 균형루프를 구성한다.

(단계 3) 시간지연 반영

양측의 균형루프가 완성되면 대응수위와 성과 사이에 시간지연을 반영한다.

2) 단계별 적용 예시

앞서 죄수의 딜레마의 현실적 예시로 언급한 '미국과 소련의 군비경쟁'을 가지고 경쟁의 '양동효과' 모델을 만들어보자.

(단계 1) 문제의 정의

이 예시의 아래 BOT에서 보듯이 미국(A)과 소련(S) 모두 국가재정건전성은 급격한 하락세를 나타내고 있다. 경우 경쟁의 핵심요소는 '군사력'이며, 이는 승패의 제로섬에 해당한다. 따라서 양측의 공유변수는 '상대적 군사력'이다. 결국 미국과 소련 양국은 군비 증강을 통해서 서로 치열한 경쟁을 벌이는 상황인 것이다. 이는 소련이 붕괴한 직접적 원인을 설명하고 있다.

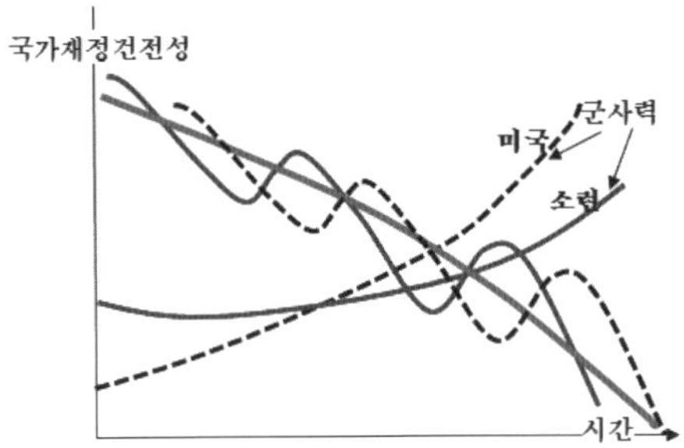

(단계 2) 피드백 형성

공유변수인 '상대적 군사력(A/S)'에 대응하는 미국(A)의 대응수위, 즉 '군비조달'을 통한 따른 '군사력 증강', 그리고 그로 인한 '상대적 군사력'을 연결하여 균형루프(B_1)를 만들고 같은 방식으로 그에 대응한 소련의 균형루프(B_2)를 만들면 된다.

(단계 3) 시간지연 반영

양측의 균형루프가 완성되면 '군비조달'과 그 성과로 나타나는 '군사력' 사이에 시간지연을 반영하면 인과지도는 옆에 보인 바와 같이 모두 완성된다. 이 구조와 위에서 본 행태(BOT)가 제대로 부합되는지 확인한다.

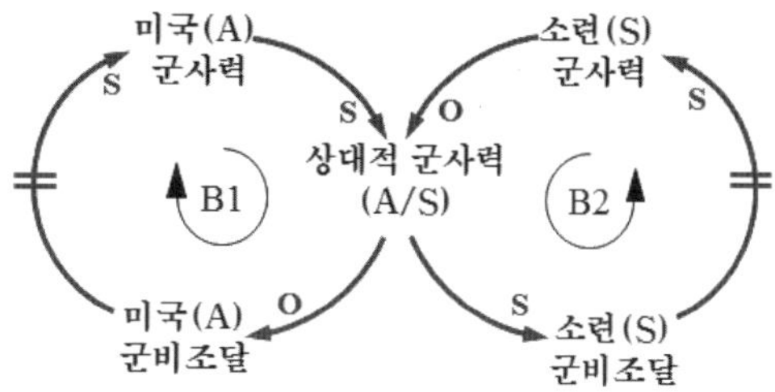

이 인과지도를 확대하여 미국과 소련의 국가재정건전성이 왜 악화일로를 걷게 되었는지, 그리고 왜 소련이 붕괴하게 됐는지 살펴보자. 위 인과지도는 서로 거울영상(mirror image)과 같으므로 한쪽 인과지도만 가지고 설명한다. 논의의 편의를 위해 '군비증강'이란 변수를 '군비조달'과 '군사력' 사이에 추가하였다. 정부세입이 군비조달로 충당될수록 군사력은 증강되지만 재정여력의 악화로 유동성은 떨어지고 결국 군비조달은 어렵게 된다. 그러나 양국의 경쟁심리가 고조되면서 시스템 내부에 숨이 있는 균형루프(B_3)가 지속적으로 작동한 결과 소련이 먼저 붕괴하는 결과를 초래했다. 군비경쟁에서는 이겼지만 미국 역시 국가재정건전성은 상당한 타격을 입었고 그 후유증은 지금도 계속되고 있다.

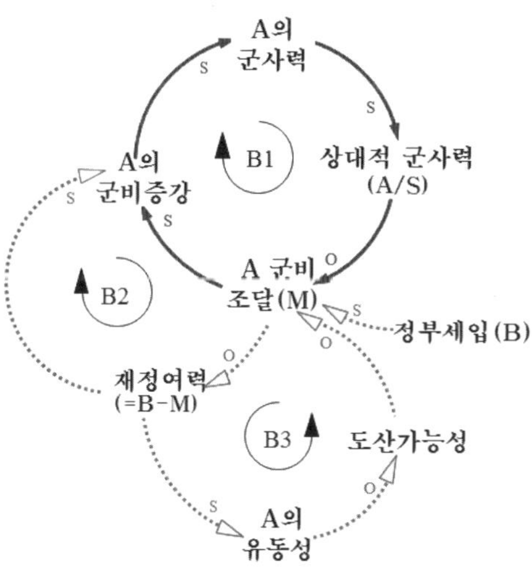

3. 구조관리 지침 및 시사점

'손바닥도 마주쳐야 소리가 난다.', '가는 말이 고와야 오는 말도 곱다.' 물론 이런 얘기는 좋은 의미로도 쓰이지만 경쟁의 본질을 얘기하는 것이기도 하다. 상대방이 없으면 소리 날 일도 언성을 높일 일도 없기 때문이다. 마찬가지로 양동효과의 부작용을 막으려면 어느 한 쪽이 경쟁에 가담치 않으면 된다. 가령 가격 경쟁을 막으려면 어느 한 쪽이 다른 창의적 아이디어로 가격 할인을 중단하면 된다. 경쟁이 끝나는 것뿐만 아니라 오히려 '윈-윈(win-win)'의 선순환 구도로 바뀔 수도 있다.

경쟁구도에 빠지면 각축을 벌이는 대상에만 모든 관심과 신경이 집중되어 다른 대안을 생각할 여지를 갖지 못하는 것이 보통이다. 그러나 이러한 경쟁의 심리적 특성을 역이용하면 그 대안이 보일 수 있다. 경쟁자별로 각자 차별적 요소를 부각시킴으로써 공통의 연결고리를 끊는 방안을 생각해 볼 수도 있다. 경쟁의 '양동효과'를 설명하는 인과지도를 가지고 다음의 질문에 대한 논의를 함께 해본다면 경쟁의 대안과 새로운 비전을 설득력 있게 전달할 수 있을 것이다.

- 나에게 위협으로 작용한 상대방의 행동은 무엇이며, 그 행동의 근원은 어디에 있는가?
- 경쟁요소는 무엇이며 이것을 바꿀 수는 없는가?
- 위협에 대응한 행동의 저변에는 어떠한 가정이 깔려 있는가?
- 경쟁시스템의 본질을 왜곡하는 시간지연 요소로는 어떤 것들이 내재해 있는가?
- 경쟁을 늦추거나 중단하고 협력으로 전환할 수 있는 수단은 없는가?

'경쟁'은 심리작용이다.

- **경쟁하지 말고, 경쟁을 관리하라.**
  경쟁구도에 빠지면 경쟁 대상에만 모든 관심과 신경이 집중되어 다른 대안을 생각할 여지를 갖지 못하게 된다.
- **경쟁을 관리하려면 경쟁의 성립조건을 알아야 한다.**
  • 대등한 관계 / • 제로섬 게임 상황
- **최대한 신속히 경쟁을 벗어나라.**
  경쟁의 최종승자는 없다. 승리해도 치명적 피해는 피할 수 없다.
  따라서 최선의 대응은 공통의 경쟁요소에서 벗어나는 것이다.
- **경쟁구조를 협력(상생)구조로 전환하라.**
  경쟁당사자 각각의 차별적 요소를 부각시킴으로써 상호보완적 공통의 연결고리를 만들어가야 한다.(공통의 경쟁요소 → 공통의 연결고리)

1) 구조관리 지침

현실세계에서 경쟁을 없애거나 피할 수는 없지만, 다음 사항들을 유념한다면 오히려 협력적 경쟁으로 바꾸어낼 수도 있다.

• 경쟁 내상 요소가 하나인 상황(외통수)을 가급적 피하라.

한 가지 만을 놓고 경쟁하는 것을 여러 가지 요소로 분산시키는 것이 현실적으로 가장 적절한 유인책이 될 수 있다.

• 건전한 요소들을 놓고 경쟁하도록 유도하라.

가격인하가 아닌 품질, 신뢰, 안전, 에너지 절감 등을 경쟁의 대상으로 삼도록 유도한다면 경쟁당사자들뿐만 아니라 공익 차원에서 오히려 경쟁이 사회에 기여하는 지렛대가 될 수 있다.

• 공통의 비전과 목표를 설정하여 협력할 수 있도록 유도하라.

상호 보완적인 집단들이 경쟁하는 것이 하나의 집단이 독점하는 것보다 좋은 결과를 만들어 낼 수 있다. 단, 이러한 경우 공통의 목표 설정과 달성에 대한 보상계획이 우선되어야 한다.

• 제로섬 상황을 만들지 않도록 하라.

제로섬 상황에서는 파괴적 양동효과를 피할 수 없다. 따라서 더 크고 많은 자원으로 이를 희석시키거나, 제도적 장치를 통해 이를 피해야 한다.

2) 교훈 및 시사점

지금까지 살펴 본 경쟁의 '양동효과' 사고모델을 통해 얻는 교훈과 유념해야 할 사항을 정리하면 다음과 같다.

▶ 경쟁의 '양동효과'에서 얻는 교훈

- '너 죽고 나 살자는 법칙은 존재하지 않는다.' 이것이 생기니 저것이 생기고(차기고피기, 此起故彼起), 이것이 멸하니 저것이 멸한다(차멸고피멸, 此滅故彼滅). - 佛典 雜阿含經의 緣起法
- '개인은 우수해도 집단은 어리석다.' 'Man is individually intelligent but collectively stupid; The ant is the opposite.' 집단적으로는 개미만도 못한 비이성적 행태를 종종 보인다. - Karl Fon Frisch
- '집단은 그 집단의 가장 우수한 개인보다 더 똑똑하다.' 사람은 가끔씩 비이성적인 돌발적인 특성(emergent property)을 보이기도 하지만 목표와 비전이 명확히 제시되면 집단지성(Collective Intelligence)의 힘을 발휘한다. - Pierre Levy

★ 시스템 사고 금언:

- 부분 최적화는 전체 최적화를 희생시킨다.
  Local optimization leads to the sacrifice of global optimization.

제2절 부익부 빈익빈

경쟁의 '양동효과'는 잘만 활용하면 좋은 결과를 얻을 수도 있다. 그러나 '부익부 빈익빈' 원형은 승자 승의 악순환이 반복되는 불공정한 경쟁구조이다. 부자가 세습되고 가난이 대를 잇는 상황, 대마불사(大馬不死)의 상황이 주변에서 어렵지 않게 목격된다. 이 절에서는 부익부 빈익빈의 구조와 행태 그리고 이를 관리할 수 있는 방안들을 살펴본다.

> 선한 자와 악한 자가 싸우면 힘센 자가 이긴다.
> - 마키아벨리(이탈리아 사상가, 1469-1527)

1. 사고모델

앞 절에서 본 경쟁의 '양동효과(Escalation)'는 잘만 활용하면 좋은 결과를 낼 수도 있는 경쟁인 반면 '부익부 빈익빈(富益富 貧益貧)'는 '승자 승(Success to the Successful)'의 시스템으로 비극을 초래하는 불공정 경쟁이다. 그러나 '부익부 빈익빈'의 구조가 항상 나쁜 것만은 아니다. 자원이 부족한 경우 성장 드라이브를 위해 취할 수밖에 없는 '선택과 집중'의 맥락에서 이해될 수도 있기 때문이다.

과거 우리나라 경제성장 과정에서 일부 기업에 대한 '선택과 집중' 전략을 구사하여 비록 빈익빈 부익부의 현상을 보였지만 국가 전체로는 사회적 부가 증대되는 효과를 가져왔다. 저개발 국가들은 거의 예외 없이 성장의 초반에는 '선택과 집중'을 핵심 전략기조로 삼지 않을 수 없다. 문제는 부의 사회적 배분으로 '낙수효과(spillover effects)'가 발생하기보다는 과거의 관성으로 이 구조가 고착화된다는

데 있다.

한편 '부익부 빈익빈'과 유사하지만 내용은 정반대인 최악의 시스템이 있다. 바로 '부익빈 빈익부(富益貧 貧益富)'이다.[37] '악화가 양화를 구축'하듯 부실한 자가 더 이득을 취하고 충실한 자는 오히려 손해를 보는 형국을 말한다. 이는 성공한 자를 주저앉히고 실패한 자를 밀어줌으로써 사회의 부를 잠식하는 구조로 결국 모두가 죽는 시스템이다.

▶ '부익빈 빈익부(富益貧 貧益富)' 예시

'부익부 빈익빈' 시스템이 자본주의의 고질적 병폐라 한다면, '부익빈 빈익부' 시스템은 왜곡된 자본주의의 병폐라 할 수 있다.

- **(예시 1: 부실의 역설)** 건실하던 건설회사가 관광사업을 새로 시작했는데, 첫해에 막대한 적자가 났다. 사장은 건설에서 거둔 흑자를 관광부문에 더 투자하지만 관광사업은 물론 건설사업까지 부실해지면서 결국 어느 하나도 건지지 못하고 기업 전체가 도산에 직면한다.
- **(예시 2: 돌아온 탕자)** 부잣집 막내아들이 방탕한 생활을 하여 가진 돈을 다 날리고 빚까지 지게 되었다. 아버지는 막내아들의 빚을 다 갚아주고 불쌍하게 여겨 재산을 물려준다. 그러나 막내는 정신을 못 차리고 방탕한 생활을 하다가 결국 가산을 모두 탕진한다.
- **(예시 3: 직장인의 두 얼굴)** 입사 초기에 훌륭한 성과를 내다보면 업무가 더 부여되고 귀가시간은 점점 늦어진다. 비록 회사생활에서는 승진 등 인정을 받지만 가정에 돌아오면 불필요한 가장으로 전락한다. 직장인으로서는 부익부의 선순환을 타지만, 가장으로서는 빈익빈의 악순환에 빠지는 상황이 발생한다.

---

37) 김동환(2004).『시스템 사고』선학사. p.226-228.

1) 시스템 구조와 행태

승자 승 현상을 보이는 '부익부 빈익빈' 원형은 아래 그림의 인과지도와 같이 두 개의 '강화루프'가 서로 맞물린 구조를 갖는다. 한 쪽의 강화루프가 성장을 향해 질주하는 선순환의 행태를 보이는 반면 이 성장루프에 자원과 기회를 빼앗긴 다른 한 쪽의 강화루프는 쇠퇴를 향해 추락하는 악순환의 행태를 보인다. 이 구조는 경쟁의 '양동효과'처럼 A와 B의 작동구조를 연결하는 공통의 연결요소를 가지고 있다.

그러나 '부익부 빈익빈' 원형은 다음 세 가지 측면에서 경쟁의 '양동효과'와 다르다. 첫째, 공통 연결요소의 의미상 차이다. '양동효과'의 경우는 경쟁성과의 상대적 비교였던 반면에 '부익부 빈익빈' 구조에서는 양자 간 성과의 비교우위에 따른 자원의 배분이라는 점이다.

둘째, 자원 배분에 관한 자의와 타의의 차이다. '양동효과'는 비교우위의 상태에 따라 따라잡고자 하는 노력의 강도가 자의로 결정되지만, '부익부 빈익빈'에서는 자원의 배분이 타의에 좌우된다.

셋째, 그 결과 '양동효과'는 자의적 균형루프들로 구성되지만, '부익부 빈익빈'은 불공정 제도 등 타의에 의한 자원 배분으로 한 쪽은 성장의 강화루프, 다른 쪽은 쇠퇴의 강화루프로 구성되는 불공정 경쟁구조를 갖는다.

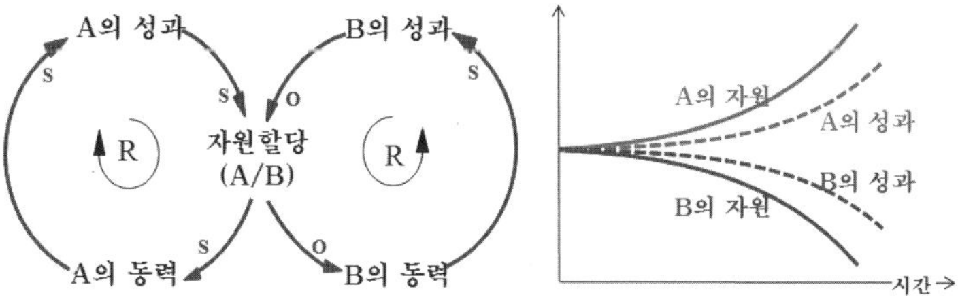

'부익부 빈익빈' 원형의 구조와 행태(BOT)

위 인과지도가 왜 '부익부 빈익빈'의 동태성을 유발하는지 좀 더 살펴보자. 편의상 'A의 성과'로부터 출발하여 화살표의 방향으로 계속 따라가 보면 그 이유를 알 수 있다. B와 비교하여 A의 성과(A/B)가 우월하면 자원은 A로 쏠린다. 더 많은 자원을 갖은 A는 성과를 더욱 올릴 수 있지만, 자원을 확보하지 못한 B의 성과는 그 만큼 악화된다. 이러한 불공정 순환작용이 반복되면 한쪽은 성장을 지속하지만, 다른 한쪽은 쇠락을 지속할 수밖에 없는 '승자 승'의 상황이 유발된다.

결국 '부익부 빈익빈' 원형은 앞서 본 인과지도처럼 두 개의 강화루프가 '8'자 형으로 구성되어 있지만 전체 시스템은 아래의 인과지도와 같이 하나의 강화루프 구조이다. 이것이 바로 '부익부 빈익빈'의 쏠림 현상이 유발되는 원인이다.

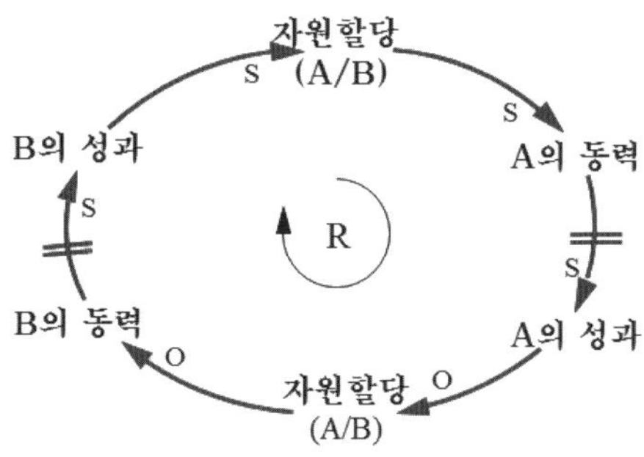

'부익부 빈익빈' 원형의 재구성(단일의 강화루프)

■ 지배루프의 전이와 행태 변화

'부익부 빈익빈' 원형은 두 개의 강화루프로 구성되어 있지만 실제로는 위 인과지도와 같이 자원의 제로섬 상황에서 단일의 강화루프로 이루어진 것이다. 따라서 별도의 지배적 루프는 존재하지 않는다. 시간 위에서 보이는 행태 변화(BOT)는 앞에서 본 바와 같이 성과가 좋은 쪽은 동력을 확보하여 더욱 성장하는 우 상향의 모습을 보이지만, 그렇지 못한 쪽은 시간이 갈수록 동력을 잃고 쇠퇴의 나락으로 추락하는 우 하향의 행태를 보이는 '승자 승'의 효과가 나타난다.

'부익부 빈익빈' 역시 자원의 제로섬 상황이라는 점은 '양동효과'와 같다. 그러나 '양동효과'는 자원을 서로 경쟁적으로 빼앗는 상황인 반면 '빈익빈 부익부'는 한쪽으로 자원이 쏠린다. 여기서 한 가지 의문이 제기될 수 있다. 현실세계에는 '빈익빈 부익부' 원형처럼 강화루프로만 구성된 시스템은 없다는 점을 기억할 것이다. 이러한 구조는 무한정 작동할 수 없다. 어떤 식으로든 균형루프가 작동하면서 안정상태로 수렴하게 될 것이다.

▶ 부익부 빈익빈 구조의 특성 – 인내심의 한계

부익부 빈익빈의 구조에서 약자는 강자에 대한 불만이 고조되고 적용된 제도에 대해서도 불만을 갖게 된다. 결국 더 이상 인내하기 어려운 지경에 이르게 되면 이러한 불공정 경쟁구조 자체를 뒤엎는 극단적인 행동을 불사하게 된다.

그렇다면 여기서 인내심의 한계는 어디까지일까? 시스템의 구조와 행태로 보면 강화루프가 한 쪽은 선순환 다른 한 쪽은 악순환으로 맞물려 있다. 익히 알다시피 강화루프의 행태에는 반드시 임계점(critical point)이 존재한다. 따라서 이 임계수준을 벗어나면 인내심의 한계에 이른 것으로 판단할 수 있다. 임계수준을 넘으면 선순환의 경우 가속성장의 희망으로, 악순환의 경우는 쇠퇴의 나락으로 완전히 갈리는 양극화가 가시적으로 드러나기 때문이다.

2) '부익부 빈익빈' 예시

'부익부 빈익빈' 원형을 적용할 때, 자원 배분의 주체가 제3자인 경우가 대부분이지만 자신인 경우도 있다. 우선 자원 배분이 제3자에 의해 이루어지는 경우부터 예를 들어보자. 직장인들은 흔히 '일하는 사람은 따로 있다.' 혹은 '일이 한쪽으로 몰린다.'고 말한다. 한편 자원 배분이 자신에 의해 이루어지는 경우는 무엇이 있을까? 복수의 과제를 수행함에 있어 시간을 배분하는 경우를 생각해 볼 수 있을 것이다. 가령 영어와 수학 중 좋아하는 과목에 공부시간이 더 할애되는 상황이 그러하다. 이런 상황들이 왜 벌어지는지 '부익부 빈익빈' 원형을 참조모델로 하여 인과지도를 만들고 그 행태를 통해서 확인해보자.

아래 그림(a)는 자원이 제3자에 의해 배분되는 예시로 직장에서 자주 볼 수 있는 '일의 쏠림현상', 그림(b)는 자원이 자신에 의해 배분되는 예시로 '공부과목의 쏠림현상'에 대한 '부익부 빈익빈'의 사고모델을 설명하고 있다. 인과지도의 점선으로 표시된 강화루프(R)들은 '부익부 빈익빈' 원형 이면의 '자기암시'의 심리작용을 추가로 설명하고 있는 것이다. 강화루프 R(A)와 R(E)는 '자기실현적 예언'이, 강화루프 R(B)와 R(M)은 '자기배신적 예언'이 각각 작용하고 있음을 보여주고 있다. 이러한 심리작용은 초기조건의 미세한 차이로 정반대의 '자기암시'가 형성되어 결국 '부익부 빈익빈'의 결과로 이어짐을 설명한 것이다. 이렇듯 '빈익빈 부익부' 원형의 저변에서 작동하는 '자기암시'의 두 가지 상반된 심리작용 - '자기실현적 예언'과 '자기배신적 예언'의 작동 구조를 몇 가지 예시를 통해 좀 더 살펴보기로 하자.[38)]

---

38) 이 예시들은 전게서 PP.229-240에 수록된 내용 중에서 발췌한 것임.

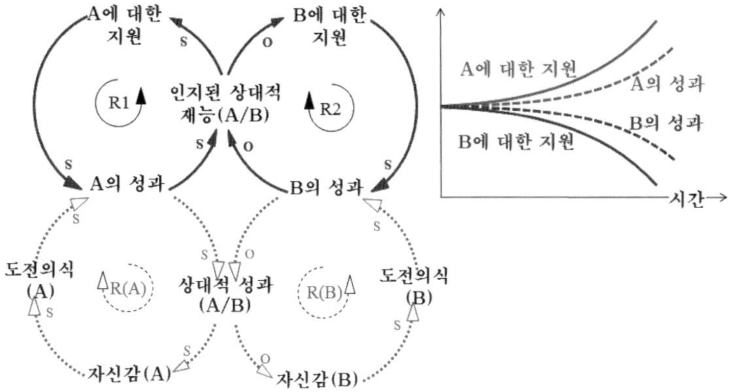

(a) 자원배분자가 제3자인 경우 예시 – 일의 쏠림 현상

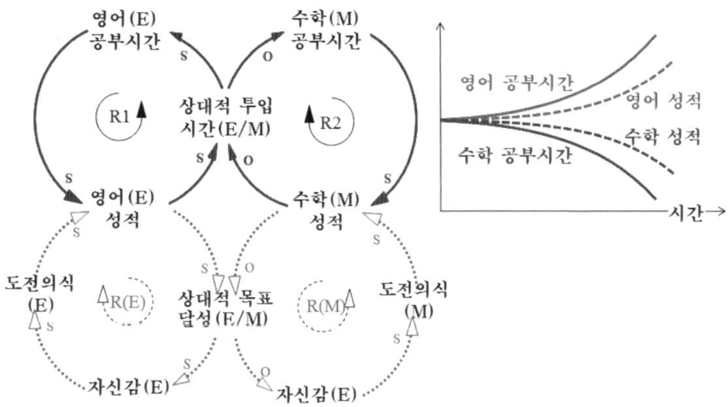

(b) 자원배분자가 자신인 경우 – 공부과목의 쏠림 현상

(1) 자기실현적 예언(Self-fulfilling Prophecy)의 구조

아래 그림에서 현실세계는 물리적 요소들을, 인식세계는 심리작용에 의한 행태적 요소들을 각각 반영하고 있다. 그림(a)는 최근 저축은행 예금인출 사태처럼 은행 파산이 물리적 요인보다는 심리적 동요가 더 큰 작용을 하고 있음을 보여주고 있다. 그림(b)는 어느 기업에 대한 악성루머로 인해 실제 그 루머가 현실로 나타나는 구조를 보이고 있으며, 그림(c)는 지역 개발 소문이 부동산 가격을 부추기는 상황을

보이고 있다. 그림(d)는 성과로 인한 자신감이 또 다른 성과를 낳는 자기강화적 상황을 나타내고 있다. 은행파산 우려, 기업부도에 대한 루머, 부동산 개발 소문, 자신감 등의 예시는 모두 자기실현적 예언이 어떻게 작용하게 되는지를 보여주는 것들이다. 이러한 심리적 요소들은 모두 양(+)의 피드백 루프를 더욱 강화하는 역할을 하고 있다.

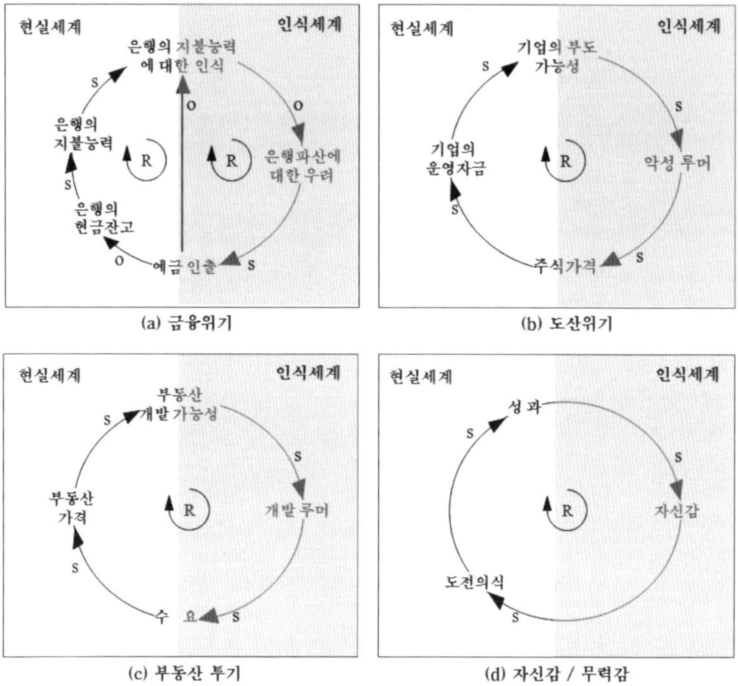

'자기실현적 예언'이 작동하는 사례의 인과지도

(2) 자기배신적 예언(Self-failing Prophecy)의 구조

한편 아래 그림에 제시한 사례들은 '자기배신적 예언'이 작동하는 사례를 인과지도로 보여주고 있다. 그림(a)는 대학 입학 응시 상황에서 심리적으로 느끼는 예상 경쟁률이 실제 경쟁률에 끼치는 영향을 설명하고 있으며, 그림(b)는 교통체증에 대한 심리적 예상수준이 도로 진입을 조절하는 역할을 하여 실제 교통정체는 일정 수준에 수렴하는 상황을 설명하고 있다.

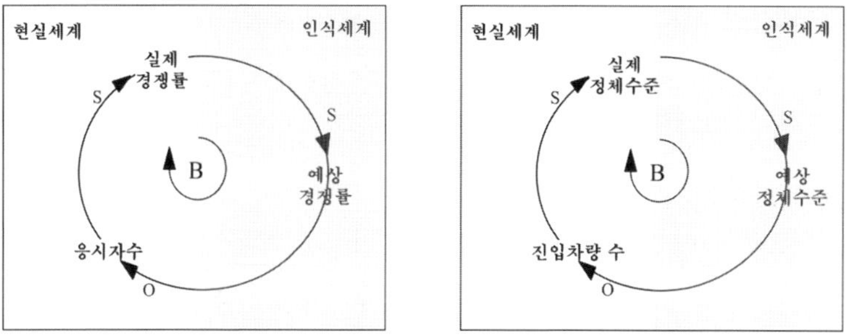

(a) **대입응시** (b) **교통체증**

'자기배신적 예언'이 작동하는 사례의 인과지도

(3) '부익부 빈익빈' 원형의 확장

이미 언급했듯이, 단일의 강화루프로 되어 있는 '빈익빈 부익부' 원형의 일탈구조 그 자체로는 현실세계에 존재할 수 없다. 어떤 식으로든 균형루프가 작동하여 안정 상태로 수렴한다. 앞서 보았던 '공부의 쏠림 현상' 모델에 균형루프를 추가하여 보다 현실적 상황을 설명하는 인과지도와 행태를 제시하면 아래 그림과 같다.

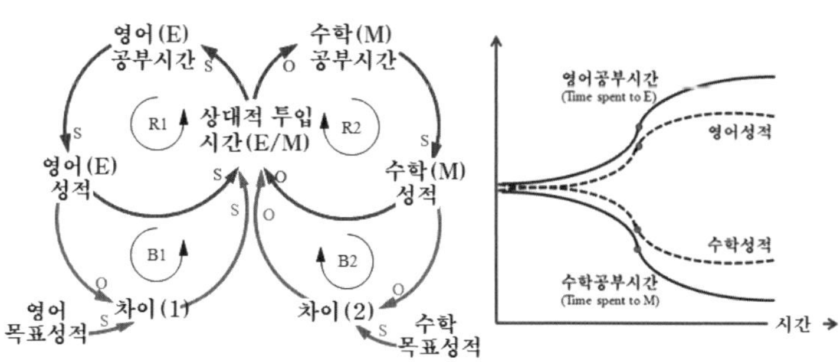

2. 적용연습

'빈익빈 부익부'는 기본적으로 강화구조이다. 그러나 현실세계에는 강화구조로만 구성된 시스템은 존재하지 않는다. 따라서 현실적 모델을 개발하려면 반드시 균형루프가 추가되어야 한다.

1) 모델 개발 절차

(단계 1) 문제의 정의

경쟁의 '양동효과'와 마찬가지로 '빈익빈 부익부'에 대한 인과지도를 작성하려면 빈익빈 집단과 부익부 집단이 공유하는 자원을 먼저 식별해야 한다. 물론 그것이 제로섬 자원인지의 여부도 확인이 필요하다. 그러지 않으면 '빈익빈 부익부'의 개념 자체가 성립할 수 없기 때문이다.

(단계 2) 피드백 형성

그 다음 해야 할 일은 양자 간 결과 혹은 성과의 상대적 비교를 할 수 있는 요소를 연결(공유)변수로 삼는다. 그리고 그에 따라 배분되는 자원을 부익부 측에 반영하여 이로부터 일궈내는 성과와 연결짓는다. 빈익빈 측의 인과지도도 같은 방식으로 작성된다. 최종적으로 원인과 결과변수 사이의 연결선의 극성(linkage polarity)을 결정하고 난 후 각 루프의 극성을 결정한다. 이때 각 루프는 양(+)의 극성을 갖는 강화루프이어야 한다.

(단계 3) 시간지연 반영

'빈익빈 부익부' 원형은 양(+)의 극성을 갖는 강화루프로만 구조를 이루고 있으므로 시간지연 반영은 큰 의미가 없다. 다만 현실세계에는 일탈적 강화루프로만 이루어진 시스템은 존재하지 않으므로 균형루프를 추가할 때 주목할 시간지연이 개입되어 있다면 반영해야 한다.

2) 단계별 적용 예시

'빈익빈 부익부' 원형을 참조모델로 한 인과지도 작성 예시로 과거 우리나라 대기업의 성장과정을 단순화해서 설명하기로 하자. '선택과 집중' 전략을 구사한 정부는 대기업이 위기에 처할 때마다 공적자금을 투입하여 구제하곤 했다.

(단계 1) 문제의 정의

그 결과 아래 제시한 BOT와 같이 어려운 경제 환경에서 공적자금을 지원 받은 기업(A)와 그렇지 못한 기업(B)의 성과는 양극화를 보이고 있다. 여기서 양 기업이 각축을 벌이는 공유자원은 '상대적 시장점유율'이다. 구제금융 같은 공적자금 지원은 그로부터 얻을 수 있는 사회적 기여도를 판단기준으로 삼기 때문이다. 물론 시장규모와 공적자금은 제로섬 자원이다. '상대적 시장점유율'을 양측의 연결

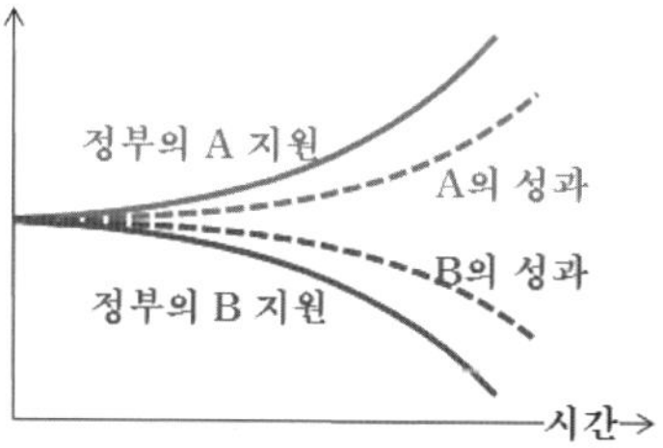

(공유)변수로 하고 그에 따라 배분되는 자원을 한쪽에 반영하여 이로부터 일궈내는 성과와 연결한다. 물론 다른 한쪽도 같은 방식을 따른다.

(단계 2) 피드백 형성

그 다음 공유변수에 대응하는 한 측(A)의 확보자원(동력)과 성과를 연결하고, 성과와 공유변수를 연결하여 루프(상대적 시장점유율

→(s) A의 동력 →(s) A의 성과 →(s) 상대적 시장점유율)를 구성한다. 다른 쪽(B) 역시 동일한 과정을 따른다. 피드백 루프가 완성되면 그것이 양(+)의 극성을 갖는지 확인한다. 여기서 유념할 것은 정부의 공적자금을 단순히 사기업의 시장점유율에 근거해서 지원할 수는 없다는 점이다. 기업의 성과가 고용창출에 얼마나 기여하느냐를 기준으로 지원된다고 보는 것이 타당할 것이다. 따라서 양측의 성과가 고용창출에 얼마나 기여했는가를 설명하는 루프(A의 성과 →(s) 고용창출 →(s) 고용창출기여도)를 추가할 필요가 있다.

(단계 3) 시간지연 반영

피드백 루프가 모두 완성되면 확보자원(동력)와 성과 사이의 연결선에 필요한 경우 시간지연을 표시한다. 그러나 강화루프인 경우 시간지연은 행태의 패턴 변화에 큰 영향을 끼치지 않으므로 생략해도 무방하다.

위 절차를 모두 거쳐 완성된 인과지도를 보면 아래의 그림과 같다. 이 인과지도가 제대로 작성된 것인지를 알기 위해서 그 구조와 앞서 본 행태(BOT)가 부합되는지 확인한다.

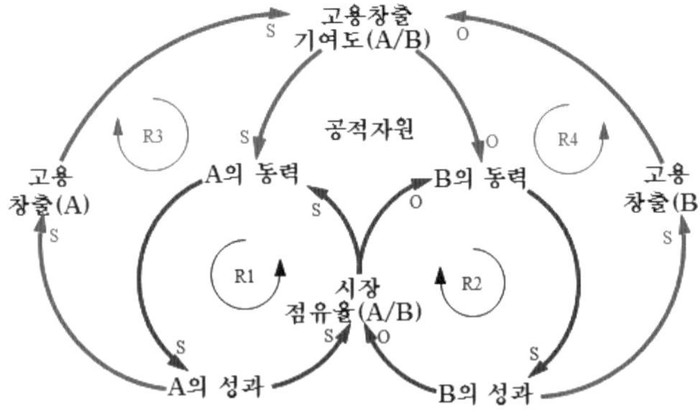

참고로 위 절차를 거쳐 작성된 '부익빈 빈익부' 사례의 인과지도를 작성해보자. 우선 아래 BOT에서 보는 바와 같이 이 사례는 부실한 사업부문(B)을 살리려다 건실한 부문(A)까지 부실해져서 결국 회사 전체가 부실해진 상황을 보이고 있다.

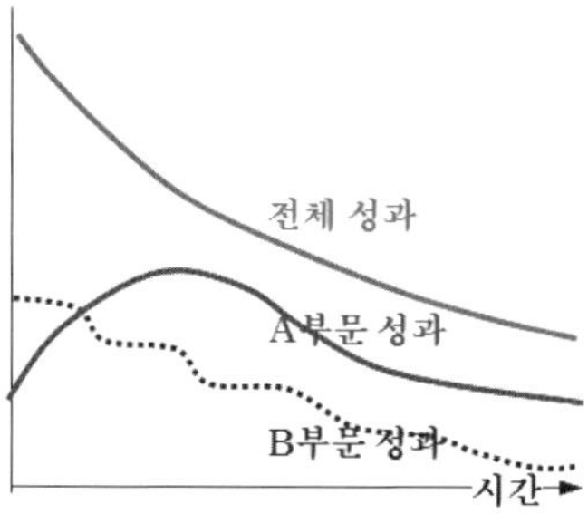

이 상황을 설명할 수 있는 인과지도를 작성하려면 먼저 두 개 사업부문에 자원이 배분되는 기준을 공유변수로 선정해야 한다. 이 사례에서는 각 사업부의 '상대적 성과(성과율)'를 공유변수로 설정하였다. 이를 기준으로 각 사업부에 배분된 자원을 '성장 동력'으로 설정하면 아래 그림의 인과지도와 같이 각 사업부의 성장 구조를 설명하는 균형루프가 형성된다.

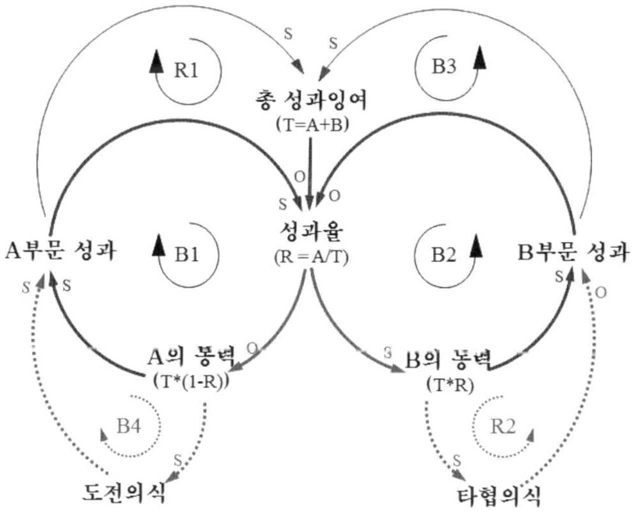

이 인과지도의 균형루프 B_1과 B_2를 보면 '부익부 빈익빈' 원형과 같이 겉으로 보기엔 두 개의 균형루프가 '8'자 형으로 맞물려있어 내용 면에서는 단일의 강화구조를 이루고 있다. 그러나 상대적 성과(성과율)를 기준으로 각 사업부문에 회사의 자원이 배분되는 연결선 (성과율 $\xrightarrow{o}$ A의 동력)과 (성과율 $\xrightarrow{s}$ B의 동력)의 극성은 '부익부 빈익빈' 원형과 정 반대로 나타나 있음에 주목해야 한다. 이것이 바로 '부익빈 빈익부'의 특성을 반영한 것이기 때문이다.

'부익빈 빈익부'의 특성은 점선으로 형성된 균형루프 B_4와 강화루프 R_2에도 나타나 있다. 건실한 사업부문(A)의 경우는 연결선 (A의 동력 $\xrightarrow{s}$ A의 성과) 이면에 '도전의식'이 작동하고 있지만, 부실한 사업부문(B)의 경우는 성과가 부실함에도 자원을 더 배분받는 왜곡된 정책으로 도전보다는 현실에 안주하려는 타협의식이 작동하면서 성과를 오히려 저해하는 결과를 초래한다.

강화루프 R_1과 또 다른 균형루프 B_3은 성과에 따른 자원 배분과정을 설명하고 있다. 대한 구체적인 내용에 대해서는 독자 스스로 스토리를 만들어보기 바란다.

3. 구조관리 지침 및 시사점

'부익부 빈익빈' 시스템을 정당화하는 저변의 논리는 '적자생존(Survival of the Fittest)'이다. 그러나 무엇이 적자(適者)를 결정하는가는 따져봐야 한다. 초기조건의 미세한 차이가 중장기적으로 큰 차이를 만들어내기 때문이다. 이는 중국 북경에서 나비의 팔랑거림이 미국 동남부에 허리케인을 몰아온다는 '나비효과(Butterfly Effects)'와 매우 유사하다. 초기조건의 차이가 내부에 있다면 그것은 별개의 문제이지만 만약 외부에서 주어진 것이라면 이는 분명 불공정한 것이다.

'부익부 빈익빈' 원형은 어떤 초기의 작은 차이가 최종 결과의 큰 차이를 유발한다는 것을 시사한다. 특히 이러한 현상은 달성하고자 하는 목표가 무엇인지 초기에 구체화 되어 있지 않을 경우 흔히 발생한다. 또한 과거의 관행과 기준이 작동했다고 해서 그대로 그에 안주하는 경우가 자주 발생한다.

또한 이 원형은 자원배분 정책이 한쪽에는 '자기실현적 예언'을, 또 다른 한쪽에는 '자기배신적 예언'을 유발하는 불공정 요인으로 작동할 수 있음을 경고하기도 한다. '자기실현적 예언'과 '자기배신적 예언'은 무의식 수준에서 사람의 판단과 행동을 지배한다. 이러한 심리작용은 '거울 속 자아(Looking-glass Self)'가 낳는 결과이다. 자신의 실체보다는 '사회'라고 하는 거울에 비춰진 모습을 자기로 인식한다는 것이다. 결국 어떤 성과에 대한 반응에 따라 설혹 자신이 고양이라도 사자의 심리를 가질 수 있으며, 사자라도 고양이의 심리를 가질 수 있다는 얘기이다. 이는 자기 강화적 사고 즉 '자기실현적 예언'을 고착시키는 효과를 갖는다. 이와 반대로 어떤 성과에 대한 질책이 반복되면 설혹 자신이 사자라 해도 고양이 정도로 자신을 인식할 것이다. 이는 자기약화적 사고 즉 '자기배신적 예언'을 고착화 시키는 효과를 낳게 된다.

'부익부 빈익빈' 구조에서 유념할 것은 바로 이러한 심리적 현상이다. '부익부' 측은 '자기실현적 예언'의 심리작용으로 선순환을 더욱 강화시킨다. 그러나 성장의 심적 동력인 자신감을 키운다는 측면에서는 긍정적이지만 자칫 '자만의 덫(Competency Trap)'에 빠지는 요인이 될 수 있음을 경계해야 한다.

한편 '빈익빈' 측은 '자기배신적 예언'의 심리작용으로 악순환을 더욱 강화하는 쪽으로 내몰린다. 악순환의 임계점에 달하면 시스템 자체를 뒤엎는 사태가 발생할 수 있다. 따라서 이러한 심리작용을 차단하고 '좌절의 덫(Frustration Trap)'에서 벗어나도록 하려면 작은 성과를 일궈 스스로에 대한 확신과 믿음을 강화하도록 유도해야 한다.

'자기실현적 예언'의 나비효과

- **무엇이 성패를 결정짓는**가에 대해 의문을 가져야 한다.
  초기조건의 미세한 차이가 결과의 큰 차이를 유도하기 때문이다.
- 초기조건이 **내적(심리적)요인**이라면
  - 한쪽은 선순환의 자기실현적 예언이, 또 다른 한쪽은 악순환의 자기 배신적 예언의 심리 구조가 이면에 숨어 있음을 의미한다.
  - **자기실현적 예언의 선순환**이 작동한다면 성장의 심리적 동력이 된다는 점에서는 긍정적이지만, 자칫 '자만의 덫(Competence Trap)'에 빠질 수 있음을 경계해야 한다.
  - **자기배신적 예언의 악순환**이 작동한다면 지금부터라도 작은 성과를 일궈 스스로에 대한 확신(믿음)을 통해 '좌절의 덫(Frustration Trap)'에서 빠져 나와야 한다.
- 초기조건이 **외적(제도적)요인**이라면
  - 그것이 제도가 왜 작동하고 있는가를 살펴봐야 한다.
    과거처럼 향후도 그럴 것이라는 가정(생각의 관성)이 깔려 있거나,
    이 역시 자원배분자의 자기실현적 예언이 움직이고 있을 것이다.

1) 구조관리 지침

'부익부 빈익빈' 원형은 지금까지 일궈 온 성공의 근원과 패턴을 재검토할 수 있는 도구가 되며, 자기실현적 예언이 유발할 수 있는 '자만심의 덫(competency trap)'에 빠지지 않도록 일깨우는 수단이 될 수 있다. 따라서 여기에서는 이러한 측면에 초점을 두고 몇 가지 가이드라인을 제시하면 다음과 같다.

• 자원배분 기준이 무엇이며, 그 기준은 현재 유효한 것인지 점검하라.

자원배분에 대한 의사결정 기준이 무엇이며, 그것은 지금의 여건에서도 계속 유효할 수 있지를 검토해야 한다. 예컨대 일하는 방식을 바꾼다면, 신기술을 동원한다면, 다른 시장이라면, 또 이들을 재배치한다면 자원배분 기준이 어떻게 달라질 수 있을 지 검토할 필요가 있다.

• 현재의 성과측정과 자원배분 방식이 올바른지 검토하라.

통상 사람은 자신의 판단기준이 옳다고 생각하기 쉽다. 그러나 그것은 자신이 옳다고 믿는 것을 측정하는 것일 뿐 객관적 대상을 측정하는 것은 아닐 수 있다. 자신이 믿고 싶은 것만 믿는 것을 경계해야 한다.

• 성공(성과)에 대한 내적 기준과 객관적 기준을 비교하라.

동료나 외부전문가, 심지어 경쟁자들이 성공(성과)에 대한 판단기준을 어디에 두고 있는지 비교 검토해봐야 하며, 새로운 환경적 특성에 얼마나 잘 부합될 수 있는지 따져보아야 한다.

• 주변의 성공한 자들의 생각(조언)을 한 번쯤은 경계하라.

조직 내부의 성공한 자들은 자원 배분 의사결정자의 주변에 포진하기 마련이다. 이들은 기존의 성공을 유지하기 위해서 기존 관행의 정당성을 결정자에게 설득하려 하고 변화를 부정하기 쉽다.

• 선택에 관한 자신의 사고모델을 점검하라.

자신의 사고모델이 초기 조건의 미세한 차이로 빚어진 자기실현적 예언의 심리작용의 발로에서 형성된 것은 아닌지 살펴볼 필요가 있다. 공자의 말처럼 기회는 공평하게 성과의 보상은 공정해야 하기 때문이다.

• 당면한 성과목표에만 집착하지 말라.

하나를 얻으려다 열을 잃을 수 있다. '부익부 빈익빈'의 적자생존의 논리가 단기적 성과에는 도움이 될 수 있다. 그러나 승자와 패자의 갈등, 승자의 자기도취와 현실안주, 패자의 자포자기와 현실도피 등은 중장기적으로 총체적 시스템 실패를 초래하는 주범임을 명심해야 한다.

2) 교훈 및 시사점

지금까지 살펴 본 '부익부 빈익빈' 사고모델을 통해 얻을 수 있는 교훈과 유념해야 할 사항을 정리하면 다음과 같다.

▶ '부익부 빈익빈' 원형에서 얻는 교훈

- 부익부 선순환 구조에서는 '자기실현적 예언'이 작동할 수 있다. 성과에 대한 보상으로 자신에 대한 믿음이 강화되면 결국 '자기실현적 예언'의 긍정 심리가 고착된다.
- 빈익빈 악순환 구조에서는 '자기배신적 예언'이 작동한다. 새장에서 키운 새는 풀어놔도 새장으로 들어간다. 반복되는 실패로 무기력이 학습되면 '자기배신적 예언'의 부정 심리가 고착된다.
- '독도 때론 약이 된다.' '빈익빈 부익부'는 분명 사회적 해악이다. 그러나 자극과 초기 성장전략으로는 유용한 약이 될 수 있다.
- '생각의 관성'이 문제를 유발한다. 과거에도 그랬으니 미래도 그럴 것이라는 생각의 관성은 수시로 재점검되어야 한다. 한 번의 답이 영원한 답일 수는 없기 때문이다.

★ 시스템 사고 금언:

- 초기의 미세한 차이가 결과의 큰 차이를 만든다.
  Small difference in initial conditions makes big difference in final outcome.

생각해봅시다.

1. 아래의 행태변화 그래프(BOT) (a)와 (b)는 각각 어떤 경우에 해당하는지, 그리고 과열논쟁 상황을 설명하고 있는 (c)의 ①, ②는 각각 무엇을 의미하는지 간략히 설명하고 각 그래프에 상응하는 인과지도를 그려보시오.

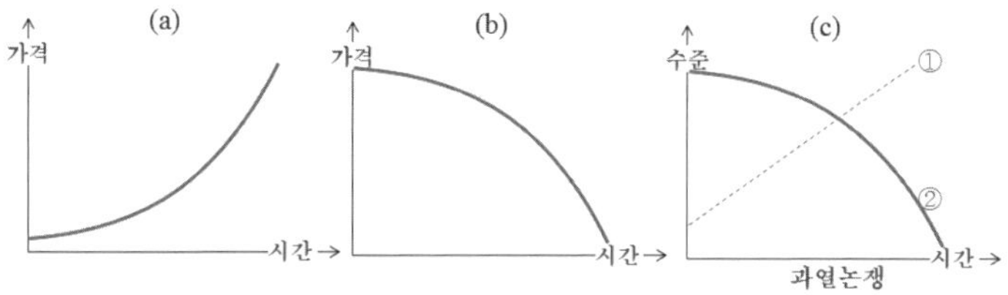

2. 경쟁의 상승은 시스템을 극도로 탈진시키고 결국 시스템의 붕괴를 초래한다. 앞서 본문에서 예시로 보았던 슈퍼마켓 할인경쟁의 경우 왜 양측 모두 피해를 입게 되는지 그 원인을 반영한 확장된 인과지도를 작성한 후 핵심을 논의하시오.

3. 다음 상황을 개념화하여 인과지도로 작성하고 그 행태를 나타내는 BOT를 작성하시오.
   회사에 입사해 초기에 훌륭한 성과를 내면 보다 중대한 업무가 부여되고, 귀가시간은 점점 늦어진다. 비록 회사 생활에서는 승진 등 인정을 받지만 가정에 돌아오면 불필요한 가장으로 전락한다. 이는 결국 직장인으로서는 부익부의 선순환을 타지만, 가정으로서는 빈익빈의 악순환에 빠지는 상황이 발생하게 된다.

| 제8장 |

선택과 악연

선택의 철학

인생은 크고 작은 선택의 연속이다. 전공을 선택하고, 직장을 선택하고, 배우자를 선택한다. 이러한 선택은 우리의 자유의지에 좌우되는 것처럼 보인다. 그래서 혹자는 '우리가 선택할 수 없는 건 부모뿐'이라고까지 말한다. 과학적 사고에 기초하여 선택이론을 만들어내기도 한다. 그러나 자신이 처한 상황이 선택을 결정하는 것은 아닐까? 주어진 상황을 팔자라고 한다면 더 이상 할 말이 없지만, 적어도 이성적 판단이 작용한다면 잘못된 선택을 할 수 밖에 없는 그런 상황을 애초에 만들지 말아야 한다.

결국 매순간의 상황 판단이 선택을 지배하며 선택은 인생을 지배한다. 그 인생은 다시금 새로운 상황을 만들어낸다. 주어진 상황에서의 올바른 선택도 중요하지만, 그보다 더 중요한 것은 올바른 상황을 선택하는 것이다. 옛말에 '사람은 낳으면 서울로 보내고, 말은 제주도로 보내라했다.' 인생을 한참 살고 나서야 비로소 이 말이 무슨 의미인지를 알 수 있을 것 같다.

제2장에서 '지배적 사고'를 언급한 바 있지만, 사람의 생각을 지배하는 '사고 위에 사고'가 바로 지배적 사고이다. 이 지배적 사고는 성장과정에서 자신이 처한 상황 속에서 자연스럽게 형성된다. 그리고 이것이 바로 자신의 선택을 보게 하는 눈이 된다.

제1절 선택의 문제

이 절에서 논의될 '선택의 문제'는 다른 시스템 원형들에 비해 덜 알려져 있다. 그 이유는 앞서 보았던 '성장의 한계' 원형과 대동소이하기 때문이다. 그러나 '성장의 한계' 원형이 성장을 제한하는 균형루프(한계루프)에 하나의 한계요소만 반영한 구조인 반면 이 원형은 복수의 요소가 개입된 경우를 반영하고 있다.

운명은 우연이 아니라 선택이다.
이 세상에 선택할 수 없는 것은 부모뿐이다.
- 윌리엄 제닝스 브라이언(미국 정치인, 1860-1925)

1. 사고모델

선택이 성과를 좌우한다. 나아가 운명을 바꿔놓기도 한다. 흔히 성과 그 자체에 집착하기 쉽지만, 성과의 작동 원리를 모르고는 좋은 성과를 기대하기 어려울 뿐만 아니라 성과를 내기 위한 개선책도 찾기 어렵다. 그렇다면 올바른 선택은 어떻게 가능한 것일까. 이미 제2장에서 논의된 바 있듯이, 그것은 올바른 가정에서 비롯된다. 올바른 가정은 변화의 본질에 대한 올바른 이해로부터 나온다. 결국 성과란 노력만으로 보장되는 것이 아니고, 그 이면에 감추어진 변화에 대한 올바른 이해, 그리고 그에 기초한 가정 하에서 올바른 선택이 이루어질 때 비로소 가능한 것이다.

다만 이 절에서 논의되는 '선택의 문제' 원형은 제2장 제2절(선택의 딜레마)에서 논의된 성과의 작동구조와 다음과 같은 측면에서 다른 내용을 다루고 있다. 첫째, 성과의 작동구조가 거시적 차원에서 선택의 중요성을 설명하고 있다면, '선택의 문제' 원형은 미시적 차원에서 어떤 선택지가 전체 시스템 성과에 기여할 것인가에 초점을 두고 있다. 둘째, '선택의 문제' 원형에서 말하는 '선택'은 보편적 의미의 선택이 아니라 시스템의 성장 과정에서 나타나는 한계증상의 유발요인 중 어떤 것을 먼저 해결해야 하는 가에 대한 선택이다. 셋째, 이러한 한계(유발)요인들을 선택지로 하여 이들 사이의 관계적 특성 파악에 초점을 둔다. 선택지 사이의 관계는 상쇄적일 수도 있고, 부가적(additive) 합의 관계일수도 있으며, 복합적(multiplicative) 곱의 관계에 있을 수도 있기 때문이다.

결국 '선택의 문제'는 성장의 지속성을 담보하기 위해 한계요인들을 한 가지로 제한하지 않고 가능한 모든 요인을 포괄한다는 측면에서 단일의 한계요인으로 국한된 '성장의 한계'보다 진일보 한 원형이다.

1) 시스템 구조와 행태

'선택의 문제' 원형은 아래 그림 인과지도에서 보는 바와 같이 성장을 제한 또는 억세하는 복수의 요인들을 반영하고 있다는 것 외에는 기본적으로 '성장의 한계' 원형과 다르지 않다. 이 원형의 핵심은 성장을 억제 혹은 제한하는 균형루프(B)에 복수의 한계요소가 개입되어 있을 때, 자원을 투입하여 우선 먼저 제거 또는 완화해야 하는 대상이 어느 것인가 하는 것이다. 선택의 의사결정에 따라 기회비용은 달라질 수 있기 때문이다. 따라서 이 원형을 '모든 게 동등하지는 않다'는 의미에서 'Attractiveness Principle'이라고 칭하기도 한다.[39]

39) Goodman, Michael and Art Kleiner(1994). "Using the Archetype Family Tree as a Diagnostic Tool", The Systems Thinker, January, 1994.
Kim, Daniel(1995). "Archetypes as Dynamic Theories", The Systems Thinker, June-July.
Senge, Peter(1990). The Fifth Discipline, N.Y.: Doubleday Currency, pp.142,

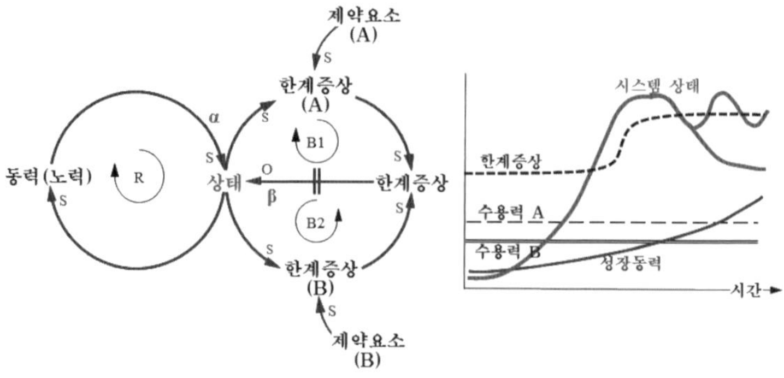

'선택의 문제' 원형의 구조와 행태(BOT)

'선택의 문제' 원형의 구조는 '성장의 한계'에 개입되어 있는 여러 제약요소들이 어떻게 상호작용 하는지 알 수 있게 해주며, 그로부터 적은 비용과 노력으로 큰 효과를 낼 수 있는 '지렛대'를 발견하는 데 도움을 준다.

■ 지배루프의 전이와 행태 변화

'선택의 문제' 원형은 개인이나 조직의 문제 증상과 관련하여 상충되는 비용요소(변수)들 중 무엇에 우선순위(priority)를 두어야 하는가에 대한 의사결정 문제로 나타나게 된다. 제한된 자원으로 어떤 제약요인을 먼저 풀어야 가장 큰 효과가 있는가와 같은 선택의 문제는 우리가 살아가면서 흔하게 접하는 것이다.

위 그림에 제시된 행태 변화(BOT)를 보면 '성장의 한계'와 기본적으로 대동소이하다. 그 이유는 지배루프의 전이가 같은 패턴으로 일어나기 때문이다. '성장동력'은 지속 증가하고 있지만 성장(Performance)을 의미하는 '시스템 상태'는 '성장의 한계'의 전형인 'S'형 곡선을 보인 후 하강을 나타내고 있다. 다만 성장을 제한하는 2개의 한계요소,

150-155.

A와 B의 수용능력을 확충하는데 소요되는 시간지연의 정도에 따라, 그리고 요소 A와 요소 B의 관계적 특성(상쇄관계, 부가적 관계, 복합적 관계 등)에 따라 시스템의 행태는 다양하게 나타날 수 있다.

또 하나 이 그림에서 주목해서 볼 것은 요소 A보다는 요소 B가 성장에 더 큰 제약요인으로 작용하고 있음을 보이고 있다. 따라서 성장을 최대한 끌어올리고 쇠퇴를 최대한 지연시키기 위해서는 제약요소 B에 자원 투입의 우선순위를 두어야 함을 알 수가 있다.

2) '선택의 문제' 예시

최근 들어 '가성비'라는 표현이 널리 쓰이고 있다. '가격대비 성능'이란 의미이다. 이런 표현을 자주 쓰게 되는 이유는 그 만큼 '가격'과 '성능'은 제품매력도를 결정짓는 중요한 요소이기 때문일 것이다. 이 요소들은 어떤 제품에 대한 시장 '수요'와 그에 따른 '매출'에 직접적인 영향을 끼친다. 이를 뒤집어 말하면 '가격'과 '성능'은 매출을 통한 기업 성장에 한계요인으로 작용하기도 한다는 의미이다. 따라서 '가격'과 '성능'은 시스템의 성장여력 개선을 위한 선택의 대상이 된다. 그 선택은 '가격'과 '성능'의 관계적 특성에 따라 달라진다.

아래 그림에 제시된 시스템의 행태변화(BOT)를 보면 마케팅 활동은 지속적으로 강화되고 있고, 성장요인이자 동시에 성장에 따라 한계요인으로 작용하는 가격은 지속적 하락을 보이는 등 괄목할 개선을 보이고 있다. 성능 역시 정체를 보이다 개선되는 모습을 보이는 등 문제가 없어 보인다. 그러나 매출과 직결되는 제품의 수요는 정점을 찍은 후 급격한 하락을 보이고 있다. 제품수요(매출)가 최근 빠르게 하락하는 이유는 무엇일까?

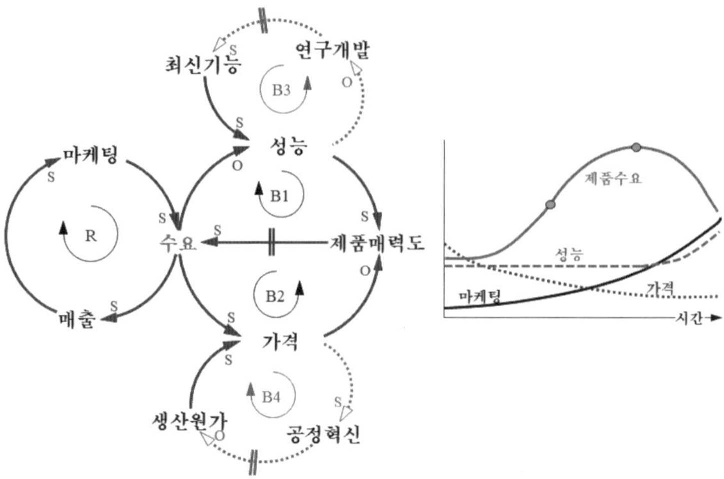

행태로 보건대, 매출이 떨어지는 결정적 원인은 매출이 정점을 찍는 동안 성능은 개선되지 않았고, 매출이 포화점에 이르러 개선이 이루어졌으나 이때는 이미 고객이 경쟁제품으로 옮겨가기 시작한 것이다. 한 가지 더 주목할 것은 시스템 성장여력 개선을 위한 선택요인인 '성능'과 '가격'의 관계적 특성이 이 제품의 경우 가격보다는 성능이 더 중요한 요인인 것으로 추정할 수 있다는 점이다.

위 그림의 인과지도에서 성장의 강화루프 R과 한계의 균형루프 B_1, B_2는 기본적으로 '성장의 한계' 원형과 동일하다. 다만 '성장의 한계'에서는 한계의 균형 루프가 하나였던 반면에 '선택의 문제'에서는 복수라는 점만 다르다. 또한 점선으로 형성된 또 다른 균형루프 B_3과 B_4는 '성장과 투자' 원형에서 보았던 한계요인(시스템 수용능력)을 완화하기 위한 '극복루프'와 동일한 것으로, 균형루프 B_3은 성능의 제약을, 균형루프 B_4는 가격 경쟁력의 제약을 해소하고자 하는 루프이다.

2. 적용연습

이미 이해했겠지만, '선택의 문제'는 '성장의 한계'와 개념적으로 동일하다. 다만 한 가지 차이점은 '성장의 한계' 원형과 달리 한계요소(시스템 수용능력)가 복수이며, 한계요소들 사이의 관계적 특성에 따라 한계증상을 완화 또는 제거하기 위한 선택의 우선순위가 달라진다는 것이다.

1) 모델 개발 절차

(단계 1) 문제의 정의

시스템 목표를 대변하는 성장지표와 가능수단으로서의 핵심동력, 그리고 반대편에 있는 한계요소들을 파악하여 모델 변수로 설정한다. 성장은 곧 한계를 의미하므로 성장지표와 핵심동력, 한계요소들의 관계는 동전의 양면과 같다. 동전을 성장지표라 한다면 동전의 앞면은 핵심동력, 그리고 뒷면은 한계요소에 해당된다.

(단계 2) 피드백 구성

성장지표와 핵심동력으로 성장의 강화루프를, 성장지표와 한계요소를 연결하여 균형루프를 구성한다. '선택의 문제' 원형의 특성이 반영된 공통의 변수로 복수의 '한계루프'를 서로 연결한다. 그 후 한계의 균형루프별로 제약요인(한계증상)을 완화할 수 있는 극복의 균형루프를 추가한다.

(단계 3) 시간지연 반영

음(-) 극성을 갖는 모든 균형루프에 시간 요소를 반영하여 지연을 나타낸다.

2) 단계별 적용 예시

(단계 1) 문제의 정의

아래 제시한 그림은 어느 컨설팅 회사의 핵심성과지표(KPI)의 행태 변화(BOT)이다. 문제증상은 성장지표인 '고객기반'이 '성장 후 파동'을 보이면서 정체를 벗어나지 못하고 있다는 점이다. 성장의 핵심동력인 컨설팅 '서비스 품질'은 일정 수준에서 등락을 반복하고 있으며, 핵심동력의 원천인 '서비스 매력도'는 고객기반이 한계에 이르면서부터 반등과 급락을 반복하고 있다. 이 회사의 서비스 매력도는 '컨설팅 효과'와 '컨설팅 효율'로 결정된다.

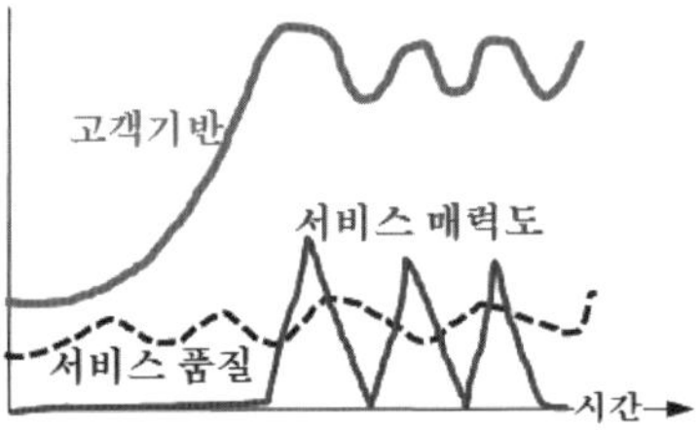

(단계 2) 피드백 구성 / (단계 3) 시간지연 반영

우선 성장지표인 '서비스 매력도'와 성장의 핵심동력인 컨설팅 '서비스 품질'로 성장의 강화루프를 구성하고, 성장지표와 한계요소인 '컨설팅 효과'와 '컨설팅 효율' 각각을 연결하여 아래와 같이 균형루프를 구성한다. 여기서 '입소문'은 성장루프를 보다 구체적 설명을 위한 것일 뿐 생략해도 무방하다. 여기까지는 '성장의 한계' 원형을 그대로 따른 것이다.

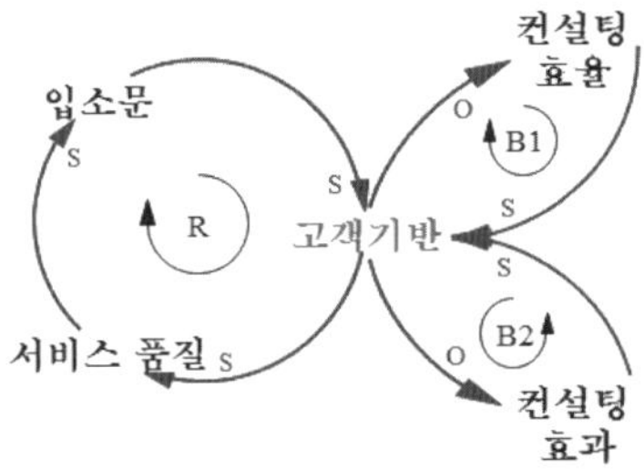

이제 '성장의 한계' 원형의 확장판인 '성장과 투자'에 반영되어 있는 제약(한계) 극복의 균형루프를 인과지도에 추가해보자. 아래 인과지도에는 균형루프 B_3은 컨설팅 서비스 효율성 제약을, 균형루프 B_4

는 컨설팅 서비스 효과성 제약을 해소하고자 하는 극복루프가 각각 반영되어 있다.

끝으로 '선택의 문제' 원형의 특성이 반영된 공통변수를 활용해서 복수의 '한계루프'를 서로 연결해서 '선택의 문제' 원형을 참조모델로 삼은 이 예시의 인과지도를 완성해보자. 한계요소인 '컨설팅 효율'과 '컨설팅 효과'의 공통변수는 '서비스 매력도'이다. 따라서 이 변수를 매개로 하여 컨설팅 효율의 한계루프와 컨설팅 효과의 한계루프를 연결하여 이들 두 개의 한계루프가 상호 관계적 특성을 통해 '고객기반'의 원인요소 작용하고 있음을 반영하면 인과지도는 아래 그림과 같이 완성된다.

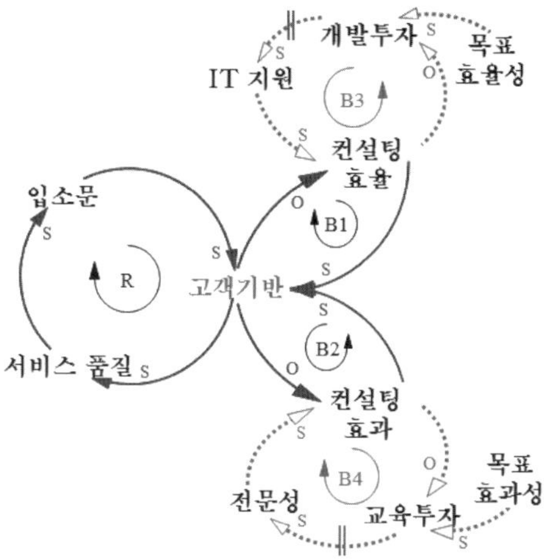

이렇게 완성된 인과지도의 균형루프에 유의미한 시간지연이 개입되는지 점검하고 필요하다면 이를 표시한다. 인과지도에는 두 개의 극복루프 B_3와 B_4에 각각 유의미한 시간지연이 있음을 표시하였다.

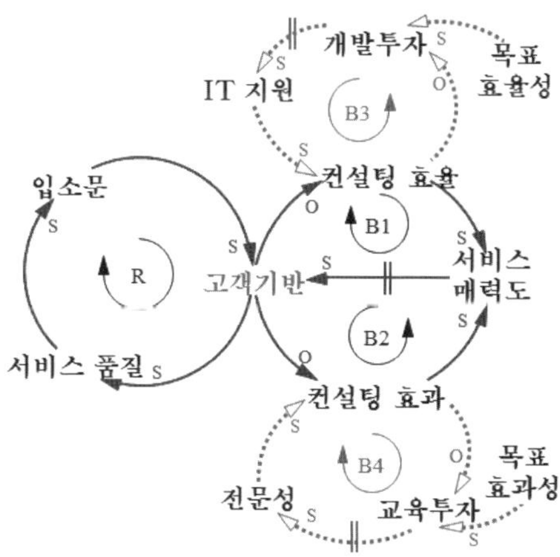

3. 구조관리 지침 및 시사점

성장을 제한하는 요인들 중에서 어떤 것을 먼저 해소할 것인가에 대한 선택의 의사결정은 흔히 마주하게 되지만 결코 쉽지 않은 문제이다. 이러한 '선택의 문제'는 오래 전부터 경영과학 분야의 핵심 연구대상이었다. 인과지도만으로는 정확히 어떤 요소를 선택해야 하는가를 밝혀내기는 쉽지 않기 때문이다.

선택의 기준은 그것의 지렛대 효과(leverage effects)가 얼마나 되는가 하는 것인데, 이를 밝히려면 선택의 우선순위에 따라 시나리오를 설정하고 그에 대한 결과를 시뮬레이션 해봐야 한다. 그러나 인과지도는 적어도 문제의 핵심과 저변의 구조를 이해하고 관련 당사자들 간 활발한 논의를 통해 선택의 순위구조(priority structure)와 정책수단 설정의 단초를 제공할 수 있다는 점에서 그 의미를 찾을 수 있다.

'선택'의 딜레마

- **선택은 성과를 좌우한다.**
  일을 올바로 하는 것(Doing things right)보다 훨씬 더 중요한 것은 올바른 일을 하는 것(Doing right things)이란 경영금언도 같은 맥락이다.
- 그러나 **올바른 선택**인지의 **여부는 사후에만 알 수 있다는 데 문제가 있다.** 이러한 **선택의 딜레마**에 **대응**할 수 있는 길은 **두 가지**이다.
  - 하나는 자신의 선택이 **올바른 선택이라고 믿고 그에 매진하는 것**이다. 성공한 사람들의 공통적 특성 중 하나는 '자신이 선택한 카드를 스스로 설득할 수 있는 사유가 없는 한 바꾸지 않는다'는 것이다.
  - 또 다른 하나는 **올바른 선택을 할 수 있는 확률을 높이는 것**이다.
    성과의 작동원리에서 논의한 바 있듯이 선택은 가정(세계관)이 결정하며, 가정은 환경(판세)의 변화를 읽는 힘에 좌우된다.
    시스템 사고는 이러한 의미에서 중요한 역할을 하며, 특히 선택의 문제 원형은 올바른 선택을 할 수 있도록 판을 읽는 힘을 제공한다.

1) 구조관리 지침

'선택의 문제' 원형이 선택의 우선순위와 정책수단 설정을 위한 수단이라는 차원에서 몇 가지 가이드라인을 제시하면 다음과 같다.

• 성장에는 반드시 한계가 수반된다는 사실을 유념하라.

성장은 반드시 그에 필요한 자원을 소비한다. 따라서 자원이 소비될수록 성장을 제한하는 한계증상이 점차 심화된다는 사실을 유념해야 한다.

• 한계요인들을 시간 위에서 관찰하라.

한계요인들은 당장은 괜찮아보여도 시차를 두고 작동하는 경우가 많으므로 선택의 우선순위는 시간을 고려할 필요가 있다.

• 파악된 한계요인들의 상호작용 구조를 분석하라.

성장의 한계요인들이 많으면 직관적 판단은 어려워진다. 그럴 때 이들 간 상호작용 구조를 인과지도로 작성해보면 직관을 높일 수 있을 뿐만 아니라 정책 지렛대가 무엇이 될 수 있을지 추정해 볼 수 있다.

• 한계요인들을 대체할 수 있는 다른 자원은 없는지 살펴보라.

한계요인의 특성에 따라서는 해결할 수 있는 자원이 다양할 수도 있다. 경우에 따라서는 인력의 재배정이나 교육 및 훈련, 인센티브의 노입, 비전과 목표의 공유 등 다양한 수단을 모색해 볼 수 있을 것이다.

• 한계요인들의 상호관계를 명확히 파악하라.

한계요인들이 모두 상쇄관계에 있는 것은 아니다. 한계요인들의 특성에 따라 때로는 서로 부가적(additive)이거나 복합적(multiplicative) 관계에 있을 수도 있다. 부가적 관계는 한계요인들의 총합으로 나타날 수 있지만, 복합적 관계에서는 특정 요인이 모든 걸 결정지을 수도 있다.

• 무엇보다도 정책 개입의 타이밍이 중요하다.

한계증상이 나타나기 전에 문제를 해결해야 한다. 조짐이 나타나는 초기에 개입하지 않으면 그 후 개선을 위한 노력과 투자는 효과를 거두기 어려울 뿐만 아니라 위기에 처할 수 있다.

2) 교훈 및 시사점

지금까지 살펴 본 '선택의 문제' 사고모델을 통해 얻을 수 있는 교훈과 유념해야 할 사항을 정리하면 다음과 같다.

▶ '선택의 문제'에서 얻는 교훈

- '선택은 성과를 좌우한다.' 성과는 노력에 비례하지만, 성과는 사실상 선택에 달려 있다. 잘못된 선택 하에서의 그 노력은 자칫 허사가 되거나 위기의 상황을 만드는 주범이 되기도 한다.
- '모든 사람에게 다 좋은 친구가 될 수는 없다.' 제약요소가 여럿이고 이들이 서로 상쇄작용(trade-off) 관계에 있을 때 일정한 자원을 가지고 해결할 수 있는 방법은 오로지 우선순위에 따른 선택뿐이다.
- '성장 관리는 곧 선택 관리이다.' 선택의 문제를 최초 제기한 포레스터(Jay. W. Forrester)-시스템 다이내믹스 선구자의 말이다.

★ 시스템 사고 금언:

- 케익을 가질 수도 먹을 수도 있지만, 둘을 동시에 할 수는 없다.
  You can have a cake and eat it too, but not both at once.

제2절 우발적 악연

상생의 호의로 출발한 협력관계가 상극으로 변질되는 '우발적 악연'은 비즈니스 세계에서 뿐만 아니라 우리 주변에서도 흔히 발생되는 상황이다. 상생으로 출발한 협력관계가 상극으로 변질되는 이유를 '우발적 악연'이란 시스템 원형을 통해서 살펴보고 시사점과 관리상의 주안점 등을 논의한다.

사과를 맞교환하면 각자 사과 한 개를 갖지만,
아이디어를 맞교환하면 각자 두 개의 아이디어를 갖는다.
- 버나드 쇼(아일랜드 극작가, 1856-1950)

1. 사고모델

공동의 이익을 위해 협력하는 '상생관계'의 근본도 알고 보면 자신을 위한 것일 뿐이다. 협력이란 일방적인 것이 아니고 보완을 목적으로 서로 주고받는 것을 전제로 하기 때문이다. 따라서 협력관계에 대한 초심을 잃게 되면 상대방의 이해보다 자신의 요구가 앞서 결국 상생이 파국을 낳는 상극으로 변질될 수 있다.

이렇듯 상생이 상극으로 변질되어가는 과정은 의외로 현실세계에서 상당히 자주 목격하게 된다. 학습조직을 시스템 사고로 설명한 피터 셍게(Peter Senge)가 현장에서 수차례 이런 사례를 목격한 후 그 이면의 작동구조를 시스템 원형으로 제시하면서 '우발적 악연(Accidental Adversary)'이라 명명하였다.[40]

40) Peter Senge et. al.(1994).『The Fifth Discipline Fieldbook』 N.Y.: Doubleday Currency.

이 원형은 상생의 호의로 출발한 협력 당사자들이 상대방의 이해보다는 자신의 이익을 위해 취한 행동이 상대방에게 장애로 작용하면서 결국 시스템 전체를 파국으로 몰아가는 과정을 설명하고 있다. 서로의 이해를 우선하는 단계에 이르게 되면 대개의 경우 동업자들은 종래의 우호적이었던 관계를 망각하게 되고, 상대방의 배신적 행위로 피해 입었던 일들만 더 떠올리게 된다. 이러한 상황은 상대방과 대화할 기회를 차단하고, 결국 양자 간 협력은 요원한 일이 되고 만다.

1) 시스템 구조와 행태

상생으로 출발한 관계가 상극으로 변질되는 시스템의 원형은 아래 그림의 인과지도에서 보는 것처럼 세 개의 '강화루프'와 두 개의 '균형루프'로 구성된다. 이 구조가 상생의 발전 구조인 것은 이 루프들을 모두 아우르는 전체 시스템의 루프가 양(+)의 극성을 갖기 때문이다. 그러나 익히 알다시피 선순환의 강화루프는 악순환으로 변질되기도 한다. 바로 이러한 구조가 상생을 상극으로 변질시키는 원인을 제공한다.

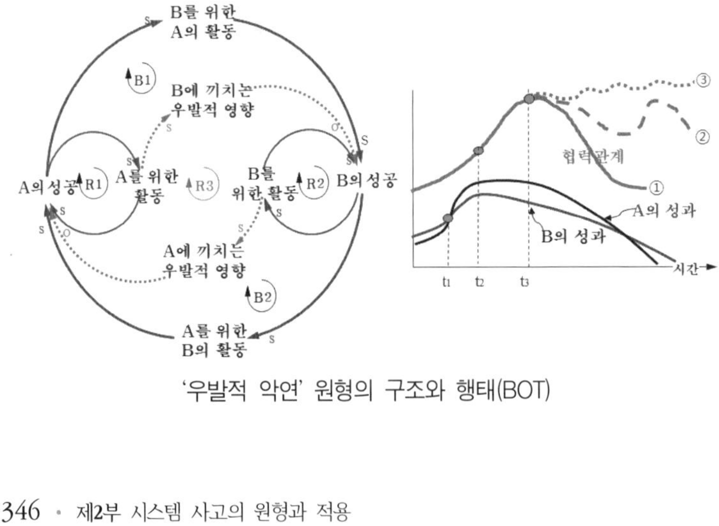

'우발적 악연' 원형의 구조와 행태(BOT)

이 구조가 왜 상생(협력)이 상극(대립)으로 변질 될 수 있는가를 좀 더 구체적으로 살펴보자. 우선 상생관계가 성립 가능한 이유는 시스템 전체를 아우르는 외곽 연결선들로 형성된 루프가 양(+)의 극성을 띄고 있기 때문이다. 'A의 성공'이 'B를 위한 A의 활동'을 강화하고 이로 인한 'B의 성공'은 'A를 위한 B의 활동'으로 이어지면서 'A의 성공'을 강화하게 된다. 이런 식으로 전체 시스템이 선순환만 한다면 A와 B 양자 간 상생 발전은 분명 가능하다.

그러나 A와 B는 개별적 독립체이기 때문에 강화루프 R_1, R_2와 같이 자신의 성장을 위한 별도의 노력을 하지 않을 수 없다. 그 과정 속에서 점선으로 표시된 연결선들이 나타내듯 상대방에게 의도하지 않았던 부정적 영향을 끼치게 된다. 그 결과 중앙에 있는 강화루프 R_3의 악순환을 통해 상대방의 성공을 저해(잠식)하는 결과를 초래하는 것이다. 강화루프 R_3은 시스템 전체의 선순환 구조를 악순환으로 변질시키는 원인이 된다.

한편 균형루프 B_1과 B_2는 A와 B가 시스템 내에 잠재해 있는 악순환의 강화루프 R_3을 공유하고 있는데, 이 균형루프들은 양자 간 상생이 상극으로 변질되는 과정을 표현하고 있다. 결국 시스템 전체를 아우르는 외곽의 강화루프가 양자 간 '상생의 모범생'이라면 강화루프 R_3은 시스템 내부에 숨어있는 '우발적 악연의 문제아'로 해석될 수 있다.

이 과정을 이해하려면 이들 균형루프가 서로 거울 이미지와 같은 형국이므로 B_1과 B_2 중 하나만 잘 살펴보면 된다. 균형루프 B_1을 따라 가보자. A의 성공이 B를 위한 활동으로 이어져서 B의 성공에 기여하게 되지만, B가 성공으로 얻은 여력을 자신의 입지 강화에 투입할 경우 이는 결국 A에 부정적 영향을 끼치게 되어 A의 성공을 잠식하게 된다. 이렇게 상생이 상극관계로의 변질은 경기 불황이나 내부 사정으로 인해 자신의 생존을 위한 강화루프(R_1 혹은 R_2)에 드라이브를 걸 때 시작된다.

▶ 상생(相生)과 상극(相剋)

'우발적 악연'의 원형은 음양오행(陰陽五行)의 세계관과 유사한 특성을 담고 있다 해도 과언이 아니다. 세상은 서로 상생(相生)하고 상극(相剋)하면서 순환한다. 그러나 음양오행의 균형이 깨지면 역생(逆生)하거나 역극(逆剋)하기도 한다.

따라서 상생에는 상극이 내포되어 있으며, 상극에도 상생은 잠재해 있다. 양과 음의 조화처럼 상생과 상극이 함께 존재할 때 세상은 균형을 이루게 된다. 흔히 상극은 서로 자극을 주고받으며 분발심을 유발하는 긍정적 측면도 가지고 있다. 결국 세상에는 절대로 좋기만 혹은 나쁘기만 한 것은 없다. 모든 건 상대적이다.

■ 지배루프의 전이와 행태 변화

'우발적 악연' 원형은 기본적으로 세 개의 '강화루프'와 두 개의 '균형루프'로 구성되어 전체로는 하나의 '강화루프'를 형성하고 있다. 이 원형의 지배루프는 그 구조상 시스템 전체를 아우르는 단일의 강화루프이다. 그러나 이 강화루프를 선순환하거나 악순환하게 만드는 것은 시스템 속에 내재해 있는 강화루프 R_3이다. 이 강화루프는 두 개의 균형루프 B_1, B_2가 함께 공유하고 있다. 결국 '우발적 악연' 원형의 지배루프는 전체를 아우르는 단일의 강화루프이지만 이 루프의 행태를 결정짓는 지렛대는 균형루프 B_1, B_2가 공유하고 있는 강화루프 R_3이다.

앞서 제시한 '우발적 악연' 원형의 BOT를 보면 양 측의 협력관계는 정점에 이른 시점 [t_3] 이후부터 치열한 경쟁의 구조로 뒤바뀌면서 경쟁의 '양동효과(Escalation)'의 패턴과 매우 유사한 모습을 보인다. 그러나 대립관계에서 출발한 '양동효과'와 다른 점은 양 측의 협력관계가 변곡점을 지나는 시점 [t_2] 이전까지의 모습에서 볼 수 있다. 초반부터 시점 [t_2]에 이르기 전까지는 양 측 모두 정상적인 'S'형 성장 곡선을 보이면서 상생의 협력효과를 보고 있다. 문제는 구간 [t_2 ~t_3]에서 시작된다. 경기불황 등 외적 요인이나 내적 요인으로 각자의 성과가 한계 내지 하향 추세를 나타내기 시작하면서 개별 행동이 시도된다. 그래도 예전만은 못하지만, 양 측의 협력관계는 유지된다. 그러나 차츰 개별 행동이 강화되면서 협력관계가 정점에 이른 [t_3] 이후부터는 협력이 경쟁으로 바뀌게 된다.

자신의 개별 행동이 상대편에게 해악을 끼치리라는 것을 초기에는 알지 못한다. 그러나 상대편이 그에 상응하는 대응조치를 취한 후 그 결과가 자신에게 해악으로 되돌아오면서 알게 된다. 이것이 '우발적'이란 수식어가 붙게 된 것 이유이다. '악연'은 바로 여기서부터 시작된다. 무심코 던 진 돌에 개구리가 맞아 죽듯, 의도하진 않았지만 자신이 취한 행동으로 피해를 입은 상대방은 의도적 적대행위로 간주하고 그에 상응하는 조치를 취한다. 이로써 의도하지 않은 대립이 시작되고 경쟁의 '양동효과'는 본격화된다. 만약 문제가 시작된 구간 [t_2 ~t_3]에서 우발적 악연 요소가 잘 관리된다면 양 측의 협력관계는 적어도 곡선 ②를 탈수 있을 것이며, 곡선 ③도 가능할 수 있다.

2) '우발적 악연' 예시

굳이 기업 간 제휴와 협력을 예시로 들지 않더라고 우발적 악연이 잠재해 있는 경우는 우리 주변에서도 흔히 목격된다. 부부관계가 그러하며 노사관계가 그렇다. 여기서는 어느 회사의 발전을 위해 협력하는 판매부서와 애프터서비스 부서의 관계가 어떻게 우발적 악연으로 변질될 수 있지를 인과지도로 설명하려 한다. 다만 인과지도를 그리려면 당연한 얘기지만, 문제에 대한 이해와 일정수준의 지식이 요구된다. 문제를 이해하려면 징후부터 파악해야 한다. 그 징후는 데이터로부터 파악될 수 있다.

아래 BOT에서 보는 바와 같이 생산부서와 자재부서 모두 최근 들어 성과가 하락하는 추세를 보이고 있다. 여러 원인이 있을 수 있겠지만, 우발적 악연이 작동할 수 있는 가능성에 국한해서 그 원인을 추측해보면 생산부서와 자재부서의 성과평가기준이 서로 출동하는 상황을 상정할 수 있다. 설정된 핵심성과지표(KPI)가 생산부서는 공장

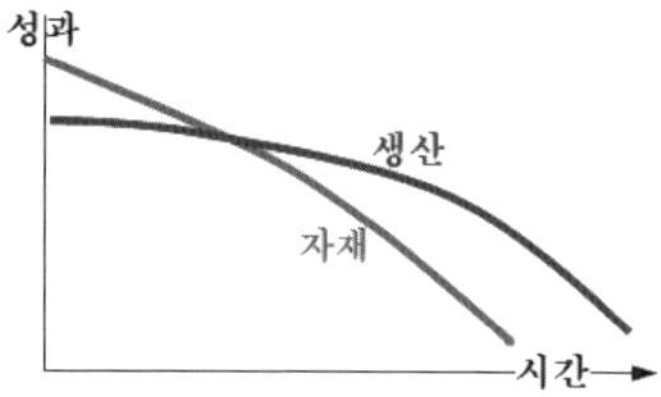

가동률인 반면, 자재부서는 자재회전율인 경우 생산부서는 설비가동률을 높이기 위해 자재투입량을 늘려 생산수율을 높이려 할 것이고 자재부서는 자재회전율을 높이기 위해 재고량을 적게 유지하여 조달효율을 높이려 할 것이다. 이렇듯 성과관리지표의 충돌은 부서 간 협업이 필요함에도 불구하고 오히려 갈등을 부추기는 경우가 종종 있다. 부서 간 협력 미흡으로 야기된 성과 저하는 '우발적 악연' 원형을 참조하여 옆의 그림과 같이 인과지도를 만들면 적절히 설명될 수 있다. 이 구조가 위에 제시된 BOT와 부합되는지를 살펴보는 것도

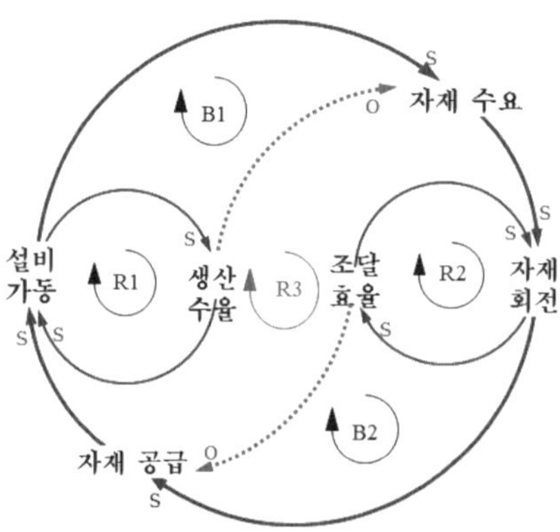

문제의 원인과 대안을 찾는데 도움이 될 것이다.

2. 적용연습

'우발적 악연'을 인과지도로 표현하려면 세 단계로 루프를 구성하면 된다. 우선 협력 주체 간 전체적인 상생구조를 만든다. 둘째, 이 구조 속에서 주체별 성장구조를 구성한다. 셋째, 자신의 성장을 위한 행동이 협력 상대에게 끼치는 부정적 영향을 식별하여 연결선으로 나타낸다.

1) 모델 개발 절차

(단계 1) 문제의 정의

이 단계에서 이루어져야 할 것은 두 가지로 집약된다. 첫째, 협력당사자 간 상생구조를 형성함에 있어 서로 주고받아야 할 협력요소가 무엇인지 파악하고 이를 '전역변수(Global Variable)'로 설정한다. 둘째, 참여주체별 성장의 핵심지표를 파악하여 이를 '지역변수(Local Variable)'로 삼는다.

(단계 2) 피드백 형성

우선 전역변수들 활용하여 시스템 전체의 상생구조를 반영하는 강화루프를 구성한 후, 지역변수들을 중심으로 참여주체별 성장구조를 반영하는 강화루프를 추가한다. 그리고 참여주체별 성장구조가 상대방에게 의도치 않은 부정적 영향을 반영한 연결선을 교차해서 추가하면, 그로부터 '우발적 악연의 문제아'인 또 다른 강화루프가 자동 형성된다.

(단계 3) 시간지연 반영

이 원형의 경우 개념모델인 인과지도에서는 큰 의미를 갖지 않는다. 굳이 이유를 댄다면 시스템 전체를 아우르는 피드백루프가 단일의 강화구조이기 때문이다. 비록 개념모델이라 할지라도 균형루프에 반영되는 시간지연은 행태에 파동을 초래하므로 의미를 가질 수 있지만, '우발적 악연'의 경우 균형루프들은 강화루프들이 형성되는 과정에서 자동 형성된 것들이므로 큰 의미는 없다.

2) 단계별 사례 적용

노사관계는 상생을 전제로 하지만 협력과 타협보다는 오히려 분규와 투쟁으로 노사는 물론 회사 전체가 쇄락의 길을 걷는 경우를 자주 목격하게 된다. 따라서 여기서는 노사관계의 '우발적 악연' 작동구조에 대한 인과지도 작성 과정을 설명하기로 한다.

(단계 1) 문제의 정의

아래 제시된 BOT는 회사(경영진)와 직원(노조)의 성과 변화를 보여주고 있다. 이 BOT를 보면 그 행태가 악순환의 '양동효과'와 매우 닮아 있다. 따라서 '양동효과' 원형에 기초해서 인과지도를 그릴 수도 있겠지만 노사관계는 원래 경쟁을 하자는 것이 아니므로 취지에 부합되지 않는다. 선순환의 협력관계를 필요로 함에도 불구하고 개별적 욕구를 추구하다가 발생한 악순환의 대립관계라는 측면을 설명하려면 '우발적 악연' 원형이 타당하다.

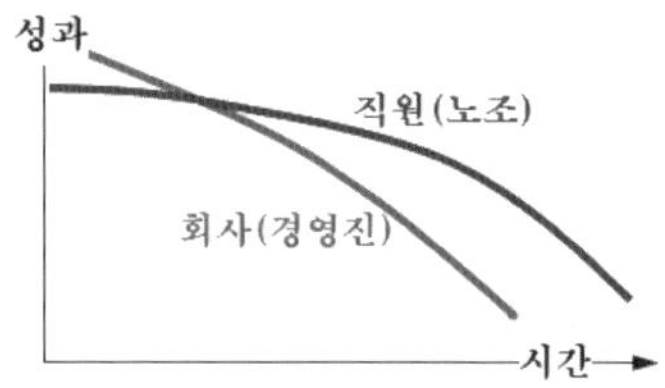

우선 노사관계의 상생구조 형성에 필요한 '전역변수(Global Variable)'

는 경영성과를 위한 '직원의 헌신'과 직원의 복리를 위한 '경영진의 배려'이다. 노조와 경영진이 각각 '직원 복리'와 '경영 성과'를 개별 목표로 삼는다면 이를 '지역변수(Local Variable)'로 설정한다.

(단계 2) 피드백 형성

회사의 발전이라는 노조와 경영진의 공동목표 하에, 앞서 설정된 변수들을 활용하여 시스템 전체의 상생구조를 인과지도로 나타내면 다음과 같이 단일의 강화루프로 나타낼 수 있다. 강화루프는 선순환이 일시에 악순환으로 바뀔 소지가 있음을 암시하기도 한다.

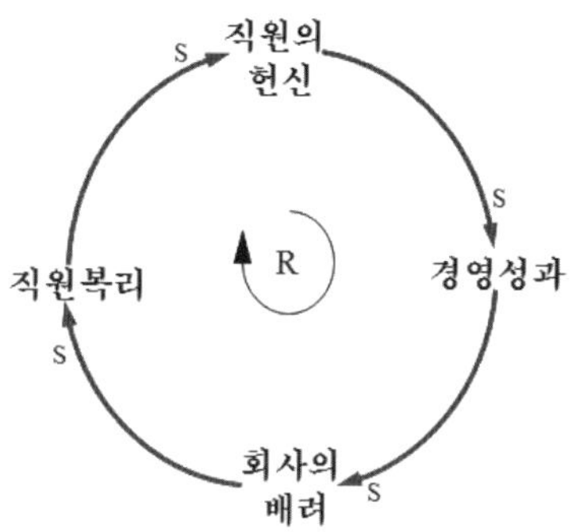

그 다음으로 노조와 회사의 개별 성장 목표, 즉 '직원 복리'와 '경영 성과'를 달성하기 위한 핵심 수단을 변수로 추가하여 개별 성장구조를 반영한 피드백 루프를 구성한다. 노조는 '직원 복리'를 증진하기 위한 수단으로 '권리 투쟁'을, 회사는 '경영 성과' 제고를 위한 수단으로 '추가 근무'를 변수로 반영하여 각자의 목표 달성을 위한 피드백 구조를 만든 후 위 강화루프에 포함시키면 아래와 같은 인과지도가 만들어진다. 여기까지는 노사분규의 소지는 별로 없어 보인다. 왜냐하면 직원의 권리요구나 회사의 추가근무 요구가 상생의 틀 자체를 깨는 구

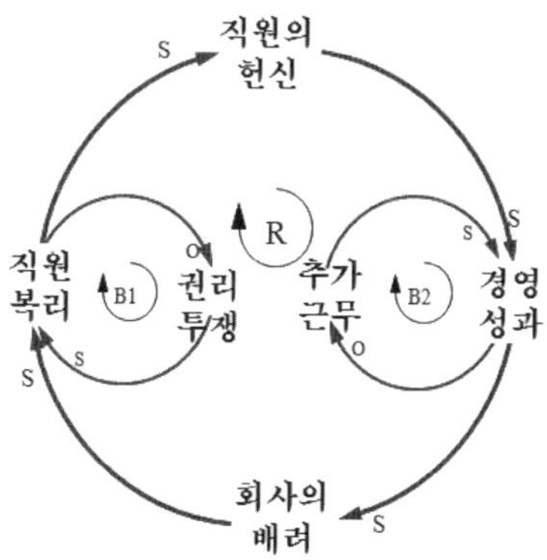

도는 아니기 때문이다. 그러나 이러한 상생의 구조 속에 상극의 발생소지가 내재해 있다. 노사의 개별 목표를 달성하기 위한 수단은 상대편 목표달성에 부정적 영향을 끼친다. 노측의 권리 투쟁은 '생산차질'로 이어지고 이는 결국 경영성과를 저해하는 결정적 요인으로 작용한다. 반대로 회사의 추가근무 요구는 지원의 '개인시간'을 빼앗는 결과로 이어지고 이는 결국 복리후생을 저해하는 결정적 요인이 된다. 아래 인과지도에서 보는 바와 같이 점선으로 표시된 연결선들은 시스템 내부에 숨어 있는 강화루프(R)를 형성하는 결과를 가져온다. 이 루프가 '우발적 악연' 원형의 가장 핵심이 되는 부분이다. 왜냐하면 시스템 전체를 아우르는 강화루프를 선순환에서 악순환으로 바꾸는 결정적 역할을 하기 때문이다. 이상의 과정을 거쳐 최종 완성된 인과지도를 앞서 제시한 BOT에 대응해보고 이 구조와 행태가 제대로 부합되는지 살펴보라.

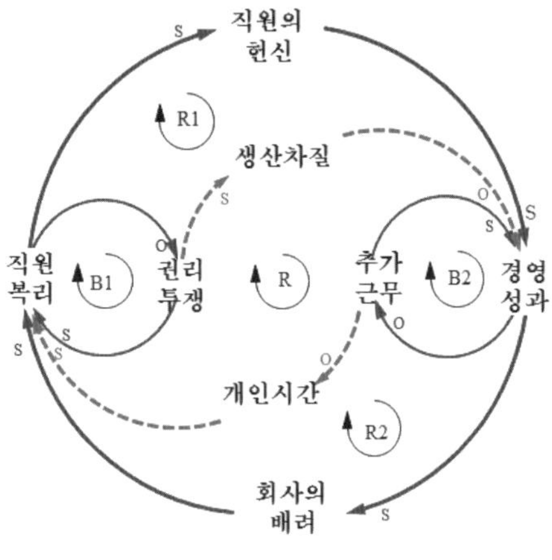

3. 구조관리 지침 및 시사점

'우발적 악연'은 개념적으로 '양동효과'와 매우 흡사하지만 그 출발점은 전혀 다르다. '양동효과'가 처음부터 대립적 제로섬 게임(zero-sum game) 상황이라면, '우발적 악연'은 협력적 상생(win-win)을 추구하는 과정에서 발생된다. 초심을 망각하고 차츰 자신의 이익에 우선하는 행동을 취하면서 상생의 구조는 상극으로 변질되어 간다. 따라서 '우발적 악연'의 원형에서 숨어있는 '우발적 악연의 문제아'의 작동을 억제하려면 역지사지(易地思之), 순망치한(脣亡齒寒), 물망초심(勿忘初心) 등과 같은 동양의 가르침이 유효하다.

'협력'의 구조 속에 숨어 있는 문제아

- **협력은 자신의 이익 추구의 또 다른 형태이다.**
  따라서 협력은 자칫 '양동효과'의 대립적 경쟁관계로 돌변할 수 있다. 경쟁의 '양동효과'는 초반부터 대립관계 하에서의 제로섬 게임(zero-sum game) 상황인 반면, '우발적 악연'은 협력적 상생(win-win)을 추구하는 과정에서 발생된다는 점이 다르다.
- 지속가능한 **협력**을 위해서는 **상생의 강화루프가 상극의 악순환으로** 변질되는 것을 막아야 한다. 그러나 문제는 참여주체 별 **성장을 위한 조치가 상대방에게 우발적 악영향**을 끼치는 또 다른 강화루프가 **시스템 내에 숨어 있다**는 점이다.
- 이 강화루프는 **만들어진 것이 아니라 비롯된** 것이라서 겉으로 드러나지 않는다. 그러기에 협력의 선순환을 대립의 악순환으로 바꿔놓는 이 강화루프는 '**우발적 악연의 문제아**'이다.

1) 구조관리 지침

'우발적 악연' 원형 관리에 있어 가장 중요한 부분은 시스템에 잠재해 있는 '우발적 악연의 문제아'의 작동을 사전에 차단하는 것이다. 이것에 초점을 두고 몇 가지 가이드라인을 제시하면 다음과 같다.

• 협력관계에 있는 당사 간 공유비전이 무엇인지 분명히 하라.

시스템의 시너지(synergy)는 상호작용에서 발생한다. 그러나 구성요소 간 원활한 상호작용은 비전과 목표가 공유될 때라야 가능하다. '좋은 게 좋은 것'일 수만은 없다. 있더라도 그것은 지속 가능하지 않다.

• 개별적 목표달성 행위가 상대에게 부작용이 될 수 있음을 유념하라.

코끼리를 둘로 자른다고 두 마리의 코끼리가 될 수 없듯 협력관계는 개별 주체가 따로 분리되어서는 성립할 수 없다는 인식을 공유해야 한다.

• 자신의 이익과 생존을 위한 다른 대안은 없는지 검토하라.

협력이 아무리 좋은 것이라 해도 자신의 존립을 위한 조치는 불가피하다. 인간은 '단독자이면서 동시에 공존자'인 만큼 자신을 위한 조치가 협력을 훼손하지는 않는지, 다른 대안은 없는지 찾는 노력이 필요하다.

2) 교훈 및 시사점

지금까지 살펴 본 '우발적 악연' 사고모델을 통해 얻을 수 있는 교훈과 유념해야 할 사항을 정리하면 다음과 같다.

▶ '우발적 악연' 원형에서 얻는 교훈

- '무심코 던진 돌에 개구리가 죽는다.' 의도는 없었더라도 자신의 행동이 타인에게 심적, 물적 피해를 주는 경우는 생활 속에서 자주 발견된다. 따라서 행동에 앞서 필요한 것은 역지사지(易地思之)이다.
- '상생도 균형이 깨지면 상극이 될 수 있다.' 상생이 있으면 상극이 있고 상극이 있으면 상생도 있는 것이 세상의 이치이다. 생상도 상극이 되고, 상극도 상생이 될 수 있다. 이것이 바로 역극(逆剋)이다.
- '입술이 없으면 이가 시린 법이다(脣亡齒寒).' 자기중심적 행동이 전체 시스템의 쇠퇴를 초래하고, 전체 시스템의 쇠퇴는 결국 자신에게 악영향으로 돌아온다.

★ 시스템 사고 금언:

- 코끼리를 둘로 나눈다고 해서 두 마리가 되는 것은 아니다.
  Dividing an elephant in half does not produce two elephants.
- 네가 대접받고자 하는 대로 상대를 대접하라.
  Treat others as good as you want to be treated by them.

생각해봅시다.

1. 성장을 가로막는 한계요인이 여럿일 때 이들 중 문제의 해소를 위한 선택의 기준(attractiveness principle)은 무엇이 있는지 제시해보시오.

2. '성장의 한계'와 '선택의 문제' 원형이 갖는 공통점과 차이점은 무엇인지 설명하시오.

3. '선택의 문제' 원형에 부합되는 사례를 한 가지만 찾아서 인과지도를 작성하고, 이 원형을 관리함에 있어 중요한 사항들을 설명하시오.

4. '우발적 악연'이란 무엇을 말하는지 설명하고 이것이 발생하는 원인과 그 해결책 혹은 예방조치를 제시해보시오.

5. '우발적 악연' 원형을 인과지도로 작성하고 거기서 이 문제를 유발하는 핵심 구조는 무엇인지 말해보시오.

6. '우발적 악연'과 '경쟁의 양동효과'의 유사점과 차이점을 시스템 구조와 행태 차원에서 논의하시오.

7. 다음 BOT는 상생의 협력관계로 출발한 제품 공급원 S사와 판매원 D사의 그간의 실적과 협력관계를 보여주고 있다. 이 BOT를 토대로 양 사의 협력관계가 왜 급속히 악화되었는지 인과지도를 통해 설명해보시오.

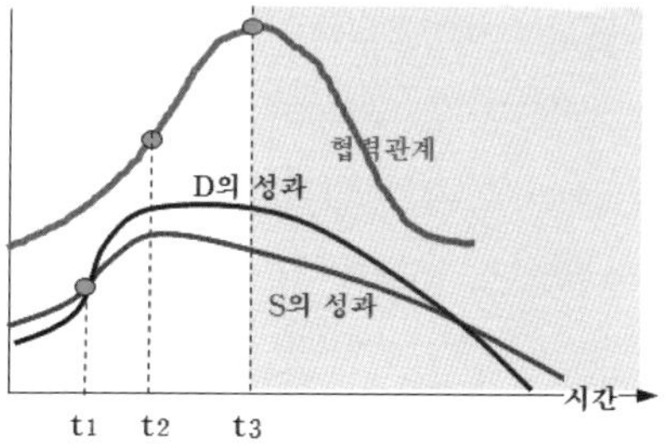

| 제9장 |

공유의 비극과 원형 계보

방관자 효과(Bystander Effects)

편의점 고객이 한 명일 때와 여럿일 때 갑자기 강도가 침입하는 상황을 실험적으로 상정했더니 그 결과는 의외로 편의점에 사람이 많을수록 강도를 제지하거나 경찰에 신고하는 확률이 떨어지는 것으로 나타났다. 이것을 바로 '방관자 효과'라고 한다.

이러한 현상이 나타나는 저변의 심리적 원인은 세 가지로 집약된다. 첫째, 책임감이 분산되기 때문이다. 사건을 목격한 사람이 많을수록 자신이 느끼는 책임감은 감소한다. 둘째, 자신에게 닥친 일이 아니므로 상황파악을 제대로 하지 않는다. 이를 '집단의 무지'라 한다. 셋째, 대중 앞 바보가 될 것을 기피하는 '타인의 평가 공포'가 작용하기 때문이다.

악마가 유일하게 바라는 것은 정의의 침묵이라고 한다. 그 연장선에서 자원의 공유가 초래할 수 있는 비극적 상황도 방관자 효과로 인한 정의의 침묵에서 비롯된다. '머리로 아는 것'과 '가슴으로 느끼는 것'은 전혀 별개의 것이다. 공유자원의 고갈이 타인의 문제가 아니라 결국 나의 문제로 돌아오게 됨을 가슴으로 느낄 수 있다면 정의는 침묵을 깰 수 있지 않을까? 말이 아닌 그림으로 보여주는 시스템 사고가 다소나마 그 역할을 할 수는 없을까?

제1절 공유의 비극

내가 없으면 우리가 없고 우리가 없으면 내가 없음에도 불구하고 '나의 것'과 '우리 것'에 대한 인식과 대응행동에는 너무나도 큰 차이를 보인다. 이 절에서는 자원의 공유가 유발하는 비극적 상황을 시스템 사고로 조명해본다. 소위 '공유의 비극(Tragedy of Commons)'으로 지칭되는 이 원형의 사고모델을 통해 공유의 비극의 원인과 지속가능한 성장을 위한 대안을 논의한다.

우물의 물이 마르기 전에는 물의 가치를 모른다.
- 토마스 풀러(영국 역사학자, 1608-1661)

1. 사고 모델

물과 공기가 인간뿐만 아니라 지구상의 모든 생명체에게 없어서는 안 되는 매우 소중한 자원이란 사실을 모르는 이는 아무도 없다. 물을 대체할 수 있는 것은 오로지 물뿐이며, 공기를 대체할 수 있는 것 역시 공기뿐이다. 그럼에도 불구하고 물과 공기는 썩고 있다. 이렇듯 자원의 공유가 몰고 오는 대재앙은 무슨 이유에서일까?

이에 대한 답은 의외로 쉽다. '만약 물이나 공기가 공동의 자원이 아니라 개인 것이었다면 어떻게 되었을까'라는 반대의 가정을 해보면 그 답은 간단하다. 공유의 비극은 소위 '방관자 효과(Bystander Effects)'에 빠져 있는 인간의 심리 때문이다. 군중 속에서 개인이 느끼는 책임감은 그 군중의 규모에 반비례한다는 것이다. 황금만능의 자본주의와 도덕적 해이, 공동체 의식의 결여 등이 이러한 인간 심리를 더욱 부추긴 결과가 바로 '공유의 비극'으로 나타나게 된다.

'공유의 비극'은 문자 그대로 자원을 공유함으로써 비롯된다. 우리가 공유하는 자원은 물과 공기를 비롯한 자연자원뿐만 아니라 공공녹지에서 상하수도, 고속도로, 주차장에 이르기까지 개인의 집합체가 공동으로 의존하고 있는 모든 것이 그에 해당된다. 이러한 공유자원은 헤아릴 수 없을 만큼 다양하고 무한해 보인다. 그래서 초기에는 자원의 소비를 마음껏 향유한다. 그러나 일정 시점부터 자원의 소비는 낭비라 할 만큼 급속히 증가되어 우리 모두의 최소 수요마저 충족시킬 수 없게 된다. 개별적으로는 이러한 문제의 희생자라고 생각하지만 실제로는 우리 모두가 문제의 공범이다.

'공유의 비극' 문제를 안고 있는 시스템은 동료나 경쟁자, 사용자 또는 고객 등 상대와 단절되어서는 문제를 해결할 수 없다는 신호를 보내게 된다. 전형적으로 이러한 신호는 공통자원에 있어서의 자기 몫을 얻은 것이 점점 더 어려워지는 형국으로 다가온다. 때로는 무기력감으로 다가온다. 여유롭던 예전과 달리 자원 획득 노력이 몇 배 더 필요하게 되면 서로가 보다 공격적으로 변모한다. 그럴수록 공동의 자원은 더욱 고갈된다. 결국 공유자원의 고갈은 전체 시스템을 파괴하는 비극으로 종말을 맞는다.

1) 시스템 구조와 행태

자원 공유로 초래될 수 있는 비극적 상황의 시스템 원형은 아래 그림의 인과지도와 같이 네 개의 강화루프(Ⓡ)와 두 개의 균형루프(Ⓑ)가 서로 맞물린 구조이다. 이 구조를 이해하려면 일단 A와 B 중 한 쪽만 살펴보기를 권한다. 왜냐하면 각자는 타인의 행동에 관심을 갖지 않은 채 공동의 자원을 소비하면서 자신의 이익만을 추구하기 때문이다. 이러한 의미에서 볼 때 경쟁의 '양동효과(Escalation)'와는 다르다.

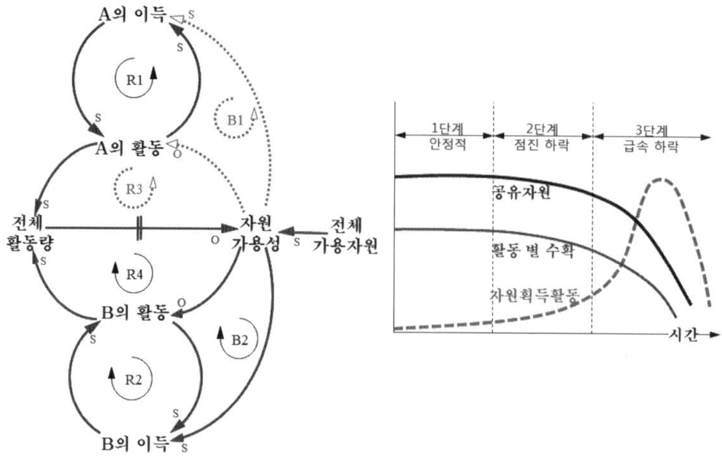

'공유의 비극' 원형의 구조와 행태(BOT)

위 인과지도에서 자원을 공유하는 두 주체 A와 B의 작동구조는 거울 영상처럼 동일하다. 따라서 논의의 편의 상 A쪽 인과지도만 가지고 공유자원의 소비가 초래하는 인과적 구조를 살펴보기로 하자.

강화루프 R_1은 '자원취득활동'을 설명하는 루프이다. 이득을 얻고자 자원 취득 활동을 하면 그 결과로 이익을 얻고, 이익을 얻은 만큼 여력이 확보되어 자원 취득 활동이 더 강화되는 상황을 설명하고 있다. 물론 정반대의 악순환의 상황도 가능하다.

한편 균형루프 B_1은 '자원취득한계'를 설명하는 루프이다. 전체 가용자원이 부동의 한계상수라고 가정할 때, '자원취득활동'이 지속되면 자원의 가용성은 줄어들고, 단위활동 당 평균이득이 감소하는 조짐이 시작되면 개인의 활동을 축소하는 자기제어적(self-correcting) 작용이 나타난다. 이해하기 쉽도록 아래 인과지도와 같이 이 부분만 따로 떼어내 보면 '성장의 한계 원형'과 동일함을 알 수 있다.

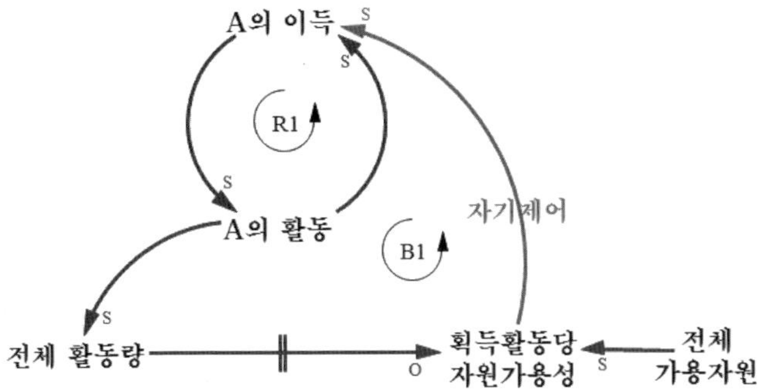

자원획득활동을 완화하는 자기제어적 동태성(self-correcting dynamics)

'공유의 비극'을 유발하는 기제는 '자원취득활동'의 강화루프 R_1을 더욱 가속(accelerating)하는 또 다른 강화루프에 있다. 아래의 인과지도에서 보는 바와 같이 공유의 비극을 초래하는 '방관자 효과'는 강화루프 R_3에 반영되어 있다. 이것이 바로 '공유의 비극' 원형이 '성장의 한계'와 다른 차별적 특성이다.

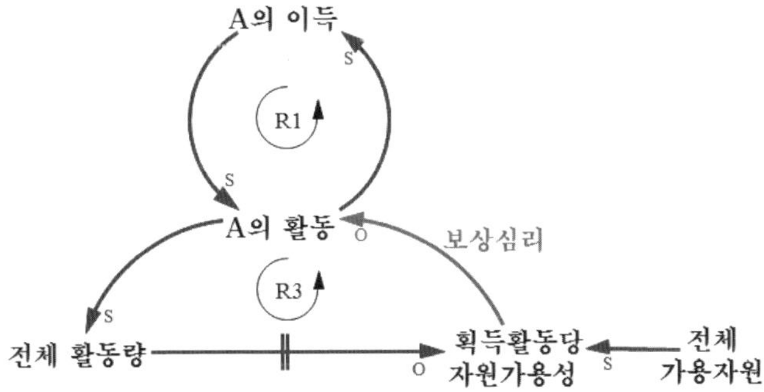

자원획득활동을 배가하는 자기강화적 동태성(accelerated depletion dynamics)

'성장의 한계'에서 자원은 '나의 것'이라는 전제가 깔려 있지만, '공유의 비극'에서 자원은 '우리 것'이라는 점이 다르다. 따라서 '성장의 한계'에서는 성장을 위해 그 자원을 활용함에 있어 자신 스스로가 계획하고 통제할 수 있는 여지가 있으나, '공유의 비극'에서 자원은 개인이 통제, 관리할 수 없을 뿐만 아니라 자원 공유의 특성인 '방관자 효과'가 과잉소비까지 부추긴다. 이러한 맥락에서 '공유의 비극' 원형의 특성을 좌우하는 지배루프는 '자원취득활동'의 강화루프(R_1)를 더욱 부추기는 '가속루프' R_3이다.

(1) 다른 시스템 원형과의 구조적 유사성 비교

앞서 논의한 바와 같이 '공유의 비극'의 원형은 자원 공유의 특성을 반영한 '가속루프(R_3)'가 추가된 것 외에는 기본적으로 '성장의 한계' 원형과 유사하다. 그렇다면 '공유의 비극'도 '성장의 한계'를 확장한 '성장과 투자' 원형처럼 확장이 가능할까? 당연히 그렇다. '성장과 투자'는 시스템 성장의 한계를 유발하는 자원을 부동의 한계상수로 간주하지 않고 확장될 수 있는 내생적 변수로 시스템 내에 편입한 것이다. 마찬가지로 '공유의 비극' 원형에서 부동의 한계상수로 간주하고 있는 '전체 가용자원' 역시 경우에 따라서는 내생변수로 시스템에 편입할 수 있다. 가령 자원의 재생이나 인공양식과 같은 인위적 자원증식기술의 혁신을 통해 확장될 수 있음을 가정할 수 있기 때문이다. 이에 대한 예시는 다음 항에서 인과지도로 다시 설명한다.

'공유의 비극'의 원형을 보면 또 어떤 시스템 원형이 연상되는가? 그것은 바로 '선택의 문제' 원형이다. 단일의 한계요인만을 상정한 '성장의 한계' 원형과 달리 복수의 한계요인을 반영하고 이들 간 관계적 특성을 차악하여 전체 시스템 성과를 위해서 어떤 선택을 해야 하는지를 설명하는 사고모델이 바로 '선택의 문제' 원형이다. 그러나 이 원형 역시 자원의 소비 주체가 하나임을 전제한 것이라는 측면에서 복수의 주체가 자원을 공유하는 '공유의 비극'과는 근본적 차이를 보인다.

복수의 주체가 자원을 공유하는 상황이라면 또 다른 원형이 연상될 수 있다. 그것은 바로 경쟁의 '양동효과'이다. 다만 '양동효과'에서는 자원을 공유하는 상대가 명확하지만, '공유의 비극'은 그 대상이 불분명하다는 점에서 차이가 있다. 한마디로 '양동효과'에 '경쟁의 심리'가 작동한다면, '공유의 비극'에는 '방관자 효과'가 작동한다. 그러나 그 이유가 무엇이든 개인의 이득을 위해 다투어 자원을 확보하려는 심리와 파국에 이르는 결과는 '양동효과'나 '공유의 비극'이나 마찬가지이다. 실제로 아래의 인과지도와 같이 '공유의 비극'에서 A와 B, 양 측의 균형루프만 떼어내 재구성하면 '양동효과'와 구조가 매우 흡사하게 닮아 있음을 볼 수 있다. 겉으론 균형루프 두 개가 맞물려 있지만 내용면에서는 시스템 전체가 단일의 강화구조로 되어 있다. 이러한 일탈적 특성을 보이는 강화루프의 특성으로 자원 소비의 경쟁적 구조는 시간이 흐를수록 더욱 강화된다.

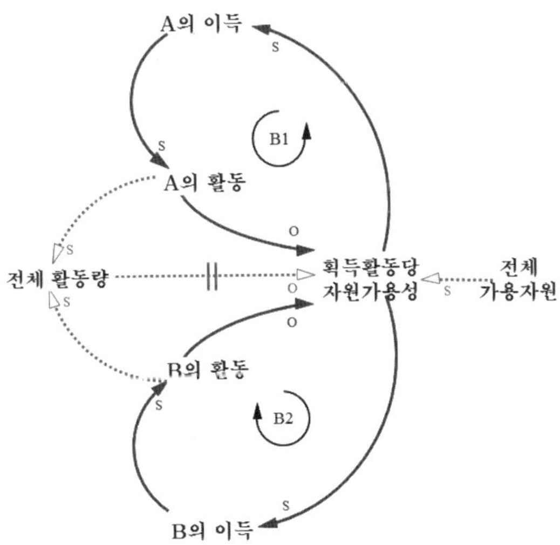

'공유의 비극'과 '양동효과'의 구조적 유사성

(2) 지배루프의 전이와 행태 변화

시스템의 행태 변화를 결정짓는 지배루프의 전이는 기본적으로 '성장의 한계'와 대동소이하다. 초기에는 자원획득의 강화루프(R_1)가 지배루프로 작동한다. 공유자원을 소비하는 개별 주체의 자원획득 활동이 강화되면서 그로부터의 개별 이득은 계속 성장한다. 그러나 자원의 소비가 점차 심화되면서 활동 당 자원획득량이 줄어드는 변곡점을 지나면서부터는 한계의 균형루프(B_1)이 지배루프로 작동한다. 획득활동당 평균 취득자원이 감소하게 되면 활동을 보다 강화하여 감소한 양을 만회하려는 보상심리의 강화루프(R_3)가 한계의 균형루프(B_1)와 번갈아 지배루프로 작동한다. 이러한 지배루프의 전이로 유발되는 파국의 행태는, 앞서 이 원형의 구조와 함께 제시된 BOT와 같이 대체로 세 단계에 걸쳐 나타나게 된다.

제1단계(Phase Ⅰ)는 안정적 단계로 모든 것이 별다른 변화를 보이지 않는다. 그러나 공동자원의 감소는 인지되지 않을 뿐 미세하게나마 점차 줄어드는 상황이 계속 진전된다. 그에 따라 단위활동 당 이득은 체감하지 못할 정도로 점감되고, 전체 획득활동량 역시 차츰 증가하지만 체감할 수준은 아니다.

제2단계(Phase Ⅱ)는 자원의 감소가 눈에 띄게 나타나기 시작하는 단계로 개인의 단위활동 당 수확이 줄고 이를 만회하려는 활동이 빠르게 증가한다. 그 결과 BOT에는 나타나 있지 않지만 단위활동당 수확은 감소해도 그만큼 활동량을 늘리기 때문에 총 수확량은 크게 줄지 않는다. 따라서 개별 주체들은 특별한 위기의식을 느끼지는 않는다.

제3단계(Phase Ⅲ)에 접어들면 상황은 아주 달라진다. 제2단계에서 시작된 수확활동의 급격한 증가는 결국 자원의 재생률(재생이나 인위적 증식이 가능한 자원으로 가정할 때)을 초과하게 되어 자원은 급격한 감소를 보이게 된다. 그에 따라 활동 당 수확량이 현저히 줄어드는 상황에 당황한 각 주체들은 획득활동을 필사적으로 강화한다. 그러나 활동을 강화할수록 자원은 더욱 고갈되어 결국 공멸의 비극에 직면하게 된다.

2) '공유의 비극' 예시

이해를 돕기 위해서 유엔 국제식량농업기구(FAO)가 발표한적 있는 내용을 간략히 각색하여 '공유의 비극' 원형에 대응해보자. 아래 보인 BOT는 FAO가 발표한 무분별 어로활동으로 인한 '어족자원 고갈'에 대한 내용을 개념화하여 그래프로 작성한 것이다.

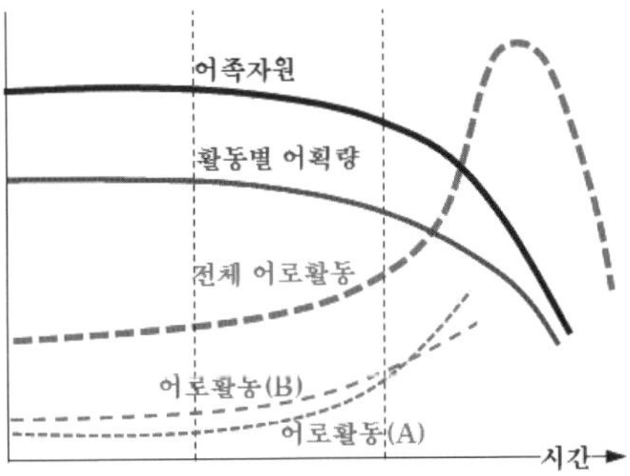

FAO는 세계 어족자원의 1/3 이상이 고갈되었다고 발표한 적이 있다. 이에 주요 수산국들은 특정 물고기를 일정기간 잡지 않기로 동의했지만 밀렵과 남획은 지속되었다. 단기적으로 어부들은 열심히 일한 만큼 더 많은 물고기를 잡았다. 하지만 어족자원이 고갈됨에 따라 상황은 점점 악화되었다. 먼 바다로 나가도 어획은 더 어려워졌고 생산성은 더욱 떨어졌다. 이를 만회하려 어떤 어부들은 더 좋은 보트, 그물, 최신의 물고기 탐지장비에 투자하고 더 멀리, 더 오래 어획을 시도했다. 그러나 단기적 효과만을 있었을 뿐 어족자원은 더욱 고갈되어 파산에 이르는 상황에 직면하게 되었다. 이런 비극적 상황이 전개된 배경을 '공유의 비극' 원형을 참조모델로 하여 인과지도를 작성해보면 아래와 같다.

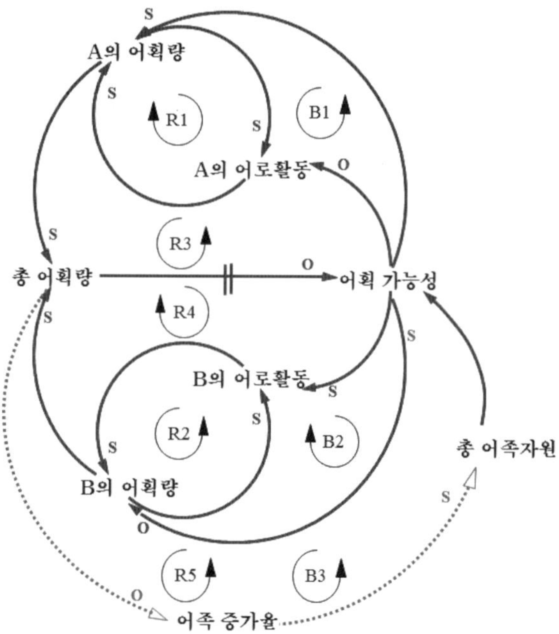

'공유의 비극' 시스템의 구조 예시

예시로 보인 이 인과지도는 '공유의 비극' 원형을 좀 더 확장한 모델이다. 인공양식기술의 발전으로 어획에 따른 고갈을 어느 정도 만회할 수 있다는 보다 현실적 가정 하에 '총 어족자원'을 부동의 한계상수로 보지 않고, 시스템의 내생변수로 반영하였다. '총 어획량'은 '어족 증가율'의 원인변수가 될 수 있으며, 양식기술은 명시하지 않았지만, '어족 증가율'의 변화는 '총 어족자원'의 원인변수로 설정하였다. 이로써 새로이 형성되는 피드백 루프에 양(+)의 극성(강화루프 R_5)과 음(-)의 극성(균형루프 B_3)을 동시에 반영한 이유는 '공유의 비극' 원형에 포함되어 있는 어로활동의 가속루프와 활동별 어획량의 한계루프를 가각 반영하였기 때문이다.

2. 적용연습

'공유의 비극' 원형은 그 구조가 복잡해서 인과지도 작성이 어려워 보이지만 의외로 간단하다. 시스템 내의 한 주체에 대한 인과지도를 먼저 그린 후 그것을 '거울 이미지'와 같이 나머지 다른 주체의 경우에도 그대로 반영하면 된다.

1) 모델 개발 절차

'성장의 한계' 원형의 인과지도를 작성할 때와 기본적으로 동일한 절차를 밟으면 된다.

(단계 1) 문제의 정의

먼저 공유자원이 무엇인지를 파악하고, 자원획득으로 유발되는 한계요소를 파악하여 이를 기본 변수로 설정한다.

(단계 2) 피드백 형성

'자원취득활동'을 설명하는 성장의 강화루프와 '자원취득한계'를 설명하는 한계의 균형루프를 구성하여 '성장의 한계' 원형의 틀을 만든다. 다만 '성장의 한계' 원형과 달리 개인적으로 통제, 관리할 수 없는 공유자원의 한계를 염두에 두어야 한다. 이를 위해서는 두 가지를 추가 반영해야 한다.

첫째는 한계변수에 자신의 성장을 위한 활동뿐만 아니라 시스템 내에 존재하는 다른 주체들의 활동을 모두 합한 전체 활동량을 반영하고, 공유자원의 가용성을 전체 활동량으로 나눈 획득활동 당 자원을 변수로 설정해야 한다.

둘째는 '자원취득활동'의 강화루프를 더욱 부추기는 '가속루프(R)'

를 추가한다. 이는 '공유의 비극' 원형의 특성을 반영하고자 함이다.

(단계 3) 시간지연 반영

피드백 루프에 유의미한 시간지연이 개입되어 있다면 이를 반영한다. 특히 활동 당 자원획득의 손실을 만회하려는 '가속'의 강화루프와 자원획득의 한계를 반영하는 균형루프 모두를 아우르는 연결선(총 획득활동량 ─⫽→ 활동당 획득자원)에 시간지연을 표시한다.

2) 단계별 사례 적용

우리의 일상에서 가끔씩 발생하는 '전력소비 과다로 인한 정전사태'를 아래 제시된 BOT를 참고하여 문제 상황을 설정한 후 이를 설명할 수 있는 인과지도를 작성해보자. 그리고 문제의 근본 원인과 대응 정책수단을 생각해보자.

- **상황 설정**: 더위의 고통으로부터 벗어나고자 각종 냉방장치를 계속 가동하였다. 그 결과 냉방장치가 배출하는 열기로 대기의 온도는 오히려 더 상승하는 결과를 낳았고 그럴수록 냉방기는 더 가동되었다. 결국 전체 전력 소모량은 계속 상승하였고 전력 가용량을 초과하자 송전의 과부하로 인한 변압기 파손으로 전력 공급이 끊기는 재앙이 초래되었다.

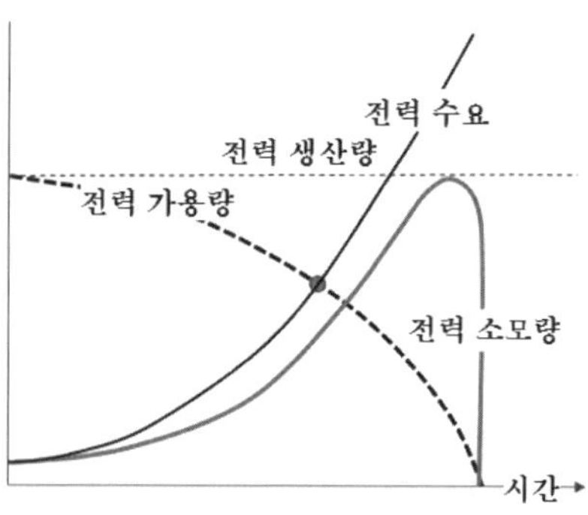

(단계 1) 문제의 정의

우선 '성장의 한계' 원형을 차용하여 '성장'의 강화루프를 구성하는 요소와 '한계'의 균형루프를 구성하는 요소를 파악하여 이들을 초기 변수로 삼는다. 이 예시의 경우 '성장'의 강화루프에 개입되는 요소는 무더위로 인한 '전력 수요'에 따른 '전력 소비'이며, '한계'의 균형루프에 개입되는 요소는 '전력 가용량'이다.

(단계 2) 피드백 형성

위에서 파악된 변수들을 활용하여 '자원취득활동'을 설명하는 '성장'의 강화루프는 우선 아래의 좌측 인과지도와 같이 '실패의 처방' 원형과 같은 구조로 작성될 수 있다. 그러나 이 경우 지배루프는 강화루프(R)이므로 구조를 단순화하여 '공유의 비극' 원형의 구조에 맞게 수정하면 우측 인과지도와 같다. 양측 인과지도는 사실상 같은 의미이다.

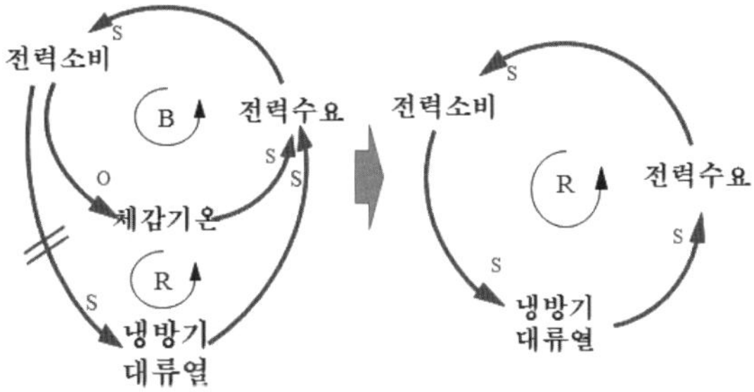

'자원취득한계'를 설명하는 '한계'의 균형루프는 '성장'의 강화루프와의 공유변수를 '전력소비'로 하여 한계변수인 '전력 가용량'을 반영하면 아래와 같이 인과지도가 구성될 수 있다. 이를 위 그림의 인과지도와 합치면 '성장'의 강화루프와 '한계'의 균형루프가 맞물린 '성장의 한계' 원형 구조와 같아진다. 다만 '성장의 한계' 원

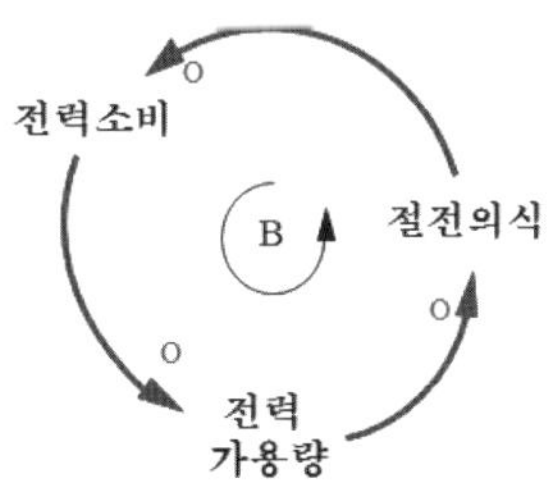

형과 달리 개인적으로 통제, 관리할 수 없는 자원 공유의 한계를 염두에 두어야 하므로 자신을 위한 전력사용뿐만 아니라 시스템 내에 존재하는 다른 주체들의 전력사용을 모두 합한 '전체 전력소비량'을

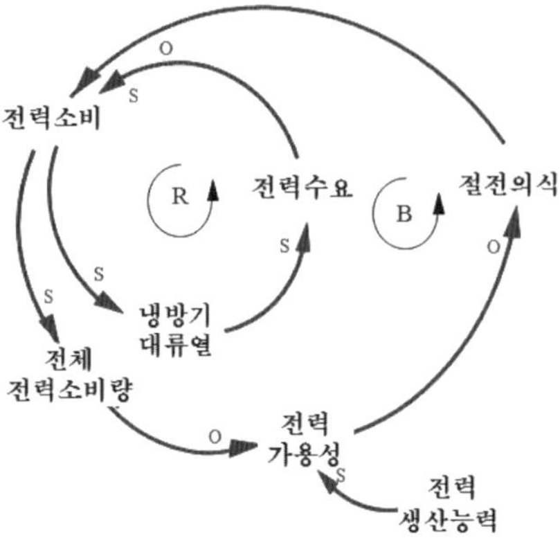

반영하고, 공동자원인 '전력'의 가용량은 부동의 한계상수인 '전력생산능력'을 '전체 전력소비량'으로 나누어 소비주체 당 '전력 가용성'으로 변수 명을 바꾼다. 아래 인과지도는 이상 논의한 바와 같이 전력이 공동자원임을 반영한 인과지도이다.

이어서 개별주체의 방관자적 전력소비 행태를 반영하고자 아래 인과지도의 점선으로 표시된 연결선을 추가하여 '전력수요'를 더욱 부추기는 '가속루프(R)'를 구성하고 개별주체(A, B 등)에 해당되는 변수에 소비주체를 반영하면 인과지도는 아래와 같이 인과지도가 완성된다.

(단계 3) 시간지연 반영

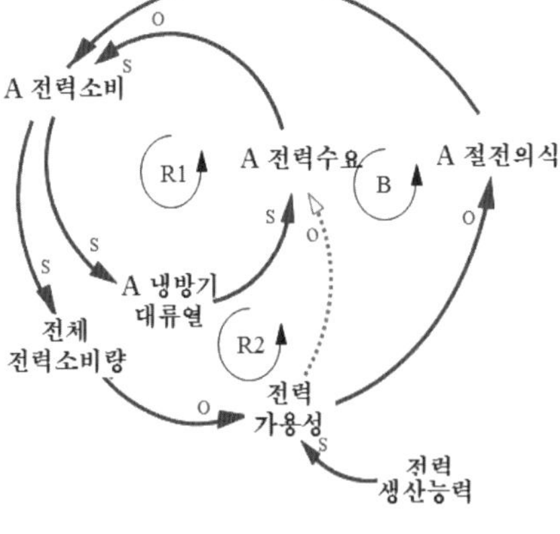

'가속루프(R_2)'와 한계루프(B)를 아우르는 연결선(전체 전력소비량→전력 가용성)에 시간지연을 표시한다. 끝으로 다른 소비주체의 인과지도를 거울 영상처럼 작성하면 이 예시의 인과지도는 아래와 같

이 최종 완성된다. 이 인과지도와 앞서 제시했던 BOT를 비교하면서 제대로 인과지도가 작성되었는지를 확인한다.

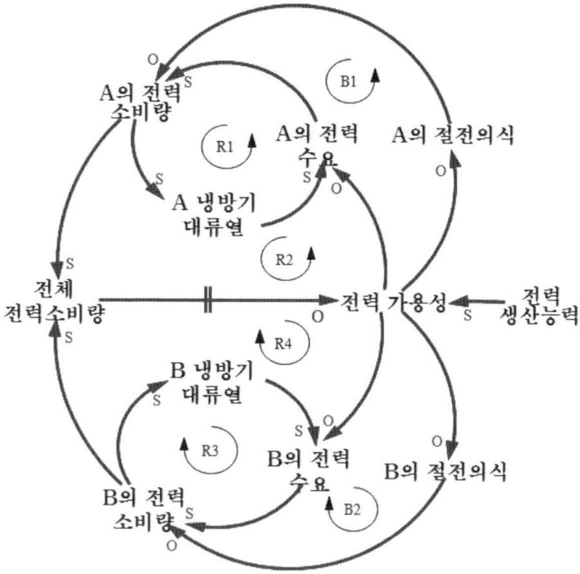

3. 구조관리 지침 및 시사점

어떤 시스템이 '공유의 비극'을 유발하는 구조를 내포하고 있는지부터 확인해야 한다. '공유의 비극'이 현실화되는 것은 시스템에 내재해있는 '붕괴의 동태성(dynamics of crash)'때문이다. '붕괴의 동태성'이란 공동자원이 자체 재생산 능력을 상실하고 파괴되는 과정을 말한다. 농약과 비료의 남발로 농지의 지력이 회복불능 상태에 이른다거나, 기업 재정이 고갈되어 일정 시점에 이르면 생존 자체가 위험한 상황에 직면하게 되는 경우도 이에 해당될 수 있다. '공유의 비극' 원형에서 '붕괴의 동태성'이 작동하는 이유는 '성장의 한계' 원형들이 연계되어 있는 구조가 공통의 제약조건이나 균형루프의 내재적 목표인 한계를 공유하고 있기 때문이다.

1) 구조관리 지침

공동자원 보호를 위한 집단적 합의가 이루어져도 내재해 있는 '붕괴의 동태성'은 언제라도 작동할 수 있다. 이를 방지할 수 있는 몇 가지 가이드라인을 제시하면 다음과 같다.

• 개별 주체의 강화루프가 작동하는 동기요인을 찾아라.

공동의 자원을 점유하여 무엇을 혹은 어떤 효율을 얻고자하는지 파악해봐야 한다. 이것이 공유의 비극을 관리하는 시발점이 된다.

• 자원 소비가 효용으로 전환되기까지의 시간지연을 파악하라.

효용이 빨리 나타날수록 그 자원은 빠르게 고갈될 뿐만 아니라 이를 저지할 수 있는 설득력을 찾기도 어렵다. 만약 문제의 자원이 이러한 특성을 가지고 있다면 강력한 규제가 개입되지 않으면 안 된다.

• '가속루프(accelerating loop)'를 차단할 수 있는 수단에 주목하라.

사람은 본능적으로 자신이 입은 손해를 만회하고자 한다. 특히 공동의 자원으로 이를 만회할 수 있다면 서슴없이 행동에 옮긴다. 이를 차단하려면 손해에 상응하는 다른 보상으로 채워주거나 강력한 규제수단을 동원하는 것이다. 효과적인 방법은 이들 강온수단이 적절히 배합된 정책 믹스(policy mix)를 구사하는 것이다.

• 정채개입 시점에 주목하라.

'성장의 한계' 원형과 마찬가지로 정책 개입 타이밍은 매우 중요하다. 너무 이르면 성장을 위축시키고 '과잉규제'라는 역풍을 맞을 수 있으며, 너무 늦으면 그 처방이 작동하지 않은 채 브레이크가 고장 난 기차처럼 비극의 나락으로 치닫게 된다. 적절한 개입 시점을 잡으려면 자원 고갈에 걸리는 시간을 추정하고 가용자원의 상태변화를 주시할 필요가 있다.

2) 교훈 및 시사점

지금까지 살펴 본 '공유의 비극' 원형을 통해 얻을 수 있는 교훈과 유념해야 할 사항을 정리하면 다음과 같다.

▶ '공유의 비극' 원형에서 얻는 교훈

- '개인은 무력하지만 집단은 강력할 수 있다.' 공동자원에 관한 한 개인은 이를 관리, 통제할 수 없지만 집단은 가능하다. 단 여기에는 공생공멸의 공감을 통한 합의가 전제된다.
- '방관자 효과를 경계해야 한다.' 한 사람의 방관자적 행동은 당장 문제를 유발하지 않지만 그 행동의 총합은 엄청난 문제를 야기할 수 있다.
- '공유자원은 방치하면 고갈 혹은 파괴된다.' 공동자원을 소비함에 있어 개인은 어떠한 책임감도 느끼지 못하며 소비를 억제해야 동기를 찾기도 어렵다. 따라서 계몽과 합의, 그리고 그에 근거한 강력한 규제가 수반되어야 한다.

★ 시스템 사고 금언:

- 부분 최적화는 전체 최적화의 희생을 요구한다.
  Local optimization demands the sacrifice of global optimization.

제2절 시스템 원형 계보

이 절에서는 11개 시스템 사고 원형을 종합 정리한다. 시스템 원형 간 어떠한 관련성을 가지고 있는지 그 계보를 통해 알아본 후, 각 원형의 구조와 핵심적 특성을 정리한다. 이 계보는 각종 현상 이면의 작동구조를 개념화하여 문제의 진단과 해결 모색, 그리고 정책수단 설계에 유용한 참고가 될 것이다.

진리는 도전 받을수록 진리에 다가간다. 이것이 진리의 힘이다.
- 갈릴레오 갈릴레이(1564-1642)

1. 시스템 원형의 두 가지 유형

지금까지 논의되었던 시스템 사고의 원형들은 해당 시스템의 지향점에 따라 안정지향성, 성장지향성 원형으로 구분된다.

- **안정지향성**: 이 유형은 안정지향적인 '균형루프'를 근간으로 하며 다음의 다섯 가지 원형이 해당된다.
  - 처방과 중독(제4장): '처방의 실패', '중독의 함정'
  - 균형과 표류(제5장): '최적화의 딜레마', '목표의 표류'
  - 경쟁과 승자(제7장): '경쟁의 양동효과'

- **성장지향성**: 이 유형은 가기증식적인 '강화루프'를 근간으로 하며 다음의 여섯 가지 원형이 해당된다.
  - 한계와 극복(제6장): '성장의 한계', '성장과 투자'
  - 경쟁과 승자(제7장): '부익부 빈익빈'

- 선택과 악연(제8장): '선택의 문제', '우발적 악연'
- 선택과 악연(제9장): '공유의 비극'

시스템 원형들이 서로 어떤 관련성을 가지고 있는지 한눈에 알 수 있도록 계통도를 제시하면 아래와 같다.[41] 이 계보의 출발점은 시스템 목표가 문제 증상의 해결책을 찾고자 하는 것인지 성장의 돌파구를 찾으려는 것인지에 따라 달라진다. 전자라면 '균형루프'로 출발하여 계보의 좌측 경로를, 후자라면 '강화루프'로 출발하여 우측 경로를 따라가면 된다.

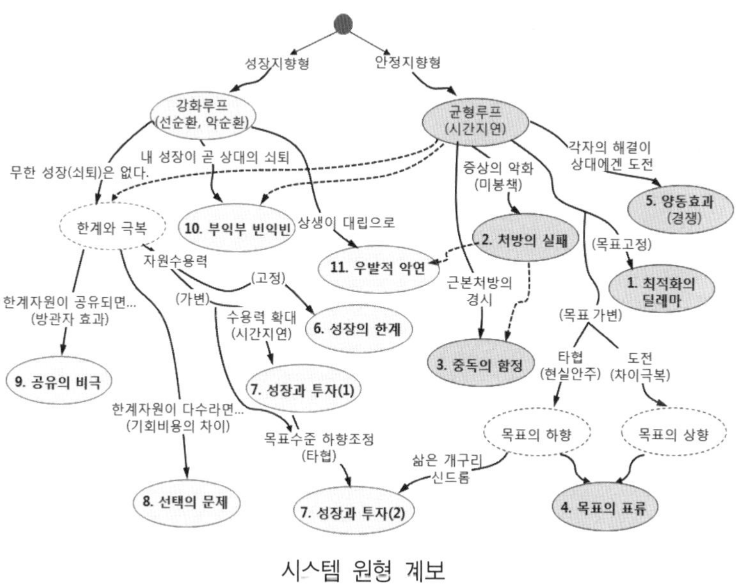

시스템 원형 계보

41) 시스템 원형 계보는 아래 문헌에 수록된 내용을 일부 수정하여 재작성한 것임. 출처: Kim, Daniel H. (1993). Systems Archetypes: Diagnosing Systemic Issues and Designing High Leverage Interventions. Cambridge, Mass: Pegasus Communications.

1) 안정지향성 시스템 원형 경로

문제의 증상과 처방 사이에서 형성되는 원시적 균형루프(↑B)가 이 경로의 출발점이다. '균형루프'와 관련하여 항상 세 가지를 유념해야 한다. 첫째, 일정 수준에 수렴하는 안정 지향적인 특성을 가지고 있다. 따라서 수렴목표가 없는 균형루프는 없다. 둘째, 목표 수렴과정에는 반드시 시간지연이 개입된다. 물론 무시할 정도의 짧은 시간도 있을 수 있다. 셋째, 모든 시스템에는 균형루프가 반드시 한 개 이상 존재한다. 우리의 사고모델은 균형루프의 이러한 특성에 따라 다음 세 가지 경우로 확대된다.

(1) 처방이 문제로 되돌아오는 경우

처방이 일시적으로 문제증상을 완화하지만 다시 원상으로 되돌아오거나 오히려 악화되는 경우가 있다. 처방과 증상이 반복되는 수평적 파동(Oscillation)을 보인다면 '1. 최적화의 딜레마(Optimization Dilemma)' 원형으로 그 원인을 찾고 파동의 진폭을 낮추는 쪽으로 해결책을 모색한다. 처방이 증상을 오히려 악화시키는 부작용이 발생한다면 '2. 처방의 실패(Fixes That Fail)' 원형으로 구조를 확대한다. 그 처방이 대증처방이었다면 근본처방을 반영한 '3. 중독의 함정(Shifting the Burden)' 원형으로 사고모델을 확장할 수 있다.

(2) 목표수준을 조정하게 되는 경우

처방의 효과가 당초의 목표에 못 미치면 그로 인한 심리적 압박으로 인해 자신도 모르게 목표를 낮추고 그에 만족하려는 '삶은 개구리 증후군' 현상이 나타나거나 처방의 효과가 소기의 목표 달성을 이루어 더욱 목표를 올리고 그에 도전하는 경우는 '4. 목표의 표류(Drifting Goals)' 원형을 참고한다. 목표를 상향 조정하고 그에 도전하는 경우는 의도적인 것이므로 별 문제가 없으나, 자신도 모르게 목표를 낮추면서 거기에 안주하고 있지는 않은지 경각심을 일으키고자 할 때 이 원형은 특히 유용하다.

(3) 내 처방이 남의 처방과 긴밀히 연관되어 있는 경우

나의 처방이 타인의 처방이 긴밀하게 연관되어 있어 경쟁을 유발하고 결국 제로섬 게임의 늪에 빠지는 경우, '5. 경쟁의 양동효과(Escalation)' 원형을 준용한다. 다만 이 구조에서 유념할 것은 처방에 쓰이는 자원이 제로섬 자원이며, 개별 경쟁자의 인과구조는 균형루프로 안정적이지만 전체로는 하나의 강화루프를 형성한다는 점이다.

2) 성장지향성 시스템 원형 경로

성과와 추진동력 사이에 형성되는 원시적 강화루프((R))가 이 경로의 출발점이다. '강화루프'와 관련하여 항상 세 가지를 유념해야 한다. 첫째, 성과와 추진동력은 서로 자기증식적인 특성을 가지고 있다. 둘째, 선순환의 경우라도 관리 측면에서는 매우 불안정한 시스템이다. 셋째, 강화루프만으로 구성된 시스템은 이론적으론 가능하지만 현실에는 존재하지 않는다. 시스템의 자기제어적 특성 상 반드시 하나 이상의 균형루프가 포함되어 있다. 우리의 사고모델은 강화루프의 이러한 특성에 따라 다음 세 가지 경우로 확대된다.

(1) 성장이 한계증상을 나타내는 경우

성장은 자원 소비를 전제로 하므로 반드시 한계증상이 나타난다. 이런 경우는 한계의 균형루프가 반영된 '6. 성장의 한계(Limits to Growth)' 원형으로 설명될 수 있다. 나아가 이 원형은 다음과 같은 네 가지 경우를 상정하여 확장될 수 있다.

첫째, 성장의 강화루프와 한계의 균형루프로 구성되는 '6. 성장의 한계(Limits to Growth)' 원형은 성장의 제약요인(시스템 수용능력)을 '부동의 한계상수'로 설정하고 있지만, 생산설비와 같이 투자를 통해서 이를 확장할 수 있는 경우도 무수히 많다. 이럴 경우에는 '7. 성장과 투자(Growth and Investment)' 원형을 활용해서 사고모델을 확장한다.

둘째, 투자를 통해 성장의 제약요인(시스템 수용능력)을 확장하는 경우라도 그 적정수준은 존재한다. 통상 제품이나 서비스의 품질수준, 생산능력의 희망수준 등이 투자의 적정수준을 결정한다. 따라서 이러한 목표수준이 고정된 경우와 가변적인 경우를 상정할 수 있다. 전자의 경우는 '6. 성장의 한계(Limits to Growth)' 원형에 투자를 통해 목표수준까지 수렴하는 '7-1. 성장과 투자(Growth and Investment with Fixed Goals)' 원형을 참조모델로 한다. 한편 후자의 경우는 '7-1. 성장과 투자(Growth and Investment with Fixed Goals)'에 '4. 목표의 표류'가 추가된 '7-2. 성장과 투자(Growth and Investment with Drifting Goals)' 원형으로 확장한다. 이 경우 설정된 목표수준까지 시스템 수용능력을 확장하는 균형루프는 의미상 '극복루프'이며, 투자 효과를 감안하여 목표수준을 낮추는 균형루프는 '타협루프'에 해당된다.

셋째, '6. 성장의 한계(Limits to Growth)' 원형에서는 성장을 제한하는 제약(한계)요인을 하나로 설정하고 있는 반면 현실세계에서는 다수의 제약요인이 복합적으로 작용할 수 있다. 관리 측면에서 볼 때 모든 제약요인을 일거에 완화할 수 없다면 어디에 자원을 우선 집중해야 하는지 대한 선택의 문제가 제기된다. 이런 상황을 반영한 것이 바로 '8. 선택의 문제(Attractiveness Principle)' 원형이다.

넷째, 시스템에 존재하는 여러 주체가 성장에 필요한 공동의 한계자원을 가지고 있을 때, '방관자 효과'의 심리작용으로 각 주체는 자신의 성장을 위한 자원 소비에 주력하게 된다. 이럴 경우 그 공유자원은 고갈, 파괴되어 모든 주체의 비극 내지는 파국으로 이어지는 결과에 직면하게 된다. 이러한 상황을 반영한 것이 바로 '9. 공유의 비극' 원형인데, 이는 자원의 공유로 유발되는 파국의 원인과 대책을 모색하는데 유용한 참조모델이 될 수 있다.

(2) 한 쪽의 성장이 다른 쪽의 쇠퇴를 의미하는 경우

한 쪽의 성장이 다른 쪽의 쇠퇴를 초래하는 상황은 문제해결형에서 보았던 경쟁의 '양동효과'로 설명될 수 있다. 그러나 양동효과는 기본적으로 개별적으로는 안정적 구조이며, 상대와의 비교우위에 따라 자원 투입 등 노력의 강도가 자의로 결정된다. 그러나 자원의 배분이 타의에 의해 이루어지면서 '부익부 빈익빈'의 상황이 발생하는 경우도 있다. 두 경우 모두 성장을 위한 자원이 공유되어 있고 그 자원은 제로섬 자원이란 점에서는 같다. 그러나 '부익부 빈익빈'의 상황은 승자에게 자원이 그 만큼 더 귀속될 경우 발생한다. 이러한 '승자승' 상황을 반영한 것이 '10. 부익부 빈익빈' 원형이다. 물론 이와는 반대로 한쪽의 쇠퇴(부실)가 다른 한쪽의 성장을 저해하는 '부익빈 빈익부'의 상황도 상정할 수 있다.

(3) 상생의 협력관계가 상극의 대립으로 변질되는 경우

상생의 협력관계가 개별 주체의 이득을 위한 행동으로 인해 상극의 대립관계로 변질되는 경우 '11. 우발적 악연(Accidental Adversary)' 원형으로 그 원인과 대책을 모색할 수 있다. 이 원형은 시스템 전체로 보면 지속성장의 선순환 강화루프의 구조로 이루어져 있으나 개별 주체들이 자신의 이득을 위해 취한 단기적 처방이 결국 서로의 성장을 방해하는 부작용으로 나타나는 특성을 가지고 있다. 따라서 이 원형은 지속성장의 선순환 강화루프에 '2. 처방의 실패(Fixes That Fail)' 원형이 추가된 구조를 가지고 있다.

2. 시스템 원형별 구조와 특성

앞서 시스템 사고 원형의 계보에서는 시스템 원형 간 상호 관련성을 설명하였다. 이제 각 시스템 원형별 구조와 특성을 살펴봄으로써 지금까지 제시된 시스템 사고 원형에 관한 논의를 마치고자 한다.[42]

1) 성장지향성 원형의 구조와 특성

성장지향성 원형들은 자신의 행태를 더욱 강화하는 양(+)의 피드백 루프가 구조의 근간을 이루고 있다.

(1) 강화루프(Reinforcing Loop)

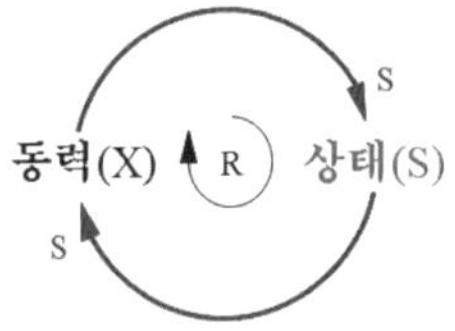

강화루프(Ⓡ)는 균형루프(Ⓑ)와 함께 시스템을 형성하는 최소 단위구조이다. 그 행태는 비탈을 구르면서 스스로 몸집을 더욱 키워가는 눈덩이나 일단 녹기 시작하면 점점 더 빨리 녹아내리는 얼음과 같은 자기증식적 특성을 보인다. 이러한 강화루프를 관리하려면 다음 두 가지 사항을 고려해야 한다. 첫째, 악순환의 경우 그 작용을 제어할 수 있는 정책개입이 필요하다.

42) 'Project Management Road Trip' Web Site(http://www.pmroadtrip.com/art09004c.html)에 수록된 내용을 일부 참고하였음.

둘째, 선순환의 경우도 시간이 경과하면서 힘을 키워가는 한계의 균형루프가 한계증상으로 작용하기 이전에 대처방안을 마련하고 적절한 개입시점을 찾아야 한다.

(2) 성장의 한계(Limits to Growth)

이 원형은 모든 성장지향성 원형의 근간이 된다. 이 원형의 패턴은 초반 지수성장을 보이다 시간이 경과하면서 그 성장률이 둔화되고 결국 성장을 멈추는 'S'형 행태를 나타낸다. 따라서 이 원형을 관리함에 있어서는 첫째, 성장과정에서 미리 잠재적 한계요인을 파악하고 그에 대비하는 지혜가 필요하며, 둘째로는 한계증상이 나타나게 되면 이를 초래한 요인을 제거하거나 완화하는 노력에는 시간지연이 수반되므로 정책 개입의 시점을 놓치지 않도록 유의해야 한다. 또한 성장에 필요한 자원을 다변화함으로써 정체의 위기를 분산시킬 필요가 있다.

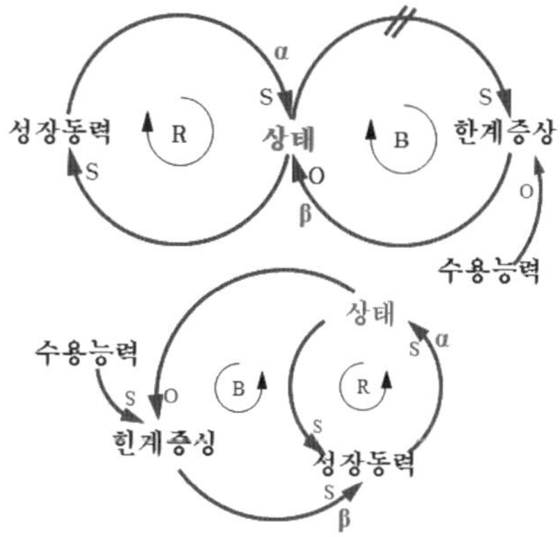

(3) 성장과 투자(Growth and Investment)

이 원형은 '성장의 한계' 원형의 확장판이다. '성장의 한계' 원형에다 투자를 통해 성장의 제한요인을 완화하는 균형루프(B_2)가 추가된 것이다. 편의상 이 루프를 '극복루프'라 할 때, '성장과 투자'의 구조는 '성장루프'와 '한계루프', 그리고 한계를 완화하는 '극복루프' 등 세 개의 루프로 구성된다. 또한 이 원형은 목표의 가변성 여부에 따라 더

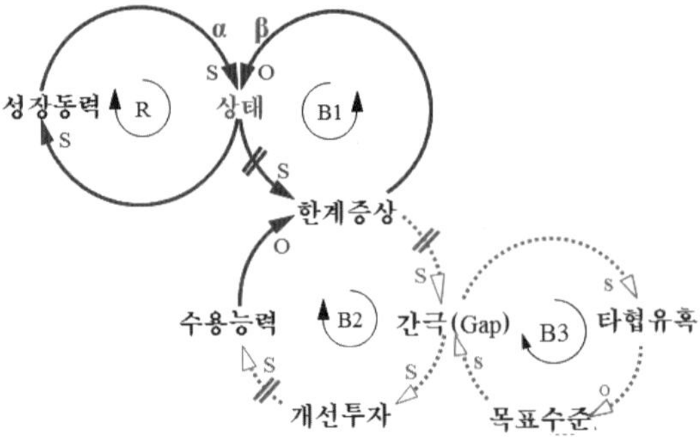

확장, 변형될 수 있다. 목표가 상황에 따라 변동된다면 '목표의 표류' 원형을 적용한 또 다른 균형루프인 '타협루프'가 추가된다. 이 원형을 관리할 때 유의할 점은 성장의 그 이면에 잠재해있는 성장의 한계, 특히 성장 수용여력의 한계를 염두에 두고 그 대비책을 마련해야 한다. 이런 한계요인은 비단 수용여력을 의미하는 물리적 자원의 한계뿐만 아니라, 매출 증가 등 외형적 성장을 따라가지 못하는 조직문화, 관리체계 등 내면적 요인들도 포함된다. 또 한 가지 유념할 점은 지금까지 성과를 이루어냈던 처방은 비록 참고는 될 수 있어도 이를 신봉해서는 안 된다는 것이다. 현재까지 성장을 견인한 요인들과 새로운 환경에서의 변화요인들은 많이 다를 수 있기 때문이다.

(4) 선태의 문제(Attractiveness Principle)

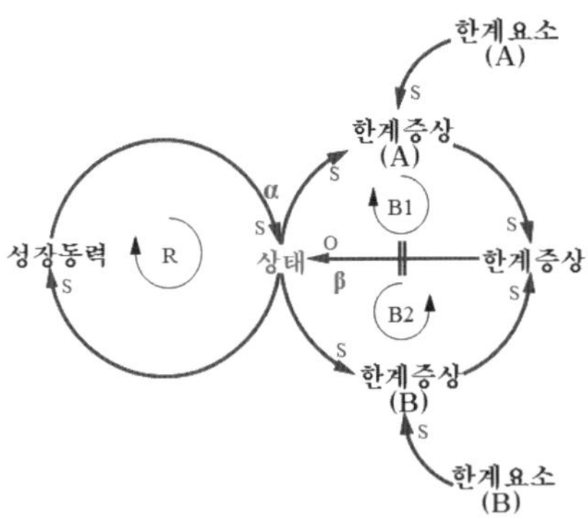

이 원형은 성장을 제한 또는 지연시키는 복수의 요인들을 반영하고 있다는 것 외에는 기본적으로 '성장의 한계' 원형과 다르지 않다. 이 원형의 핵심은 성장을 억제 혹은 제한하는 균형루프에 복수의 한계요소가 개

입되어 있을 때, 자원을 투입하여 우선 먼저 제거 또는 완화해야 하는 대상이 어느 것인가 하는 것이다. 이에 대한 의사결정에 따라 기회비용은 달라질 수 있기 때문이다. 이 원형의 관리 포인트는 한계요인들의 특성에 따라 해결책도 다양할 수 있다는 점이다. 예컨대 인력 재배치나 교육 및 훈련, 인센티브 제도의 도입, 비전과 목표의 공유 등 다양한 수단을 모색해 볼 수 있다. 또한 한계요인들이 상쇄관계만 있는 것이 아니라 보완적 합의 관계, 복합적 곱의 관계에 놓여있을 수도 있다. 이러한 관계적 특성을 살펴보면 레버리지를 식별해낼 수 있다. 한계요인들은 시차를 두고 작동하는 경우가 많으므로 선택의 우선순위는 반드시 시간지연을 고려해야 한다. 선택된 정책은 한계요인이 작동하기 이전에 혹은 한계의 조짐이 나타나는 초기에 시행되어야 한다.

(5) 공유의 비극(Tragedy of the Commons)

제로섬 자원의 소비주체 간 '선점 원리(first-come, first-served basis)'가 적용되면 '방관자 효과'의 심리가 작용하게 되는데 이를 차단할 장치가 없을 때 '공유의 비극'은 발생한다. 이 원형은 기본적으로 시스템 내의 개별 주체가 모두 똑같은 '성장의 한계(Limits to Success)' 구조를 갖지만 모든 주체가 갖은 구조를 갖기 때

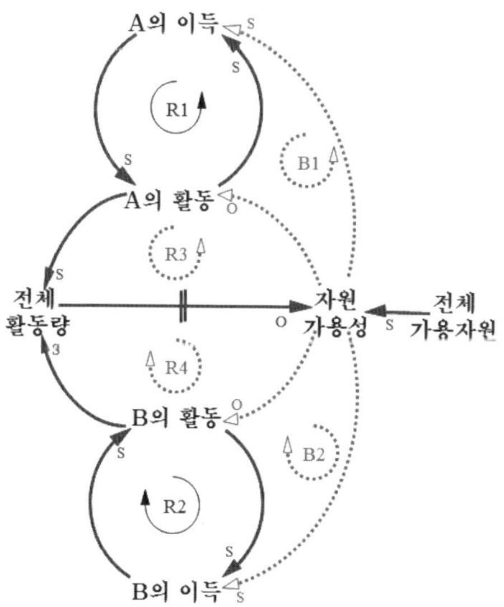

문에 시스템 전체로는 비극적 상황을 맞게 된다. 자원이 풍부할 때는 문제가 없어 보이지만, 주체 간 선점의 원리가 지속적으로 작동하여 자원의 고갈 현상이 나타나기 시작하면 "All for One and None for All"와 같이 아무도 승자가 되지 못하는 공멸의 비극에 이른다. 이 원형을 관리하려면 무엇보다도 자원획득 손실을 만회하려는 '가속 루프(R_3, R_4)'를 억제할 수단을 찾아야 한다. 그 방법은 손해를 그에 상응하는 다른 보상으로 채워주거나 강력한 규제수단을 동원하는 것이다. 이들 강온수단을 적절히 배합한 정책 믹스(policy mix)를 구사하는 것이 효과적이다.

(6) 부익부 빈익빈(Success to the Successful)

이 원형은 자원을 서로 공유하는 성장의 '강화루프'가 서로 맞물린 구조로 한 쪽이 성장을 향해 질주하는 선순환의 행태를 보이는 반면 성장의 자원과 기회를 빼앗긴 다른 한 쪽은 쇠퇴를 향해 추락하는 악순환의 행태를 보인다. 이 원형은 개별 주체가 성장을 위해 서로 공유하는 자원이 제로섬 자원이고 그 자원배분이 성과에 기초하여 이루어질 때 나타나는 현상을 설명하고 있다. 경쟁의 '양동효과'가 자원을 서로 경쟁적으로 빼앗는 상황이라면 이 원형은 '자기실현적 예언'의 심리적 요인으로 인해 한쪽으로 자원이 계속 집중된다. 이 원형을 관리하는 가장 이상적인 전략은 무엇보다도 공유 자원을 확대하는 것이다. 그러나 이것이 여의치 않다면 단기성과에만 집착하지 않고 거시적 차원에서 전략목표 달성을 위한 객관적이고 공정한 자원배분 정책이 확립되어야 한다.

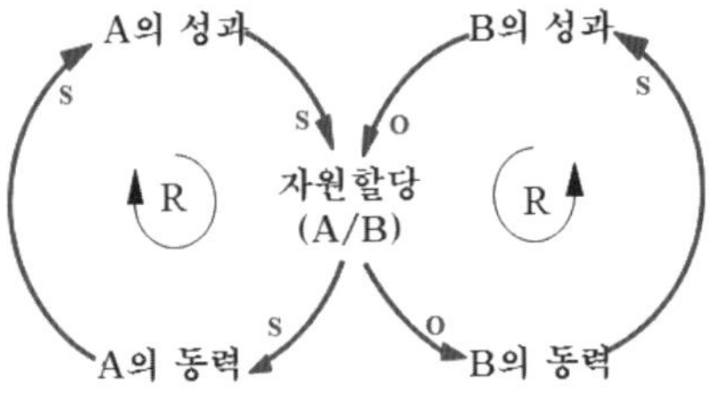

(7) 우발적 악연(Accidental Adversary)

이 원형은 시스템 전체로 볼 때 공동의 이득을 위해 두 개의 성장루프가 상호 의존적 혹은 보완적으로 작용하는 선순환 구조를 가지고 있다. 그러나 각 루프는 자신의 존립과 성장을 위한 활동을 하게 되고 상대방의 성장과 이득을 저해하는 우발적인 악영향을 끼치게 된다. 그로 인해 시스템의 상생적 선순환이 상극적 악순환으로 변질된다. 이러한 우발적 악순환이 발생되는 것을 차단하기 위해서는 자신의 행동으로 인해 상대가 입는 피해가 결국 자신에게 돌아오게 된다는 점을 유념하여 자신의 성장을 위한 행동이 상대방에게 피해를 주지 않는 대안적 수단을 강구해야 한다.

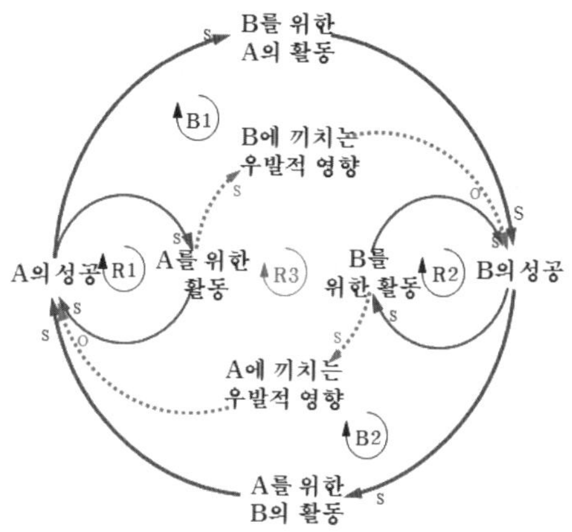

2) 안정지향성 원형의 구조와 특성

안정지향성 원형들은 문제의 증상을 완화하면서 목표수준에 수렴하는 행태를 보이는 음(-)의 피드백 루프가 구조의 근간을 이룬다.

(1) 균형루프(Reinforcing Loop)

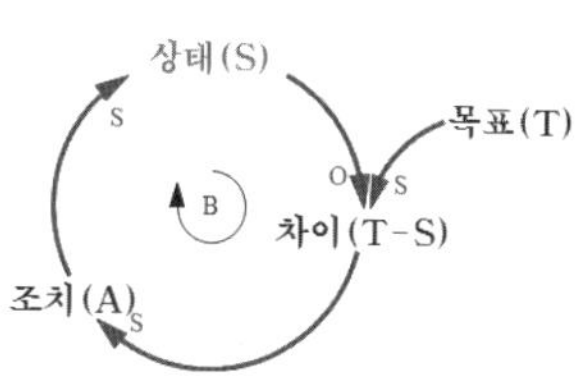

균형루프(B)는 강화루프(R)와 함께 시스템을 형성하는 최소 단위구조이다. 그 행태는 저울의 움직임처럼 일정한 균형점(수준)에 이르고자 한다. 균형에 이르기까지 시간이 소요되며 지향하는 목표수준이 설정된다. 또 한 가지 반드시 염두에 두어야 하는 것은 이러한 균형루프가 없는 시스템은 세상에 존재하지 않는다는 점이다.

(2) 최적화의 딜레마(Optimization Dilemma)

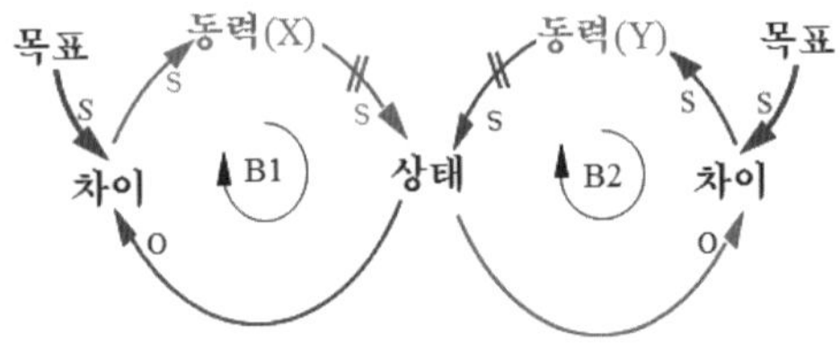

그러나 균형루프가 항상 일정한 목표수준에 수렴하는 것은 아니다. 시간지연이 개입된 균형루프가 맞물려 있고 그 힘이 대등한 경우 목표수준을 중심으로 등락을 거듭하는 파동(oscillation)을 지속하게 된다. 예컨대 식품 등 주요 소비재 가격변동 시스템에는 공급과 가격, 수요와 가격 등 두개의 균형루프가 존재한다. 그러나 수요와 공급에 지연이 개입되기 때문에 가격은 적정수준을 중심으로 과도한 상승과 하락이 반복되어 나타난다. 이러한 균형루프는 목표수준에 수렴하려는 특성을 가지므로 그에 개입되는 시간지연을 줄이면 등락의 진폭을 좁힐 수 있다.

(3) 처방의 실패(Fixes That Fail)

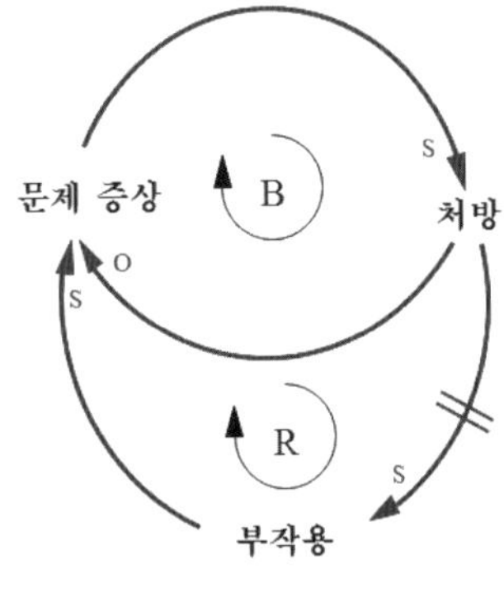

이 원형은 두 개의 피드백 루프로 구성된다. 첫 번째 루프는 문제의 징후와 그에 대한 신속한 처방을 포함하는 균형루프이다. 이 균형루프는 우리가 어떻게 문제를 시급히 해결해야 하는가를 설명한다. 두 번째 루프는 증상을 완화하고자 취한 처방이 일정 시간 후 부작용으로 되돌아오는 강화루프이다. 처방으로 유발되는 부작용은 의도치 않은 결과이지만 설혹 예상했더라도 시간 위에서 서서히 체감할 수 없을 정도로 점진적으로 증대되기 때문에 그 부작용이 한꺼번에 나타나기 전까지는 수차례 동일한 단기 처방을 사용하며 "죽음의 회전문(The Death Spiral)"에서 벗어나지 못한다. 이 원형의 관리 포인트는 문제의 징후 그 자체를 원인으로 착각하는 오류를 범하지 말아야 한다는 점이다. 예컨대 수입이 줄어든다면 그것은 증상이지 원인이 아니다. 원인은 수입을 줄게 한 그 무엇이다. 증상 이면의 원인을 정확히 파악하면 대증처방의 유혹에서 벗어날 수 있다. 또 한 가지 염두에 두어야 할 것은 얻는 것이 있으면 반드시 그로 인해 잃는 것도 있다는 점이다. 자신이 취한 처방(해결책)이 초래할 예상치 않은 결과를 상정해서 사고를 분기해야 한다.

(4) 중독의 함정(Pitfalls of Addiction)

일명 '짐 떠넘기기(Shifting the Burden)'라고도 하는 이 원형은 '실패의 처방(Fixes That Fail)' 원형의 확장판이다. 대증처방만을 반영한 '실패의 처방'과는 달리 근본처방까지 반영한 것이기 때문이다. 이 원형은 대증처방이 실행될 때 문제의 징후가 일시 완화되거나 사라지기 때문에, 근본적 해결을 위한 노력은 도외시 하거나 이로 인해 근본해결 능력이 잠식되는 결과를 가져오는 상황을 설명하고 있다. 대증처방으로 문제가 해결되는 듯 보이지만

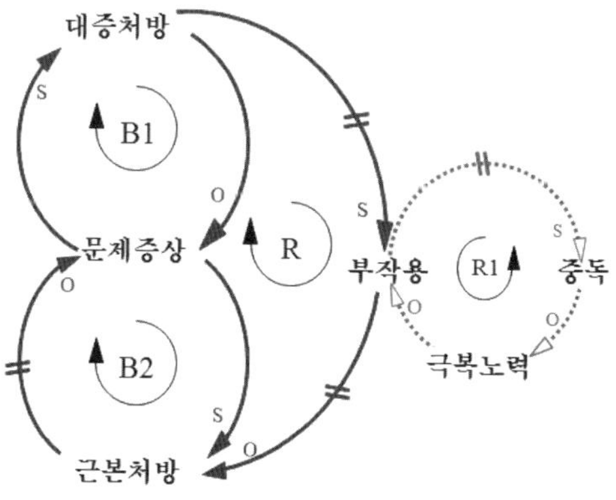

시간이 경과함에 따라 문제의 징후는 심화되고, 다시금 대증처방이 시행되는 '8'자 모양의 악순환이 반복된다. 대증처방의 중독성을 강조하기 위해 점선으로 타나낸 강화루프(R_1)처럼 이 원형을 좀 더 확대할 수도 있다. 대증처방의 중독성을 감안할 때, 중독의 균형루프(B_1)에 빠지지 않도록 하는 제어장치가 필요하며 근본처방의 효과는 시간을 요하므로 이를 촉진하는 방안도 구조에 추가할 수 있을 것이다. 다만 '작전상 후퇴'처럼 대증처방도 때론 유효할 수 있으므로 근본처방만이 항상 올바른 해결책이라고 단정하는 것은 옳지 않다.

(5) 목표의 표류(Drifting Goals)

이 원형은 시스템을 형성하는 최소 단위구조 중 하나인 균형루프의 확장판이다. 균형루프는 목표(수준)가 고정되어 있지만 이 원형에서는 목표도 조정이 가능할 수 있음을 상정한 것이다. 이 원형을 '목표의 후퇴(Eroding Goals)'라고도 하는데 그 이유는 목표의 상향 조정은 의식적으로 이루어지는 것인 반면 현실과 타협하려는 하향 조정은 무의식적인 심리작용이기 때문이다. 위쪽 균형루프(B_2)는 목표를 완화하여 간극을 줄이려는 '타협루프'인 반면, 아래쪽 균형루프(B_1)는 노력을 통해 현실과 목표 사이의 간극을 줄이려는 '의지루프'

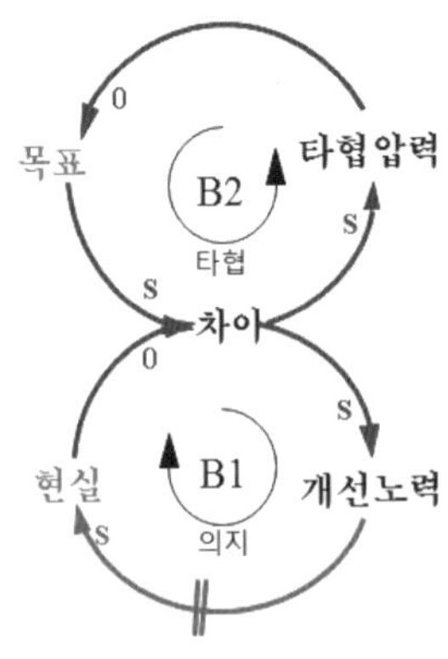

이다. 타협루프는 손쉬운 대증처방에 해당되며, '의지루프'는 근본처방에 해당된다는 면에서 '짐 떠넘기기(중족의 함정)' 원형과 닮아 있다. 그러나 '짐 떠넘기기' 원형과 달리 이 원형은 현실 '타협'과 '극복' 중 어느 것이 지배루프로 작용하는가에 따라 그 행태는 다양한 모습을 보인다. 이 원형의 핵심 관리 포인트는 자신도 모르게 낮아지는 목표를 경계해야 한다는 점이다. 이를 위해서는 경쟁자의 목표나 초기 목표와 비교하는 구조를 추가하고 목표가 후퇴하는 원인과 다른 목표와의 관련성을 파악하여 현실과의 간극을 줄일 수 있는 구조를 반영하는 것도 고려해 볼 수 있다.

(6) 경쟁의 양동효과(Escalation)

이 원형은 두 개의 '균형루프'가 서로 맞물린 구조로서 개별 루프만을 떼어놓고 보면 안정적이다. 그러나 시스템 전체를 보면 상대방

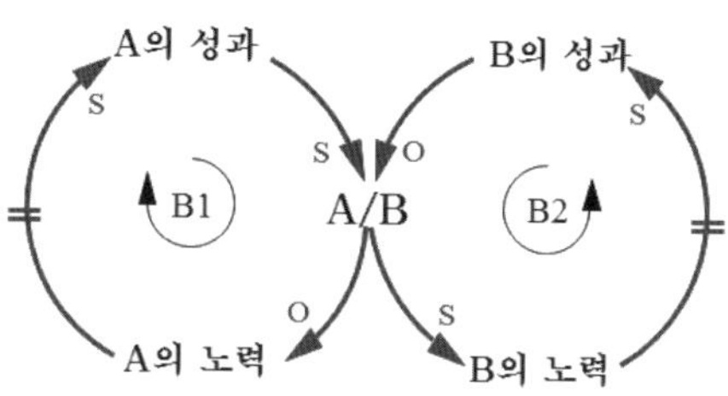

성과와 비교하여 자신의 노력 강도가 결정되는 이 구조는 서로의 경쟁심리가 강화되어 양측 모두의 성과가 증폭되는 결과를 가져오는 단일의 강화구조이다. 이것이 바로 양동효과를 유발하는 원인이다. 이러한 순환작용이 반복되면 끊임없는 경쟁의 상승작용이 유발되어 결국 탈진하는 상황을 낳게 된다. 시스템 구조상 매우 유사한 '목표의 후퇴'가 현실타협에 의한 우 하향 현상을 보이는 반면 경쟁의 '양동효과'는 우 상향의 행태를 보인다. '목표의 후퇴'에서 목표는 개별적 목표이며 뚜렷한 상대가 없지만, '양동효과'에서의 목표는 상대적 목표이며 제로섬 게임의 상대가 존재하기 때문에 전체의 시스템의 행태는 비합리적, 비이성적 행태로 돌변한다. 이 원형의 핵심 관리 포인트는 경쟁자원을 하나가 아닌 여러 자원으로 분산시키거나, 소모적이며 대립적 경쟁을 생산적이며 협력적 경쟁으로 바꿀 수 있는 지렛대를 찾는 것이다.

생각해봅시다.

1. 아래의 예시는 근해어업 종사자들의 현실을 간략히 묘사한 것이다. '공유의 비극' 원형에 기초하여 인과지도의 각 빈칸을 변수로 채우고 그에 상응하는 BOT를 작성한 후 이 문제의 해결방안을 제시해보시오.

지금까지 어부들은 열심히 일한 만큼 더 많은 물고기를 잡아왔다. 하지만 어족자원이 고갈되면서 조업 상황은 점차 악화되기 시작했다. 아무리 애를 써도 수확량은 줄어들었고 생산성은 더욱 더 떨어졌다. 이를 보완하기 위해 어떤 어부들은 더 좋은 보트, 그물, 물고기를 찾는 최신장비에 투자하여 더 멀리 나가, 더 오랜 기간 동안 고기를 잡으려고 노력했다. 하지만 결과적으로 단기적인 효과만 얻었을 뿐 어족자원은 더욱 고갈되어 결국 모두가 파산하는 상황에 이르렀다.

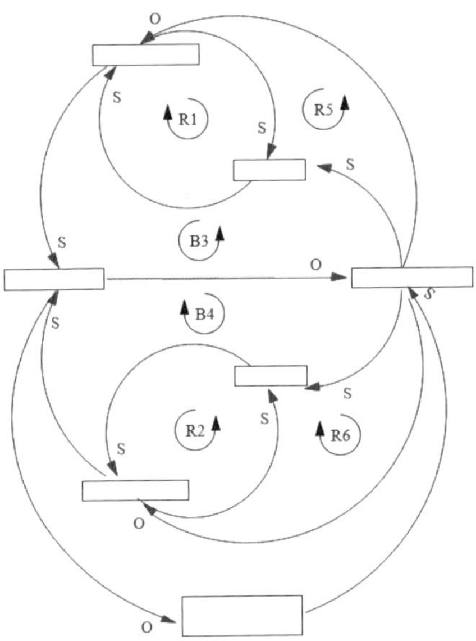

2. '공유의 비극' 원형에 부합되는 사례를 찾아 인과지도를 만들고 문제 해결의 대안을 토론해봅시다.

| 제10장 |

정책의 발견

정책은 정치를 못 이긴다.

'전략은 정책을 못 이기고, 정책은 정치를 못 이긴다.'는 말이 있다. 조직의 부실은 현장인원(line)보다 관리인원(staff)의 증가율이 높을 때 시작된다. 직접비용보다 간접비용이 더 빠르게 증가한다면 그 조직은 망한다. 이런 상황을 경고한 것이 파킨슨(Parkinson)의 제1법칙이다. 특히 국가예산으로 운영되는 공조직의 경우는 여기에 하나가 더 붙는다. 다음 해 더 많은 예산을 배정받으려면 금년도 예산을 모두 다 집행해야 한다. 이것이 파킨슨의 제2법칙(Spend it or Lose it)이다.

배정받은 예산을 소진하지 못한 부서는 제대로 일하지 않았거나 불필요한 예산을 요구한 부서로 인식되어 다음 회계연도에 예산을 삭감 당한다. 반면에 예산을 적절히 낭비한 부서는 다음 회계연도에 더 많은 예산과 인원을 할당받을 수 있는 유리한 위치에 서게 된다. 이러한 연유로 회계연도 말 지출(last-minute spending)이 급증하는 '학생증후군(Student Syndrome)' 현상이 나타나고 부처 팽창주의와 예산확장주의가 만연된다. 국민의 세금을 낭비하더라도 더 많은 예산과 더 많은 인력을 확보하여 부처 제국주의를 이룩하는 비효율적 관료가 승진한다. 이건 정책이 아니다. '딜버트 법칙(Dilbert's law)'이 효과를 발휘하는 정치이다. 정책이 정치를 이길 수 없는 이유는 이것으로도 설명된다.

제1절 정책수단 설계와 적용 예시

이 절에서는 시스템 사고의 관점에서 정책수단을 도출할 때 유념해야 할 사항을 정책개입지점, 정책개입시점, 정책지렛대의 활용 등 세 가지로 집약해서 논의한 후, 기술과 사회의 공진화 사례를 통해서 어떻게 정책수단이 개발, 적용될 수 있는지 알아본다.

나에게 지렛목을 준다면 지구를 들어 올리겠다.
- 아르키메데스(그리스 과학자, B.C. 287-B,C. 212)

1. 세 가지 착안점

정책수단 개발 시에는 다음 세 가지에 착안해야 한다. 첫째, 시스템 개선을 위한 정책개입지점을 파악하는 것이다. 이때 쓰이는 최적의 정책수단을 '정책지렛대(policy leverage)'라고 부른다. 둘째, 정책개입시점을 선정하는 것이다. 이는 정책시행의 타이밍을 말한다. 셋째, 정책지렛대의 효과를 극대화할 수 있는 방법을 찾는 것이다.

1) 정책개입지점

'정책개입지점(Policy Intervention Point)'이란 대상 시스템에서의 개입 지점을 말하는데, 이때 활용되는 최적의 수단인 '정책지렛대(Policy Leverage)'는 시스템의 행태를 결정짓는 '지배루프'에 초점을 두고 다음과 같은 세 가지 근거에 준하여 선정된다.

• 병목(bottleneck)이 있다면 그것은 어디에 존재하는가?
• 지배루프가 강화루프라면 임계점에 이르게 하는 요소는 무엇인가?
• 시간지연이 있다면 어떤 인과관계 사이에 존재하는가?

(1) 병목지점

병목(bottleneck)은 시스템의 흐름을 저해하는 요소를 말하는 것으로 피드백 구조에 존재한다. 이런 측면에서 도로상에서의 물리적 병목과는 다소 차이가 있다. 시스템의 병목을 '제약이론(Theory of Constraints)'에서는 핵심제약자원(CCR: Critical Constraint Resource)이라 하는데 이 제약자원을 최우선적으로 해소해야 시스템의 원활한 흐름을 유도할 수 있다. 결국 제약이론을 적용해보면 병목은 시스템의 성능을 결정짓는 핵심제약자원에 해당되며, 이것이 결국 정책지렛대가 된다.

상업용 인터넷 웹사이트의 경우를 예로 들어보자. 아래 그림과 같이 웹사이트의 가치는 가입자 수로 결정되며, 가입자 수는 다시금 해당 웹사이트의 가치를 결정하는 피드백 관계에 있다. 만약 가입자 수가 정체를 보인다면 병목지점은 '웹사이트의 가치'이지 '가입자 수'가 아니다. 가입자 수는 통제변수(Controllable Variable)가 아니기 때문이다. 따라서 이 피드백 루프의 병목을 해소할 수 있는 길은 웹사이트 가치를 올리는 것이다. 여기서는 웹사이트의 가치를 올릴 수 있는 정책수단으로 '서비스 품질' 개선으로 가정하였다.

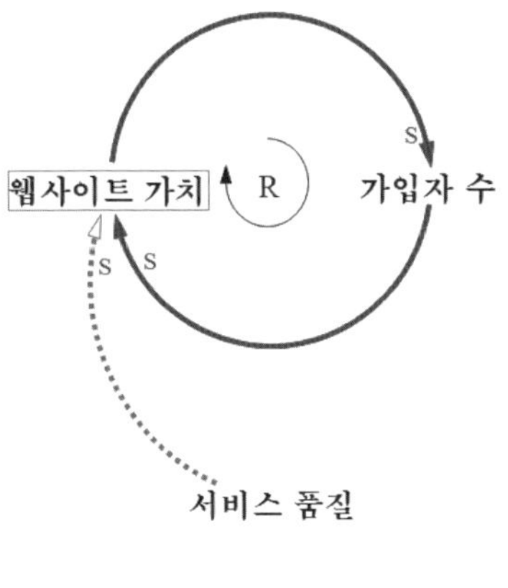

'가는 말이 고아야 오는 말

도 곱다'는 속담도 유사한 시사점을 담고 있다. 서로의 관계를 원활하게 하려면 '가는 말'의 주체인 내가 상대에게 우호적이어야 할 것이다. 이 경우 병목은 결국 상대에 대한 '나의 태도'일 것이다. '유별성'이 강한 사람들의 공통적 특성 중 하나는 '문제의 원인을 외부 탓으로 돌리지 않고 자신의 내부에서 찾는다.'는 것이다. 이를 곱씹어 본다면 무엇이 시스템의 병목을 해소하는 정책수단이 되어야 할지 알 수 있을 것이다.

(2) 임계지점

강화루프가 보이는 전형적 행태인 지수적(exponential) 성장 혹은 쇠퇴는 어떤 지점을 통과하면서부터 뚜렷하게 나타나는데 바로 이 지점을 임계점이라 한다. 이는 비행기가 활주로에서 이륙할 때의 경우와 흡사하며, 사회적 시스템에서는 '관계의 외부성(Network Externality)'이 그에 해당된다.

병목지점에서 예를 들었던 상업용 인터넷 사이트로 다시 돌아가 보자. 사이버 공간에서 커뮤니티를 일정 규모이상 확보하기 위해 고급 자동차 경품까지 내거는 경우가 있다. 가입자 수를 임계규모 이상 확보하면 신규가입자가 더욱 늘어나는 자기증식현상, 소위 '승자승' 현상이 나타나기 때문이다. 이것이 바로 임계점 확보의 힘이다. 이러한 현상 이면의 구조를 간단한 인과지도로 보이면 옆의 그림과 같다. 병목지점은 웹사이트 가치이지만, 임계지점은 가입자 수이다.

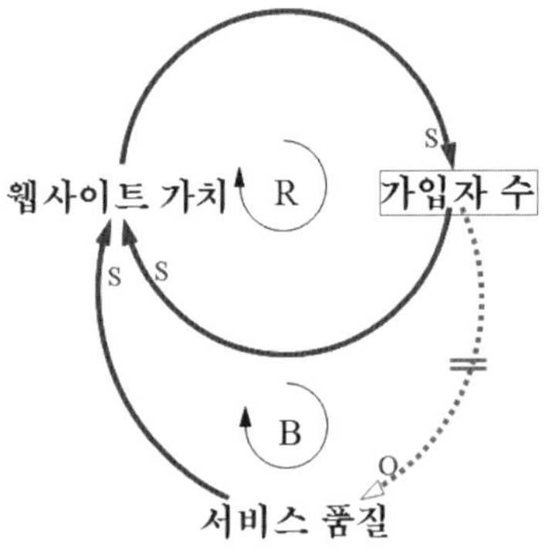

여기서 주목할 것은 가입자

가 임계지점을 넘으면 급속한 성장을 보이지만 그에 도취해서는 안 된다는 점이다. 위 인과지도의 점선으로 표시된 부분(가입자 수 → 서비스 품질)과 같이 가입자가 늘면 서비스 품질은 점진적으로 떨어지기 때문이다. 신규가입자가 정규분포라고 가정할 때, 가입자의 서비스 이용이 서비스 제공능력(시스템의 한계수용력)의 16% 정도가 되면 임계점에 이르면서 급속한 성장을 보이지만 서비스의 한계는 체감되지 않는다. 그러나 서비스 이용이 서비스 제공능력의 50%를 넘어서면 서비스품질의 저하가 시작된다. 바로 이 지점이 이용자 불만이 노출되는 등 서비스의 한계증상이 나타나기 시작하는 변곡점이다.

결국 변곡점 이전까지는 강화루프(R)가 지배루프로 작용하면서 신규가입자는 계속 증가하지만, 변곡점을 지나면 균형루프(B)가 지배적으로 작용하면서 성장은 지속되나 신규가입자는 감소하는 한계 증상이 나타나기 시작한다. 따라서 임계지점 관리는 두 가지로 집약될 수 있다. 첫째, 임계지점까지는 병목지점인 '웹사이트 가치'를 최대한 신속히 올리는데 주력한다. 둘째, 임계지점에 이르면 변곡점을 대비하여 서비스 품질 하락을 사전에 차단할 수 있는 조치를 취해야 한다.

(3) 지연지점

균형루프가 지배루프로 작동할 경우라면 시간지연(정보지연 및 물질지연 혹은 인지지연 및 전달지연)을 항상 유념해야 한다. 앞서 논의한 병목지점이나 임계지점에서의 정책수단이 쇠퇴 혹은 정체에 빠진 시스템을 성장으로 유도하고자 함에 있다면, 시간이 개입된 지연지점에서의 정책수단은 시스템의 파동을 안정시키고 조속히 수렴 수준에 이르는 안정화를 유도하는데 그 취지가 있다. 또한 병목지점이나 임계지점에 대한 정책 시행 시점을 잡는데 중요한 단서가 된다.

논의의 일관성을 위해 앞서의 예시를 가지고 설명을 이어가보자.

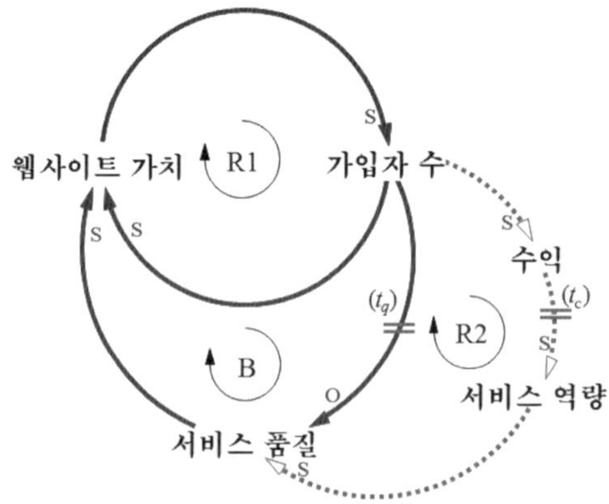

아래 인과지도와 같이 유의미한 시간지연은 균형루프 B의 연결선 1(가입자 수 → 서비스 품질)과 강화루프 R_2에 개입된 연결선 2(수익 → 서비스 역량) 등 두 개다. 연결선 1에 개입된 지연은 가입자 확대가 서비스 품질 저하로 나타나기까지의 지연을 의미한다. 앞서 설명했듯이 성장의 변곡점에 이르기까지는 가입자가 증가해도 한계증상이 나타나지 않지만, 변곡점을 지나면서부터는 성장을 추동했던 서비스 품질이 하락하는 한계증상이 시작되고 그 결과 신규가입자 수가 줄어들기 시작한다. 한편 연결선 2에 개입된 지연은 서비스 개선투자가 서비스 역량 증대 효과로 이어지기까지의 시간을 의미한다. 가입자 증가로 수익이 증가하면 투자 여력이 확대되지만, 그 투자가 곧바로 서비스 역량 확장으로 이어지지 않는다.

따라서 지연지점과 관련된 정책지렛대는 '서비스 역량'이 된다. 만약 '서비스 역량' 개선에 소요되는 시간(t_c)이 서비스 품질 저하가 진행되어 가입자 수가 정체되기까지(즉 변곡점부터 포화점에 이르기까지)의 시간(t_q)보다 길면 서비스 역량 개선투자는 변곡점 이전, 늦어도 변곡점에 진입하면서 곧바로 이루어져야 한다. '서비스 역량' 개선에 소요되는 시간(t_c)이 변곡점에서 포화점에 이르는 시간(t_q)보다 짧다면 그 시차를 감안하여 변곡점 이후 적정시점에서 서비스 역량 개선투자가 이루어지면 될 것이다. 이렇듯 '서비스 역량' 개선에 소요되는 시간은 정책개입시점을 잡는데 매우 중요한 단서가 된다.

2) 정책개입시점

'정책개입시점(Policy Intervention Timing)'이란 정책수단을 시행할 최적 시기(Golden Time)를 말한다. '정책은 타이밍'이란 말처럼 정책이 소기의 효과를 내기 위해서는 정책수단 못지않게 개입시점을 포착하는 것이 중요하다. 정책개입시점은 정책개입지점이 무엇이냐에 따라 차이를 보인다.

첫째, 병목지점(병목을 좌우하는 변수)이 정책개입지점이라면 개입시점은 빠를수록 좋다. 병목지점은 항상 강화루프에 존재하므로 병목의 역할은 그 강화루프가 선순환인가 악순환인가에 따라 정반대의 의미를 갖지만 개입시점 자체는 공통적으로 빠를수록 좋다. 아래 그림에서 보는 바와 같이 선순환에서 병목이 해소된다는 것은 곡선 ①처럼 선순환을 가속시키는 임계점에 조속히 진입할 수 있음을 의미하는 것이며, 악순환에서 병목이 해소된다는 것은 곡선 ②처럼 악순환을 가속시키는 임계점 진입을 최대한 늦출 수 있음을 의미하는 것이기 때문이다.

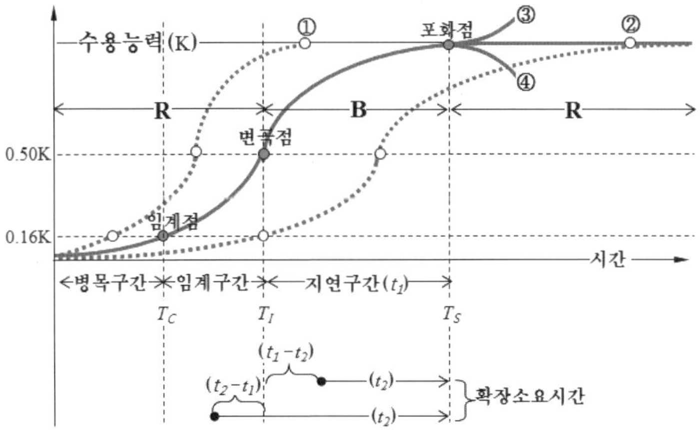

둘째, 임계지점(임계수준 반영 변수)이 정책개입지점이라면 이 역시 개입시점은 빠를수록 좋다. 임계지점 관리는 항상 그 뒤를 이어 도래할 변곡점을 염두에 두어야 한다. 위 그림에서 보는 바와 같이 선순환에서의 임계지점이라면 곡선 ②처럼 한계증상이 나타나기 시작하는 변곡점의 도래를 최대한 지연하는 것이 바람직 할 것이고, 악순환에서의 임계지점이라면 곡선 ①처럼 변곡점의 도래를 최대한 앞당겨서 안순환의 한계 국면으로 진입하는 것이 바람직 할 것이다.

셋째, 지연지점(시간이 개입되는 변수)이 정책개입지점이라면 개입시점은 상황에 따라 다르다. 문제가 되는 지연지점은 항상 균형루프에 존재하며, 균형루프가 지배루프로 작동한다는 것은 그 이전에 병목지점이나 임계지점이 존재하는 강화루프가 지배루프로 작동했었음을 의미한다. 따라서 지연지점에 대한 정책개입시점은 항상 병목지점이나 임계지점과 결부하여 결정된다. 강화루프의 자기증식 작용이 이를 제어하는 균형루프에 의해 완화되는 변곡점에서 포화점에 이르기까지의 시간지연(t_1)과 균형루프의 '제어' 역량을 확장하는데 소요되는 시간지연((t_2) 사이의 시차로 정책개입시점이 결정된다. 여기서 '제어'란 그 이전에 작용했던 강화루프가 선순환이었다면 이것이 악순환으로 바뀌지 않도록 시스템의 수용능력을 확장해서 한계를 극복하는 의미의 '제어'이다. 반대로 그 이전에 작용했던 강화루프가 악순환이었다면 그 악순환의 자기증식을 억제하면서 강화루프를 선순환으로 유도한다는 의미의 '제어'이다.

위 그림에서 보는 바와 같이 만약 ($t_1 > t_2$)라면, 변곡점(T_1) 이후 늦어도 ($T_1 + (t_1 - t_2)$) 시점에서, 만약 ($t_1 < t_2$)라면, 변곡점(T_1)에 이르기 전 ($T_1 - (t_2 - t_1)$) 시점에서 정책 개입이 이루어져야 한다. 정책 개입의 타이밍을 놓칠 경우 위 그림에서 보는 바와 같이 선순환일 경우 곡선 ④, 악순환일 경우 곡선 ③과 같이 그 정책은 실패로 끝나게 된

다.

3) 정책지렛대의 활용

'정책지렛대(Policy Leverage)'란 '지렛대(leverage)'가 의미하듯 작은 힘으로 큰 결과를 유도할 수 있는 정책수단을 말한다. 정책지렛대는 앞서 논의한 정책개입지점을 중심으로 다음의 세 가지 관점에서 도출될 수 있다. 첫째는 핵심 변수의 값을 조정하는 레버리지이다. 둘째는 누락되었거나 추가될 수 있는 연결선(missing link)을 찾아 이를 반영함으로써 피드백의 극성을 조정, 변화시키는 레버리지이다. 셋째는 유의미한 시간지연 변수를 찾아 이를 적정수준으로 조절하는 레버리지이다.

이해를 돕기 위해 앞서 예시로 들었던 상업용 웹사이트로 다시 돌아가 보자. 우선 정책개입지점은 병목관리 대상으로 '웹사이트 가치', 임계관리 대상으로 '가입자 수', 지연관리 대상으로 '서비스 역량'이었다. 이들을 관리하기 위한 수단으로 변수 값 조정, 피드백 구조 조정, 시간지연 조정 등 세 가지 유형의 정책지렛대가 각각 어떻게 활용될 수 있는 지 아래 그림을 예로 들어 보자.

우선 변수 값 조정 레버리지는 병목관리 대상인 '웹사이트 가치'를 올릴 수 있도록 외생변수 '①이벤트'를 추가하여 잠재가입자의 관심을 유도하는 조치가 반영되었다. 피드백 구조 조정 및 변경을 위한 조치로는 '가입자' 증가에 따른 '서비스 품질' 하락으로 '웹사이트 가치' 하락으로 이어지는 균형루프 B_1(가입자 수 → 서비스 품질 → 웹사이트 가치 → 가입자 수)의 작동을 사전에 차단하고자 강화루프 R_2(가입자 수 → 수익 → 개선 투자 → 서비스 역량 → 서비스 품질 → 웹사이트 가치 → 가입자 수)를 추가하였다.

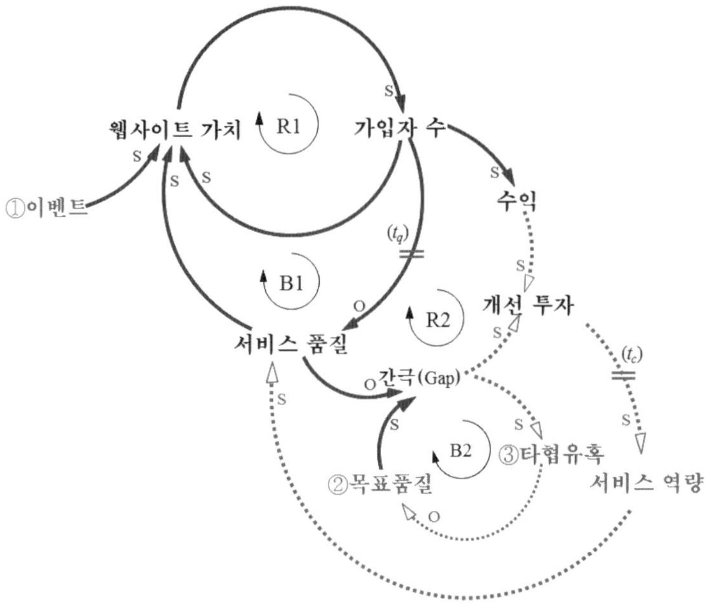

정책지렛대 활용 예시

시간지연관리를 위한 정책지렛대를 찾으려면 주요 시간지연 변수의 식별과 특성 파악이 필요하다. 이 예시에서는 '서비스 품질' 하락과 '서비스 역량' 개선에 중요한 시간지연이 내포되어 있다. 이미 앞서도 논의했지만, '가입자 수' 증가가 '서비스 품질' 하락으로 이어지는데 소요되는 시간(t_q)과 '개선 투자'로 '서비스 역량'이 증대되는데 소요되는 시간(t_c)의 차이는 시간지연 관리를 위한 레버리지 발굴에 매우 중요한 착안점이다. 만약 너무 이르면 과잉투자의 위험을 맞을 것이고, 너무 늦으면 성장을 견인하는 선순환 강화루프(R)가 악순환으로 전환되면서 가입자가 이탈하기 시작하는 쇠퇴가 급속히 진행되기 때문이다. 또 한 가지 주목할 것은 개선 투자'가 '서비스 역량'으로 이어지는 소요시간(t_c) 파악도 중요하지만, 개선투자 정도와 시행시기를 제대로 준수하는 것도 중요하다. 이 예시에서는 '③ 타협유혹'

이란 변수를 추가하여 '목표품질'이 하락되는 것을 차단하는 균형루프 B_2(목표품질과 서비스 품질의 간극 → 타협유혹 → 목표품질)를 추가함으로써 '서비스 역량 개선'을 위한 투자규모와 투자시기를 관리할 수 있는 '목표관리' 장치를 추가하였다.

이상 논의한 정책지렛대의 발굴 및 활용은 인과지도만으로 가능한 것은 아니다. 시간 위에서 변화하는 행태(BOT)의 추세를 함께 고려할 때 더욱 효과적이다. 행태 변화에 대한 학습을 통해서 이면의 시스템 구조를 유추할 수 있고 시스템 구조에 대한 이해를 통해서 미래의 행태를 원하는 방향으로 유도할 수 있다. 정책지렛대는 바로 후자를 위한 것으로 구조의 조정, 지렛대 변수의 강약 조절과 시간지연 관리 등을 위해 활용된다.

선순환의 강화루프가 지배루프인 경우 악순환으로 반전되는 것을 경계하면서 병목지점, 임계지점, 지연지점을 대상으로 해당 변수의 값 변경을 통해 선순환을 유지, 촉진하도록 해야 한다. 악순환의 강화루프가 지배루프인 경우도 같은 논리가 적용된다. 나아가 미처 발견(반영)하지 못한 변수 간 연결선이 있다면 이를 반영함으로써 문제의 피드백 구조를 확장, 추가 정책 개입을 통해 적극적으로 시스템의 구조를 조정할 수 있다면 이를 통해서 지배루프를 안정의 균형루프로 전환하는 것도 대안이 될 수 있을 것이다.

한편 지배루프가 균형루프인 경우는 그 행태가 '안정'인지 '정체'인지에 따라 시간지연지점을 예의 주시하면서 지렛대 활용전략을 달리해야 한다. 안정화 추세라면 '기다림(Wait & See)'을 추구하면서도 그 후속으로 선순환 강화루프가 작동할 수 있는 조치를 강구할 필요가 있다. 반면에 정체로 접어드는 추세라면 변수 값 변경이나 피드백 구조 및 극성 조정 등 보다 적극적 조치를 통해서 선순환 강화루프의 작동을 유도하여 정체로부터 탈피하는 것도 대안이 될 수 있다.

2. 적용 예시

아래 그림은 세계적 정보기술컨설팅회사 가트너 그룹(Gartner Group)이 신기술(Emerging Technologies)의 성장 예측에 사용하는 참조원형이다.[43] 여기서 주목할 것은 신기술(Emerging Technologies) 성장을 예측함에 있어 기술과 사회의 공진화(Coevolution) 과정에서 전형적으로 나타나는 '하이프 사이클(hype cycle)'을 적용하고 있다는 점이다.

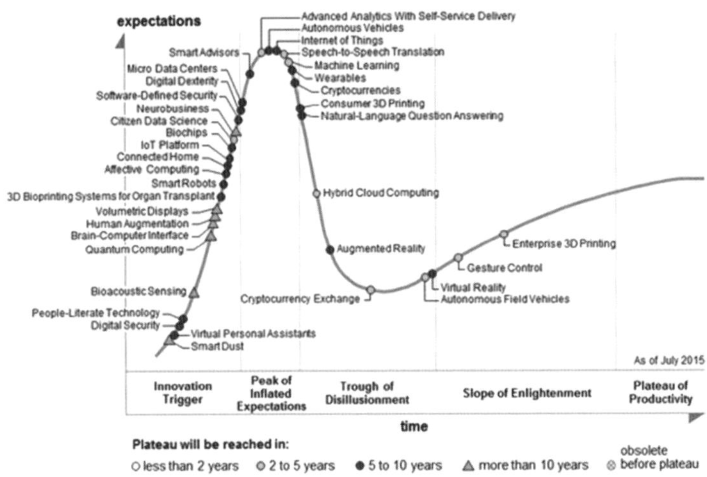

Gartner Hype Cycle for Emerging Technologies, 2016

http://www.gartner.com/smarterwithgartner/3-trends-appear-in-the-gartner-hype-cycle-for-emerging-technologies-2016/

가트너(Gartner) 그룹의 신기술 성장 예측 참조원형(Hype Cycle)

가트너 그룹은 아래 그림과 같이 이러한 '하이프 사이클(hype cycle)'을 신기술 출현(Technology Trigger), 신기술에 대한 사회적 기대의

43) 가트너 그룹은 매년 신기술동향 예측보고서를 발간하고 있는데, 이 예시는 2016년 보고서에서 발췌한 것이다.

정점(Peak of Inflated Expectation), 실망의 저점(Trough of Disillusionment), 시행착오 후 조정과 반등(Slope of Enlightenment), 기술 잠재력이 사회에 현시되는 공진화의 최종 수렴수준(Plateau of Productivity) 등 다섯 단계로 구분하여 이러한 현상이 나타나는 원인을 설명하고 있다. 결국 '하이프'는 새로운 기술과 이를 수용하는 사회 간의 공진화(coevolution) 과정에서 거의 예외 없이 나타나는 전형적 현상으로, 신기술에 대한 과도한 사회적 기대, 그리고 부풀려진 기대에 따른 실망으로 급등 후 급락(Boom-Bust)을 거친 후 조정단계를 지나 최종 수렴점에 이르는 일련의 과정을 반영한다.

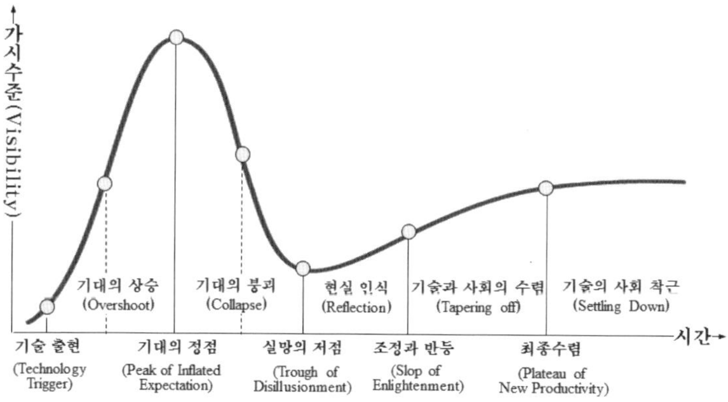

기술-사회 공진화 과정에서 나타나는 하이프 사이클(Hype Cycle)의 다섯 단계

1) '하이프' 현상 이면의 작동구조

기술과 사회의 공진화 과정에서 필연적으로 나타나는 하이프(hype) 현상을 이해하고 이를 적절히 관리함으로써 공진화의 수렴수준을 최대한 끌어올릴 수 있는 정책수단을 발견하려면 이면의 작동구조를 먼저 이해해야 한다.

기술과 사회의 공진화(coevolution)는 문자 그대로 기술과 사회가 서로의 성장에 기여하면서 함께 진화 발전해 가는 것을 의미한다. 그렇다면 '기술의 성숙도'와 이를 수용하는 '사회적 성숙도'를 초기 변수로 하여 아래 인과지도와 같은 강화루프를 구성할 수 있다. 그러나 강화루프로만 구성되어 지수성장을 지속하는 시스템은 존재하지 않는다. 반드시 이를 제어하는 균형루프가 수반된다. 시스템이 자기제어적 특성을 갖고 있기 때문이다. 신기술 수용자들의 능력 제한, 부작용과 제도적 미비 등으로 인해 기술 잠재력은 그대로 사회에 현시되지 않는다. 이러한 사회적 수용능력의 제약을 '기술가용성'이라 한다면, 아래 인과지도와 같이 이러한 현실적 제약과 한계를 반영한 균형루프가 추가될 수 있다.

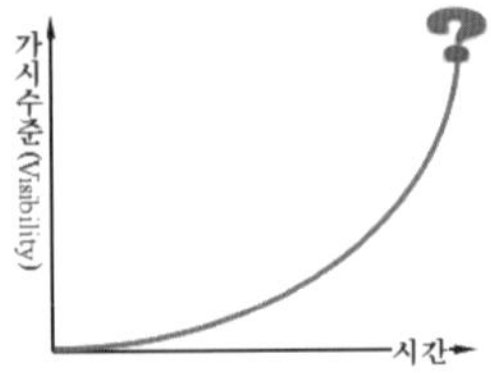

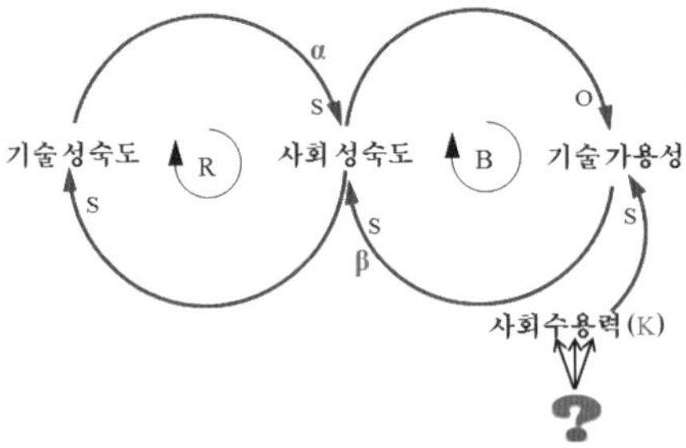

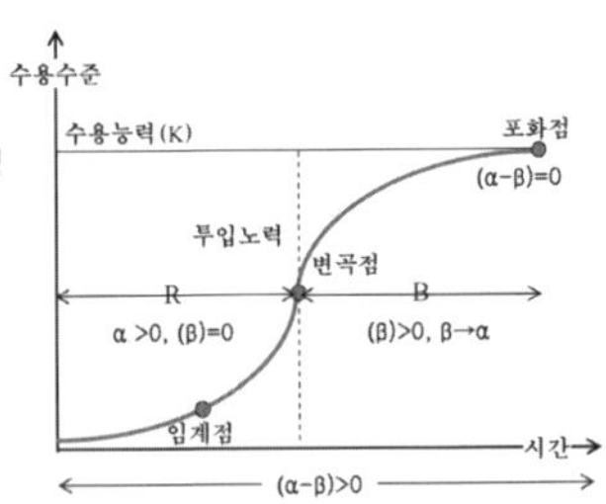

이미 간파했겠지만 이 구조는 '성장의 한계' 원형처럼 시스템 수용능력, 즉 신기술에 대한 사회의 수용능력(K)이 '부동의 한계상수'로 설정되어 있다. 보다 현실적 상황을 설명하려면 아래 그림과 같이

'사회수용력'을 내생변수로 편입하여 개선노력에 따라 달리질 수 있음을 반영해야 한다.

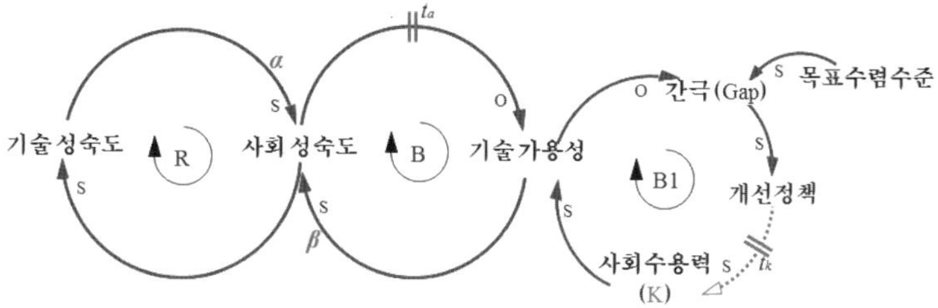

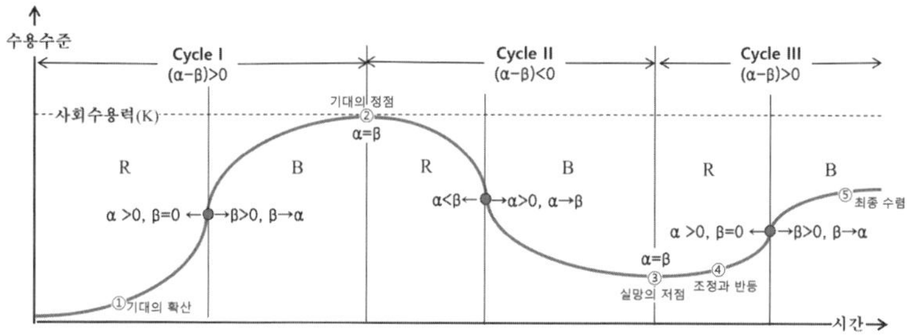

위 그래프(BOT)는 공진화 시스템에서 지배루프의 전이에 따라 나타나는 행태 변화이다. 이렇듯 시간이 경과하면서 나타나는 지배루프의 전이는 신기술에 대한 사회적 학습에 의한 것으로 가트너 그룹에서 사용하는 하이프 사이클과 기본적으로 동일하다.

2) '하이프' 관리를 위한 정책수단

기술과 사회의 공진화가 하이프 현상을 보일 수밖에 없는 이유는 성장의 강화루프(R)와 한계의 균형루프(B)에 개입되어 있는 시간지연의 차이 때문이다. 즉 사회적 변화를 견인하는 기술의 성숙속도와 새로운 기술을 수용하는 사회의 성숙속도에는 상당한 차이가 있기 때문에 발생하는 현상이다. 수레의 두 바퀴가 서로 다르면 앞으로 나가지 못하는 것처럼, 기술과 사회의 성숙도 차이가 하이프 현상을 유발하는 핵심원인이다.

공진화의 행태가 복잡해보이지만, 사실은 그렇지 않다. 하이프는 기술 잠재력에 대한 기대의 상승(Cycle Ⅰ)과 그 기대에 대한 반작용으로 나타나는 실망의 심화(Cycle Ⅱ), 시행착오 후의 조정과 반등(Cycle Ⅲ) 등 '기술수용주기(Technology Adoption Cycle)'가 세 국면에 걸쳐 나타나는 현상이다. 실망의 심화 국면(Cycle Ⅱ)은 기대의 상승(Cycle Ⅰ) 국면과 거울영상(mirror image)의 관계에 있을 뿐 기본적으로 이들 세 국면이 'S'형 패턴을 보인다는 측면에서는 크게 다르지 않다.

(1) 정책개입지점

이제 공진화의 최종 성과를 극대화 할 수 있는 정책수단을 앞서 논의한 정책개입지점의 세 가지 유형에 따라 살펴보기로 하자. 병목, 임계, 지연 등 주요 정책개입지점에서의 주안점은 후속 도래하는 지점을 어떻게 대비할 것인가에 맞춰진다.

- **병목지점**: 병목을 얼마나 해소하느냐에 따라 임계지점에서의 '성장각도(Angle of Growth)'와 '반등각도(Angle of Recovery)'가 결정된다. '성장각도'는 상승 국면(Cycle Ⅰ)의 임계지점(① 기대의 확산)에서, '반등각도'는 조정 국면(Cycle Ⅲ)의 임계지점(④ 조정과 반등)에서 나타난다. 선순환일 경우는 이 각도를 높이는 정책수단 모색에 주력해야 하지만 이 예시에서 (Cycle Ⅰ)의 '성장각도'는 상황이 다르다. 의미상 기술 잠재력에 대한 막연한 기대의 성장이므로 병목구간에서 신기술의 지나친 홍보와 언론 노출은 실험실에서 벗어난 직후 임계지점(① 기대의

확산)부터 가파른 성장을 촉진하여 포화점(② 기대의 정점)에 빨리 이르게 된다. 산이 높으면 골이 깊은 법. 기대의 상승이 가파르면 (Cycle Ⅱ)에서 가파른 하락으로 이어지면서 저점(③ 실망의 저점)이 깊어진다. 이는 결국 (Cycle Ⅲ)에서 막대한 사회적 비용으로 나타난다.

- **임계지점**: 임계점 관리의 핵심은 다가올 변곡점에 대비하는 것이다. 선순환의 연장선에 있는 변곡점이라면 이는 곧 성장의 한계증상이 나타나는 시점을 의미하므로 포화점(성장의 한계)을 최대한 늦출 수 있는 정책수단을 미리 모색해야 한다. 악순환의 연장선에 있는 변곡점이라면 이는 곧 회복의 긍정적 신호이므로 악순환이 선순환으로 바뀔 수 있도록 포화점을 최대한 앞당기는 정책수단을 미리 강구해야 한다. 이 예시의 경우 (Cycle Ⅰ)에서의 변곡점은 의미상 기술 잠재력에 대한 기대가 현실제약으로 인해 실망으로 바뀌면서 차츰 성장이 완화되는 출발점을 의미하므로 포화점(② 기대의 정점)의 수준을 낮출 수 있도록 '부풀려진 기대'를 '현실적 기대'로 바꾸는 노력이 필요하다. 한편 (Cycle Ⅰ)의 반작용이 나타나는 (Cycle Ⅱ)에서의 변곡점은 기술 잠재력에 대한 기대가 실망으로 바뀌면서 기대 수준의 가파른 하락이 완화되기 시작하는 지점을 의미하므로 최선의 정책수단은 '기다림(Wait & See)'을 추구하면서도 그 후속으로 선순환 강화루프가 작동할 수 있는 조치를 강구할 필요가 있다. 끝으로 (Cycle Ⅲ)에서의 변곡점은 공진화의 최종 수준을 향한 수렴을 시작하는 지점을 의미하므로 '반등각도'를 최대한 높일 수 있는 정책수단이 임계지점에서 시행되어야 한다.

- **지연지점**: 시간지연이 의미를 갖는 경우는 그 지연이 균형루프에 개입되어 있을 때이다. (Cycle Ⅰ)은 변곡점에서 '② 기대의 정점', (Cycle Ⅱ)는 변곡점에서 '③ 실망의 저점', 그리고 (Cycle Ⅲ)은 변곡점에서 '④ 최종수렴' 사이에 시간지연이 각각 개입되어 있다. 앞서 제시한 인과지도를 가지고 각 국면에서의 정책적 시사점을 살펴보면 다음과 같다. 균형루프 B의 (사회성숙도 $\xrightarrow{o}$ 기술가용성) 시간지연(t_a)이 균형루프 B_1의 (개선정책 $\xrightarrow{s}$ 사회수용력) 시간지연(t_k)보다 훨씬 짧으므로($t_a \ll t_k$) (Cycle Ⅰ)에서의 사회수용력 확장을 위한 개선노력은 변곡점 이전에 이루어져야 한다. 사실상 이 지점에서의 개선노력이 후속 이어지는 행태에 결정적 영향을 끼친다.

(2) 정책개입시점과 정책지렛대의 활용

아래 그림은 공진화의 수렴수준을 최대한 높이는데 필수적으로 요구되는 정책수단이 어느 시점에서 시행되어야 하는지 설명하고 있다.[44] 이 그림의 윗부분은 공진화 과정에서의 하이프 현상을 보여주고 있으며 아랫부분은 미분의 시각에서 이 현상의 변화율을 나타낸 것이다.

일반적으로 정책 입안자들은 적분 개념의 하이프 곡선만을 보며 정책 개입 시점을 T_2나 T_3, 혹은 T_4로 판단할 가능성이 크다. 이렇듯 정책수립자가 인지할 즈음이면 이미 그 개입 시점을 놓치게 되어, 기술과 사회 공진화의 최종 수렴수준을 결정짓는 반등각도(Angle of Recovery)를 높일 수 없게 된다.

44) 김상욱·김숙희(2008). "시스템 시뮬레이션을 통한 기술과 사회 공진화의 동태성 고찰." 한국시스템다이내믹스연구, 제9권 제1호. pp.175-202.

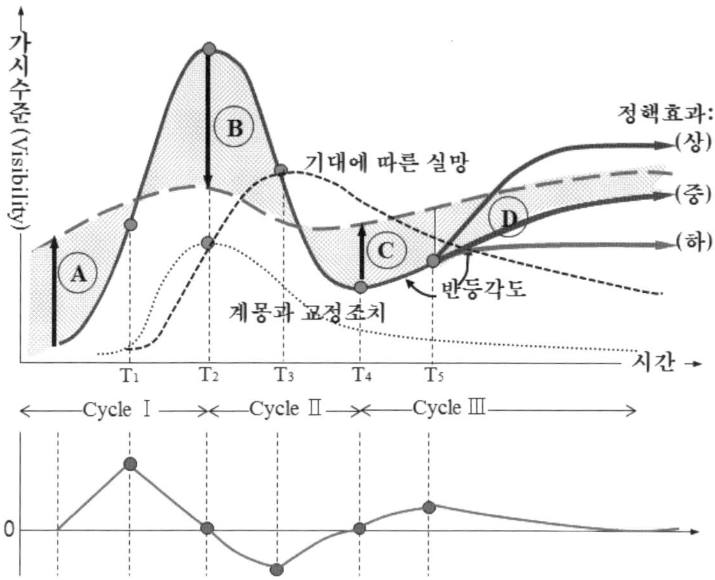

기술과 사회 공진화의 개념적 시뮬레이션

그러나 변화율 그래프를 보면 정책개입은 시점 T_1에서 이루어져야 함을 알 수가 있다. 특히 기술과 사회 변화의 시간지연 차이를 감안한다면 임계점(영역 Ⓐ) 이전에 실천적 정책 수립 및 수정 대책이 이루어져야 하며, 정책 시행은 적어도 시점 T_1과 T_2 사이에 이루어져야 공진화의 성공적 안착이 가능함을 알 수가 있다.

기술과 사회의 공진화는 두 가지 중요한 정책적 시사점을 던지고 있다. 첫째, 기술이 사회에 도입되는 과정에서 나타는 하이프 현상은 구조적 요인에 의한 것으로 이는 피할 수 없는 현상이다. 둘째, 그러나 기술에 대한 과도한 기대는 그 만큼의 급격한 실망을 초래한다. 기술에 대한 실망의 저점이 깊을수록 조정국면을 거쳐 최종 단계에서의 수렴수준은 그 만큼 낮아진다. 하이프의 진폭을 적정 수준으로 낮추는 정책이 필요한 것은 바로 이러한 이유에서이다.

위 그림의 굵은 점선은 하이프 진폭을 낮췄을 때 더 높은 수렴수준에 이를 수 있을 뿐만 아니라 기대의 급등과 급락에 따른 사회적 비용을 줄일 수 있음을 설명하고 있다. 진폭을 낮추려면 위 그림 영역 Ⓑ의 부풀려진 기대를 현실적인 기대 수준으로 낮추는 것뿐만 아니라, 영역 Ⓐ에서 초기부터 기술의 사회적 수용성을 높일 수 있는 수단(Business Trigger)을 강화해야 한다. 이렇게 기술가시성의 변동 진폭을 낮추면 공진화 과정에서 시행착오로 인한 사회적 비용을 최소화 할 수 있을 뿐만 아니라, 실망의 저점(영역 Ⓒ)을 높여 공진화의 최종 수렴수준(영역 Ⓓ)을 높이는 결과를 가져온다.

제2절 정책실패의 원형과 시사점

'실패에서 배운다.'는 말처럼 시스템 개선을 위한 정책지렛대의 발견은 과거 정책의 오류에서 그 교훈을 얻는 것이 보다 효과적일 수 있다. 따라서 여기서는 시스템 사고의 관점에서 정책실패의 원형을 유형별로 살펴보고 정책이 실패하는 원인을 사례에 대응해본다.

성공은 실패에서 잉태한다.
- 토마스 A. 에디슨(미국 발명가, 1847-1931)

1. 개관

정책적 판단이 의도한 결과보다는 오히려 예기치 못한 부작용이나 역효과를 초래하는 경우를 자주 접하게 된다. 정책이 실패로 끝난다면 그 원인은 상황에 대한 정확한 이해가 없었거나 빠른 효과를 얻기 위해 서두른 결과일 가능성이 매우 높다. 아니면 정책 개입의 타이밍을 놓쳐서 생긴 결과일 수도 있다. 지금까지 논의했던 시스템 사고에 기초하여 이러한 현상 이면에 가려진 구조에 초점을 두고 정책실패 유형에 따른 원형들을 살펴보기로 하자.

1) 정책실패의 근원

정책이 실패한다면 그 원인은 무엇으로 연유된 것일까? 시스템 사고의 관점으로 조망해보면 그 원인은 다음과 같이 대략 세 가지로 집약 될 수 있다.

첫째, 통합적 사고와 관련된 문제이다. 현상 이면의 시스템 구조에 존재하는 주요 변수를 미처 파악하지 못한 경우이다. 새로운 변수의 발견은 변수 그 자체도 중요하지만 그로 인해 새로운 피드백 구조가 발견될 수 있다는 점에서 매우 중요하다. 시스템의 특성과 행태를 결정하는 구조는 존재는 하지만 보이지 않는다. 그렇기에 '시스템 사고의 조건'(제3장 제2절)에서 이미 논의했듯이, 물 수위를 낮추어 바라봐야 하는 이유도 여기에 있다.

둘째, 피드백 사고와 관련된 문제이다. 단선적 사고로는 전혀 문제가 없어 보이는 정책도 피드백 사고로 보면 그 속에 숨어 있는 문제가 발견될 수 있다. 특히 정책이 부작용을 부르는 경우 피드백은 정책 그 자체에 내재해 있는 경우가 많지만 그 정책으로 인해 반사적 영향을 받는 다른 주체들의 작용인 경우도 적지 않다. 따라서 어떤 정책의 유효성을 사전에 가늠해보려면 어떤 피드백이 내재해 있으며, 피드백으로 형성되는 루프들은 어떻게 서로 영향을 끼치고 있는지를 살펴야 한다. 나아가 피드백 구조의 보완이나 확장을 위해 추가될 변수는 없는 지도 검토되어야 한다.

셋째, 시간적 사고와 관련된 문제이다. 정책 자체의 작동시스템 구조에는 별 다른 이상이 없으나 시행 시점이 이미 때를 놓친 경우이다. 이에 대해서는 앞 절에서 보았던 기술과 사회의 공진화 과정처럼 성장의 강화루프와 한계의 균형루프가 함께 작동하는 구조가 시스템에 자리하고 있을 경우에는 자칫 정책 개입시점(timing)을 놓칠 수 있다. 그럴 경우 정책이 아무리 좋아도 그 효과는 제한적이거나 전혀 없을 수도 있다. 또한 단기에 효과를 보고자 하는 정책 시행자의 심리적 요인으로 인해 대증처방의 유혹에 빠지는 경우도 자주 발견된다. 그 여부를 확인하기 위해서는 시스템 구조 상 '실패에 이르는 처방'이나 '짐 떠넘기기' 원형으로 확대될 수 있는지 살펴봐야 한다.

2. 정책실패의 유형별 분류

제9장에 소개했던 시스템 원형계보를 보면 시스템 사고의 참조모델로 활용되는 원형들은 안정지향형과 성장지향형으로 구분된다. 이를 뒤집어 생각하면 시스템의 지향점에 따라 안정 제어에 실패하는 '제어 실패' 원형과 성장 촉진에 실패하는 '촉진실패' 원형으로 정책오류들을 유형화할 수 있다. 여기서 제시되는 시스템 실패의 원형들은 이미 논의되었던 시스템 원형에 대입한 것일 뿐 사실상 하등의 다를 바 없다. 그러나 시스템 구조상 정책 오류가 발생하기 쉬운 부분을 부각함으로써 의도한 바가 오히려 부작용을 유발하는 상황을 기획단계에서부터 차단하는데 유용한 수단이 될 수 있다.

1) 제어실패 원형

안정지향성 시스템이 제대로 작동하기 않는다면 그 원인은 다음 네 가지 제어에 실패했기 때문이다. 동원된 정책수단이 문제의 증상 제어에 실패하는 '문제악화형'을 비롯하여, 자원의 과잉소비 제어에 실패하는 '과잉소비형', 상호작용 속에서 균형점을 찾지 못하는 '균형실패형', 목표의 표류를 제어하지 못하는 '목표후퇴형' 등이 그것이다.

(1) 문제악화형

이 원형은 기본적으로 '처방의 실패' 및 '중독의 함정' 원형에 근거하는 것으로, 아래 그림과 같이 문제의 증상에 대처하여 이를 해소 혹은 해결하려는 정책적 시도는 단기적으로 효과를 나타내지만(B_1) 일정시간 경과 후 재발하거나 더 악화되는 결과를 초래한다. 이러한 의도치 않은 결과를 초래하게 되는 이유는 두 가지로 집약될 수 있다. 첫째는 부작용의 강화루프(R)를 간과하였거나, '손쉬운 처방은 항상 문제를 유발한다.'는 사실을 알면서도 단기에 효과를 얻으려는 유혹에 빠진 결과일 가능성이 매우 높다. 둘째는 문제 해결을 위한 조치가 다른 주체들의 반사적 작용을 유발하여 처방의 효과가 나타나지 않는 경우(B_2)일 수도 있다. 결국 어떤 문제의 증상을 완화 혹은 해결하기 위해서는 그에 대응하는 정책수단이 부작용은 없는지, 관련 다른 주체의 반사작용은 없는지 사전에 검토하고 이를 차단, 제어할 수 있는 수단이 함께 모색되어야 한다.

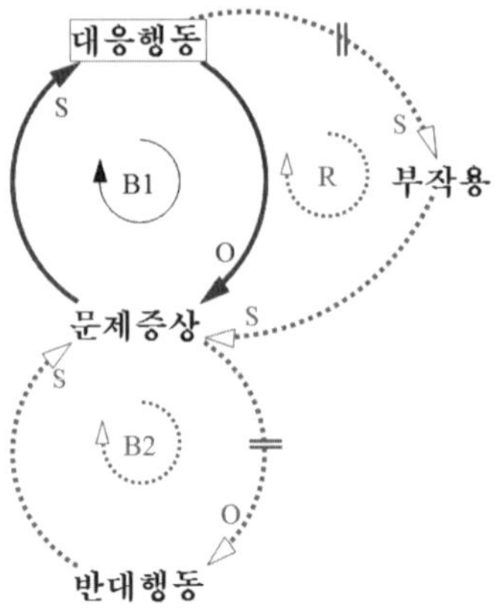

(2) 과잉소비형

이 원형은 '성장의 한계' 원형의 변형인 '공유의 비극' 원형에 뿌리를 두고 있다. 아래 인과지도는 시스템 성장 동력이 공동자원일 경우 과잉소비가 유발되는데, 이를 적시에 제어하지 않으면 자원 고갈로 인한 비극적 상황을 초래할 수 있음을 설명하고 있다. 공동자원의 소비 정책이 실패하고 공동의 위기를 초래하게 되는 결정적 요인은 '성장의 원형' 속에 숨어 있는 소비의 '가속루프(R_1)'이다. 최근 주목을 받고 있는 '공유경제(Shared Economy)' 역시 이 가속루프의 관리대책을 세우지 않으면 실패할 가능성

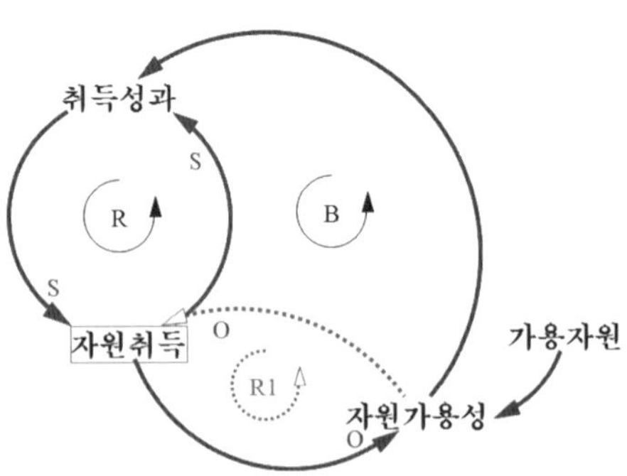

이 높다. '방관자 효과(Spectator Effect)'에 의한 공동자원의 과잉소비를 유발하는 이 가속루프를 적정 관리하려면 엄정하고 공정한 규제정책을 시행해야 하며, 계몽과 교육을 통해 순망치한의 정신을 배양하지 않으면 안 된다. 단, 규제정책의 경우는 성장과 자원가용성을 모니터링하면서 시행의 타이밍을 잘 잡아야 한다. 그렇지 않으면 과잉규제 혹은 뒷북규제의 논란을 초래할 수 있다.

(3) 균형실패형

이 원형은 시스템의 행태가 수렴점에 이르지 못하고 반복적 파동을 보이거나 우 상향의 상승작용으로 결국 탈진에 이르는 상황을 설명하는 것으로, '최적화의 딜레마'와 경쟁의 '양동효과'에 그 근거를 두고 있다. 아래 그림에서처럼 시스템의 각 주체는 안정적 상태를 유지하는 균형루프를 형성하고 있지만 '행동의 준거(Reference of Behavior)'에 따라 직접 결속(direct coupling) 혹은 간접 결속(indirect coupling) 효과가 행태로 나타나게 된다. 만약 행동의 준거가 객관적 기준(제3의 매개)이라면 각 주체의 행태는 자신의 목표와 그 기준의 차이에 따라 수평적 파동을 보이지만, 상대적 기준(서로의 비교)이라면 경쟁의 파동이 교차하며 나타난다. 따라서 공통변수인 '문제증상'의 판단기준이 행동을 결정하므로 행동의 준거는 문제 증상을 어떤 기준으로 볼 것인가에 달려있다 해도 과언이 아니다. 결국 균형점을 찾지 못하는 정책실패를 막으려면 다음 두 가지 사항에 유념해야 한다. 첫째, 행동(정책)의 준거가 되는 문제증상의 판단기준이 객관적이라면 시스템의 행태는 수평적 파동을 보이게 되므로 파동의 주기(규칙성)

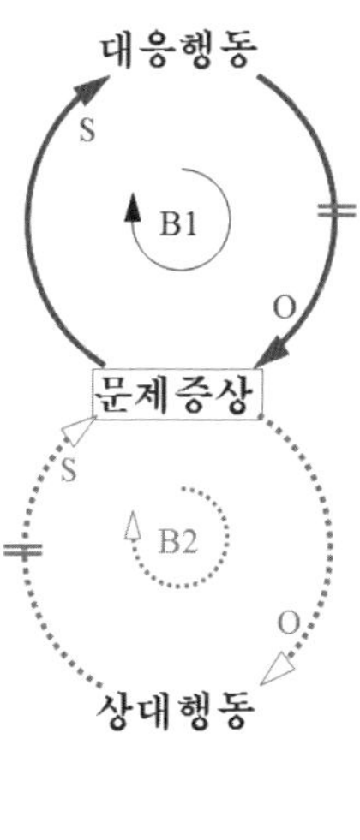

를 파악하여 사전에 대비하는 것이 중요하다. 그러나 수평적 파동은 조그만 외적 충격에도 요동을 칠 수 있으므로 그런 충격을 흡수할 수 있는 장치가 마련되거나 아니면 시스템 내부에 개입되어 있는 시간지연을 최소화 할 수 있는 방안이 마련되어야 한다. 둘째, 행동(정책)의 준거가 되는 문제증상의 판단기준이 상대적이라면 시스템의 행태는 경쟁의 상승작용이 교차하며 우 상향의 파동을 보이게 되므로 경쟁자원을 하나가 아닌 여러 자원으로 분산시키거나, 소모적이며 대립적 경쟁을 생산적이며 협력적 경쟁으로 바꿀 수 있는 지렛대를 찾는 것이 중요하다.

(4) 목표후퇴형

이 원형은 '목표의 표류' 원형을 반영한 것으로, '삶은 개구리 증후군(Boiled Frog Syndrome)'이 작동하여 정책이 실패하는 상황을 설명하고 있다. 이 원형은 정책이 효과를 내지 못하는 상황에서 부정적 여론이나 외압, 혹은 임기 중 성과를 내야 한다는 조바심 등에 의해 당초 정책 목표의 심리적 마지노선이 흔들리는 경우 유용하게 쓰일 수 있다. 목표와 현실의 차이가 '타협(B_2)' 쪽으로 작용하면서 점차 목표수준이 낮아지는 상황을 막으려면 경쟁자의 목표나 초기 목표를 추가하고 후퇴하는 목표와 다른 목표와의 관련성을 파악하여 후퇴의 원인을 찾는 것도 필요하다.

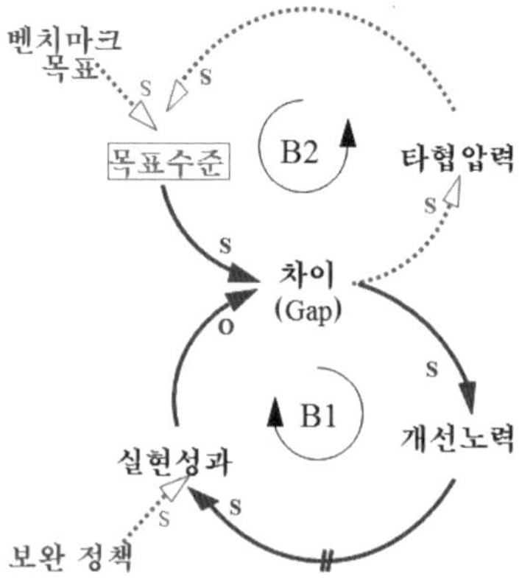

2) 촉진실패 원형

성장지향성 시스템이 제대로 작동하기 않는다면 그 원인은 다음 네 가지 유형의 촉진에 실패했기 때문이다. 동원된 정책수단이 지속가능 성장을 저해하는 '한계유발형'을 비롯하여, 한계 극복을 위한 투자에 실패하는 '투자실패형', 잘못된 제도 및 관행으로 인해 분배의 왜곡을 유발하는 '분배왜곡형', 화합과 타협에 실패하는 '상생실패형' 등이 그에 해당한다.

(1) 한계유발형

이 원형은 성장의 한계' 원형처럼 성장의 추동 자원을 확장될 수 없는 '부동의 한계상수'로 가정하고 있다. 다만 한 가지 다른 점은 성장을 제한하는 한계자원이 하나가 아니라 '선택의 문제' 원형과 같이 여럿(자원 A, B)인 경우로 확장하여 보다 일반화 한 것이다. 이 원형에 의하면 성장 정책이 한계를 맞으며 실패하는 상황을 막으려면 정책 입안 시 반드시 다음 세 가지를 유념해야 한다. 첫째, 자원이 '부동의 한계상수'라면 성장의 한계는 불가피하므로 투입할 대체자원이 있는지 사전에 확인해야 한다. 둘째, 위 그림의 점선으로 표시된 한계증상은 제약요인들의 관계적 특성에 따라 달라진다는 점이다. 이들은 상쇄관계, 보완적 합(+)의 관계, 복합적 곱(x)의 관계에 놓여있을 수도 있

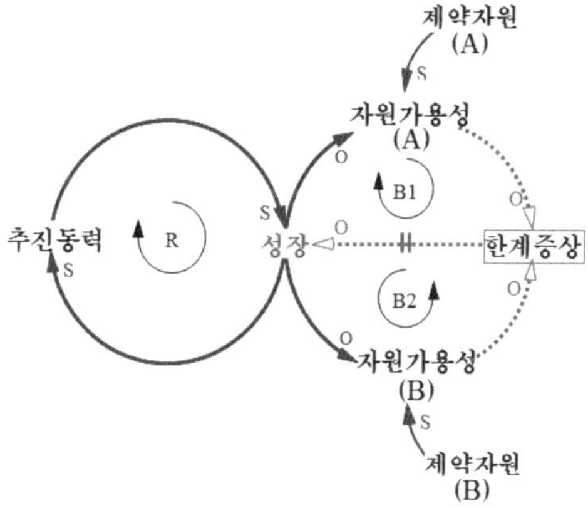

다. 셋째, 한계요인들은 시차를 두고 작동하는 경우가 많으므로 관리의 우선순위는 반드시 시간지연을 고려해야 한다. 넷째, 선택된 정책은 한계요인이 작동하기 이전에 혹은 한계의 조짐이 나타나는 변곡점 진입 초기에 시행되어야 한다.

(2) 투자실패형

이 원형은 '성장의 한계'를 확장한 '성장과 투자' 원형과 같다. 성장의 동력자원이 부동의 한계상수가 아니라 투자와 노력으로 확대될 수 있음을 반영하여 아래 그림에서 보는 바와 같이 자원의 제약을 완화하는 극복의 균형루프(B_2)가 추가되어 있다. 또한 개선투자가 이루어지는 과정에서 목표수준에 연동하여 투자가 가변적일 수 있음을 또 다른 균형루프(B_3)로 반영하고 있다.

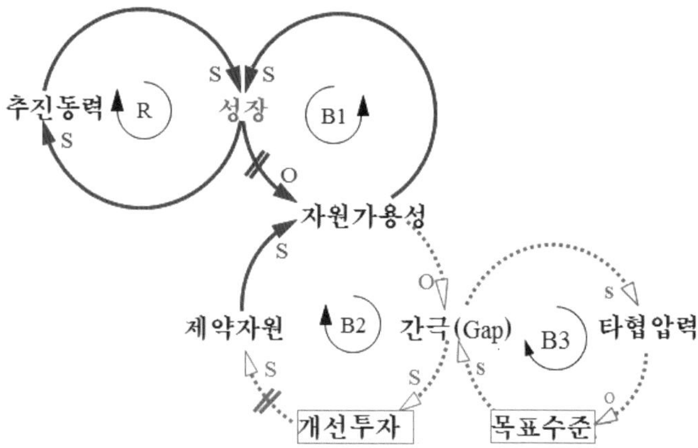

지속 성장을 위한 투자정책이 실패하지 않으려면 다음 두 가지 사항은 반드시 점검되어야 한다. 첫째는 투자의 타이밍이다. 투자로 제약을 완화하는데 소요되는 시간이 성장으로 인한 자원가용성이 한계를 타나내는데 소요되는 시간보다 길 경우 투자효과는 나타나지 않는다. 둘째는 투자의 규모이다. 투자목표의 후퇴로 적정수준의 투자가 이루어지지 않을 수 있음을 경계해야 한다. 마중물처럼 일정수준의 투자가 이루어지지 않으면 여러 번 투자해도 그 효과는 나타나지 않는다.

(3) 분배왜곡형

이 원형은 한쪽으로 자원이 쏠리는 상황이 확대 재생산되는 '부익부 빈익빈' 구조이다. 이러한 상황은 제로섬 자원의 배분정책이 공정성을 결여 한 경우에 발생된다. 이러한 구조를 그대로 방치하는 경우 커다란 사회적 문제가 야기될 수 있으므로 공정한 자원배분 정책 시행이 매우 중요하다. 자원배분의 공정성을 위해서는 한쪽으로 자원이 계속 집중 지원하려는 정책시행자의 '자기실현적 예언'의 심리적 작용을 경계해야 한다. 우리나라 공공부문 사업이 대기업에 집중되는 현상이 불공정 자원배분 사례가 될 수 있다.

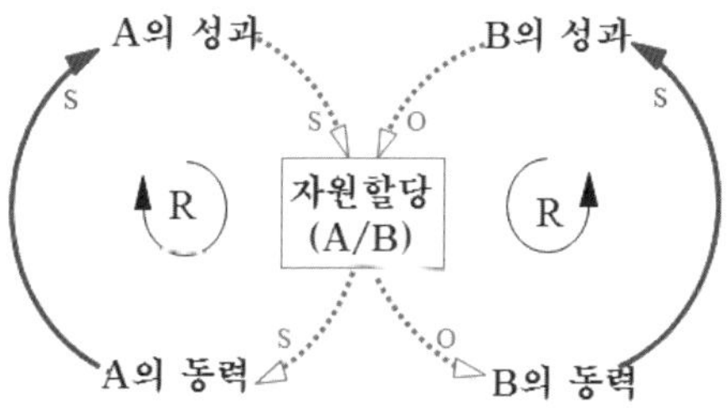

(4) 상생실패형

이 원형은 기본적으로 '우발적 악연' 원형에 그 근거를 누고 있다. 상생과 협력의 명분에는 양측 모두 동의하면서도 자신의 이익을 위한 행동이 상대방의 이익을 저해하는 결과를 초래하는 구조를 간파하지 못할 경우 상생의 정책은 실패한다. 그 원인을 시스템 구조로 보면 쉽게 알 수 있다. 옆의 그림에서와 같이 협력을 대립으로 몰아가는 주범인 강화루프 R_3은 인위적으로 만들어진 것이 아니라 각 주체의 개별목표를 위한 행동(R_1, R_2)으로 비롯하는 것임에 주목해야 한다. 따라서 이러한 우발적 대립을 유발하는 '숨어 있는 문제아'를 잠재우려면 협력 당사자들은 상대에게 피해를 주지 않는 대안적 수단을 통해 자신의 성장을 추구해야 한다.

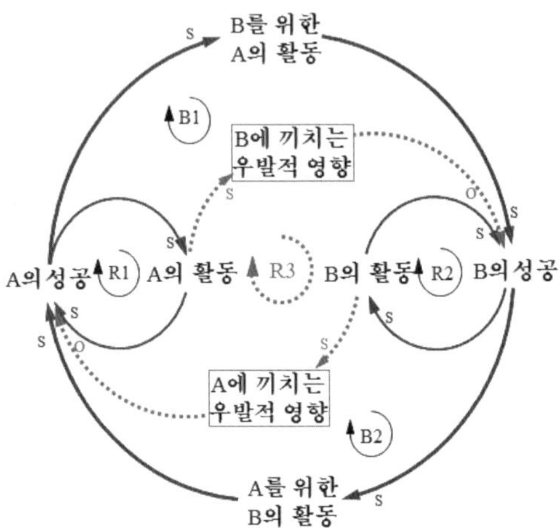

3. 사례로 본 시사점

아래 그림과 같이 역대 정부는 당시의 경제, 정치적 환경에 따라 부동산 경기 부양 혹은 규제를 실시했다. 그러나 한 가지 공통점은 정책이 실효를 거두지 못했고, '부동산 불패'의 신화는 지금도 이어지고 있다는 사실이다. 특히 국토가 좁고 부 축적의 대안이 마땅치 않은 우리나라의 실정을 감안할 때, 부동산 규제는 부양에 비해 훨씬 까다롭고 그 효과를 보기가 어렵다는 점에서 정책실패는 규제의 경우에 더욱 부각된다.

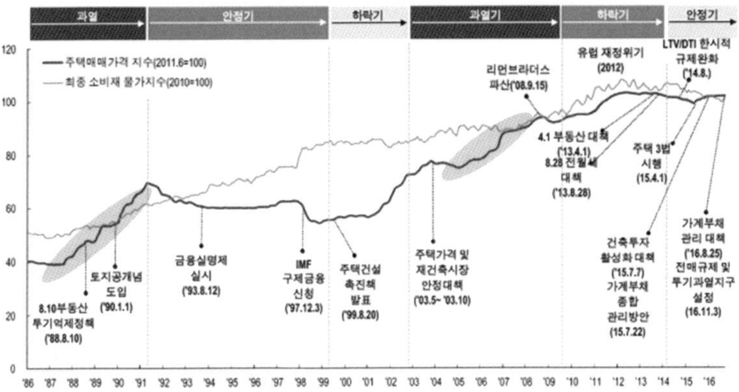

역대 정부의 부동산 정책과 주택매매가 지수 변동추이

부동산 규제정책은 '국민의 정부'와 '참여정부' 시절 집중적으로 시행되었다. 부동산 경기가 과열되면서 투기심리가 비등하자 정부는 강력한 규제정책을 서둘러 내 놓았지만 정책의 효과는 없었다. 오히려 의도와는 반대로 아파트 값은 더욱 상승하는 부작용을 초래하였다. 정책실패 원형과 결부지어 부동산 정책의 실패를 규정해본다면, '촉진실패' 원형에 해당되는 부양정책과 달리 '제어실패' 원형에 해당된다. '제어실패' 원형 중에서도 아파트 값 반등의 '문제악화형'과 주택 수요와 공급의 '균형실패형'으로 그 성격을 규정할 수 있다. 이제 부동산 규제와 관련한 정책 입안자들의 사고모델을 인과지도로 추측해보자. 논의의 편의 상 부동산 문제의 징후에 대응하여 내린 정부 처방을 보유세 및 양도세 중과세, 부동산 가격 안정을 위한 각종 규제 등 크게 세 가지로 국한하기로 한다.

우선 아파트 값이 지속적인 상승을 보인 원인부터 살펴보자. 그 이유는 아래 인과지도의 굵은 실선으로 표시한 균형루프 B_1과 강화루프 R_1이 아파트 가격을 중심으로 서로 맞물려 있는 구조를 살펴보면 쉽게 알 수 있다. 공급(매물)이 많으면 아파트 값은 떨어진다. 그러나 문제는 가격 상승에 대한 기대심리로 수요가 공급을 계속 초과하기 때문에 아파트 값은 계속 오르게 된다. 한 마디로 가격을 견인하는 강화루프(수요)의 지배적 힘이 가격을 진정시키는 균형루프(공급)의 힘보다 강하기 때문이다.

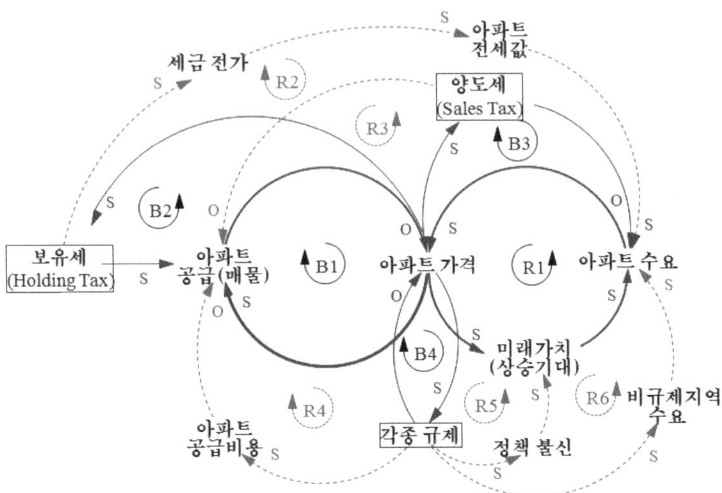

정부의 부동산 규제정책 사고 모델

보유세 중과 정책은 공급 측면에서 가격을 진정시키는 균형루프(B_1)에 힘을 보태기 위함이다. 보유세를 올리면 아파트 매물이 증가할 것이고 이는 아파트 가격을 하락시킬 것이다. 아파트 값이 하락세를 보이기 시작하면 더 떨어질 것을 우려한 다주택 보유자들부터 아파트를 서둘러 내놓을 것이고 이는 다시금 아파트 값을 더욱 하락, 안정시킬 것이다. 즉 보유세 중과세 정책은 가격을 진정시키는 균형루프 B_1에 또 다른 균형루프 B_2를 추가함으로써 가격 안정에 힘을 보태기 위한 판단으로 해석될 수 있다.

양도세 중과 정책은 수요 측면에서 가격을 견인하는 강화루프 R_1

의 힘을 약화시키기 위함이다. 양도세를 올리면 차익 실현이 그 만큼 줄게 되므로 투기성 거품수요는 사라질 것이다. 즉 보유세 중과세 정책은 가격 상승을 견인하는 강화루프 R_1에 균형루프 B_3를 추가함으로써 힘을 약화시키기 위한 것으로 해석될 수 있다.

부동산 가격 안정을 위한 각종 규제의 시행은 아파트 가격 상승을 저지하는 직접적인 효과를 노렸을 것이다. 규제가 강화되면 아파트 가격은 진정될 것이고 아파트 가격이 하락, 진정되면 단계적으로 규제를 풀면 된다는 판단이었을 것으로 보인다. 결국 각종 규제의 시행은 아파트 가격에 균형루프 B_4를 보탬으로써 안정을 유도하고자 한 것으로 해석될 수 있다.

이상 논의된 부동산 가격정책 입안자의 사고모델은 위 인과지도에서 실선으로 나타나 있는 부분이다. 이렇듯 일리가 있어 보이는 정책들이 왜 그 실효를 거두지 못하고 실패하고 말았는지 따져보자. 그 주된 원인은 정책 시행이 초래할 수 있는 부작용 혹은 의도하지 않은 결과를 예상하지 못했기 때문이다. 그것이 아니라면 정책 개입의 타이밍을 놓쳤거나 정치적 이유로 단기에 정책의 효과를 얻고 싶은 조급함이 원인이었을 수도 있다. 혹은 이들 세 가지 가능성이 모두 복합적으로 작용한 결과일 수도 있다.

우선 정책 시행이 초래할 수 있는 부작용 혹은 의도하지 않은 결과를 예상하지 못했기 때문이라고 추정하는 근거부터 살펴보기로 한다. 위 인과지도에서 점선으로 표시된 부분이 정책입안자가 간과한 것으로 추정되는 것들이다.

보유세의 경우 아파트 공급(매물) 촉진만 생각했지, 보유세 부담이 세입자에게 전가되어 전세 값을 부추기고 이것이 다시 아파트에 대한 가수요를 증가시키는 강화루프 R_2의 부작용은 염두에 두지 않은 것으로 보인다. 양도세 중액의 경우는 차익 실현에 대한 기대감을 위축시켜 아파트 수요를 줄이는 측면만 보았지, 이로 인해 아파트를 팔지 않고 관망함으로써 오히려 매물을 위축시키는 강화루프 R_3의 부작용은 보지 못했다. 끝으로 간헐적으로 발표되는 부동산 규제 정책은 아파트 값을 떨어뜨리는 효과만을 생각했을 뿐 그로 인해 아파트 건설비용이 상승하여 건설사업자가 주택건설을 회피함으로써 신규 아파트 공급이 위축될 수 있는 강화루프 R_4의 존재를 간과하였다. 뿐만 아니라 잦은 정책 남발로 국민의 정책에 대한 불안감 혹은 불신이 증대되면서 아파트 미래가치에 대한 기대감은 줄어들지 않는 강화루프 R_5와 풍선효과로 인한 비규제지역 수요 증대가 심리적으로 규제지역까지 파급되는 강화루프 R_6을 제대로 읽지 못했다.

정책 개입의 타이밍을 놓쳤다고 추정할 수 있는 근거는 균형루프 B_1과 강화루프 R_1이 서로 맞물려 있는 구조에 찾을 수 있다. 주택가격 상승을 지속적으로 견인하는 강화루프(R_1)를 억제하고자 양도세 및 보유세 중과를 시도하지만, 그 시점이 가격 안정을 유도하는 균형루프(B_1)의 힘을 압도한 후라면 처방 효과가 나타나기까지의 시간지연과 그 사이에 발생할 수 있는 불확실성 때문에 정책이 제대로 작동하지 않았던 것일 수 있다.

끝으로 단기에 정책의 효과를 얻고 싶은 조급함이 원인이었을 수도 있다고 추정할 수 있는 근거는 위 인과지도의 균형루프 B_4와 강화루프 R_4가 결합된 구조로부터 찾을 수 있다. 이는 전형적으로 '문제악화형'에 해당된다. '각종 규제'가 '아파트 가격'의 안정을 유도하지만 일정 시간 경과 후 그로 인한 부작용, 즉 '아파트 공급비용' 증대로 인한 신규물량 공급 감소로 문제의 증상이 재발하거나 더 악화(아파트 가격의 재상승)되는 현상을 초래한 것일 수 있다.

이 부동산 정책실패 예시는 한 마디로 시스템 구조로부터 정책개입지점과 정책개입시점을 제대로 읽지 못해서 빚어진 것으로, 각 측면에서의 원인은 다음과 같이 정리될 수 있다.

- **정책개입지점**: 처방전에 약효를 돋울 약재가 빠진 상황과 견줄 수 있다. 예컨대 신규주택 건설 위축을 막기 위해 보유세로 거둬들인 세수의 일부를 주택건설 보조금으로 사용한다거나, 전세 값 상승에 대처하여 세입자 보호정책이 함께 처방되었어야 한다. 그래야만 적어도 점선으로 표시된 부작용을 고리를 끊을 수 있었을 것이다.
- **정책개입시점**: 소 잃고 외양간 고치는 상황과 유사하다. 앞서 '투자실패형'에서도 강조했지만 개선 노력의 처방이 효과를 보려면 그 시행 시점이 매우 중요하다. 이 사례의 경우 규제정책이 주택가격 상승을 견인하는 강화루프(R_1)를 억제하는 효과를 내려면 가격 상승이 임계점에 이르기 전에 정책 개입이 이루어졌어야 했다.

생각해봅시다.

1. 최근 널리 회자되고 있는 '소득주도성장'의 사고모델을 인과지도로 작성하고 찬반의 시각을 논의하시오.

> '소득주도성장'이란 노동소득분배율(국민소득에서 노동소득이 차지하는 비율)을 높여서 내수를 부양시키자는 것이다. 경제가 성장하면서 노동소득분배율이 올라가면 자연스럽고 바람직한 것이지만, 지금처럼 성장이 정체된 상태에서 이것만 높이자는 것은 결국 계급투쟁 하자는 얘기와 다를 바 없다.
>
> 한국 경제에서 노동소득분배율이 크게 높아진 시기는 1980년대 후반이었다. 당시는 경제성장률이 연평균 10%를 상회했기 때문에 분배율 상승에 따른 충격을 흡수할 수 있었다. 그러나 지금 같은 저성장 상황에서 분배율을 높이려면 기업이 희생될 수밖에 없다. 반도체 부문을 제외한 절대다수 기업의 이익이 악화되는 상황에서 그 여파는 주식시장으로 이어질 것이다.

2. 우리가 목도하고 있는 '고용 참사' 원인을 최저임금 인상 정책과 결부지어 사고모델을 만들고 찬반의 시각을 공유해보자.

> '고용 참사'는 급격한 최저임금 인상에 더해 고령화에 따른 생산 가능 인구의 감소, 건설 및 도소매·음식·숙박업 침체 등이 두루 영향을 끼친 결과이다. 이를 막으려면 최저임금 속도 조절이 중요하다. 우리 경제가 그나마 버티고 있는 것은 '최저임금 지급 미준수자'가 많기 때문일 수도 있다. 사용주들은 근로시간 감축이나 해고 등 노동의 절대량을 줄이는 방식까지 동원하고 있다. 지금 추세라면 취업 증가폭이 조만간 마이너스로 떨어지는 최악의 상황도 가정해야 할 것이다.

시스템 사고와 창의

저　자 | 김상욱
발행처 | 충북대학교 출판부
발행인 | 고창섭
주　소 | 28644 충북 청주시 서원구 충대로 1
전　화 | (043) 261-2952, 3014
팩　스 | (043) 274-1256
이메일 | presscbu@chungbuk.ac.kr
등　록 | 제1983-2001-7호
초판2쇄 | 2023년 8월 31일
인쇄처 | 삼성디자인기획

* 이 책은 2018년 충북대학교 국립대학 육성사업에 의해 지원 발행되었음.

ISBN 978-89-7295-455-2 93320

값 21,000원